Der Blick zum gestirnten Himmel gehört kaum ins auffällige Repertoire der Literatur des 20. Jahrhunderts – und doch sind Sterne, Sternbilder, Gestirne und Konstellationen aus ihr durchaus nicht verschwunden. Die Texte dieses Bandes verfolgen solche Spuren, beleuchten ihr Verhältnis zu außerliterarischen Bezugnahmen auf Gestirne und analysieren ihre poetologischen Bedeutungen.

Maximilian Bergengruen ist Wissenschaftlicher Assistent am Deutschen Seminar der Universität Basel.
Davide Giuriato und *Sandro Zanetti* sind Wissenschaftliche Mitarbeiter beim SNF-Projekt »Zur Genealogie des Schreibens« an der Universität Basel.

Unsere Adressen im Internet:
www.fischerverlage.de und www.hochschule.fischerverlage.de

Gestirn und Literatur im 20. Jahrhundert

Herausgegeben von Maximilian Bergengruen, Davide Giuriato und Sandro Zanetti

Fischer Taschenbuch Verlag

Gedruckt mit Unterstützung der
Berta Hess-Cohn Stiftung, Basel

Veröffentlicht im Fischer Taschenbuch Verlag,
einem Unternehmen der S. Fischer Verlag GmbH,
Frankfurt am Main, Mai 2006

Satz: Pinkuin Satz und Datentechnik, Berlin
Druck und Bindung: Druckerei C. H. Beck, Nördlingen
Printed in Germany
ISBN-13: 978-3-596-16780-7
ISBN-10: 3-596-16780-9

Inhaltsverzeichnis

IV. Historiographien

Maximilian Bergengruen, Davide Giuriato und Sandro Zanetti

Einleitung

»Selig sind die Zeiten, für die der Sternenhimmel die Landkarte der gangbaren und zu gehenden Wege ist und deren Wege das Licht der Sterne erhellt.«[1] Als Georg Lukács diesen ersten Satz seiner *Theorie des Romans* im Winter 1914/15 zu Papier brachte, tat er dies bereits im Wissen darum, daß diese seligen Zeiten und die Wege, die in diesen Zeiten in Form von Mythen, Gesängen, Epen und Dramen beschritten wurden, der Vergangenheit angehören. Er tat es aber auch im Wissen darum, daß diese (ohne Zweifel im höchsten Grade imaginäre) Vergangenheit in der Moderne und ihrer Literatur nachlebt, und sei es im Modus der Negation. Die von Lukács geprägte Formel von der »transzendentalen Obdachlosigkeit«[2] mag dafür als Indiz gewertet werden.

Verschwunden sind die Sterne vom Himmel und in der Literatur allerdings nicht – auch im 20. Jahrhundert nicht. Doch was ist mit den Gestirnen und den literarischen Erzeugnissen, die von ihnen direkt oder indirekt handeln, passiert? Wie hat sich die Auffassung des Sternenhimmels und dessen mögliche Funktion für die Literatur in unserer jüngsten Vergangenheit gewandelt? Was hat sich in den Wissenschaften – der Astronomie und Astrophysik – getan, und was sagt – oder wie schweigt – die Literatur dazu? Und wie steht die Literatur*wissenschaft* zu all dem?

Diese Fragen führen ins Zentrum des vorliegenden Buches. In dessen Beiträgen wird das vielschichtige Beziehungsgefüge, das im 20. Jahrhundert zwischen dem Bereich des »gestirnten Himmels« und jenem der Literatur geknüpft wurde, auf seine poet(olog)ischen, methodologischen, wissensgeschichtlichen und geschichtsphilosophischen Implikationen hin befragt und in Form von Einzelstudien vorgestellt.[3] Allen Beiträgen, die sich mit diesem Beziehungsgefüge aus unterschiedlichen Perspektiven und in Auseinandersetzung mit unterschiedlichen Autoren und Themenfeldern beschäftigen, ist gemein, daß sie von rein mo-

tivischen Zugangsweisen absehen und das Augenmerk auf Texte und Interpretationsweisen richten, in denen der jeweils nahegelegte Bezug auf Gestirne eine Relevanz gewinnt, die sich aus anderen Bezugsgrößen nicht ergeben könnte.
Im Mittelpunkt der einzelnen Studien stehen literarische, ästhetisch-philosophische und methodische Texte, in denen die Begriffe *Stern*, *Sternbild*, *Gestirn*, *Konstellation* etc. sowie die damit verbundenen Konzepte von Astronomie, Astrologie, Kosmologie etc. eine entscheidende Komponente bilden. Zwei Schwerpunkte kristallisieren sich dabei heraus: Einerseits wird aus poetologischer Perspektive untersucht, wie in der mehr oder weniger programmatischen Rede über, von oder zu Sterne(n) ein Bezugssystem in Anspruch genommen wird, das es erlaubt, spezifisch literarischen Wahrnehmungs-, Erfahrungs- und Erkenntnisspielräumen auf die Spur zu kommen; andererseits ist ein wissensgeschichtliches Interesse auf die Überschneidungen von Diskursen gerichtet, die sich ergeben, wenn die Bereiche des Literarischen und des Siderischen miteinander und gegebenenfalls mit einem diskursiven Dritten in ein Verhältnis gesetzt werden. Ausgehend von dieser minimalen Fokussierung lassen sich die Ausrichtungen der Beiträge nach vier Schwerpunkten beschreiben: literarische Poetiken, programmatische Entwürfe, Figuren des Wissens und Historiographien.

Literarische Poetiken

Der Fokus der Beiträge dieser Sektion liegt auf einem, als genuin verstandenen, literarischen Wissen oder – poetisch reflektierten – Unwissen um das Siderische. Aus den in diesem Teil versammelten Beiträgen wird ersichtlich, wie siderische Leitbilder sowie auch deren Zusammenbrüche – letztere sind für die Literatur des 20. Jahrhunderts besonders charakteristisch – poetische Verfahrensweisen innerhalb eines literarischen Werkes oder Werkzusammenhanges prägen können. Ein Zusammenbruch solcher Bilder läßt sich etwa dort konstatieren, wo Rudimente siderischer Vorstellungswelten – wie etwa die sternförmige Zwirnspule mit dem seltsamen Namen »Odradek« bei Franz Kafka – zu Indizien sowohl des Verlustes eines kosmologisch fundierten Sprachdenkens als auch zum produktiven Prinzip für das poetische Fortleben eines solchen Denkens im Modus der Entstellung werden.

So zeigt *Davide Giuriato* in seinem Beitrag, wie diese Entstellung bei Kafka, auf die als erster Walter Benjamin hingewiesen hat, nicht nur den Gegenstand, sondern auch den Modus poetischen Schreibens bestimmt. Sowohl Kafka als auch Benjamin setzen ihr Wissen bzw. Unwissen um die Sterne in einen Bezug zur genuin sprachlichen Problematik des Namens und der Benennung: Daß die Namen der Sterne und das mit ihnen verbundene Wissen um eine kosmologische Symbol- und Ordnungstradition nur als eigentlich vergessene thematisiert werden können, erscheint dabei gerade als Bedingung dafür, daß sie als entstellte Namen ihre poetische Wirkung entfalten können.

»Entstellte Sterne« finden sich auch, wie die Studie von *Wolfram Groddeck* zeigt, in der Lyrik Rilkes. Deren »Astropoetik« ist durch ein Fort- und Umschreiben siderischer – vor allem mythologisch begründeter – Leitbilder gekennzeichnet und bestimmt ihre elegische Haltung in der Ambivalenz von Verlust und schöpferischer Bejahung dieses Verlusts. Der neue, poetische Himmel, der sich so herstellt, gibt Sternbilder zu erkennen, die einer referentiellen Valenz und einer fixen Stelle gänzlich entbehren und deren schier undeutbare Einzigartigkeit im Rahmen eines ebenso destruktiven wie produktiven Verfahrens der »Dekonstellation« verortet wird.

Bei Hans Henny Jahnn werden die Gestirne als Orientierungsmodell für die Suche nach einem Schicksal herangezogen. Doch auch hier erfahren sie eine Entstellung, vornehmlich im Sinne einer ›Verkümmerung‹, wie der Beitrag von *Martin Schäfer* ausführt. Die restaurativ wirkende Anstrengung, dem modernen Orientierungsverlust schreibend entgegenzutreten und den Bezug zu den Sternen überhaupt erst wieder herzustellen, endet mit der schmerzhaften Einsicht in die Wirkungslosigkeit der Sterne, die nun als »verkümmerte Sterne« erscheinen: Der Bezug zu ihnen wird im Gegensatz zu astrologischen, mythologischen und pseudowissenschaftlichen Deutungskünsten als Riß augenfällig, als »zerrissener Faden«, der Jahnns Archaismus und forcierte Modernität zugleich ausstellt.

Einen »Untergang des Himmels« mitsamt seinen Sternen wiederum sieht *Anja Lemke* in der Dichtung Paul Celans am Werk: Die von Kant noch behauptete stabilisierende Korrespondenz zwischen »dem gestirnten Himmel über mir und dem moralischen Gesetz in mir« erweist sich bei Celan als zerbrochen. Die Sterne sind – als gelbe Stoffsterne – zu stigmatisierenden Zeichen des Ausschlusses geworden. Übriggeblieben sind in dieser Dichtung die ganz und gar irdischen Spuren des Versuchs, sich in einer Welt zu orientieren, in welcher der Himmel – inzwischen auch durch die künstlichen Himmelskörper der Raumfahrt erobert – kein verläßliches transzendentales Orientierungsversprechen mehr bereithalten kann.

Die Ausstellung des Bruchs zwischen den traditionellen Symbolbeständen und der konkreten historischen Situation, die es verbietet, den Bezug zur Tradition ungebrochen fortsetzen zu wollen, ist aber nicht nur kennzeichnend für Celans, Kafkas, Rilkes oder Jahnns Dichtung: *Andreas Gelhard* denkt in seinem Beitrag die Veränderungen des Sehens von Dantes *Commedia* zu Becketts *Depeupleur* über eine historisch veränderte Konnotation der Sonne als zentralem lichtspendenden und damit Visualität überhaupt erst ermöglichenden Stern. Die seit Auschwitz unmögliche Zeugenschaft (Primo Levi), so sein Argument, drücke sich bei Beckett in einem ursprungslosen Licht und, als dessen subjektive Entsprechung, in einem verschlossenen Blick der Beteiligten aus.

Programmatische Entwürfe

Auch die Beiträge zur zweiten Sektion widmen sich poetologischen Fragen, allerdings nicht aus einer literaturimmanenten Perspektive, sondern ausgehend von programmatischen Schriften, die einen größeren Geltungsanspruch behaupten. Wenn Roland Barthes in *S/Z* seine strukturale Analyse literarischer Texte methodologisch auf plurale Sinnpotentiale hin zu öffnen versucht und zu diesem Zweck den semantischen Kosmos des literarischen Textes mit dem Sternenhimmel vergleicht, der »flach und tief zugleich, glatt, ohne Randkonturen, ohne Merkpunkte« sei,[4] dann bezeichnet seine methodische Rede vom »bestirnten Text« im Gegensatz zu einer Klage über den Orientierungsverlust ebenso metaphorisch wie genau den Gewinn eines Experimentierfeldes, in dem sich die Literatur selbst zu bestimmen versuchen kann. Auf der Basis von Texten Mallarmés, Chlebnikovs, Benjamins, Batailles und Gomringers wird in dieser Sektion die methodische Inanspruchnahme des Siderischen für solche Entwürfe analysiert.

So zeigt der Beitrag von *Sylvia Sasse* und *Sandro Zanetti*, wie Sterne bei Mallarmé und Chlebnikov als Koordinationspunkte einer kosmologischen Ordnung fungieren, die über eine Analogisierung von Sternbildern und Schriftbildern bzw. Lautgesetzen ersichtlich bzw. erhört werden sollte. Beide erscheinen dabei als Schöpfer je eigener Universen: Mallarmés »Poetik der Konstellation« unternimmt den Versuch, »endlich eine gedruckte Seite der Macht des gestirnten Himmels entgegenzuhalten«, wie Paul Valéry es ausdrückte. In programmatischem Anschluß daran entwirft Chlebnikov eine Sternensprache, die als universale Weltsprache gelten sollte. Diese beruht auf dem Modell einer »semantischen Kinesis« und einer »potentiellen Semantik«, die über den Alltagsgebrauch der Sprache hinausreicht, ohne sich allerdings – ähnlich wie Mallarmés Poetik – von dem zu verabschieden, was graphisch und akustisch, alphabetisch oder numerisch indizierbar ist.

Der Sternenhimmel als nicht reibungslos gefügige Projektionsfläche symbolischer Zuordnungen wird auch im Werk Walter Benjamins – wenn auch mit meist verschiedenen Akzentuierungen und Facetten – zum Maßstab programmatischer Überlegungen. *Malte Kleinwort* erörtert den Begriff der *Konstellation*, wie er sich als oftmals wenig reflektierte Benjaminsche Prägung in die gegenwärtigen Methodologien der Literaturwissenschaften eingeschlichen hat, im kritischen Rückgriff auf Benjamins Ideenlehre im *Trauerspiel*-Buch, aus deren Kontext der programmatische Satz: »Die Ideen verhalten sich zu den Dingen wie die Sternbilder zu den Sternen« stammt. Das Gleichnis und sein ontologischer Kontext werden philosophiegeschichtlich erläutert und von der antiken Astronomie des Eudoxos von Knidos über Platon bzw. Simplikios bis zu den Neukantianern um Hermann Cohen verfolgt. Kleinworts Ziel ist dabei weniger eine praktische Anwendbarkeit des Begriffs der »Konstellation« denn eine – auf der benjaminschen Problematisierung des Begriffs vom »Begriff« aufbauende – Verabschiedung von einseitig deduktiven oder induktiven Vorgehensweisen im Bereich der Literaturwissenschaft oder der Philosophie.

In merklicher Distanz zu jeglichem Gleichnis von Sternen und Ideen hingegen hebt George Bataille in seinem Œuvre die Sonne als Leben spendendes, aber auch vernichtendes *Tagesgestirn* hervor. *Inés Mateos* erörtert in ihrem Beitrag, wie Bataille sich gegen die philosophischen, erkenntnistheoretisch motivierten Idealisierungen sowohl der Gestirne als auch der Sonne – besonders wirkungsmächtig in Platons Höhlengleichnis – wendet und die Sonne symbolisch ins Zentrum seiner Theorie der Verausgabung stellt. Erotik und Tod verdichten sich – in Batailles Texten auch in sprachspielerischen Exzessen – im Symbol der Sonne. Diese macht als nächster Stern der Erde zugleich darauf aufmerksam, daß auch die übrigen Sterne – entfernte – Sonnen sind, die wiederum nur in der Nacht, also wenn die Erde der ›einen‹ verschwenderischen Sonne den Rücken kehrt, erscheinen können.

Als genaues Gegenteil dieser Poetik des Exzesses könnte man Eugen Gomringers Konzept der »konstellation« bezeichnen, das *Madleen Podewski* in ihrem Beitrag vorstellt. Gomringers »konstellationen« spannen den Bogen zurück zu Mallarmés Poetik. Hatte Mallarmé in seinem typographischen Langgedicht *Un coup de dés jamais n'abolira le hasard* die Buchseite und die Anordnung von Worten zu Wortgruppen nach dem Vorbild des Sternenhimmels zum Maß seiner Dichtung erklärt, so nimmt Gomringer dieses Konzept auf und transformiert es in ein ökonomisch-rationales Modell sprachlicher Materialität. Dieses Modell soll, »indem das sternbild vom himmel auf die erde heruntergeholt« wird, zugleich den Anforderungen einer internationalen, hierarchiefreien und nivellierten Massenkultur gerecht werden, so wie sie sich für Gomringer in den fünfziger Jahren des vergangenen Jahrhunderts abzeichnete.

Figuren des Wissens

Es fällt auf, daß in den philosophischen, poetologischen und poetischen Entwürfen der Moderne insbesondere die astrologischen Debatten der Renaissance manifest in Erscheinung treten und so überraschende Verbindungen mit zeitgenössischen Diskursen, seien sie auf das Gestirn bezogen oder nicht, ermöglichen. Ein Grund dafür könnte in der seit der Renaissance üblichen, auf der platonischen Mikro-/Makrokosmos-Analogie basierenden Gleichsetzung von psychologischen und siderischen Prozessen liegen, wie sie in dem paracelsischen Satz, daß »der ganz himel [...] nichts als imaginatio« sei,[5] auf den Punkt gebracht wird.

Hier setzt *Jochen Thermann* an, wenn er aufweist, daß sich Hugo von Hofmannsthal in seinem *Gespräch über Gedichte* mit der Gedankenfigur des Schwarzen Loches nicht nur in der astronomischen Debatte der Zeit verortet, sondern, ähnlich wie Walter Benjamin in der *Lehre vom Ähnlichen*, auch Denkmuster der Renaissance-Astrologie und -Magie aufnimmt. In diesem Zusammenhang greift Hofmannsthal, wie Thermann zeigt, auf die genannte psychosiderische Analogie zurück, transferiert sie in die Epistemologie seiner Zeit und kann sie so als Brücke für seine Poetologie der mimetischen Ähnlichkeiten nutzen.

Die gleiche Analogie ist auch für Gottfried Benn, worauf *Marcus Hahn* in seinem Beitrag eingeht, von entscheidendem Interesse. Benn greift nämlich in seinen Essays auf das zu Anfang der Jahrhundertwende populäre Konzept der *Cosmic Consciousness* (Richard Maurice Bucke) zurück, verschneidet es aber mit den Konsequenzen, die er aus Kurt Beringers Bericht über seine Experimente mit Drogen in bezug auf die Schizophrenie gezogen hat: Der Weg aus der irdisch-schizoiden Alltäglichkeit hin zu einem siderischen Verschmelzungserlebnis führt, so Benn in der Analyse Hahns, nur über die Droge. Dies sei bei weitem der sicherere Weg zu den Sternen als der über die zeitgenössische Astrophysik, die noch lange nicht so weit sei, »daß man sich bei den Sternen wieder was denken könnte«.[6]

Caroline Torra-Mattenklott rekurriert in ihrem Beitrag ebenfalls auf die Astrologie der Renaissance, in ihrem Falle allerdings vermittelt über Aby Warburg und seine Theorie der Pathosformel, die sie wiederum mit seinen eigenen astrologischen Konzepten in Verbindung bringt. Mit dieser Überschneidung zweier verschiedener, in gewisser Hinsicht jedoch strukturell identischer Ansätze liest die Autorin Rilkes zehnte Duineser Elegie und kommt zu dem Ergebnis, daß dort die (im Sinne Warburgs und der Renaissance) bedrohlich zu verstehende Schicksalsschrift der Sterne in eine literarische Produktivität umgeschrieben wird.

Auch Hermann Broch, so *Andrea Albrecht* und *Christian Blohmann* in ihrem Beitrag, wirft von der Warte der Literatur aus nicht nur einen Blick auf die zeitgenössische Astronomie, sondern auch auf ihre historischen Vorläufer und Bedingungen: Die mit der Kopernikanischen Wende einsetzende Erschütterung des wissenschaftlichen Denkens hat sich in den Augen Brochs nämlich bis in die Gegenwart fortgesetzt, ja noch einmal durch die Relativitätstheorie und die Quantenphysik deutlich verstärkt. Und genau bei dieser Unzulänglichkeit muß – so die Poetik Brochs in der Rekonstruktion durch Albrecht und Blohmann – die Literatur einsetzen, um all die blinden Flecken wieder sichtbar zu machen, die bei einem Blick durch ein technisches oder theoretisches Hochpräzisionsgerät in den Weltraum (und anderswohin) notwendig zurückbleiben bzw. entstehen.

Allerdings gibt auch die Astronomie, wenn sie sich nicht explizit historisch denkt, der Literatur genug Verfahren an die Hand, sich selbst im Spiegel des Siderischen zu beschreiben. *Stefan Willer* rekonstruiert in seinem Beitrag die Poetik in den Texten Arno Schmidts anhand naturwissenschaftlicher Kriterien, wie sie in der zeitgenössischen Astronomie verwendet wurden. Exaktheit, Wirklichkeitstreue – dies allerdings nur unter der poietischen Prämisse eines tabellarischen Aufschreibesystems – und die Berechnungen des Scheins, damit ist, wie Willer zeigen kann, ein Großteil der literarischen Prinzipien des Astropoeten Schmidt aufgezählt. Gleichzeitig läßt sich bei Schmidt auch, so die zweite These des Aufsatzes, eine »Astrologik« rekonstruieren, die die Rede über das Siderische als Analogon allen irdischen Geschehens und dessen Reflexionen aufweist.

Andreas Kilcher schließlich untersucht in seinem Beitrag zu Margarete Susmans Interpretation von Franz Rosenzweigs *Stern der Erlösung* das zwiespältige Verhältnis jüdischen Denkens zur Tradition der Sterndeutung: Legt der Monotheismus grundsätzlich eine Ablehnung der astrologisch-polytheistisch geprägten Traditionen nahe, so finden sich doch auch immer wieder Versuche, den Stern als semiotisches – nicht siderisches – Symbol zu retten, im Falle Rosenzweigs zur Darstellung des Verhältnisses von Mensch, Gott und Welt. Susman unternimmt den Versuch, das Symbol des Sterns umfassender noch als Rosenzweig als Zeichen des All-Zusammenhangs zu deuten. In einer Weiterbearbeitung von 1965 des zuerst 1936 publizierten Aufsatzes »Sterne« nimmt sie dann auch die von Gershom Scholem vorgenommene Analyse der politisch-theologischen Interpretationsgeschichte des Sternsymbols vom esoterischen Hexagramm über das antisemitische Stigma bis hin zum selbstbewußten Symbol des Zionismus in ihre ›Stern-Deutung‹ auf.

Historiographien

Die letzte Sektion umfaßt Aufsätze, die sich in Auseinandersetzung mit Texten von Trakl, Mann, Calvino, Dürrenmatt, Nooteboom und Sebald sowie mit theoretischen Positionen aus unterschiedlichen Disziplinen auf die Frage konzentrieren, wie aus dem (literarischen) Blick auf die Gestirne historiographische Entwürfe erwachsen können.

Maximilian Bergengruen beschäftigt sich in seinem Beitrag mit Georg Trakls produktiver Fehllektüre (im Sinne Harold Blooms) des *Mondnacht*-Gedichts Joseph von Eichendorffs. In der Umarbeitung des Gedichtzyklus *Abendland II*, der 1914 zuerst in der Zeitschrift *Brenner* erschien, radikalisiert Trakl zunehmend die Implikationen der romantischen *Mondnacht*-Vorlage, bis diese sich in ihre Antithese verkehren. So sind der Mond und die sternenklare Nacht bei Trakl nicht Indizien einer subjektiv gestimmten Transzendenz-Illusion, sondern Zeichen eines apokalyptischen Geschehens, das wiederum in engem historischem Zusammenhang mit dem Ersten Weltkrieg steht. Trakl schreibt die Geschichte der Eichendorff-Rezeption, die zu dieser Zeit einen stark nationalistischen Einschlag hat, insofern um, als er in seiner starken Lektüre zeigt, daß sich auch die Rede von sternklaren Sommernächten als ideologisch erweist, wenn sie die – kriegerischen und katastrophischen – Prämissen nicht berücksichtigt, unter denen sie sich zu dieser Zeit als besonders wirkungsmächtig erweist.

Einen anderen Blick auf den Ersten Weltkrieg bzw. seine literarische Rezeption wirft *Alexander Honold*, der in seiner Studie zur »Uhr des Himmels« ein Plädoyer für eine Kalenderwissenschaft hält, auf deren Basis, so sein Argument, eine höhere Lesegenauigkeit literarischer Texte gewonnen werden könne. Vor diesem Hintergrund zeigt er an Thomas Manns *Zauberberg* auf, wie sich die mit Keplers Bahngesetzen anwachsenden Zeitmaße des Astronomischen im Ausufern des Erzählens fortsetzen, was schließlich dazu führt, daß »aus Handlung [...] Einerlei« wird. Dieses Einerlei ist allerdings zugleich die Kontrastfolie für den herausgehobenen Augenblick des Romans, die historische Apokalypse des Kriegsbeginns, in der sich alle Zeit des Romans aufhebt.

Monika Schmitz-Emans überträgt die Frage nach der Lesbarkeit der Himmelszeichen in den Bereich der Metaphorologie und untersucht das anachronistisch anmutende Fortleben von siderischen Denkmodellen in postlogozentrischen Diskursen. Dem kopernikanischen Wissensdiskurs, seiner Marginalisierung des Menschen und der von ihm inaugurierten wissenschaftlichen Moderne wird eine ästhetische Moderne entgegengesetzt, für die Dürrenmatt, Calvino und Nooteboom herangezogen und diskutiert werden. Dem »reinen Wissenschaftler« wird so der Dichter als Ptolemäer und Metaphorologe zur Seite gestellt. Aus Blumenbergs Diktum vom »Kindesrecht, Ptolemäer zu sein«, und der »Kindespflicht, Kopernikaner zu werden«, gewinnt die Autorin eine Verortung der Literatur im Rahmen eines »sprachlichen Ptolemäismus zweiter Ordnung«.

Claudia Öhlschläger widmet sich der »kosmologischen« Struktur in W. G. Sebalds *Die Ringe des Saturn* als Modell seiner Zivilisationskritik, Geschichtsphilosophie und Geschichtsschreibung, die in Anlehnung an Benjamins Positionen aus dem *Passagen*-Komplex formuliert und in Zusammenhang mit zeitgenössischen Kulturkritikern (Adorno, Kluge) diskutiert werden. Der Planet Saturn avanciert darin zur Großmetapher einer zivilisatorischen Dialektik von Konstruktion und Destruktion, die das selbstzerstörerische Potential einer jeden Zivilisation bedeuten soll und die zum Strukturmuster der eigenen Geschichtsschreibung wird.

Daß der genaue Blick auf die Epistemologie einer Metapher auch die Methodik der Literaturwissenschaft schärfen kann, weist schließlich *Christine Weder* nach, die in ihrem Beitrag den literalen Bedingungen der von Dieter Henrich und Manfred Frank in die Diskussion gebrachten Theorie der philosophischen Konstellation – ursprünglich ein, wie gesagt, astrologischer Begriff – nachgeht und sie mit diskursanalytischen Konzeptionen sowie denen des New Historicism vergleicht. In Anlehnung an die Metapherntheorie rekonstruiert Weder ein Konzept

einer kühnen Konstellation und arbeitet die dafür notwendigen Bedingungen heraus.
Es versteht sich von selbst, daß mit diesem Aufsatzband kein Anspruch auf Vollständigkeit in bezug auf das Verhältnis von Gestirn und Literatur im 20. Jahrhundert erhoben wird. Es soll jedoch mit ihm ein Forschungsfeld umrissen werden, das bis jetzt in der Literaturgeschichtsschreibung weitgehend vernachlässigt wurde, obwohl es sich in besonderem Maße dazu eignet, sowohl die Selbstbeschreibung der Literatur als auch ihre epistemische Vernetzung (inklusive Rückkoppelung dieser beiden Bereiche) augenscheinlich zu machen.

Basel, im Januar 2006

Anmerkungen

1 Georg Lukács, *Die Theorie des Romans. Ein geschichtsphilosophischer Versuch über die Formen der großen Epik*, Neuwied, Berlin 1971, S. 21.
2 Ebd., S. 32.
3 Die Beiträge wurden erstmals auf dem Basler Symposion »Gestirn und Literatur im 20. Jahrhundert« vom 15.–17. Januar 2004 vorgestellt und diskutiert.
4 Roland Barthes, *S/Z*, übers. von Jürgen Hoch, Frankfurt a. M. 1976, S. 18.
5 Paracelsus, *Philosophia magna*, in: ders., *Sämtliche Werke*, hg. von Karl Sudhoff et al., München 1929ff., Bd. I.14, S. 310f.
6 Es wäre ein eigenes, lohnenswertes Unterfangen, diejenigen Positionen insbesondere aus der umfangreichen Science-Fiction-Literatur zu untersuchen, die dieser Aussage Benns mit Nachdruck widersprechen. Wie kaum ein anderes Genre dürfte die Science-Fiction-Literatur sowohl außerhalb als auch innerhalb der Wissenschaft unser Bild und unser Wissen von den Sternen mitgeprägt haben, indem sie Elemente astronomischen Wissens in ihre Erfindungs- und Darstellungslogik integrierte. Darüber hinaus weist diese Literatur in ihren utopischen und antiutopischen Zügen auch auf die symbolischen, aber realpolitisch wirksamen Ordnungsverhältnisse hin, unter denen vor allem zur Zeit des kalten Krieges – vielleicht nicht von ungefähr unter dem Zeichen des kommunistischen Sterns einerseits und der sternenbestückten Flagge der USA andererseits – Astronomie, Raumfahrttechnik und Politik enge Verbindungen eingingen.

I. Literarische Poetiken

Davide Giuriato

Finsternis (Franz Kafka – Walter Benjamin)

> HIMMEL. Im Traume trat ich aus einem Hause und erblickte den Nachthimmel. Ein wildes Glänzen ging von ihm aus. Denn, ausgestirnt wie er war, standen die Bilder, nach denen man Sterne zusammenfügt, in sinnlicher Gegenwart da. Ein Löwe, eine Waage und viele andere starrten, als dichte Sternhaufen, auf die Erde herunter.
>
> *Walter Benjamin*

I.

»In der Sonne« lautet der Titel eines Prosatextes, den Walter Benjamin 1932 auf Ibiza niedergeschrieben hat. Der Text erzählt von einem namenlosen, fremden Spaziergänger, der die Frage nach der tieferen Erkenntnis der ihm in der Natur begegnenden Gegenstände als Frage nach deren Namen formuliert. So hebt der Text mit dem Problem der Namensgebung unter der erstickend sengenden Sonne an:

> Siebzehn Arten von Feigen gibt es, wie es heißt, auf der Insel. Ihre Namen – sagt sich der Mann, der in der Sonne seinen Weg macht – müßte man kennen. Ja man müßte die Gräser und die Tiere nicht allein gesehen haben, die der Insel Gesicht, Laut und Geruch geben, die Schichtungen des Gebirges und die Arten des Bodens, der vom staubigen Gelb bis zum violetten Braun geht, mit den breiten Zinnoberflächen dazwischen – sondern vor allem ihre Namen müßte man wissen.[1]

Zwar ermöglicht das Licht der Sonne das sinnliche Erleben der Natur, scheint aber deren Erkenntnis geradezu zu verhindern. Das Licht der Erkenntnis, das die Sonne unter freiem Himmel für andere spenden mag, vermag hier nicht die Namen der Gegenstände zu erhellen, sie bleiben für diesen Spaziergänger, dessen Denken unter der Sonne im Fortgang des Textes allmählich ins Stocken gerät, sozusagen dunkel und namenlos, und er hält fest:

> Gewiß stammt der, der so im Gehen vor sich hin sinnt, nicht von hier, und kamen ihm daheim Gedanken unter freiem Himmel, so war es Nacht. Nur

> mit Befremden ruft er sich ins Gedächtnis, daß ganze Völker – Juden, Inder, Mauren – ihr Lehrgebäude unter einer Sonne sich errichtet haben, die ihm das Denken zu wehren scheint.[2]

Bis zur Schlußpassage des Textes bleibt der Blick des Denkers nach unten auf die vor ihm liegenden namenlosen Dinge gerichtet, deren Faktizität schier unvermittelt gesammelt und berichtet wird. Bald aber verliert der Spaziergänger die Kontrolle über den eigenen Gang, und »während er die Gewalt über seine Füße verliert, die ihn viel zu schnell tragen«,[3] macht sich in seiner »Phantasie« eigenwillig ein Spruch der Chassidim über die kommende Welt breit, der besagt: »Alles wird sein wie hier – nur ein klein wenig anders.«[4] Alles ein klein bißchen entstellt oder auch: alles wird durch eine kleine Entstellung zurechtgestellt werden. Dadurch kommt die Landschaft am Ende des Textes buchstäblich in Bewegung, es wird Abend, und die Sterne gehen auf, der Blick des Denkers erhebt sich endlich zum Himmel. Es scheint nun auch die Zeit der Namen, der Antworten und der Erkenntnis gekommen zu sein:

> Es ist ein Wechseln und Vertauschen; nichts bleibt und nichts verschwindet. Aus diesem Weben aber lösen mit einmal sich Namen, wortlos treten sie in den Schreitenden ein, und während seine Lippen sie formen, erkennt er sie. Sie tauchen auf, und was bedarf es länger dieser Landschaft? Auf jeder namenlosen Ferne drüben ziehen sie vorüber, ohne eine Spur zu hinterlassen. Namen der Inseln, die dem ersten Anblick wie Marmorgruppen aus dem Meer sich hoben, der Schroffen, die den Horizont schartig machen, der Sterne, die im Boot ihn überraschten, wenn sie im frühen Dunkel auf Posten treten.[5]

Mit den Namen, die sich hier beim Einbrechen der Nacht eigenwillig aus dem metaphorisch betonten *Weben* der Sprache lösen, wird die Landschaft erkannt, oder vielmehr: die Namen selbst werden erkannt. Denn die Dinge scheinen geradezu hinter ihren Benennungen zu verschwinden, und mit ihnen die namenlose Faktizität der Dinge. Keine Inseln und Sterne werden mehr *wahrgenommen*, sondern Namen von Inseln und Namen von Sternen werden *vernommen*. Man ist hier ziemlich getreu auf eine Sprachrelation zurückgeführt, die Benjamin in seinem frühen Aufsatz »Über Sprache überhaupt und über die Sprache des Menschen« aus dem Jahre 1916 der adamitischen Sprache, also der unwiderrufbar verlorenen Sprache des Menschen vor dem Sündenfall, zuschreibt und die sich durch die vollkommene Kongruenz des benennenden Wortes mit der Sache auszeichnet. Der Anklang an diese »Paradiesessprache«, in der die Namen gerade keine Elemente eines Kommunikationssystems bilden, führt im hier besprochenen Text zu einem Stillstand: Die in Bewegung geratene Landschaft nämlich kommt zum Stillstand, auch der Spaziergang kommt zum Stillstand, und der Spaziergänger steht in den letzten Worten des Textes, wie es heißt, »reglos durch das reglose Land«. Damit verstummt der Text selbst – sozusagen in jedem Sinne – an seinem Ende.

Die messianische Szene, in der der Spaziergänger zum buchstäblichen *sub-jectum* der Erkenntnis zu werden scheint, dreht sich ganz um den Akt der Namensgebung, der als privilegierter Ort der Sprachreflexion fungiert und der hier die Frage nach der Erkenntnis der Dinge, man ist versucht zu sagen, elegant umschifft. Es ist keineswegs zufällig, daß die Sterne in diesem Kontext aufgehen. Die Vorstellung aber, wonach die Sterne ein messianisches Licht von der Sonne der Offenbarung ins Dunkle weitertragen und damit eine letztlich in Gott verbürgte Erkenntnis tatsächlich ermöglichen,[6] scheint allerdings die sprach- und erkenntniskritische Vehemenz zu verharmlosen, die bei Benjamin ebenso wie bei Kafka gerade am messianisch so aufgeladenen Bezugsrahmen des Sternenhimmels um so drastischer exponiert wird. Gewiß, Benjamins Spaziergang von der Sonne in den Abend folgt dem traditionsreichen philosophischen Topos, in dem der Gang der Erfahrung – sozusagen *methodisch* – in der Erkenntnis sein Ziel findet und damit den Himmel des reinen Verstandes mit der Erde der individuellen Erfahrung vermittelt. Die Pointe von Benjamins messianischer Szene besteht aber darin, daß etwas Sprachliches, nämlich die Namen, diesen systematischen Ort der Vermittlung einnehmen. Und das Spezielle dieser Pointe besteht zudem darin, daß diese Namen nicht als Anthropozentrismus zu verstehen sind. Die Benennung der Objekte führt nämlich in Benjamins Text nicht zur rein transzendentalen Erkenntnis der benannten Gegenstände, sondern zu einer über ihn einbrechenden Erfahrung des leeren Namens und d.h. ihrer referenzlosen Sprachlichkeit. Die Insel ist eine Sprachinsel, die als Name erst *auftaucht* (um hier eine weitere Metapher aus dem Text aufzugreifen); der bestirnte Himmel ist der Himmel der Sprache, aus dem sich die Namen eigenwillig lösen. Die Sprache des Himmels ist aber keine verfügbare. Wenn die Sterne in diesem Text erscheinen, so nur und überhaupt erst als Namen einer Sprache, die dem Spaziergänger fremd ist und fast schon bedrohlich in ihn *eintritt*. Der Blick zum Himmel – das *transcendens* schlechthin[7] – führt im Text dazu, daß sich der Spaziergänger plötzlich auf einem Boot befindet, also auf unsicherem Boden. Und die Sterne treten als etwas bedrohlich Unmenschliches, d.h. eigentlich nicht Erkennbares am Himmel auf. Bei genauerem Hinsehen fällt zudem auf, daß die Namen im Text ungenannt bleiben und daß sie sich über die namenlose Landschaft legen, ohne Spuren zu hinterlassen. Was sich also in der Flüchtigkeit der Namen, in ihrem intentionslosen Nachsprechen ereignet, ist nicht die Erkenntnis von Objekten mittels Begriffen und die dadurch ermöglichte Grundlegung wissenschaftlicher Methoden, d.h. die Erfahrung als zielgerichteter Weg der Erkenntnis. Vielmehr stellt die Erfahrung der Sprache bei Benjamin – als systematischer Ort der Erkenntniskritik – ihre eigene Namenlosigkeit aus, d.h. etwas eigentlich Unverfügbares.[8]

Das bisher Dargelegte hat verschiedene Implikationen, je nachdem welcher Ausrichtung von Benjamins Denken man nachgeht: Es betrifft den Geschichts- und Zeitphilosophen ebenso sehr wie den historischen Materialisten wie auch den Sprachtheoretiker und den Literaturkritiker. Allen aber ist der Bezugsrahmen des Sternenhimmels in bezug auf das Problem der eigenen, genuin sprachlichen Darstellung gemein.[9] Hier sei versucht, diesen Gedanken auf den Ort zu beziehen, den Benjamin der Dichtung und allgemeiner der Kunst zuschreibt und der hier im besonderen an der Literatur der Moderne am Beispiel von Kafka und dessen Rezeption durch Benjamin expliziert sei. Wir erinnern uns, daß die messianische Szene im Prosatext auf Ibiza erst durch den Umstand, daß die Phantasie ihren »Schleier« über die Landschaft legt, entfaltet wird. Man könnte auch sagen, daß die Phantasie die messianische Szene produziert und dadurch die Landschaft eben ein klein bißchen entstellt. Anstatt aber zwischen der sinnlich wahrnehmbaren Welt der sonnigen Landschaft und der intelligiblen Welt des Himmels zu vermitteln, führt die imaginierte Welt eine dunkle Stelle zwischen diesen Bereichen ein, die den Schluß des Textes selbst bildet. Die dunkle Sprache der Imagination ist derjenige Name, der in seiner Namenlosigkeit nicht nur – negativ – das Signum der fehlgeschlagenen Vermittlung exponiert, sondern – positiv – eine Zwischenwelt behauptet, die bei Benjamin unschwer als Ort der Dichtung erkannt werden kann. Sie setzt hier systematisch dort ein, wo die Erfahrung der Dinge ein Unerfahrbares und die Erkenntnis der Dinge ein Unerkennbares ausstellen. In einem Brief an Florens Christian Rang von 1923 spricht Benjamin von der »geretteten Nacht« und meint damit eine »Welt der Verschlossenheit«, in der er seltsamerweise sowohl die Natur als auch die Kunstwerke verortet.[10] Der Brief stellt eine frühe Version der Ideenlehre dar und setzt die Sterne am Ideenhimmel in unversöhnlichen Gegensatz zur »Sonne der Offenbarung«. Die Sterne können (ebenso wie die Kunstwerke) »nur in der Nacht der Natur« scheinen. Aber auch hier hat die Philosophie die Aufgabe, »die Ideen [d.h. die Sterne] zu benennen wie Adam die Natur«. Ihre Aufgabe besteht folglich, wie sich im Rückgriff auf den verwandten Text »In der Sonne« sagen läßt, auch darin, um ihre Namenlosigkeit zu wissen, d.h. die Nacht der Kunst, ihre namenlose Faktizität vor dem als Offenbarung sich gebenden Licht des interpretativen Zugriffs zu retten. »Die gerettete Nacht« heißt demnach genau nicht, die »Ideenwelt in die Helle einer diskursiven und deduktiven Begrifflichkeit zu übertragen«,[11] sondern ihre Dunkelheit, die unvermittelte Dunkelheit der Imagination, zu behaupten.

II.

Benjamins Zugriff auf Kafkas Werk, der in seinem *Kafka*-Essay aus dem Jahre 1934 am ausführlichsten zum Ausdruck kommt, ist maßgeblich von dieser Lichtmetaphorik getragen. Darüber hinaus scheint es in diesem Text kein Primat des Begrifflichen vor dem Metaphorischen zu geben: Kafkas Texte werden von Benjamin ausdrücklich auf keine Lehre hin transparent gemacht, sondern als *unerklärende* Texte ernstgenommen.[12] Das Licht kommt nicht ungebrochen in Benjamins Ausführungen vor, immer ist es vom Dunkel durchdrungen, das es umgibt und es bedingt. So heißt es gleich zu Beginn des Essays: »Die Welt [...] der dunklen Zimmer ist Kafkas Welt.«[13] Alles bewegt sich demnach im »Halbdunkel«, im »Zwielicht« oder in der »Dämmerung«, und als einziges sieht Benjamin eine Hoffnungslosigkeit zum »Vorschein« kommen, die jenseits jeder gnostischen Erwartung verortet wird. Die Sterne kommen in dieser Welt eigentlich nicht vor, und man wäre nicht verblüfft gewesen, Benjamins Diktum über Baudelaires Dichtung auch hier vorzufinden: »Baudelaires Abgrund ist der sternenlose. In der Tat ist die Lyrik von Baudelaire die erste in der die Sterne nicht vorkommen.«[14] Daß es hierfür nicht bloß eine historische Erklärung gibt, die durch den Einbruch des künstlichen Lichts ins moderne Großstadtleben das Erlöschen der Sterne am Himmel registrieren könnte, oder eine metaphysische Erklärung, die die Dunkelheit aus der Abstinenz des Messianischen erklären möchte, sei im folgenden durch einen Rückgriff auf Kafkas ersten poetischen Text erläutert, der von Benjamin zitiert wird und der wie kein anderer Kafka-Text den Bezugsrahmen des Sternenhimmels zur Diskussion stellt. In diesem Text wird im Erlöschen der Sterne, d.h. in ihrer Namenlosigkeit nicht einfach ein poetisches Motiv erkennbar, das vordergründig als Klage über den transzendentalen Orientierungsverlust erscheinen könnte. Vielmehr wird das Wissen um die kosmische Ordnung als eine kulturelle Last inszeniert, von der es sich poetisch zu befreien gilt. So tritt gerade im Erlöschen der Sterne eine poetologische Chiffre hervor, die die Frage nach dem Schreiben und seiner Ausrichtung neu aufwirft. Die Abkehr von den Sternen und die Zuwendung zu der als kontingent erfahrenen Benennung der Sterne werden den ebenso finsteren wie fröhlichen Hintergrund abgeben, vor dem in Kafkas Texten die Zwischenwelt der Dichtung ihren Ausgang nimmt.

Franz Kafka nennt die Erfahrung der Namen und der Namen der Sterne, die sich bei Benjamin auf dem Boot ereignet und im unbenannten Himmel den Grund oder Abgrund für eine eigene, befremdliche Spracherfahrung legt, eine »Seekrankheit«. Sie stellt sich in seinem ersten poetischen Versuch aus dem Jahre 1907 mit dem Titel *Beschreibung eines Kampfes* ein. Der Text erzählt vom winterlichen Nachtspaziergang eines namenlosen Ich-Erzählers mit einem ebenso namenlosen Unbekannten, den er zufällig um Mitternacht in einer nicht weiter definierten Gesellschaft trifft und mit dem er sich auf den Weg durch die Nacht auf den Laurenziberg hinaufmacht. Von den labyrinthischen Wegen, die sie beschreiten, heißt es, daß sie wegen des Schnees »wie Schlittschuhbahnen« sind. Und ebenso glitschig ist der Gang der Erzählung, die eigentlich immer wieder die Frage nach der eigenen Orientierung aufwirft und in unübersichtlichen Digressionen den Weg zu verlieren droht. So verwundert es nicht, daß die Erzählung als Entwurf überliefert ist und alle Insignien der Unabgeschlossenheit trägt. Als Kafka kurz darauf die Erzählung wiederaufnimmt und ins reine zu bringen versucht, schreibt er einen Text auf losen Blättern nieder, der keinen Titel trägt. Überhaupt läßt diese Reinschrift, die ebenfalls unabgeschlossen bleibt, all diejenigen Stellen aus, die im ersten, betitelten Entwurf die Problematik des Namens und der Sternennamen betreffen.

Als die beiden Protagonisten am Ende von *Beschreibung eines Kampfes* im Morgengrauen endlich oben auf dem Laurenziberg ankommen, verdunkelt sich das Licht seltsamerweise: »Als ob unsere Sorge alles verdunkelt hätte, saßen wir oben auf dem Berg, wie in einem kleinen Zimmer, trotzdem wir doch schon früher Licht und Wind des Morgens bemerkt hatten.«[15] Das Gleichnis, das den offenen Raum des Berggipfels in ein kleines, verschlossenes – Benjamin hätte gesagt »dunkles« – Zimmer verwandelt, wird hier ganz wörtlich gewendet: »Wir waren nahe beisammen, trotzdem wir einander gar nicht gern hatten, aber wir konnten uns nicht weit von einander entfernen, denn die Wände waren förmlich und fest gezogen.«[16] Das Ende des Spaziergangs, das Ende von Kafkas erstem poetischem Versuch, führt buchstäblich zur Verfinsterung des Himmels. Der Topos vom Gang der Erfahrung, den Kafkas erster Text aufnimmt, stellt sich auch in diesem Text als eine Spracherfahrung dar, die sich aus dem erhobenen Blick zum Himmel in der Nacht ergibt. »Das Kunstwerk der planetarischen Namensgebung«,[17] von der Blumenberg treffend als Umschreibung des Kosmos berichtet, will sich aber auch hier nicht einstellen. Vielmehr rückt der Akt der Namensgebung selbst in den Vordergrund und exponiert jenseits jedes Kratylismus eine Spracherfahrung, in der die benannten Dinge stets namenlos bleiben und die Namen in ihrer Kontingenz jeglicher Eigentlichkeit enteignet sind. Dies wiederum hängt mit der Erfahrung der Seekrankheit zusammen:

> Ja, ich ahne schon, ja ich ahnte es schon, seit ich euch zum erstenmal sah, in welchem Zustande ihr seid. Ich habe Erfahrung und es ist nicht scherzend gemeint, wenn ich sage, daß es eine Seekrankheit auf festem Lande ist. De-

> ren Wesen ist so, daß ihr den wahrhaftigen Namen der Dinge vergessen habt und über sie jetzt in einer Eile zufällige Namen schüttet. Nur schnell! Nur schnell! Aber kaum seid ihr von ihnen weggelaufen, habt ihr wieder ihre Namen vergessen. Die Pappel in den Feldern, die ihr den ›Thurm von Babel‹ genannt habt, denn ihr wußtet nicht oder wolltet nicht wissen, daß es eine Pappel war, schaukelt wieder namenlos und ihr müßt sie nennen ›Noah, wie er betrunken war‹.[18]

Die Seekrankheit auf festem Lande kappt also den Bezug des Namens zum Benannten, von Wort und Ding und erfährt ausschließlich den Akt der Benennung, der flüchtige und verwirrende Verweiszusammenhänge herzustellen vermag, die der Komik nicht entbehren. Über den verwirrenden Hinweis auf den Turmbau zu Babel hinaus, der ja gemäß der Genesis-Erzählung in Angriff genommen wurde, »um sich einen Namen zu machen«,[19] ist die rein höhenmäßige Reduktion des Turms zu einer schwachen Pappel zu beobachten, was per se ridikülisierend wirkt. Daß der Turm mit dem genauen Namen *Babel* hier zudem zu einer namenlosen *Pappel* transformiert wird, zeigt aber nicht etwa nur ein verwirrtes Plappern nach *Babel* an, sondern ist als poetisches Verfahren lautlich parodierenden, also paronomastischen Sprechens beschreibbar. Vor diesem Hintergrund wird die Rede vom wahrhaftigen Namen der Sterne weniger als Erlösungshoffnung erkennbar, als vielmehr als kulturelle Last inszeniert, von der es sich poetisch zu befreien gilt. An der Stelle im Text, an der der Spaziergänger in einer unwillkürlichen Anamnesis ein letztes Mal an der kosmischen Namensgebung teilnehmen muß, befindet er sich plötzlich als Schwimmer im Wasser:

> Denn das Gedächtnis hat viel zu tragen. So kannte ich mit einem Male alle die vielen Sterne bei Namen, trotzdem ich es niemals gelernt hatte. Ja, es waren merkwürdige Namen, schwer zu behalten, aber ich wußte sie alle und sehr genau. Ich gab meinen Zeigefinger in die Höhe und nannte die Namen der einzelnen laut – ich kam aber nicht weit mit dem Nennen der Sterne, denn ich mußte weiterschwimmen, wollte ich nicht zusehr untertauchen. [...] Da stand ich wieder auf dem Pflaster und fühlte einen Schmerz im Knie. Ich hatte die Namen der Sterne vergessen.[20]

Die Evokation eines kulturellen Gedächtnisses, in dem die wahrhaftigen Namen der Sterne aufbewahrt sind und in dem der Spaziergänger wie im Fluß des Vergessens schwimmt, gibt hier dazu Anlaß, dieses Wissen als eine Last zu inszenieren. Am Paradigma des Namens wird nämlich nicht ein kulturelles Wissen, sondern die deiktische Eigenschaft von Sprache erinnert, durch die der Name wie ein kindlicher Zeigefinger, ungebrochen, auf ein einziges bestimmtes Ding zutrifft und die kosmische Ordnung gewährleistet. Dieses vorbabelische Sprachmodell aber, von dem es heißt, daß es »niemals gelernt« wurde, zeigt an, daß das Vergessene nicht einfach vergessen, sondern eigentlich ungewußt ist und folglich von keinem Erinnern einfach reaktualisiert werden kann. Auf dem Boden der Erde, auf dem sich der Spaziergänger plötzlich wiederfindet, sind die Namen der Sterne nur als vergessene, und das heißt als eigentlich unerinnerbare, anwesend. Und das bedeutet im literarischen Text Kafkas, daß der Sternenhimmel zur nächtlichen Projektions- und Reflexionsfläche von Namensgebungen wird, an der die Namen und ihr Wissen zerbrechen und die Sterne in ihrer ungeordneten Namenlosigkeit erlöschen. Sie werden damit regelrecht auf den Boden – und das ist in Kafkas Text stets die Immanenz des eigenen Textes – heruntergezerrt. Wie die Anrede an den Himmel durch eine weitere namenlose Figur im Text zeigt, tritt das so konturierte poetische Sprechen sogar antagonistisch gegen den Himmel an und bringt ihn geradezu zum Einsturz:

> Aber als ich aus dem Hausthor mit kleinem Schritte trat, wurde ich von dem Himmel mit Mond und Sternen […] überfallen […] und fieng zu überlegen an […] ›Es ist ja wahr noch immer seid ihr mir überlegen, aber doch nur dann, wenn ich euch in Ruhe lasse.‹ ›Gott sei Dank, Mond, du bist nicht mehr Mond, aber vielleicht ist es nachlässig von mir daß ich dich Mondbenannter noch immer Mond nenne. Warum bist du nicht mehr so übermüthig, wenn ich dich nenne ›vergessene Papierlaterne in merkwürdiger Farbe‹. Und warum ziehst du dich fast zurück, wenn ich dich ›Mariensäule‹ nenne und ich erkenne deine drohende Haltung nicht mehr Mariensäule, wenn ich dich nenne ›Mond, der gelbes Licht wirft‹ ›Es scheint nun wirklich, daß es euch nicht gut thut, wenn man über euch nachdenkt‹.[21]

Der Himmel der Erkenntnis verschwindet und wird zu einem auf den Boden der Erfahrung heruntergerissenen Himmel der Sprache, in dem die wahrhaftigen Namen der Sterne ungewußt vergessen sind. Damit aber wird die Unmöglichkeit einer universellen Gesetzmäßigkeit in der kosmischen Dunkelheit des Himmels des Textes selbst bejaht, die übrigens nicht erst am Ende des Textes über ihn hereinbricht. So heißt es in einer ersten Passage, an der der Text die Orientierung über seine eigene Ausrichtung zu verlieren scheint: »Die Sterne dunkelten schon und der Mond versank schwächlich im Himmel, wie in einem bewegten Gewässer. Der Berg war schon ein Stück der Nacht.«[22] Diese Stelle formuliert Kafka in der titellosen Reinschrift um, in der das Vergessen der Sternennamen ausgelassen wird, und, man könnte sagen, er entstellt sie ein klein bißchen. Da lesen wir: »Der Berg gehörte schon der Finsternis.«[23] Diese Änderung an derjenigen Stelle im Text, an der der Berg der Erkenntnis in der finstersten Nacht verschwindet und der Spaziergang der Erfahrung unvermittelt abbricht, gibt zu denken. Der Text bietet hier kein Licht an, sondern ein Wort, das bei genauerer Betrachtung seltsamerweise zu strahlen beginnt. Entstellt man nämlich das Wort »Finsternis«, das nur an dieser einzigen Stelle in Kafkas Text auftaucht, entstellt man dieses Wort nach dem der Paronomasie verwandten anagrammatischen Verfahren, so erkennt man darin nicht nur die Kombination »stern«, sondern aus den übrigen Buchstaben auch die Buchstabenfolge »fi–nis«. Damit wird deutlich, daß die kosmischen Sterne buchstäblich am Ende sind und nur noch als sprachliche Silben in der Dunkelheit des Textes wirken.[24] Das Wort leuchtet also – als namenloses Wort – erst nach dem Ende des kosmischen Lichts, erst nachdem die Sterne zu leuchten aufgehört haben. Das Leuchten des poetischen Wortes aber findet nur vor dem Hintergrund seiner Bedingung statt, nämlich der Finsternis, und es ist dieses Wissen um ein Unerkennbares – man könnte auch sagen: um sein Unwissen –, das für es prägend ist.

III.

Benjamin spricht diesen Umstand nicht begrifflich aus, sondern bringt ihn im dritten Abschnitt seines Kafka-Essays scheinbar unvermittelt zum Vorschein, der unter dem Titel »Das bucklicht Männlein« steht. Es ist auch der Abschnitt, in dem er den ersten Teil der Stelle über die »Seekrankheit« aus *Beschreibung eines Kampfes* zitiert und diese Erfahrung im Bereich einer »Vergessenheit« ansiedelt, die der unerschöpfliche Quell für die »schwankende Natur der Erfahrungen« darstelle:[25] »Vergessenheit ist das Behältnis, aus dem die unerschöpfliche Zwischenwelt in Kafkas Geschichten ans Licht drängt.«[26] Aus dieser folglich dunklen Zwischenwelt stammt auch die Figur »Odradek«, es ist die »Form, die die Dinge in der Vergessenheit annehmen«, wie Benjamin weiter festhält.[27] »Odradek« nun ist kein *Wort*, sondern ein *Name*: Im ganzen ersten Abschnitt des Textes, den Kafka 1921 im *Landarzt*-Band unter dem Titel »Die Sorge des Hausvaters« publiziert hat, wird vorgeführt, daß »das Wort Odradek« etymologisch nicht aufzuschlüsseln sei und daß man »einen Sinn des Wortes« nicht finden könne:

> Die einen sagen, das Wort Odradek stamme aus dem Slawischen und sie suchen auf Grund dessen die Bildung des Wortes nachzuweisen. Andere wieder meinen, es stamme aus dem Deutschen, vom Slawischen sei es nur beeinflußt. Die Unsicherheit beider Deutungen aber läßt wohl mit Recht darauf schließen, daß keine zutrifft, zumal man auch mit keiner von ihnen einen Sinn des Wortes finden kann.[28]

Daraufhin wird festgehalten, daß dieses sinnlose Wort der Name für ein wirkliches Wesen ist: »Natürlich würde sich niemand mit solchen Studien [i.e. Etymologie] beschäftigen, wenn es nicht wirklich ein Wesen gäbe, das Odradek heißt.«[29] Odradek gehört also nicht zur Ordnung des bedeutenden Wortes, sondern zur Ordnung der Namen, die sich hier offenbar dadurch auszeichnen, daß sie das Benannte verfehlen und somit nicht zur Ordnung der wahrhaftigen Namen gezählt werden können. Als zufälliger Name exponiert Odradek somit – analog zur Problematik, die Kafka in *Beschreibung eines Kampfes* anhand der Sternennamen thematisiert hat – sowohl die Unzulänglichkeit der Namen als auch die Namenlosigkeit des Benannten. Die gleich an diese Problematik anschließende Beschreibung von Odradek, die eigentlich im ganzen restlichen Text nur festhält, daß man es nicht zu fassen, also auch nicht beschreibend zu fassen bekommt, wird nun von Benjamin relativ ausführlich zitiert:

> ›Es sieht zunächst aus wie eine flache sternartige Zwirnspule, und tatsächlich scheint es auch mit Zwirn bezogen; allerdings dürften es nur abgerissene, alte, aneinander geknotete, aber auch ineinander verfitzte Zwirnstücke von verschiedenster Art und Farbe sein. Es ist aber nicht nur eine Spule, sondern aus der Mitte des Sternes kommt ein kleines Querstäbchen hervor und an dieses Stäbchen fügt sich dann im rechten Winkel noch eines. Mit

> Hilfe dieses letzteren Stäbchens auf der einen Seite, und einer der Ausstrahlungen des Sternes auf der anderen Seite, kann das Ganze wie auf zwei Beinen aufrecht stehen.‹[30]

Odradek beginnt in dieser Beschreibung, die selbst ziemlich sprunghaft vorgeht, allmählich zu leuchten: Zuerst ist es eine »sternartige« Spule, also gerade kein Stern. Dann wird es plötzlich zum Stern, aus dessen Mitte Stäbchen hervorgehen, die es schließlich als »Ausstrahlungen des Sternes« zu einem Wesen werden lassen, das sich aufrichten und mit Beinen bewegen kann und sich ausschließlich in Häusern bewegt, ohne irgendwo einen bestimmten Wohnsitz zu haben und ohne gefangen werden zu können. Damit ist Odradek – so kann man die bisherigen Überlegungen zusammenführen – die Form, in der die Dichtung, nachdem ihr der Sternenhimmel abhanden gekommen ist, ihre eigene Orientierungslosigkeit nicht nur ausstellt, sondern auch als ihr genuin poetisches Prinzip behauptet.[31] Benjamin hält fest, daß Odradek wie alle Figuren Kafkas »entstellt« ist und deswegen »durch eine lange Reihe [...] mit dem Urbilde der Entstellung« verbunden ist, nämlich dem bucklichten Männlein. Seine Körperentstellung sagt, daß ihm der Blick zum Himmel eigentlich unmöglich ist, deswegen ist es das Wesen, das »den Kopf tief auf die Brust heruntergebeugt« hält.[32] Wenn dem buck-*lichten* Männlein dabei Sterne aufleuchten, so ist es die Faktizität von sprachlichen Sternen und die Unmöglichkeit, sie sich anzueignen, wenn sie auszustrahlen begonnen haben.

Mit den Ausführungen zum Sternenhimmel bei Benjamin und Kafka – so kann man abschließend und zusammenfassend festhalten – stehen hier zwei Interessen im Vordergrund. Erstens kann in der Verknüpfung des Sternenmotivs und der Namensproblematik ein Bezugsrahmen erfaßt werden, auf den sich Benjamin und Kafka auf ähnliche Art und Weise ausrichten. Für beide wird der Nachthimmel zum Schauplatz erkenntnis- und sprachkritischer Überlegungen; für beide resultiert aus dem Versuch der kosmischen Namensgebung eine Abtrennung des benannten Sterns vom Namen des Sterns; für beide zeigt sich dabei die Verlagerung des Interesses auf die Sprachlichkeit des Namens in seiner Kontingenz; für beide wird der Himmel zur Metapher nicht für transzendentale Erkenntnis, sondern für die Sprache. Die Sprache dieses Himmels bietet bei beiden Autoren keine Orientierungspunkte, sondern ist eine Sprache, die keine Erkenntnis gewährleistet und als Unverfügbare erfahren wird. Daraus kann die These gewonnen werden, daß die Verdunkelung des Himmels vor diesem erkenntnis- und sprachkritischen Hintergrund stattfindet und die Dichtung gerade in dieser Finsternis die Bedingung ihrer Entstehung, ihres Erscheinens findet. Während diese Verortung der Kunst bei Benjamin einem kritischen Gestus entspringt und einer messianisch inspirierten »Rettung der Nacht« verpflichtet ist, kommt sie bei Kafka bei seinem ersten poetischen Versuch zum Vorschein, um dann in seinem Oeuvre weitgehend zu verschwinden. Damit ist aber keineswegs gesagt, daß Benjamins Kafka-Essay losgelöst von seinen literarischen Techniken betrachtet werden sollte. Deswegen muß zweitens festgehalten werden, daß dieses Erlöschen der Sterne noch in der, sei es kritischen, sei es poetischen Inszenierung von künstlichen Sternen am Werk ist. Kafka stellt sie in seinem Odradek dar und wendet das Wissen um die Namenlosigkeit der Sterne bzw. das Unwissen um die Sterne zu seinem produktiven Prinzip; Benjamin seinerseits bringt sie in seinem Essay gerade nicht abstrakt namenstheoretisch, sondern in seiner essayistischen Darstellungsweise, die das Augenmerk mit gezielter Metaphorik auf die jeweiligen Lichtverhältnisse richtet, zum Strahlen; es gelingt ihm damit, den Stern von Kafkas Dichtung – Odradek – um so treffender in seiner Unverfügbarkeit als sprachliche Faktizität – noch *diesseits* jedes Sinnes – auszustellen.

Anmerkungen

1 GS IV.1, S. 417. – Benjamins Texte werden nach den *Gesammelten Schriften* (= GS Bandnummer, Seitenzahl) oder *Gesammelten Briefen* (= GB Bandnummer, Seitenzahl) zitiert: Walter Benjamin, *Gesammelte Schriften*, hg. von Rolf Tiedemann und Hermann Schweppenhäuser unter Mitwirkung von Theodor W. Adorno und Gershom Scholem, Frankfurt a.M. 1974–1989. – Walter Benjamin, *Gesammelte Briefe*, hg. von Christoph Gödde und Henri Lonitz, Frankfurt a.M. 1995–2000.

2 Ebd.

3 Ebd., S. 419.

4 Ebd.

5 Ebd., S. 420.

6 Vgl. Wolfgang Bock, *Walter Benjamin – Die Rettung der Nacht*, Bielefeld 2000, hier S. 119: »In diesen Bildern erscheinen nun zunächst die Sterne selbst als Repräsentanten der Idee, die das Licht der Offenbarung, das als Sonne figuriert, in einer andern Form ins Dunkle weitertragen.«

7 Vgl. Thomas Schestag, »Lampen«, in: Christiaan L. Hart Nibbrig (Hg.), *Übersetzen: Walter Benjamin*, Frankfurt a.M. 2001, S. 38–79, besonders S. 40–42.

8 Vgl. zu Benjamins historischer Diagnose einer ›zerstörten Erfahrung‹: Giorgio Agamben, *Kindheit und Geschichte* (1977), übers. von Davide Giuriato, Frankfurt a.M. 2004, S. 21–95.

9 Vgl. hierzu die grundlegenden Studien von Bettine Menke, *Sprachfiguren. Name – Allegorie – Bild nach Walter Benjamin*, München 1991, besonders S. 288–303; Stéphane Moses, »Die Metaphern des Ursprungs. Namen, Ideen und Sterne«, in: ders., *Der Engel der Geschichte. Franz Rosenzweig – Walter Benjamin – Gershom Scholem* (1992), Frankfurt a.M. 1994, S. 87–111.

10 Die Briefstelle lautet: »Es treten nämlich in der Interpretation Zusammenhänge untereinander auf, welche zeitlos und dennoch nicht ohne historischen Belang sind. Dieselben Gewalten nämlich, welche in der Welt der Offenbarung (und das ist die Geschichte) explosiv und extensiv zeitlich werden, treten in der Welt der Verschlossenheit (und das ist die der Natur und der Kunstwerke) intensiv hervor. Bitte verzeihe diese dürftigen und vorläufigen Gedanken. Sie sollten mich nur hierher leiten, wo ich Dir zu begegnen hoffe: die Ideen sind die Sterne im Gegensatz zu der Sonne der Offenbarung. Sie scheinen nicht in den Tag der Geschichte, sie wirken nur unsichtbar in ihm. Sie scheinen nur in der Nacht der Natur. Die Kunstwerke nun sind definiert als Modelle einer Natur, welche keinen Tag also auch keinen Gerichtstag erwartet, als Modelle einer Natur, die nicht Schauplatz der Geschichte und nicht Wohnort der Menschen ist. Die gerettete Nacht. […] Die Philosophie hat die Ideen zu benennen wie Adam die Natur […]. Die Aufgabe der Interpretation von Kunstwerken ist: […] Festzustellen. – Verzeihe wenn dies alles nicht verständlich sein sollte.« (GB II, 393) – Vgl. hierzu auch: Giorgio Agamben, *Das Offene. Der Mensch und das Tier*, übers. von Davide Giuriato, Frankfurt a.M. 2003, S. 89 f. – Vgl. zu Florens Christian Rangs Zusammenarbeit mit Benjamin die grundlegende Studie von Lorenz Jäger, *Messianische Kritik. Studien zu Leben und Werk von Florens Christian Rang*, Köln, Weimar, Wien 1998 (zum zitierten Brief S. 170 f.).

11 Nicolas Pethes, *Mnemographie. Poetiken der Erinnerung und Destruktion nach Walter Benjamin*, Tübingen 1999, S. 155 f.

12 Vgl. hierzu die eindrückliche Studie von Sven Kramer, *Rätselfragen und wolkige Stellen. Zu Benjamins Kafka-Essay*, Lüneburg 1991, besonders S. 77 und S. 143.

13 GS II.2, S. 410.

14 GS I.3, S. 1152.

15 Franz Kafka, *Beschreibung eines Kampfes. Gegen zwölf Uhr […]*, in: ders., *Historisch-Kritische Ausgabe sämtlicher Handschriften, Drucke und Typoskripte*, hg. von Roland Reuß und Peter Staengle, Basel, Frankfurt a.M. 1999, S. 216 (im folgenden zitiert als: Kafka, BeK bzw. Kafka, GzU).

16 Ebd.

17 Vgl. Hans Blumenberg, *Die Vollzähligkeit der Sterne*, Frankfurt a.M. 2000, S. 201.

18 Kafka, BeK, S. 128 ff.

19 Genesis 11,4.

20 Kafka, BeK, S. 59 f.

21 Ebd., S. 167 f.

22 Kafka, GzU, S. 79.

23 Ebd., S. 54.

24 Ein ähnliches Phänomen macht Aris Fioretos in Celans Texten ausfindig. Vgl. Aris Fioretos, »Finsternis«, in: Axel Gellhaus und Andreas Lohr (Hg.), *Lesarten. Beiträge zum Werk Paul Celans*, Köln, Weimar, Wien, Böhlau 1996, S. 153–176, besonders S. 174.

25 GS II.2, S. 428.

26 Ebd., S. 430.

27 Ebd., S. 431.

28 Franz Kafka, *Gesammelte Werke*, hg. von Hans-Gerd Koch nach der kritischen Ausgabe, Frankfurt a.M. 1994, Band I (*Ein Landarzt und andere Drucke zu Lebzeiten*), S. 222.

29 Ebd.

30 GS II.2, S. 431.

31 Vgl. hierzu die Ausführungen von Werner Hamacher, »Die Geste im Namen. Benjamin und Kafka«, in: ders., *Entferntes Verstehen*, Frankfurt a.M. 1998, S. 280–323, besonders S. 307–309: »Sein Name heißt, daß er nicht heißt. […] Odradek ist ein Wort aus mindestens zwei Sprachen, zwischen mindestens zwei Sprachen und also keiner einzigen zugehörig, ein Zwitterwort und ein Zwitter aus Wort und Nicht-Wort.[…] Die ›sternartige Zwirnspule‹ ›Odradek‹, die art-lose, ist das Desaster jeder Sprache, die noch etwas zu

sagen hat; aber dieses Desaster ist auch das, was es überhaupt ermöglicht, daß Etwas gesagt wird. Lucus a non lucendo.«

32 GS II.2, S. 431.

Wolfram Groddeck

›Entstellte Sterne‹
Gedanken zu Rilkes Astropoetik

In seiner *Poetica astronomica* erzählt der spätantike Autor Hyginus, wie es dazu kam, daß die Leier des Orpheus in einem Sternbild am Himmel verewigt wurde. Hyginus bezieht sich dabei auf ältere Überlieferungen, die bis ins siebte vorchristliche Jahrhundert zurückreichen. Solche Überlieferungen sind bei den Mythen freilich immer vielsträngig und widersprüchlich. Die wirkungsmächtigste Darstellung des Orpheus-Mythos ist vielleicht die aus den *Metamorphosen* des Ovid. Bei Ovid findet sich jedoch die Verklärung des Orpheus bzw. seiner Leier zum Sternbild nicht. Diese Sternsage stammt aus hellenistischer Zeit und wird erst durch Hyginus und Lukian überliefert. Lukian weiß auch, daß Orpheus selber Sterndeuter war und die Sphärenharmonie entdeckt hat.

Orpheus ist – nach einigen Überlieferungen – ein Sohn des Dichter- und Sonnengottes Apoll, seine Mutter war die Muse Kalliope, deren Gebiet das heroische Epos und die Elegie ist, dargestellt wird sie gerne mit der Schreibtafel. Das mütterliche Erbe des Orpheus zeigt sich darin, daß er den Hexameter, den *versus heroicus*, erfunden haben soll, aber auch – wenn man eine weniger verbreitete Tradition einbeziehen will – die Schrift überhaupt.

Der Sänger Orpheus, der die siebensaitige Leier von Apoll erhielt, vermochte mit seinem Saitenspiel so zu verzaubern, daß er wilde Tiere, ja selbst leblose Steine in seinen Bann zu ziehen vermochte. Aus Liebe zu seiner jungverstorbenen Gattin Eurydike hatte Orpheus als Lebender die Grenze zum Totenreich überschritten, um die Geliebte aus dem Hades zu den Lebenden zurückzuholen. Aber der Versuch ist mißlungen, da Orpheus aus dem Überschwang der Sehnsucht das Gebot des Totenreichs mißachtet und sich vor der Zeit nach Eurydike umgewendet hat. Damit hat er sie endgültig verloren. Die anrührende Szene wird von Ovid so geschildert:

Nicht mehr fern ist die Grenze der oberen Welt: da befürchtet
Er, der Liebende, daß sie ermatte; er sehnt sich nach ihrem
Anblick und schaut sich um: schon ist die Geliebte entglitten.
Und sie breitet die Arme: sie will ihn halten, sich halten
Lassen und greift, die Unselige, nichts als entweichende Lüfte.
Mag sie sterben zum zweiten Mal: sie hat für den Gatten
Keinerlei Tadel; was soll sie denn tadeln, als daß er sie liebe?
Nur ein letztes ›Lebwohl‹, das kaum seine Ohren vernehmen,
Spricht sie, dann trägt es sie wieder davon nach dem nämlichen Orte.[1]

Dieselbe Szene ist auch in der bildenden Kunst seit der Antike immer wieder gestaltet worden. Besonders schön ist die Darstellung auf einem griechischen Grabrelief, überliefert in drei römischen Kopien, auf dem Eurydike mit dem Seelenführer, dem Psychopompos Hermes, gezeigt wird, und zwar in dem Moment, wo Orpheus sich nach ihr umwendet.

Allein unter den Lebenden zurückgeblieben, trauerte Orpheus, er verweigerte sich den Werbungen der Frauen, er soll sogar die Knabenliebe erfunden haben und wurde aus Rache dafür von den Bacchantinnen in Stücke gerissen. Vielleicht waren aber die mörderischen Bacchantinnen auch nur ein Werkzeug der Rache des Dionysos, mit dem Orpheus kultisch verbunden war, dem er aber nach seiner Hadesfahrt durch seinen Apollo-Dienst untreu wurde. Oder es wiederholte sich das Schicksal des *Dionysos Zagreus*, des zerstückelten Gottes. Wie auch immer man es deuten wird: Des Orpheus abgetrenntes Haupt trieb, genagelt an seine Leier, im Meer auf die Insel Lesbos zu, wo es ehrenvoll bestattet wurde und die lesbische Dichtung initiierte. Zeus selbst oder aber die Musen versetzten schließlich die Leier des Orpheus unter die Sterne. Hier ist sie noch heute in den Sommernächten sichtbar, im Zenith des Himmels, mit dem hellen Hauptstern Wega, als das Sternbild »Lyra« oder eben als »Die Leier«.

Der Name Orpheus als Inbegriff des Dichters taucht in Rilkes Lyrik – soweit ich sehe – nur an zwei Stellen auf: in einem Gedicht in Blankversen mit dem Titel »Orpheus. Eurydike. Hermes« aus den *Neuen Gedichten* von 1907 und in den *Sonetten an Orpheus* von 1923.[2]

Das frühe, schon im Jahr 1904 entstandene Orpheus-Gedicht ist eine Neugestaltung der Katabasis-Szene mit der tragischen Umwendung des Orpheus, die auch das schon erwähnte »bekannte Relief in Neapel« zeigt, das Rilke zu seinem Gedicht inspiriert hat.[3] Ich will dieses Gedicht hier nicht interpretieren,[4] sondern nur – in Hinblick auf mein Thema – eine Strophe, die Verse 47–56, aus dem langen Gedicht herausgreifen, die von der Liebe des Orpheus und seiner Klage um Eurydike, der »So-geliebten«, spricht. Die Strophe ist in sich gerundet, indem der Ausdruck »So-geliebte« die zehn Verse umrahmt und die syntaktische konsekutive Konstruktion »so – daß« nicht nur die im Grunde elliptische Aussage der Strophe zusammenhält, sondern auch die Liebe oder das Lieben als die eigentliche Bedingung für die Entstehung von Dichtung als einer »Welt der Klage« bezeichnet. Die Strophe lautet so:

Die So-geliebte, daß aus einer Leier
mehr Klage kam als je aus Klagefrauen;
daß eine Welt aus Klage ward, in der
alles noch einmal da war: Wald und Tal
und Weg und Ortschaft, Feld und Fluß und Tier;
und daß um diese Klage-Welt, ganz so
wie um die andre Erde, eine Sonne
und ein gestirnter stiller Himmel ging,
ein Klage-Himmel mit entstellten Sternen –:
Diese So-geliebte.[5]

Die grammatische Ellipse in dieser Strophe besteht darin, daß die umrahmenden Ausdrücke »Die So-geliebte« und »Diese So-geliebte« bloße Nominalsätze ohne Verb, ohne Tätigkeitswort also, sind, sich bei genauerem Bedenken jedoch selber als Ergebnis einer Tätigkeit darstellen, nämlich des Liebens. Das Lieben zu der »So-geliebten«, einer Geliebten, die der Liebe aber entzogen ist, weil sie tot ist, wird zur Ursache alles anderen: einer ganzen »Welt aus Klage«. Diese Welt, ähnlich der »anderen«, unseren Welt, ist der orphische Gesang.

Orpheus' Gesang entspringt dem Reich der Toten, und er ist daher auch innig mit der Schrift verbunden. Denn die Schrift steht für das entschwundene Leben, sie vertritt, was aus dem Leben verschwunden ist. »Jedes Graphem«, schreibt Jacques Derrida in seiner *Grammatologie*, »ist seinem Wesen nach testamentarisch. Die eigentümliche Abwesenheit des Subjekts der Schrift ist auch die Abwesenheit der Sache oder des Referenten.«[6]

Das Verhältnis von Schrift und Lebensentzug hat auch Auswirkungen auf den Rilkeschen Begriff der Lyrik: Sie ist ohne Schrift gar nicht möglich, denn Lyrik ist wesentlich, wenn auch nicht ausschließlich, Schrift. Wenn man nun einen Blick auf das Grabrelief wirft, das für Rilkes

Abb. 1: »Ermete, Euridice, Orfeo«, Museo Archeologico Nazionale Napoli

frühes Orpheus-Gedicht das »Vorbild« war, dann gewahrt man, daß am oberen Rand des Reliefs drei Wörter geschrieben sind, welche die darunter stehenden Personenabbildungen in griechischen Buchstaben benennen: ›Hermes‹, ›Euridike‹, ›Orpheus‹ – das ist nun genau die umgedrehte Reihenfolge, in welcher die Namen im Titel von Rilkes Gedicht stehen.

Das eigentümlich Rührende bei der Beschriftung des Grabreliefs ist jedoch, daß der Name »Orpheus« hier in Spiegelschrift geschrieben ist. So als ob mit der Umkehrung der Schrift (die ja vielleicht nur eine graphische Verdoppelung des Motivs von Orpheus' unglücklicher Rückwendung darstellen soll) ausgedrückt würde, daß der lebendige Sänger noch nicht dem nekrologischen Zwang der Schrift unterworfen ist, sondern es erst dereinst sein wird. Im Reich der Toten und der Schrift stellt Orpheus den unwahrscheinlichen Sonderfall des Lebendigen dar, das aus der Reihe tanzt.

Im Gesang, der aus seiner Leier geboren wurde und in der Trauer um Eurydike, an die sich das Gedicht erinnert, entstand eine Klage-Welt. Im Gegensatz zur rituellen Klage der »Klagefrauen«, die nur die reine Abwesenheit beklagen können, entsteht aus solchem Gesang eine ganze Welt, eine Behauptung von Präsenz. Die orphische Klage-Welt ist der Inhalt einer Form, die in poetischer Hinsicht auch einen eigenen Namen hat: die *Elegie.* (Hier sei noch einmal daran erinnert, daß die Mutter des Orpheus, Kalliope, als die Muse der Elegie gegolten hat.)

Die orphische Elegie, die Klage um die »So-geliebte«, unterscheidet sich aber von der eigentlichen Elegie insofern, als sie nicht einen Verlust dichtet, sondern ihn zu einem ›Alles-noch-einmal‹ übertrumpft, nach der Art einer Nietzscheanischen Bejahung, die selber – in polysyndetischer, allesverbindender Reihung – schöpferisch wird: »Wald und Tal / und Weg und Ortschaft, Feld und Fluß und Tier«. Die Klage-Welt, die übersteigerte orphische Elegie, ist »ganz so« wie die »andre Erde«, denn es umkreisen sie »eine Sonne« und »ein [...] gestirnter Himmel«. Der orphische Gesang stellt sich nun als eine Kosmologie im wörtlichen Sinne dar, da der Kosmos aus der Dichtung, aus der Totenklage des Sängers neu hervorgeht. Aber der Himmel in der Kosmologie des klagenden Orpheus ist eben doch wieder nur ein »Klage-Himmel«, und als »bestirnter« trägt er zwar auch Sterne, aber es sind »entstellte«. Die

Formel von den »entstellten Sternen«, der ein Gedankenstrich folgt und mit der die Aufreihung der Dinge in der »Welt aus Klage« abbricht, steht in der Literatur singulär da; ich möchte behaupten, daß es diese Formel vor Rilke nicht gab.

Zunächst enthält der Ausdruck »entstellte Sterne« ja ein Wortspiel, weil das lateinische Wort »stella«, das in »ent-stellte« anklingt, selber ›Stern‹ heißt, so wie das Wort »stella« auch im Wort Kon-stellation enthalten ist. »Entstellte Sterne« sind also sozusagen de-konstellierte Sterne, also Sternbilder, welche ihre bekannten Konstellationen, in denen sie als Bilder existieren, aufgelöst, aber noch keine neuen fixiert haben. Ähnlich wie das spiegelbildliche Wort Orpheus, das ja auch kein neues Wort bildet, aber doch das alte Wort »Orpheus« zur Unaussprechlichkeit »entstellt«. »Entstellte Sterne« lassen sich also als solche Sterne verstehen, die aus ihrer gewohnten Ordnung in Sternbildern und damit auch aus ihrer *Lesbarkeit* herausgelöst sind und die neu zu konstellieren, zu entziffern und zu deuten wären. Aber es ist in dieser Formel auch eine negative Konnotation wahrzunehmen. Denn die Aussage »entstellte Sterne« meint auch ›verunstaltete Sterne‹, ähnlich wie man von einer körperlichen »Entstellung« spricht, etwa bei einem durch Schmerz, Gewaltzufügung oder Tod »entstellten« Gesicht. So bewahrt der Ausdruck »entstellte Sterne« in dieser Strophe als einziger in der orphischen Nekrologie die Erinnerung an die Realität von Schmerz, Auflösung und Tod. Das Gedicht »Orpheus. Eurydike. Hermes« erinnert also, in der Rückwendung an die Voraussetzung der Hadesfahrt, den Gesang oder die Elegie des Orpheus, welche die Überschreitung gegen das Gesetz der Totenwelt, die sich in der Umwendung vollzieht, aus seiner Leier hervorbrachte.

Wenn wir nun im Werk Rilkes einen zeitlichen Sprung von 18 Jahren tun – während dieser Zeitspanne *schweigt* Rilkes Dichtung von Orpheus –, so finden wir in der *Zehnten Duineser Elegie* eben jenen »Klage-Himmel« wieder, den schon Orpheus gesungen hatte. In dem symbolistisch-allegorisch überhöhten Gedicht, das von dem Weg eines jungen Toten handelt, der von einer »Klage« – einer Personifikation der Elegie selbst – in die Tiefe des »Leidlands« geführt wird, ist die Rede von einer »Welt aus Klage«. Die allegorische »Klage«, das Mädchen, das hier die Aufgabe des Psychopompos übernimmt, zeigt, in der siebten

Strophe der Elegie (V. 88–95), dem gestorbenen Jüngling einen neuen Sternenhimmel:

> Und höher, die Sterne. Neue. Die Sterne des Leidlands.
> Langsam nennt sie die Klage: »Hier,
> siehe: den ›Reiter‹, den ›Stab‹, und das vollere Sternbild
> nennen sie: ›Fruchtkranz‹. Dann, weiter, dem Pol zu:
> ›Wiege‹, ›Weg‹, ›das brennende Buch‹, ›Puppe‹, ›Fenster‹.
> Aber im südlichen Himmel, rein wie im Innern
> einer gesegneten Hand, das klar erglänzende ›M‹,
> das die Mütter bedeutet .....«[7]

Die »Sterne des Leidlands«, welche die Klage benennt, findet man auf keiner Sternkarte. Die Ansammlung von neuen Sternbildern in der siebten Strophe der letzten Elegie versetzt die Interpreten auch meistens in eine gewisse Verlegenheit. Die symbolische Konzentration in der bloßen Aufzählung von Sternnamen, die es nicht gibt, erzeugt einen Sinnüberschuß, der gleichzeitig von einer seltsamen Beliebigkeit – man könnte auch sagen von einem *Entzug* – der Bedeutung begleitet wird.

Das neunte und letzte der aufgezählten Sternbilder hat eine gewisse Sonderstellung: »Aber im südlichen Himmel«. Es läßt sich vielleicht auch am ehesten entziffern.[8] Denn es hat Buchstabenform: »das klar erglänzende ›M‹«. Der Buchstabe M ergibt in horizontaler Spiegelung den Buchstaben W. Und ein solches Sternbild, das wie ein W aussieht und auch manchmal so genannt wird, gibt es am anderen, am wirklichen Sternenhimmel: Es ist die Cassiopeia, die freilich nicht am »südlichen Himmel« steht, sondern gerade – in der Logik der vertikalen Spiegelung – zu den nördlichen Zirkumpolar-Sternen gehört. Cassiopeia war in der griechischen Mythologie die *Mutter* der Andromeda, die zur Sühne für den Hochmut ihrer Mutter nackt an einen Felsen gekettet wurde und von einem Seeungeheuer verschlungen werden sollte. Aber zum Glück wurde Andromeda dann von dem Helden Perseus gerettet. Noch heute kann diese Begebenheit aus den Sternen abgelesen werden, wo neben dem W der Cassiopeia die Sternbilder Andromeda und Perseus stehen. Das klar glänzende W im Nordhimmel der wirklichen Sternkarte steht also für eine eitle Mutter, die übrigens, wie Hyginus in der *Poetica Astronomica* erzählt, zur Strafe für ihre Eitelkeit mit den Füßen nach oben liegen muß – daraus ergibt sich die W-Form des Sternbilds. Das ›M‹ im Sternenhimmel des »Leidlands« läßt sich nun als Umkehrung dieser Figur lesen, buchstäblich, aber auch in bezug auf die Bedeutung. Das Sternbild »M« kann nun, über den bezug auf die »Mütter« als das »entstellte« Sternbild der Mutter Cassiopeia begriffen werden, die nun aus ihrer unbequemen und erniedrigenden Stellung mit den Füßen nach oben erlöst wird. Das zum M entstellte W, das sich phonetisch auch als ›Weh‹ lesen läßt,[9] bedeutet im »Leidland« der zehnten Elegie die Erlösung allen mütterlichen Wehs.[10]

Wenn man die Deutungskunst der jungen Klage ihrerseits deutet, dann zeigt sich, daß sie hier zwei komplementäre Deutungskünste miteinander verbindet: die Handlesekunst mit der Kunst der Sterndeutung. Das Sternbild »M« bedeutet »die Mütter«, sagt die Klage, – »rein wie im Innern / einer gesegneten Hand«. Die Praxis des Handlesens, der Chiromantie, ist ebenso alt wie die Sterndeutung und stammt ebenfalls aus der ägyptischen Kultur. Beide Wissenschaften spiegeln sich im zitierten Vers ineinander, indem sie zwischen Universum und Individuum nicht mehr grundsätzlich unterscheiden, sondern das eine im anderen abbilden. Wenn am Ende der fünften Strophe der *Zehnten Elegie* davon die Rede ist, daß »für immer, schweigend, der Menschen Gesicht / auf die Waage der Sterne gelegt« sei, dann verschmilzt die Vorstellung des Kosmischen mit der des Menschlichen in einem astro-poetischen Bild, das sich zugleich auch etymologisch begründet, da das Wort »Stern« und das Wort »Stirn« denselben Ursprung haben.[11]

Die anderen acht neuen Sternbilder der Elegie wirken noch enigmatischer. Das Sternbild »Fenster« scheint einen ›Durchblick‹ in den Himmel hinter dem Himmel zu versprechen, es mag auch an das reale Sternbild ›Fernrohr‹ erinnern, das man nur auf der Südhalbkugel der Erde sehen kann. Aber die Deutungen bleiben beliebig, und ich halte die Reihe der aufgezählten Namen nicht für übersetzbar oder interpretierbar. Die Sternbilder sind vielmehr symbolische Setzungen ursprünglicher, aber hermetischer Bedeutungen.

Allerdings begegnen wir einem – und zwar gleich dem ersten dieser Sternbildnamen – in den *Sonetten an Orpheus* wieder. Dem Sternbild »Reiter« ist das elfte Sonett des ersten Teils[12] gewidmet:

Sieh den Himmel. Heißt kein Sternbild »Reiter«?
Denn dies ist uns seltsam eingeprägt:
dieser Stolz aus Erde. Und ein Zweiter,
der ihn treibt und hält und den er trägt.

Ist nicht so, gejagt und dann gebändigt,
diese sehnige Natur des Seins?
Weg und Wendung. Doch ein Druck verständigt.
Neue Weite. Und die zwei sind eins.

Aber sind sie's? Oder meinen beide
nicht den Weg, den sie zusammen tun?
Namenlos schon trennt sie Tisch und Weide.

Auch die sternische Verbindung trügt.
Doch uns freue eine Weile nun,
der Figur zu glauben. Das genügt.[13]

Von der Ökonomie der Wortverwendung her gesehen – und diese spielt bei großer Dichtung immer eine bedeutsame Rolle – zeigt sich, daß die neun Sternbildnamen aus der *Zehnten Elegie*: Reiter, Stab, Fruchtkranz, Wiege, Weg, das brennende Buch, Puppe, Fenster und das M in den *Sonetten an Orpheus* auch als einfache Wörter *nicht* mehr verwendet werden – mit der Ausnahme des Reiter-Sonetts. Hier wird neben dem Wort »Reiter« auch das Wort »Weg« – und sogar je zweimal – verwendet.
Man kann also sagen, daß der Dichter von den *Sonetten an Orpheus* her auf den Klagehimmel der zehnten Elegie blickt: »Sieh den Himmel. Heißt kein Sternbild ›Reiter‹?« – das ist ein Selbstzitat, zugleich wird aber mit der Frageform die Existenz des Sternbildes »Reiter« in Frage gestellt. Allerdings ist die Frage so gestellt, daß sie vom Leser bejaht werden muß: Doch, es gibt ein Sternbild mit diesem Namen, es steht ja in der zehnten Elegie. Da kann der Dichter belehrend fortfahren: »Denn dies ist uns seltsam eingeprägt«. Es gibt also das Sternbild »Reiter«, auch die eigene körperliche Erfahrung weiß es. Das Wissen um die Einheit von Mensch und Tier – das Tier wird hier in einer weit ausholenden Verallgemeinerung als »Stolz aus Erde« bezeichnet – und die Erfahrung der Tragfähigkeit dieser Verbindung, welche die Gemeinsamkeit des *Weges* ermöglicht, führt zur freudigen Einsicht in der Mitte des Sonetts: »Und die zwei sind eins«.

Der zweite Teil des Sonetts widerruft aber plötzlich – in einer jähen Umwendung des Sinns – die Erfahrung des gemeinsamen Weges. Tier und Mensch sind nun »namenlos« getrennt. Die Intentionen von Mensch und Tier sind verschieden, denn sie gehen von Natur aus verschiedene Wege, nur durch »Druck« war eine momentane »Verständigung« herstellbar, die sich aber wieder auflöst. Die Einheit von Tier und Mensch im Bild des »Reiters« ist also trügerisch.

Und nun steht im Gedicht, im letzten Terzett, die – im Kosmos des Orphischen Gesangs – unerhört wirkende Behauptung: »Auch die sternische Verbindung trügt«. Die Aussage, daß »die sternische Verbindung«, also die Konstellation der Fixsterne zueinander, trügerisch ist, stimmt nun aber gerade in physikalischer Hinsicht. Denn die Fixsterne sind nicht fix, im Laufe der Jahrtausende verändern sie ihren Ort am Himmel, und andere Sternbilder entstehen. Daß sich die Fixsterne aus ihren Konstellationen »ent-stellen«, daß nichts am Himmel fest und ewig ist, das ist eine Einsicht der modernen Kosmologie, welche die Menschen des 19. Jahrhunderts noch bestürzt hat. Zur Zeit der alten Ägypter sah z.B. der »Große Wagen« noch rechtwinklig aus, behaupten Astroarchäologen aufgrund von Berechnungen der Eigenbewegung der Sterne. Ein alter ägyptischer Sterndeuter würde heute, 4000 Jahre später, mit vermutlich Großem Schrecken die *Entstellung* des Sternbildes »Großer Wagen« zu einem schiefwinkligen Gebilde konstatieren müssen.

Das allwissend scheinende Subjekt des kleinen Lehrgedichts – denn das Sonett I.11 ist eigentlich ein Lehrgedicht – belehrt nun die Leser (jene Leser wohlbemerkt, die die zehnte Elegie kennen), daß man Sternbildern nicht trauen darf. Wenn man das eingesehen hat, ist es aber doch wieder erlaubt, sich an der »Figur« zu freuen. Mit einem trockenen »das genügt« wird den dergestalt Belehrten Bescheidenheit und Nüchternheit vermittelt.

Allerdings wird durch die Einsicht in das Trügerische der Sternbilder auch die Möglichkeit neuer, *her-stellbarer* Sternbilder geschaffen. Das vorletzte Gedicht des Zyklus beginnt so:

O komm und geh. Du, fast noch Kind, ergänze
für einen Augenblick die Tanzfigur
zum reinen Sternbild einer jener Tänze,
darin wir die dumpf ordnende Natur

vergänglich übertreffen. Denn sie regte
sich völlig hörend nur, da Orpheus sang.[14]

Das Gedicht ist – nach einem Hinweis Rilkes[15] – an die früh verstorbene Wera Ouckama Knoop gerichtet, die Tänzerin war und der der ganze Zyklus der *Sonette an Orpheus* gewidmet ist. Sie nimmt im orphischen Gesang der *Sonette* die Stelle der Eurydike ein. Das ebenfalls schwierig zu deutende Gedicht entwirft die Vorstellung eines aus der »Tanzfigur« augenblickshaft hervorgehenden Sternbildes. Das hier aus dem Tanz erscheinende »reine Sternbild« bleibt namenlos. Das Sternbild entsteht aus dem Hören des Orphischen Gesangs: eine getanzte Signatur des Orpheus.
Und nun möchte ich zum Schluß noch ein letztes Sonett aus dem Zyklus ansprechen, es ist das achte des ersten Teils:

Nur im Raum der Rühmung darf die Klage
gehn, die Nymphe des geweinten Quells,
wachend über unserm Niederschlage,
daß er klar sei an demselben Fels,

der die Tore trägt und die Altäre. –
Sieh, um ihre stillen Schultern früht
das Gefühl, daß sie die jüngste wäre
unter den Geschwistern im Gemüt.

Jubel weiß, und Sehnsucht ist geständig, –
nur die Klage lernt noch; mädchenhändig
zählt sie nächtelang das alte Schlimme.

Aber plötzlich, schräg und ungeübt,
hält sie doch ein Sternbild unsrer Stimme
in den Himmel, den ihr Hauch nicht trübt.[16]

In diesem Sonett glaube ich einen ironischen Tonfall zu vernehmen, der die »Klage«, das Mädchen, das wir aus der *Zehnten Duineser Elegie* kennen, auf eine liebevolle Weise nicht ganz ernst nimmt. Die »Klage« erscheint hier wie ein Kind unter ihren älteren »Geschwistern im Gemüt«, dem »Jubel« und der »Sehnsucht«.

Im Gedicht klingt allerdings auch eine Geschichte aus Ovids *Metamorphosen* mit: die Verwandlung der Byblis, welche ihren Zwillingsbruder bis zum Wahnsinn liebt und schließlich, da ihre verbotene Liebe nicht erhört wird, in einen Quell aus Tränen verwandelt wird.[17] Darauf spielt Rilkes Formulierung an: »die Nymphe des geweinten Quells«.

Das Sonett löst sich aber von der Ovidschen Vorlage zunächst völlig, da es in der mädchenhaften Figur der »Klage« deutlich auf die erwähnte Szene aus der *zehnten Duineser Elegie* verweist und eine neue orphische Poetologie entwirft, wonach nun die »Klage« nicht mehr als eine poetische Kraft für sich, sondern nur im Verein mit den älteren Formen »Rühmung«, »Jubel« und »Sehnsucht« bestehen darf. Wenn man die »Klage« der Elegie zuweisen wollte, so wären »Rühmung«, »Jubel« und »Sehnsucht« Formen hymnischen Sprechens – im Einklang mit dem berühmten Anfang der *zehnten Elegie*:

> Daß ich dereinst, an dem Ausgang der grimmigen Einsicht,
> Jubel und Ruhm aufsinge zustimmenden Engeln.[18]

Während in der zehnten Elegie die »junge Klage« als Psychopompos aus der Perspektive des toten Jünglings gesehen wird, erscheint sie im Sonett eher aus der Innenperspektive:

> nur die Klage lernt noch; mädchenhändig
> zählt sie nächtelang das alte Schlimme.

Die leise Ironie in der Formulierung »das alte Schlimme« zeigt an, daß durch die wiederholte Betrachtung des Unglücks das Leid eigentlich schon überwunden ist. Die Klage »lernt noch«, heißt es, nicht minder ironisch, denn sie wird so als eine Art Schulmädchen apostrophiert. Aber was lernt sie denn? Der Lernprozeß ereignet sich plötzlich, im letzten Terzett:

> Aber plötzlich, schräg und ungeübt,
> hält sie doch ein Sternbild unsrer Stimme
> in den Himmel, den ihr Hauch nicht trübt.

Offensichtlich hat sie plötzlich *schreiben* gelernt; die Adjektive »schräg und ungeübt« bezeichnen eigentlich eine Schülerschrift. Das »Sternbild« erscheint als die Metapher einer ersten, noch ungeübten Verschriftlichung.

Und mit diesem Element der ungeschickten Schrift berührt sich das Sonett wieder mit der Byblis-Episode aus Ovids Metamorphosen (IX, v. 561–565). Das ganze Unglück ereignet sich nämlich dort, weil Byblis ihrem Bruder *schreibt*:

> Fehlt uns noch viel? Erbarme Dich mein: ich bekenne die Liebe;
> Wenn mich die Glut nicht versengte, ich täte es nicht! O vermeide,
> Daß meines Grabmals Inschrift verkünde: Du hast es verschuldet!«
> Als sie – vergeblich! – das Wachs mit solcherlei Worten durchfurchte,
> Fehlt' ihr der Raum: eine Zeile, die letzte, die hing noch am Rande.[19]

Auf das letzte Detail der Ovidschen Byblis-Geschichte spielt die Charakterisierung »Schräg und ungeübt« vielleicht sogar an, aber die Bedeutung selbst ist doch wieder umgewendet: Das »Sternbild unserer Stimme« ist Zeichen einer sich selbst aufhebenden Klage, die den Himmel nicht (mehr) »trübt«. Tanz und Stimme verwandeln sich in den *Sonetten an Orpheus* in flüchtige Sternbilder. Der Gesang des Orpheus erzeugt eine ständige »Metamorphose« sich ›entstellender Sterne‹. Ein dichterisches Verfahren Rilkes, das man als astropoetisches auch ›Dekonstellation‹ nennen könnte.

Anmerkungen

1 Ovid, *Metamorphosen*, 10,55–63, in: Publius Ovidius Naso, *Metamorphosen*, Epos in 15 Büchern, hg. und übers. von Hermann Breitenbach, Stuttgart 1971, S. 317.

2 Vgl. zu dieser Thematik auch: Barbara Neymeyr, »Poetische Metamorphosen des Orpheus-Mythos bei Rilke: Von seinem Gedicht ›Orpheus. Eurydike. Hermes‹ bis zu den ›Sonetten an Orpheus‹«, in: *Zeitschrift für deutsche Philologie* 118, Sonderheft, 1999, S. 25–59.

3 Vgl. Rainer Maria Rilke, *Werke*, kommentierte Ausgabe in 4 Bänden, hg. von Manfred Engel, Ulrich Fülleborn, Horst Nalewski, August Stahl, Frankfurt a.M., Leipzig 1996, Band I, S. 954.

4 Zum ganzen Gedicht siehe die hellhörige Interpretation von Thomas Sches-

tag, »versi-«, in: *Interpretationen. Gedichte von Rainer Maria Rilke*, hg. von Wolfram Groddeck, Stuttgart 1999, S. 74–86.

5 Rilke, *Werke* (Anm. 3), Band I, S. 502.

6 Jacques Derrida, *Grammatologie*, übers. von Hans-Jörg Rheinberger und Hanns Zischler, Frankfurt a. M. 1983, S. 120 f.

7 Rainer Maria Rilke, *Duineser Elegien, Die Sonette an Orpheus*, nach den Erstdrucken von 1923 kritisch hg. von Wolfram Groddeck, Stuttgart 1997, S. 45 f.

8 Vgl. dagegen mein Nachwort in: ebd., S. 154.

9 Jacob Steiner zitiert im Kommentar zur Stelle als Beleg für Rilkes Metaphorik des Buchstäblichen eine Briefstelle vom 15. Januar 1920, geschrieben an Dorothea Freifrau von Lebedur: »das Wohin? steht mit so großem ›W‹ (Weh) und so riesigem Fragezeichen vor mir, daß es keinen Moment zu übersehen ist.« (Jacob Steiner, *Rilkes Duineser Elegien*. Bern, München 1962, S. 315)

10 Daß in Rilkes *Zehnter Elegie* die einzige explizite Deutung der neuen Sternbilder gerade auf »die Mütter« weist, bedeutet freilich auch ein Angebot an esoterischem Tiefsinn, der an die Szene aus Goethes *Faust II* erinnert, wo Faust zu den Müttern niedersteigt (V. 6212–6224):
»MEPHISTOPHELES.
Ungern entdeck' ich höheres Geheimnis.
Göttinnen thronen hehr in Einsamkeit,
Um sie kein Ort, noch weniger eine Zeit;
Von ihnen sprechen ist Verlegenheit.
Die Mütter sind es!
FAUST, *aufgeschreckt*. Mütter!
MEPHISTOPHELES. Schaudert's dich?
FAUST. Die Mütter! Mütter! – 's klingt so wunderlich!
MEPHISTOPHELES.
Das ist es auch. Göttinnen, ungekannt
Euch Sterblichen, von uns nicht gern genannt.
Nach ihrer Wohnung magst ins Tiefste schürfen;
Du selbst bist schuld, daß ihrer wir bedürfen.
FAUST. Wohin der Weg?
MEPHISTOPHELES. Kein Weg! Ins Unbetretene,
Nicht zu Betretende; ein Weg ans Unerbetene,
Nicht zu Erbittende. Bist du bereit? –«
Zitiert nach: Johann Wolfgang von Goethe, *Werke*, Hamburger Ausgabe, hg. von Erich Trunz, München 1988, Band III (*Dramatische Dichtungen I*),

S. 191. – Bemerkenswert ist, daß das Wort »Weg«, das bei Rilke als eines der neuen Sternbilder genannt wird, auch in dem zitierten Dialog aus Goethes *Faust* eine dem Wort »Mütter« vergleichbare emphatische Funktion inne hat.

11 Vgl. Artikel »Stern« in: Friedrich Kluge, *Etymologisches Wörterbuch der deutschen Sprache*, Berlin 1975, S. 746.

12 Vgl. zum folgenden ausführlicher: Wolfram Groddeck, »Kosmische Didaktik. Rilkes ›Reiter‹-Sonett«, in: *Interpretationen. Gedichte von Rainer Maria Rilke* (Anm. 4), S. 204–228.

13 Rilke, *Duineser Elegien, Die Sonette an Orpheus* (Anm. 7), S. 63.

14 Ebd., S. 108.

15 Rilke, *Werke* (Anm. 3), Band II, S. 763.

16 Rilke, *Duineser Elegien, Die Sonette an Orpheus* (Anm. 7), S. 60.

17 Rilke, *Werke* (Anm. 3), Band II, S. 734 f.

18 Rilke, *Duineser Elegien, Die Sonette an Orpheus* (Anm. 7), S. 42.

19 Ovid, *Metamorphosen* (Anm. 1), S. 304.

Martin Jörg Schäfer

Zerrissene Fäden
Hans Henny Jahnns Poetik des Siderischen

Brieflich hat Hans Henny Jahnn einmal geäußert, seine Romantrilogie *Fluß ohne Ufer* sei in der »Sternenzeit«[1] angesiedelt. Damit liefert der Autor den Hinweis auf eine ästhetische Programmatik des Textes, die vor allem die Komposition des zweiten Teils bestimmt. Die während der Naziherrschaft im Exil entstandene *Niederschrift des Gustav Anias Horn nachdem er 49 Jahre alt geworden war* stellt ein fingiertes Ich-Tagebuch dar, welches ungefähr vier Fünftel der im wahrsten Wortsinne ausufernden Textmasse einnimmt. Behandelt, thematisch gemacht und inszeniert findet sich hier vor allem eine Transzendierung der Gesetzmäßigkeiten irdischer Zeit: Die 13, den Monaten von November bis November zugeordneten Kapitel, runden sich zwar zu einem Jahreszyklus ab. Doch wo die Ich-Instanz ihrer selbst durch das Niederschreiben ihrer Erinnerungen habhaft zu werden trachtet, wird sie bloß mit der eigenen, schmerzhaften Desintegration in der Zeit konfrontiert. Bevor Horn, quasi am Schreibtisch sitzend, erschlagen wird, macht er die Erfahrung, daß Vergangenheit, Gegenwart und Zukunft ineinander zu verschwimmen beginnen und ihre Linearität ins Ununterscheidbare zerfließt: Ereignisse der Vergangenheit unterliegen identischen, aber nicht realen Wiederholungen. So zeigt sich, daß vergangene Ereignisse, welche schicksalsträchtige Entscheidungen des Ich nach sich gezogen haben, von Illusionen, vor allem von der Illusion einer linearen Zeit provoziert waren.[2] Die Frage des Ich, welche das Tagebuchprojekt textimmanent rechtfertigt und weitertreibt, wird so ad absurdum geführt: Wie kann Gustav Anias Horn ergründen, »was nur mir geschenkt wurde, keinem anderen: mein Schicksal«?[3] Wie läßt sich aus dem Aufbrechen irdischer Zeit in das nicht mehr an lineare Abfolgen gebundene Kontinuum der *Sternenzeit* eine Form sinnvoller Notwendigkeit ableiten?

Damit ist die Antinomie der *Niederschrift* gekennzeichnet: Das Schicksal des Ich ist es einerseits, daß es kein eigenes Schicksal hat, sondern daß seine ganz eigene, lineare Zeit sich in der Zeitlosigkeit eines undifferenzierten Kontinuums auflöst und von diesem mit der Ermordung des psychisch bereits völlig zerrütteten Ich-Erzählers buchstäblich zerschlagen wird. Das Schicksal als Destruktion und Desintegration bemüht aber andererseits immer wieder Bilder des Kosmos und der Gestirne. Die Suche nach dem Schicksal rezitiert immer wieder die Gestirne als Orientierungsmodell, welches das ganz eigene Schicksal in ein überzeitliches Schicksal der Welt und des Universums integrieren soll. Dieser Anruf der Gestirne muß letztlich fehlschlagen: Sie werden bloß noch die Destruktion des Irdischen spiegeln und sogar vorantreiben. Im Sternenbild, im Stern als einem literarischen Bild, verdichtet sich daher die interne Spannung der *Niederschrift*. Geradezu poetologische Programmatik kommt dem folgenden Satz zu: »Und die Zeit, ein stetiger, unaufgeregter Strom, trieb langsam vorüber, dem grauen, verkümmerten Stern zu, der das Gewesene speichert, um es allmählich zum Wirkungslosen zu zerstauben.«[4]

Dieser Stern, ganz am Ende der Zeit, leuchtet nicht mehr. Er bietet keine Orientierung, sondern er transformiert den Zeitstrom ins Undifferenzierte des Grauen, Verkümmerten, Staubigen und Wirkungslosen. Das Bild dieses Sterns, wo es auch auf der einen Seite noch das sinndurchwirkte eigene Schicksal fordern mag, exponiert doch auf der anderen Seite dessen Auflösung in der Kontingenz jener von Jahnns Zeitgenossen beschworenen *transzendentalen Obdachlosigkeit* der Moderne. Dieser wird der Stern als poetisches und poetologisches Spannungsmoment jedoch nie ganz ausgeliefert. Mit umfangreichen Materialien macht die *Niederschrift des Gustav Anias Horn* fast den gesamten Text hindurch mobil gegen den modernen Orientierungsverlust und für das Schicksal als einen sinnvollen Begriff, um erst am Ende durch die Auflösung im Kontinuum der *transzendentalen Obdachlosigkeit* zu erliegen.

Bei diesen Materialien handelt es sich in erster Linie um rezitierte oder transformierte Lektüren Jahnns: Anfang der 20er Jahre hat Jahnn Arthur Ungnads Übersetzung und Kommentierung der *Religion der Babylonier und Assyrer* rezipiert.[5] Seine in der Weimarer Republik entstandenen Texte zitieren immer wieder affirmativ entsprechende *Omina*, Vorhersagen des Schicksals anhand astrologischer Regelmäßigkeiten und Ereignisse. Gegen Ende der 20er verschlingt Jahnn geradezu Hans Kaysers antimodernen Versuch, mit Büchern wie *Orpheus* oder wie *Der hörende Mensch* esoterisches Wissen mit neuesten naturwissenschaftlichen Erkenntnissen in die Lehre von einer »Harmonik« der Welt zu verschmelzen.[6] Heraus kommt bei Kayser eine Neuauflage der *Great Chain of Being*, der großen Kette der Dinge, die von den Mineralien bis zum höchsten Wesen sinnvoll miteinander verknüpft sind, Mikrokosmen und Makrokosmos ineinander spiegeln und auf jeder Ebene neu abbilden.[7] Wie z.B. Michel Foucault für das späte Mittelalter und die frühe Neuzeit gezeigt hat, wird die ganze Welt so zum lesbaren und ins Unendliche fortführbaren Text. Nach dem Prinzip der Ähnlichkeit ist alles mit allem verknüpft, verwandt. Dementsprechend wird alles mit allem sinnvoll vergleichbar und an einen großen übergeordneten Sinn anschließbar.[8]

Hans Kayser legt diese große Kette mit pseudowissenschaftlichem Anspruch neu auf. Er bezieht sich hier insbesondere auf den pythagoreischen Zusammenhang von Zahl und Klang: Von einer bestimmten Saitenlänge auf der Lyra, dem Maß im Raum, wird demnach ein Ton als psychisches Phänomen mit seiner bestimmten Frequenz, dem Maß in der Zeit, hörbar. Wird die Saite halbiert, verdoppelt sich die Frequenz usw. Töne gelten somit als seelische (qualitative) wie auch mathematische, physikalische (quantitative) Werte. Diese Tonzahlen werden für Hans Kayser bestimmend. Er spürte z.B. auch Zahlenwerten in der Bildung von Kristallen nach und deutete sie weiter als Klangphänomene. Ebenso kommen auf diese Weise die Proportionen der Pflanzen zum Klingen. Unter Bezug auf von den modernen Naturwissenschaften eher ignorierte Texte Keplers und auf die Zusammenstellungen des Freiherr Albert von Thymus weitet Kayser diese Klang- und Zahlenharmonie zu einer kosmischen Harmonie aus: Die Gestirne folgen zahlenmäßigen, d.h. für Kayser harmonischen Gesetzen, die sich dann auch auf der Erde wiederfinden lassen. Schon das Atom ist ein kleines Planetensystem.[9] Klang und Zahl sind in Einheit mit den Sternen als Ordnung eines göttlichen Gesetzes. Im Universum bildet die Fülle der Sonne das unhintergehbare Zentrum. In Kaysers pythagoreischer Zahlenordnung erfüllt diese Funktion die Zahl Null, von der die gesamte Ordnung der Zahlen ausgeht. Kristallin, unvergänglich und haptisch ist ein in den

Sternen aufbewahrtes Schicksal so auch in die Sphäre des Endlich-Materiellen eingelassen.

Der Metaphernreichtum der *Niederschrift des Gustav Anias Horn* zehrt von diesem harmonischen Gesetz und nimmt es, da der Ich-Erzähler Komponist ist, immer wieder explizit auf: »Der Duft des Weißklees scheint, ich weiß nicht wie, mit einem Mollklang verwandt. [...] Das Wasser im Graben, die goldenen Augen der Kröten sind Spiegel, die eine Unendlichkeit einfangen.«[10] Der Autor Jahnn schreibt Kaysers Verbindungslinie zwischen Unendlichkeit, Zahl und Klang weiter fort in die poetische Sprache: »Ich möchte behaupten, daß auch komplizierte Formen der Musik sogar in einem epischen Werk Entsprechung finden können. [...] alle musikalischen Eingebungen haben sich mir selbst in Niederschriften umgesetzt.«[11] Diese Bezüge reichen immer wieder bis zu den Gestirnen und zurück. Z.B. kann die Kette vom Klang einer Orgel ausgehen, die mit barocken Engeln dekoriert ist: »Der sinnliche Glanz der tönenden Welt. Fettsteißige Freude. Runde Sonnen und Planeten. Runde Bäuche und runde Pausbacken. Und [die] Fußstapfen [der Schöpfung] triefen vor Monden und Fett.«[12]

Die Körperfülle der Engelsfiguren spiegelt sich in der Kreisförmigkeit der Vielzahl von Sonnen und Planeten. Der Fortgang der Schöpfung wird einem sinnlich-konkreten Prozeß vergleichbar, der sich als Fußstapfen in Materialität eingräbt und als Spurkontur ein Triefen, eine flüssige Überfülle von Materialität hervorruft. Die flüssige Überfülle kann als Fett bezeichnet werden, da sie dem Fett der runden Pausbacken entspricht. Dieses läßt sich mit Monden gleichsetzen, wo zumindest der irdische Mond wegen seiner Farbe häufig die Käse- oder Butter-, also die Fettmetapher provoziert. In der großen Kette der Dinge können so irdische Fußstapfen mit körperlichen Fetten wie astralen Monden verbunden werden und sich gar mit beiden anfüllen. Die Vergleiche zwischen den semantischen bzw. den astralen Ebenen können universell im ganz wörtlichen Sinne zugreifen und werden durch ein immanentes poetologisches Programm abgestützt. Nach literaturwissenschaftlichen Maßstäben ließen sie sich als »kühne« oder auch als »lebendige« Metaphern bestimmen.[13] Doch die von Jahnn neuaufgelegte Ähnlichkeitsepistemologie geht in keiner modernen Theoretisierung der Metapher auf. Diesen liegt zumeist eine Denominationstheorie als Negativfolie zugrunde, von der aus das kreative Potential innersprachlicher Vergleichsrelationen herausgestrichen oder zum nicht stillstellbaren Movens von Sprache erklärt werden kann. Diese von den Sprachtheorien des 20. Jahrhunderts beschriebene Dynamik ist zwar mit jener nie enden könnenden Lektüre verwandt, mit welcher Mittelalter und Renaissance sich der Ordnung der Ähnlichkeiten hingeben. Im Unterschied zu diesen ist die neuere Sprachtheorie aber nicht auf ein stabiles und den Sinn der von Element zu Element ziehenden Lektüre garantierendes Zentrum gefluchtet, sei es Gott als das gesättigte oder wie im Falle Kaysers die Null als das leere Zentrum.

Doch trotz der Bezugnahme des Jahnnschen Textes auf Kayser weist die Zusammenführung von Musik, Engeln, Schöpfung, Gestirnen, Fett und überquellenden Fußspuren bloß wenig von jener Harmonie auf, welche die Ähnlichkeitsepistemologie verspricht. Rezitiert werden zwar die von Kayser bereitgestellten Semantiken, aber ihre Kombination wirkt durch die extreme Verdichtung eher ungeordnet und willkürlich durchmischt. Statt eines geregelten Gangs durch die unterschiedlichen Ebenen und Sphären der großen Kette der Dinge, scheint alles mit allem auf dem direktesten Weg verknüpft. Ins Harmonische mischt sich ein schräger Beiklang. Die Rezitation einer vergangenen Epistemologie generiert literarische Bilder, die sich eher mit den Sprachtheorien des 20. Jahrhunderts fassen lassen: eben als kühne bzw. lebendige Metaphern oder, je nach ästhetischem Urteil, als schräge bzw. schlicht mißlungene Metaphern. Letzteres Urteil ist bis in die Jahnn-Philologie weit verbreitet.[14] Doch gehorcht das schräg Anmutende von Jahnns Bildern durchaus poetischem Kalkül: Es rührt nicht nur von einem mit Kaysers Harmonik errungenen und im 20. Jahrhundert archaisch anmutenden kosmischen Zugriff auf sprachliche Zusammenhänge her, sondern auch und gerade von einer Krise des Kayserschen Kosmos, die auf dessen Bilderordnung durchschlägt. Der *graue, verkümmerte Stern* entfaltet Sprache und Welt nicht als differentielle Fülle eines durch die Harmonik abgefederten Schicksals, sondern steht für einen Prozeß, in welchem diese langsam in ein undifferenziertes Kontinuum zusammenfallen.[15]

An einem Wendepunkt der *Niederschrift* wird diese Spannung zwischen schicksalhaft-kosmischer Ordnung und ihrer Krise virulent. In die Rekonstruktion der Vergangenheit schiebt das Ich ein Erlebnis vom vergangenen Abend ein, während dem es auf seinem skandinavischen Inselexil zu einer Begegnung mit den Gestirnen gekommen ist. Diese Begegnung findet in einer Zwischenzeit an der Grenze zwischen Tag und Nacht statt:

> Auf dem Heimweg – nasser Schnee, Sonne, die im Westen verschwunden ist, Mondsichel, schmal, des zunehmenden Mondes, im Westen; – merkwürdig leuchtende Wolken im Süden. Anfangs glaube ich, es ist der Widerschein von Mond und absinkender Sonne gegen Dunstschleier. Plötzlich sehe ich einen schmalen lichten Streifen von West nach Ost durch den Zenit gehen. Nochmals denke ich an Dunst, der bestrahlt wird. Aber es ist ein so eigentümlich konzentriertes Licht vor den schon leuchtenden Sternen, daß ich an den ungeheuren Schweif eines Kometen denke, [...] der leuchtende Streif biegt sich zur Parabel. Ich erschrecke. So schnell ziehen keine Wolken. Kurz vor der Höhe [...] sehe ich einen grell leuchtenden Stern fallen. Ich haste die Höhe hinauf. Es wiederholt sich nicht.[16]

Zunächst vermutet das Ich die von Kaysers Bezugsperson Kepler erforschte Gesetzmäßigkeit eines Kometen. Doch an die Stelle des vorgegebenen Gesetzes tritt ein Ereignis, das singulär bleibt und damit tiefe Symbolkraft erhält. Der Fall eines hellen Sterns vom Himmel erinnert an den Fall des strahlenden Morgensterns Luzifers und sein vergebliches Aufbäumen gegen die vorgegebene Ordnung Gottes. Die Höllensemantik wird anschließend im Erhaben-Bedrohlichen des Naturschauspiels weitergeführt: »Wenige hundert Meter vor der Kirche sehe ich im Osten einen roten Schein aufsteigen wie von einer ungeheuren Feuersbrunst. Das Rot untermischt sich mit Schwarz – wie Qualm. Endlich steigt es aufwärts. Ein ungeheurer Regenbogen, doch blutrot.« Das Höllenfeuer verkehrt sich durch Isotopiensprung zum Regenbogen als einer Mischform aus lebensspendendem Sonnenlicht und Regen in sein Gegenteil. Das Bild suggeriert zwar, es hätte Feuer geregnet. Daß der Regenbogen jedoch nicht als bunt, sondern undifferenziert als rot (wenn auch vielleicht in Rotabstufungen) beschrieben wird, stellt seinen Status als Regenbogen in Frage. Und wirklich erkennt das Ich hier ein Phänomen an den Rändern jeglicher Ordnung: »Nun weiß ich bestimmt, Nordlicht, das von Osten kommt.«[17] Nordlicht entsteht, wo die Sonnenstürme sich an der Erdatmosphäre brechen; es geht aus dem irdischen Schutz gegen die energetische Übermacht der Sonne hervor.[18] Dort, wo das beobachtende Ich auf eine geordnete Wiederkehr des gefallenen Sterns wartet, findet es keine kosmische Regelmäßigkeit, sondern es steht mitten in der höllischen Feuersbrunst, die vom Konflikt zwischen der Erde mit dem Zentrum des Universums – und in diesem Sinne von einem Konflikt mit der von Kayser abgeleiteten Metaphernkette – ausgelöst wird. Statt sich in dieser zu verorten, wird das Ich nun kurzzeitig zum Mittelpunkt einer Gegenwelt: »Nicht weniger als vier ungeheure weiße Fransenvorhänge spannen sich von Ost nach West. Senkrecht dazu treten Strahlen wie die Bahnen von himmlischen Scheinwerfern. Einen Augenblick lang entsteht die Hälfte einer leuchtenden Halbkugel, gegen Süden geöffnet, gegen Norden zum Horizont herabgesenkt. Im Westen erscheint die grausige rote Verfärbung wie zuvor im Osten.« Das in die Halbkugel schauende Ich steht seinerseits im Zentrum einer eigenen imaginären Kugel, d.h. eines höllischen Lichtplaneten, der aus dem Konflikt Erde–Sonne entstanden ist. Die Koinzidenz mit der Sternschnuppe suggeriert, der gefallene Stern wäre anstelle der Sonnenwinde Ursache der Nordlichterscheinung. Kurzzeitig tritt das Ich so an die Stelle des aus seiner schicksalhaften Ordnung gefallenen Sterns. »Dann verblaßt, zerreißt die Erscheinung, das ganze hat einundeinehalbe Stunde gewährt.« Im Bericht wird diese Zeit extrem zusammengerafft, wodurch erneut ein uneinheitliches Bild entsteht. Dem langsamen und sanften Verblassen folgt unmittelbar das plötzliche und brutale Zerreißen, das so dem Verblassen gleichgesetzt scheint. Durch die undifferenzierte Aufzählung werden die widersprüchlichen Prozesse in eins gesetzt. Zwischen Sonne und Mond, Feuer und Wasser, Sonne und Erde, schließlich Verblassen und Zerreißen entsteht damit ein unsicherer und flüchtiger Grenzbereich, der nicht in Kaysers harmonischer Metaphernkette aufgeht, sondern gleich dem Stern aus deren Himmelsordnung herausfällt.

Trotzdem bleibt es Bestreben des Ich, das Ereignis in den Sinn des geregelten Ablaufs wiedereinzugliedern: »Verknüpft sich damit eine Bedeutung für das laufende Jahr? Bezieht es sich auf mich, der ich es so genau beobachtet habe?«[19] Tatsächlich legt die Gesamtanlage der *Niederschrift* nahe, das Ich als diesen gefallenen Stern zu lesen, d.h. seine Beobachtung auf sein späteres Schicksal – nämlich im Verlaufe der Niederschrift eines eigenen Schicksals brutal verlustig zu gehen – rückzubeziehen.

Dieser Lesart steuert die Ich-Instanz selbst an dieser Stelle jedoch noch entgegen. Es folgen wörtliche, bloß manchmal leicht abgewandelte Zitate aus Arthur Ungnads *Religion der Babylonier und Assyrer*, welche die Gesetzmäßigkeit von Schicksal beschwören:

> Jahrtausende hat der Mensch die Wissenschaft der Omina betrieben. Die Babylonier haben ein unfaßbar großes Archiv der Kasuistik zusammengetragen. Die Fragestellung, um das Archiv des Schicksals zu ergründen, war immer die gleiche: Wenn im Opfertier eine schwarze Leber gefunden wird oder in der Flamme Dunkelheit, verfinstert sich die Sonne oder tritt ein Stern in den Hof des Mondes, fliegt ein Falke in das Haus eines Menschen hinein, wirft eine Stute ein Fohlen mit fehlenden Gliedern oder gar einen Zwitter, was wird dann dem Könige, dem Lande, der Stadt, dem Hause, dem Mann, der Frau, dem Kinde, dem Herde, dem Acker, der Ernte geschehen. Millionen und Abermillionen merkwürdiger Begebnisse wurden beobachtet, verglichen aufgezeichnet, registriert – all diese Irrtümer oder bösen Absichten der Schöpfung – aufs neue überprüft, bestätigt gefunden, ausgeschieden, umgeformt – Tausende von Priestern arbeiteten daran, bewachten Nacht für Nacht auf den Sternwarten der Zikkurats den Himmel –, bis die Wahrheit der Zusammenhänge, ein Jahrtausend lang gehämmert, sichtbar wurde.[20]

Diese Aufzählung hält noch über geschlagene zweieinhalb Seiten mit ähnlichen Beispielen an. Dann folgt ein abschließender Kommentar des Ich-Erzählers:

> Die Sätze, die Aussagen unübersehbar aneinandergereiht, auf alle Gebiete des Daseins ausgedehnt, versuchen das Schicksal, seine Mechanik, Aufstieg und Fall, Armut und Reichtum zu erkunden. Und in der Tat gelang es mit dieser Methode, nicht nur die Bahnengesetze, sondern auch die Einflüsse der Planeten und Sternbilder zu erforschen. Wirkungen, an deren Vorhandensein Kepler und Tyge Brahe nicht zweifelten. Sie hatten den Mut, Horoskope zu stellen.[21]

Mit diesem Bezug auf Kaysers Gewährsleute, der das Verhältnis zwischen Gestirnen und Schicksal autorisieren und damit letztlich die poetische Vergleichbarkeit absichern soll, endet diese Textstelle jedoch. Frage und Forderung nach Schicksal bleiben ohne Antwort im Raum stehen. Die *Niederschrift* setzt wieder bei der Erinnerung an längst vergangene Ereignisse an.

Die Spannung zwischen Affirmation eines kosmischen Schicksals und seiner Auflösung, zwischen einer universellen Vergleichbarkeit und Metaphern, die ins Leere und Ungesicherte gehen, durchzieht die ganze *Niederschrift* – immer wieder unter Einbezug der Sterne. In Anlehnung an den Autor selbst läßt sich daher von einer Poetik des Siderischen sprechen: Im Jahr 1927 veröffentlicht Jahnn in der zweiten Ausgabe von *Die literarische Welt* einen Text mit dem Titel »Glosse zur syderischen Grundlage der Dichtkunst«. Der kurze Text bleibt kryptisch; die im Titel versprochenen Sterne werden bloß am Rande erwähnt. Die darin implizierte Theorie vom Sprachursprung wird allerdings exakt in der Spannung zwischen einem notwendigen Bezug zu den Gestirnen und einem protestierenden Abfallen vom schicksalhaften Verlauf verortet. Demnach muß es das erste Anliegen der Literatur sein, gegen die zivilisatorische Moderne den Bezug zu den Sternen überhaupt erst wieder herzustellen. D.h. hier zunächst: eine Sprache, die zur Verständigung gesprochen wird und eine einfache Referenzfunktion erfüllt, in die letztlich bis zu den Sternen reichende Kette der Vergleichbarkeiten einzugliedern. Jahnn nennt eine solche Sprache »Symbolsprache«: »Alle Symbolkraft ist dem Gebrauchswort entwendet. […] Große Dichter versuchen, der Sprache eine magische Bedeutung zurückzuerobern. Sie verdichten einen Sinn, schaffen ihm Beziehungen zur Umwelt, zum Universum, zur Vergangenheit, Zukunft. Neben den einfachen Bericht des Wortes tritt ein Abbild im Ewigen.«[22] Solch ein Symbolisches ist genauso überzeitlich, wie es in vormodernen Weltbildern dem Universum und seinem Sternenhimmel zugeschrieben wird, über den sich das symbolische Wort die Sprache mit der gesamten Welt und die Welt mit dem Himmel verkettet. Dies scheint der Text im folgenden zu bestätigen: Der Dichter »jammert nach einer Bildsprache, die nicht Verständigung will, sondern Gemeinsamkeit, nicht einen schnellen Schluß, sondern ein weites Weltgesetz, nicht die Einengung, sondern die Fülle, die sich niemals niedrig gebärden kann, weil das gemeinste Wort noch in die Elemente greift und daher Schicksal und Sinn entleiht«.[23] Sinnvoll im Gegensatz zu einer vom Ursprung abgefallenen Zivilisation und ihrer leeren Sprache ist das Schicksal. Schicksalsvoll ist daher immer der nur im Bezug zur Ewigkeit und zu deren hier propagierten Fülle einlösbare Sinn. Sobald er diese Abkehr von der Moderne proklamiert hat, macht der Text jedoch seinerseits kehrt, indem er auch die Möglichkeit einer Übernahme des von den Sternen vorgegebenen Sinns bestreitet: »Der

Gang der Welt vollzieht sich nicht mehr unter hymnischen Gesängen.«[24] Ein mythischer Gesang im Einklang mit dem Universum liegt in einer unzugänglichen Vergangenheit. Und diese ist nicht etwa wegen der Unterschlagung der großen Kette der Dinge in Zivilisations- und Sprachkrise vergangen, sondern wegen einer ursprünglichen Fehlfunktion im Universum selbst, die das dichterische Wort als nie zureichenden Kompensationsversuch erst entstehen läßt. Nun werden zum ersten und einzigen Mal die versprochenen Sterne genannt: »Der Schmerz des einzelnen Menschen war es, der die heilige Ordnung aller Abstammung zertrümmerte, die Fäden zerriß, die zwischen Sternen und menschlichen Bahnen gewoben.«[25] Abrupt tritt mit dem Schmerz einer der großen Topoi Jahnns auf: Daß es ein Schmerzempfinden gibt, so ist es auch einheitlicher Tenor der *Niederschrift*, läßt sich durch keinen auch noch so harmonischen Aufbau der Welt rechtfertigen. Es ist der Schmerz, der einen Riß in der großen Kette der Dinge provoziert.[26] Er durchwirkt so auch das Bild vom Abfall jenes grellen Sterns vom Firmament, d.h. eine poetische Sprache, die sich zwar an den harmonischen Ähnlichkeitsbeziehungen orientiert, dabei aber immer wieder Mißklänge und Disharmonien, schräge und kühne Metaphern hervorbringt und so den Riß exponiert, der durch die Kette zwischen Gestirnen, Menschen und Sprache geht. Diese Kette wird affirmiert, aber sie ist laut Text von dem Moment an zerstört, an dem die Zeit aufhört, harmonische Ewigkeit zu sein – nämlich indem sie als die Nichtewigkeit des Lebendigen, im Schmerz, erfahrbar wird: »Der Beginn der Zeit brachte den Lebenden Tod.« Und dieser Schmerz wird durchaus auch in den babylonischen und assyrischen Gesellschaften, auf deren angebliche mythische Verfaßtheit Jahnn zuvor durchgängig positiven Bezug nimmt, erst kulturell hergestellt: »Der erste Schrei von der Folterbank macht den Vorhang im Tempel zerreißen.«[27] Dieses Ende der mythischen Harmonie im Schmerz imaginiert die Glosse als die Urszene der Sprache: So »bekam das Leid Gewalt über das Wort«.[28] In diesem Sinne ist der Dichter der erste Sprechende überhaupt. Seine Sprachsymbole füllen den Riß zwischen Menschen und Sternen, ohne den Faden neu zu knüpfen. Die versprochene »syderische Grundlage der Dichtkunst« besteht also aus einem Archaismus und gleichzeitig aus einer forcierten Modernität: Einerseits behauptet sie eine feste, überzeitliche, schicksalhafte Weltordnung, die von den Atomen bis zu den Sternen reicht. Zum anderen begehrt sie gegen eine eben von dieser Ordnung produzierte Sinnlosigkeit auf: Es gibt Sprache, weil die Menschen aus dieser Ordnung der Sterne herausfallen müssen, wo diese Ordnung der Sterne für die Menschen letztlich nur den Schmerz vorgesehen hat. Mit der dichterischen Sprache protestieren sie aus diesem Schmerz heraus gegen diesen Schmerz und lassen die große Kette der Harmonien sprachlich immer wieder ins Leere, ins Schräge, ins Disharmonische gehen – wodurch Jahnns Literatur sprachlich doch immer wieder in eben jener Moderne ankommt, gegen welche sie antritt.

Die Behauptung, *Die Niederschrift des Gustav Anias Horn* sei in der *Sternenzeit* angesiedelt, weist somit auf eine Narrativierung des angenommenen Ursprungs von Kultur, Sprache und deren Bildern durch den Text hin: Die Sterne und die auf sie zulaufende harmonische Kette haben zunächst keine Zeit, sie sind zeitlos. Auf der Suche nach seinem Schicksal kommt das Ich des Komponisten Horn der Wahrheit so nahe, daß das aus der Zeit gehobene Schicksal nur im Schmerz der Ich-Auflösung zu haben ist. Selten sind die Momente, in denen die Gestirne ihm den harmonischen Einklang mit diesem zeitlosen Schicksal, der abstrakten harmonischen Ordnung hinter dem stofflichen Schmerz, gestatten:

> Wenn der Mond voll am Himmel steht – die Wiesen dampfen – in allen Gräsern nistet Tau, die Kronen der Laubbäume stehen dunkel glänzend in einem Meer aus dünngesponnenem Licht [...] – dann spüre ich, daß ich mit allem einverstanden bin –, weil ich die Wirklichkeit für ein Trugbild nehme [...]. Ich weiß dann, was ich sehe habe ich schon vor langer Zeit gesehen, doch eindrucksvoller, faßbarer, nicht abgeschwächt oder durch Härte – durch die Schöpfungshärte entstellt – wie das Augenblickliche.[29]

Diese gegen Ende der *Niederschrift* proklamierte Harmonie rührt jedoch nicht von einer Eingliederung des Ich in die Ähnlichkeitsepistemologie her. Statt einem Bild aus der großen Kette der Dinge benutzt das Ich nunmehr ein Bild für das entleerte, aber stabile Gerüst der Kette: »[A]lle schwindelerregende Angst vergeht – – denn das Phantom hinter den Dingen, die sonderbaren Dimensionen aus Blei und Licht, werden mir bleiben.«[30]

Nur indem das Ich sich in den beständigen Dimensionen aus Blei und

Licht auflöst, kann sich die derart gepriesene Konstanz jedoch verwirklichen. Das eigene Schicksal wird so mit seiner völligen Kontingenz identisch: »Ich glaube an den Zufall, wie ich an die Gravitation glaube. [...] Er ist der Herr über das Schicksal.«[31] Durch diese Engführung von Gravitation und Zufall sind die harmonischen Bahnen der Sterne mit der meist brutalen wie schmerzhaften Zufälligkeit des Singulären zusammengebracht. Auch das Bild des Gerüsts aus Blei und Licht weicht dabei noch dem bilderlosen Bild der Zahl: Die Horn-Figur geht nun soweit, die harmonische Zahlenkette Kaysers für die Zufälligkeit im Stofflichen verantwortlich zu machen. Aus dem reinen Zentrum der Kayserschen Harmonien, der Null, geht der Zufall der Zahl nun, am Ende der *Niederschrift*, unkalkulierbar hervor: »Im harmonikalen System ist ER, der Ursprung, die unauffindbare NULL, der irgendwo in einem Keller die Macht des Nichts ausübt – – und den Strahl des Zufalls ins Unbekannte schleudert.« Damit hat die Horn-Figur, die in der Mitte des Textes noch die Omina der Assyrer und Babylonier um Sinnstiftung anflehte, eingesehen, daß die Sterne kein beständiges Orientierungsmittel mehr sind. Eine Verwandtschaft zu ihnen besteht zwar, aber nur die einer zufälligen, von der Gravitation bedingten, die Materie organisierenden Ordnung: »Ich glaube, daß es eine Gravitation gibt, die unmittelbare Nachbarschaft von Gegenständen, die sich mit uns verbrüdern wollen; ich glaube auch, daß ein Gesang – irgendein Gesang – durch die Materie zieht und hilft, sie aus dem unendlich Kleinen aufzubauen.« Diese ursprüngliche Undifferenziertheit der Materie als das große Kontinuum des Zeitlosen in der *Sternenzeit* muß aber schließlich auch die Sterne mit einbeziehen: »Es ist immer Tag und Nacht. Das Protoplasma stirbt unablässig und wird unablässig geboren. Die Sterne, wenn ihr Licht, das uns berührt, auch schon tausend Jahre als ist, sind doch mit uns in jedem Augenblick von der Gravitation umschlungen.«[32] Die Verwandtschaft zu den Sternen besteht daher bloß noch darin, derselben Gravitation, derselben Zufälligkeit und damit derselben materiellen Vergänglichkeit unterworfen zu sein. In der Suche nach der *Sternenzeit* als der Suche nach seinem Schicksal hat das Ich so auch das letzte Bild für sein Schicksal, die Sterne, preisgegeben und jener Zersetzung überantwortet, von welcher die Bildsprache Jahnns insgesamt geprägt ist: Das Sternenbild mutiert tatsächlich zum *grauen, verkümmerten Stern*, der so zum Bild für die Bildlichkeit wird, d.h. als verkümmerter Stern zum schrägen wie paradoxen Bild für die Fülle der Bilder in Hans Henny Jahnns Poetik des Siderischen: *Und die Zeit, ein stetiger, unaufgeregter Strom, trieb langsam vorüber, dem grauen, verkümmerten Stern zu, der das Gewesene speichert, um es allmählich zum Wirkungslosen zu zerstauben.*

Anmerkungen

1 Zitiert nach Reiner Niehoff, *Hans Henny Jahnn. Die Kunst der Überschreitung*, München 2001, S. 434.

2 Vgl. Jürgen Hassel, *Der Roman als Komposition. Eine Untersuchung zu den Voraussetzungen und Strukturen von Hans Henny Jahnns Erzählen*, Köln 1971, S. 209–258. Vgl. Martin Jörg Schäfer, »Wider den ›Anlaß‹ der Gewalt. Darstellbarkeit in Jahnns *Fluß ohne Ufer*«, in: Modern Language Notes 119/3 (2004), S. 541–562.

3 Hans Henny Jahnn, *Fluß ohne Ufer. Roman in drei Teilen (I: Das Holzschiff, Die Niederschrift des Gustav Anias Horn I; II: Die Niederschrift des Gustav Anias Horn II; III: Epilog, Bornholmer Aufzeichnungen, Erzählungen und Texte aus dem Umkreis von »Fluß ohne Ufer«)*, hg. von Ulrich Bitz und Uwe Schweikert, Hamburg 1991, hier *I*, S. 303.

4 Jahnn, *Fluß ohne Ufer I* (Anm. 3), S. 285. Es handelt sich dabei um die Wiedergabe fremder mündlicher Rede durch den Ich-Erzähler. Alfred Tutein, der spätere Gefährte in der *Niederschrift*, blickt auf seine Gemütslage unmittelbar nach seinem Mord an Elena, der Verlobten Horns im ersten Teil der Trilogie, zurück. Da im zweiten Teil gerade die Zufälligkeit dieses Mordes und der daran anschließenden Verkettungen befragt wird, um sich dann im Kontinuum der Zeit zu verlieren, reflektiert dieser Satz tatsächlich die Problemstellung der gesamten *Niederschrift*. Vgl. Schäfer, »Wider den ›Anlaß‹ der Gewalt« (Anm. 2), S. 542–549.

5 Jahnn, *Fluß ohne Ufer III* (Anm. 3), S. 834.

6 Vgl. Thomas Freeman, *Hans Henny Jahnn. Eine Biographie*, Hamburg 1986, S. 156, S. 202, S. 212. Vgl. Jan Bürger, *Der gestrandete Wal. Das maßlose Leben des Hans Henny Jahnn. Die Jahre 1894–1935*, Berlin 2003, S. 189, S. 264–266.

7 Vgl. z.B. Hans Kayser, *Der hörende Mensch. Elemente eines akustischen Weltbildes*, Berlin 1930, S. 139–244.

8 Vgl. Arthur O. Lovejoy, *The Great Chain of Being. A Study of the History of*

an Idea, Cambridge, Massachusetts 1957. Vgl. Michel Foucault *Die Ordnung der Dinge. Eine Archäologie der Humanwissenschaften* (1966), übers. von Ulrich Köppen, Frankfurt a.M. 1974, S. 46–77.

9 Vgl. Kayser, *Der hörende Mensch* (Anm. 7) S. 144.

10 Jahnn, *Fluß ohne Ufer II* (Anm. 3), S. 523 f.

11 Hans Henny Jahnn, »Über den Anlaß«, in: ders., *Schriften zur Literatur, Kunst und Politik 1946–1959*, hg. von Ulrich Bitz und Uwe Schweikert, Hamburg 1991, S. 234–267, hier S. 265.

12 Jahnn, *Fluß ohne Ufer II* (Anm. 3), S. 92.

13 Vgl. Harald Weinrich, »Semantik der kühnen Metapher«, in: Anselm Haverkamp (Hg.), *Theorie der Metapher*, Frankfurt a.M. 1996, S. 316–339. Vgl. Paul Ricœur, *Die lebendige Metapher. Mit einem Vorwort zur deutschen Ausgabe* (1975), übers. von Rainer Rochlitz, München 1986.

14 Vgl. für einen Überblick Thomas P. Freeman, *The Case of Hans Henny Jahnn. Criticism and the Literary Outsider*, Rochester 2001.

15 In der Debatte um Jahnns Kayserbezug steht meist zur Frage, inwieweit der Text der *Niederschrift* sich an der Harmoniklehre orientiert (Wagner) bzw. über sie hinweg ist (Lissek und Niehoff). Daß die Dynamik der Jahnnschen Metaphernbildung gerade in der Dekonstruktion des Kayserschen Modells liegt, bleibt dabei jedoch unterbelichtet. Vgl. Rüdiger Wagner, *Hans Henny Jahnn. Revolutionär der Umkehr. Orgel, Dichtung, Mythos, Harmonik*, Murrhardt 1989, S. 138–209. Vgl. Michael Lissek, Reiner Niehoff, »Das kosmologische Instrument und seine Destruktion in *Fluß ohne Ufer*«, in: Jochen Hengst, Heinrich Lewinski (Hg.), *Hans Henny Jahnn. Fluß ohne Ufer. Eine Dokumentation in Bildern und Texten*, Hamburg 1994, S. 270–289.

16 Jahnn, *Fluß ohne Ufer I* (Anm. 3), S. 530 f.

17 Ebd., S. 531.

18 Vgl. Michel Serres, Nayla Farouki (Hg.), *Thesaurus der exakten Wissenschaften* (1997), übers. von Michael Bischoff und Ulrike Bischoff, Frankfurt a.M. 2001, S. 583.

19 Jahnn, *Fluß ohne Ufer I* (Anm. 3), S. 531.

20 Ebd., S. 531 f.

21 Ebd., S. 535.

22 Hans Henny Jahnn, »Glosse zur syderischen Grundlage der Dichtkunst«, in: ders., *Dramen I. 1917–1929*, hg. von Ulrich Bitz, Hamburg 1988, S. 917–922, hier S. 917.

23 Ebd., S. 918.

24 Ebd., S. 921.

25 Ebd., S. 919.

26 Jahnns wichtigster Prätext für diese Ausführungen liegt wahrscheinlich in einer Formulierung aus *Dantons Tod*: »Das leiseste Zucken des Schmerzes und rege sich nur ein Atom, macht einen Riß in der Schöpfung von oben bis unten« (Georg Büchner, *Werke und Briefe*, München 1980, S. 44).

27 Jahnn, »Glosse« (Anm. 22), S. 921.

28 Ebd., S. 919.

29 Jahnn, *Fluß ohne Ufer II* (Anm. 3), S. 597 f.

30 Ebd., S. 598.

31 Jahnn, *Fluß ohne Ufer I* (Anm. 3), S. 798.

32 Jahnn, *Fluß ohne Ufer II* (Anm. 3), S. 593.

Anja Lemke

»– kein Himmel ist, keine Erde, und beider Gedächtnis gelöscht.« Siderische Rede in Paul Celans Dichtung

Die Suche nach den »Sternen« in Celans Gedichten führt den Leser in ein merkwürdiges Spannungsfeld von Anwesenheit und Abwesenheit, von siderischen Metaphern und deren Auslöschung. An zahlreichen Stellen macht Celans Lyrik deutlich, daß ihr ein ungebrochener Rekurs auf die Tradition der siderischen Rede nicht mehr möglich ist. Wo, wie in dem Gedicht »Lichtenbergs zwölf«[1] »– kein Himmel ist, keine / Erde, und beider / Gedächtnis gelöscht«, wird eine Bewegung der Negation eingeleitet, die das ganze Bedeutungsspektrum der siderischen Rede affiziert.

Gleichzeitig fällt auf, daß gerade das astrologische zu den wenigen relativ konstanten Sprachfeldern in Celans Lyrik gerechnet werden kann. Zwar radikalisiert sich die destruktive Seite dieser Sternensprache im Verlauf der verschiedenen Werkphasen,[2] doch bis in die späte Dichtung hinein findet sich eine Vielzahl von Komposita um die Substantive »Stern«, »Himmel«, »Gestirne« und »Mond«. Eine Kontinuität, die um so auffälliger ist, als die nominativen Konstanten in einer Dichtung, die auf narrative Elemente weitgehend verzichtet, für den Leser in besonderem Maße zu Haltepunkten des Verständnisses werden. Obwohl »[ü]ber aller dieser deiner / Trauer: kein / zweiter Himmel«[3] ist, bilden »Himmel« und »Sterne« noch einen Teil des Sprachkosmos, den diese Gedichte aufzuspannen suchen.

Was zunächst aussieht wie ein transzendentaler Rest, erweist sich als die Frage nach der noch verbleibenden Möglichkeit des dichterischen Sprechens. Für Celan ist mit dem »Untergang des Himmels« nicht nur die stabilisierende Korrespondenz zwischen »dem gestirnten Himmel über mir und dem moralischen Gesetz in mir« zerbrochen, auch die Orientierung im Sprachlichen erscheint ihm durch den Verlust dieses Bezugsfeldes bedroht, öffnet doch die Rede von den Sternen den Bezug zum Unendlichen und gibt gleichzeitig Rahmen und Umriß für die

Art und Weise, wie sich der Mensch in seinem Sprechen auf der Erde verorten kann. Sowohl die griechische als auch die jüdisch-christliche Tradition weisen auf diese fundamentale Orientierungsfunktion durch die Korrespondenz zwischen Sprache und Gestirnen hin, wenn ihnen der Stern selbst zum Zeichen wird. In den Lehrgedichten des Parmenides sind es die *semata*, die dem Denken als leuchtende Zeichen oder Gestirne den Weg des Seins weisen, in Psalm 19 ist es die narrative Kraft des Himmels, die von Gottes Schöpferkraft zeugt: »Die Himmel erzählen die Herrlichkeit Gottes; / Vom Werk seiner Hände kündet das Firmament.«[4] Die Sterne als Sprache preisen das Göttliche, sie sind Zeichen, sichtbarer Ausdruck dessen, zu dessen Ruhm und Ehre sie leuchten. Damit sind sie jedoch auch Zeichen der Sprache selbst, sie künden von der Möglichkeit des Verkündens und des Sichtbarmachens, durch sie schließt sich die Erschaffung des Himmels mit der Erschaffung des Gedichtes zusammen, so daß ihre Nennung im Gedicht immer auch als eine reflexive Geste auf die Frage des Schreibens selbst verstanden werden kann.

Diese Verbindung von Handwerk, Sprache und Transzendenz droht mit dem Verlust des Göttlichen ihrerseits unterzugehen. Die scheinbar unproblematische Trennung von Gestirnen und Gedicht, wie sie in einem Brief Celans an Gottfried Bermann Fischer anklingt: »So, da wären wir nun (wieder) ad aspera – nicht bei den Sternen – den *Sternen* sei gedankt! – aber bei Worten, die von Händen herkommen und die man mit Händen greifen kann«[5], zeigt sich vor dem Hintergrund der Geschichte ihrer symbolischen Verbindung als fundamentale Bedrohung für das Sprechen selbst. Eine Bedrohung, die in Celans Gedichten noch einmal dadurch an Schärfe gewinnt, daß auch der Rekurs auf die Geschichte der symbolischen Rede von den Sternen nicht mehr ungebrochen aufgerufen werden kann. In einer Sprache, in der buchstäblich alles mitbetroffen ist von der abgründigen Zäsur der Vernichtung und Auslöschung können die Worte als gezeichnete nicht mehr bruchlos als Zeichen fungieren.

Zwar betont Celan, daß es allein die Sprache ist, die »inmitten der Verluste« »[e]rreichbar, nah und unverloren blieb«, aber er betont auch, daß sie »hindurchgehen [mußte] durch ihre eigenen Antwortlosigkeiten, hindurchgehen durch furchtbares Verstummen, hindurchgehen durch die tausend Finsternisse todbringender Rede«.[6] Nicht nur der Himmel ist diesem Sprechen untergegangen, auch die Erde als Wohnort der Menschen, ihr Gedächtnis, ihre Geschichte, die Möglichkeit von Heimat, dies alles ist »der Geschichtslosigkeit anheimgefallen[]«.[7] Wie läßt sich vor diesem Hintergrund noch eine Orientierung denken, wie Celan sie in der *Bremer Rede* für seine Dichtung formuliert, wenn er schreibt: »In dieser Sprache habe ich, in jenen Jahren und in den Jahren nachher, Gedichte zu schreiben versucht: um zu sprechen, mich zu orientieren, um zu erkunden, wo ich mich befand und wohin es mit mir wollte […]«?[8] Und welche Rolle kommt dabei der Sternsymbolik als Symbolik der Orientierung noch zu?

»… nur war es ihm manchmal unangenehm, daß er nicht auf dem Kopf gehen konnte.«[9] Dieser Satz aus Büchners *Lenz* steht im Mittelpunkt von Paul Celans Büchnerpreisrede *Der Meridian*, und sein berühmt gewordener Kommentar enthält *in nuce* die Inversionsfigur, die Celans Sprechen über die Sterne bestimmt. »Wer auf dem Kopf geht, meine Damen und Herren, – wer auf dem Kopf geht, der hat den Himmel als Abgrund unter sich.«[10] Es ist dieser Abgrund, den die Gedichte in immer neuen Anläufen auszuloten suchen. Er ist das einzige, worauf Celans Lyrik noch ›gründen‹ kann, worauf sie sich auszurichten und woran sie sich zu orientieren vermag. In einer Notiz in den Vorarbeiten zum *Meridian* heißt es: »…hat den Himmel – les espaces infinis – als Abgrund unter sich. Dieses Gegenüber ist, vielleicht das einzige, wenn auch aus vielen nahen und fernen Quellen gespeiste, Thema des Gedichts.«[11]

Die in dieser Skizze formulierte These vom Abgrund des Gedichts als dessen einziges immer wieder variiertes Thema, findet sich auch in jenen Passagen des *Meridian* wieder, in denen Celan das Gedicht »am Rande seiner selbst« situiert. »Das Gedicht behauptet sich am Rande seiner selbst; es ruft und holt sich, um bestehen zu können, unausgesetzt aus seinem Schon-nicht-mehr in sein Immer-noch zurück.«[12] Mit dem Randgang setzt sich das Gedicht der Gefahr des Abgrunds immer wieder aus. Und es ist dieses Sichaussetzen – »la poésie ne s'impose plus, elle s'expose«[13] –, das es immer wieder hindurchgehen läßt durch die eigenen Traditions- und Symbolbestände. Celans Sprache setzt nicht neu ein, sie ist ihrerseits bis ins Innerste getroffen, von dem, »was geschah«, ist verwundet, verstümmelt und kann nur noch auf diese Wunde verweisen. Die zerstörte Symbolik haftet der Sprache als zerstörte noch an, sie wird sie nicht los, und dort, wo sie glaubt, sie loswerden und neu einsetzen zu können, verfehlt sie sich selbst als geschichtliche, verfehlt sich als Ort der Geschichte.

Die Unmöglichkeit, die Leere und Nichtigkeit der untergegangenen Symbolik hinter sich zu lassen, gilt aber in besonderem Maße für die Symbole, die als Symbole der Symbole auf die Sprache und den Dichtungsprozeß selbst verweisen. Eben dies ist bei der siderischen Rede der Fall. Deshalb muß Celan diesen Symbolbestand immer wieder so hartnäckig »von / Fingergedanken« auf die Narben und Wunden hin befragen. Hier geht es nicht nur um den Verlust bindenden Sinns und transzendentaler Zugehörigkeit, die Begegnung, Gespräch und Wir garantieren könnte, hier geht es um die Möglichkeit des Sprechens des Gedichtes. Jedes Gedicht ist wieder von neuem der tastende, suchende Gang in der Sprache. In diesem Gang entwirft das Gedicht einen Sprachraum, der sich an keiner gesicherten Topographie und Topologie mehr orientieren kann. Es handelt sich, um noch einmal die Büchnerpreisrede zu zitieren, um »Toposforschung im Lichte der U-topie«.[14] Das Licht, in dem Celans Gedichte zu lesen sind, hält weder einen Fixpunkt für den Entwurf einer Topographie bereit, noch läßt es Gestirne und Himmel als stabile sprachliche Topoi bestehen. Was die Gedichte entwerfen, ist Utopie im Sinne des a-topos, Sprachräume ohne gesicherte Raum- und Zeitkoordinaten, die ihre eigenen Abgründe offenzulegen suchen. An dieser Suche haben die Sterne teil, indem sie eine verlorene Tradition aufrufen, die sich in ihrem Beschädigt- und Verlorensein im Gedicht mit einschreibt. Das Gedicht steht mit dieser prekären Bewegung wie der Dichter, »auf das unheimlichste im Freien«.[15] Dieses Freie und Offene bietet keinerlei Schutzraum mehr, es spannt keinen Himmel auf, an dem die Dichtung »Maß« nehmen könnte, so daß sich für Celan Hölderlins alte Frage »Gibt es auf Erden ein Maaß? / Es giebt / Keines«[16] angesichts des »untergegangenen Himmels« in einer Radikalität stellt, die an die Wurzel des Sprechens selbst geht.

»À la pointe acérée«

»À la pointe acérée«, ein Gedicht aus dem Band *Die Niemandsrose*,[17] das etwa acht Monate nach der Büchnerpreisrede entstanden ist, zeichnet »les espaces infinis« als Sprachraum nach, wobei die Unendlichkeit hier keinen gesicherten Ort im verbalen Kosmos mehr findet, sondern zunächst nur als abwesende im Gedicht mit aufgerufen wird. Denn der Titel des Gedichts ist ein um die entscheidende Wendung des »l'Infini« gekürztes Zitat aus Charles Baudelaires »Le ›confiteor‹ de l'artiste«, das Hugo von Hofmannsthal an verschiedenen Stellen in seinen Texten erwähnt.[18] Auf diesem Umweg ist es Celan mehrfach begegnet und in die Vorarbeiten zum *Meridian* und in *Die Niemandsrose* eingegangen, allerdings um die Dimension des Unendlichen gekappt. Was bleibt, ist eine scharfe Spitze, die ins Leere und Ungewisse ragt, denn für den Leser bleibt offen, ob hier »mit« scharfer Spitze geschrieben wird, ob wir an einer solchen Spitze stehen oder ob die scharfe Spitze jenes ist, das angesprochen wird. Dieser Prozeß der Öffnung, der der scharfen Spitze ihre mögliche Verortung im Sprachgefüge nimmt, beherrscht auch die erste Strophe, in der die im Titel genannte Unendlichkeit in der paradoxen Nennung des »Ungeschriebenen« aufscheint.

À LA POINTE ACÉRÉE

Es liegen die Erze bloß, die Kristalle,
die Drusen.
Ungeschriebenes, zu
Sprache verhärtet, legt
einen Himmel frei.

(Nach oben verworfen, zutage,
überquer, so
liegen auch wir.

Tür du davor einst, Tafel
mit dem getöteten
Kreidestern drauf:
ihn
hat nun ein – lesendes? – Aug.)

Wege dorthin.
Waldstunde an
der blubbernden Radspur entlang.
Auf-
gelesene
kleine, klaffende
Buchecker: schwärzliches
Offen, von
Fingergedanken befragt
nach – –
wonach?

Nach
dem Unwiederholbaren, nach
ihm, nach
allem.

Blubbernde Wege dorthin.

Etwas, das gehn kann, grußlos
wie Herzgewordenes,
kommt.

Auch in diesem Gedicht öffnet sich »kein / zweiter Himmel« im Sinne eines gesicherten transzendentalen Bezugspunktes, sondern der Abgrund der Erde: »Es liegen die Erze bloß, die Kristalle, / die Drusen.« Die innersten Gesteinsschichten, sonst dem Auge verborgen und vor jedem Zugriff geschützt, werden jetzt »zur Sprache verhärtet« dem Blick freigegeben. Was auf diese Weise bloßgelegt wird, sind, darauf weist Ute Werner in ihrer Untersuchung zur geologischen Lyrik Paul Celans ausführlich hin, nicht nur kristalline Strukturen, sondern Hohlräume und Lücken: »Drusen nennt man Hohlräume im Gesteinsverband, deren Wände mit Kristallen anderer mineralischer Zusammensetzung, oft mit Halbedelsteinen wie etwa Achat oder Amethyst, ausgekleidet sind. Die Hohlräume sind entstanden, als sich in der noch flüssigen, nur langsam auskristallisierenden Gesteinsmasse Blasen bildeten. Nachträglich, von außen nach innen wachsend, konnten sich dann dort Jahrmillionen später andere Kristallindividuen ansiedeln; das ist die Gabe des ›gastlichen Steins‹.«[19]

Dem geologischen Vorgang, der seine Spur auch in der »blubbernden Radspur« und den »blubbernden Wegen« hinterlassen hat, korrespondiert der Sprachwerdungsprozeß, der den Leser an Hofmannsthals berühmt gewordenes Diktum erinnert: »was nie geschrieben wurde, lesen«.[20] »Ungeschriebenes, zu / Sprache verhärtet, legt / einen Himmel frei.« Wie Lenz, wenn er auf dem Kopf ginge, hat dieses Gedicht »den Himmel als Abgrund unter sich«. Statt sich dem gestirnten Himmel als Firmament, als festen, die Erde überragenden und überwölbenden Bezugspunkt zuzuwenden, dem eine Sprache des Firmierens, des festen, gesicherten Einstehens der Sprache für den, der hier schreibt im Sinne von firmare, entsprechen würde, weist die verhärtete Sprache ins Innere der Erde, in die Lücken und Hohlräume zwischen den Versteinerungen.[21] Einen solchen Hohlraum bilden die folgenden zwei Strophen graphisch durch eine vom Text von innen aufgebrochene Klammer ab. Der Sprachabgrund, den das Gedicht auf diese Weise freilegt – seinen eigenen Himmel mit seinem eigenen Stern –, zeigt, welche Bedeutung dem Rekurs auf die siderische Rede in Celans Lyrik noch zukommt.

> (Nach oben verworfen, zutage,
> überquer, so
> liegen auch wir.
>
> Tür du davor einst, Tafel
> mit dem getöteten
> Kreidestern drauf:
> ihn
> hat nun ein – lesendes? – Aug.)

Was das Gedicht in der Klammer zutage fördert, ist selbst ein Stück ungeschriebene Erinnerung, von der Sprache und Wir gleichermaßen betroffen scheinen, parallelisiert doch die erste Strophe in der Klammer die Freilegung des Himmels durch Ungeschriebenes mit dem Verwerfen und Zutagetreten eines Wir. Beiden Bewegungen haftet etwas Gewaltsames an, das sich in der verhärteten Sprache des Gedichtes selbst findet. Denn wie das Bloßlegen der Drusen ein gewaltsames Öffnen des Steins voraussetzt, so ist der Akt der Freilegung, der sich hier sprachlich vollzieht, immer zugleich beides: Er ist Sichtbarmachen und Zerstören in einem und weist so auf das Paradox jedes sprachlichen Erinnerungsprozesses, der nicht umhinkann, das Ereignis im Wort zu fixieren, um es lesbar, erinner- und bewahrbar zu machen und es in dieser Fixierung gerade in seiner Einmaligkeit auszulöschen, es der Wiederholung zu überantworten. Die Sprache im Gedicht legt das Verborgene bloß und gibt es so, indem sie es bewahrt, immer auch preis, macht es verletzlich, setzt es den Blicken aus. Diese Gewaltsamkeit des Sprachprozesses wird vom Leser dadurch nachvollzogen, daß sein Blick in ähnlicher Weise in die Klammer eindringt und sich so die dort »zur Sprache verhärtete« Erinnerung erschließt. Selbst dort, wo das Auge, der Frage des Gedichtes gemäß, ein lesendes wird, hat es noch Teil an der Gewalt, die jeder Erinnerung innewohnt.

Der Prozeß der Freilegung, der Öffnung als eines gewaltsamen Zutageförderns, der hier die geologische mit der astrologischen Sprache zu einer neuen Textlandschaft verbindet, erinnert an die Anfangsverse des Gedichtes »Hinausgekrönt«[22]: »Hinausgekrönt, / hinausgespien in die Nacht.« Im Hintergrund mag in beiden Fällen Pascals Rede vom Menschen als dem »Auswurf des Universums« sowie Heideggers Begriff der Geworfenheit gestanden haben, wobei die existentialontologische Dimension der Ex-sistenz als eines Ausgesetztseins in das Nichts sich in beiden Gedichten mit dem Sprachprozeß verbindet. Denn während es in »À la pointe acérée« das ungeschriebene »Infini« ist, das »zur Sprache verhärtet« den Himmel im Erdinnern offenlegt, sind es in »Hinausgekrönt« die Sterne als sprachliche, bei denen sich das schreibende Ich in der Nacht wiederfindet. »Bei welchen / Sternen! Lauter / graugeschlagenes Herzhammersilber. Und / Berenikes Haupthaar, auch hier, – ich flocht, / ich zerflocht, / ich flechte, zerflechte. / Ich flechte.«

Mit dem Vorgang des Flechtens wird die Erzählung der Berenike, die Sternbild geworden ist und als Sternbild ihrerseits immer wieder in die Dichtung überführt wurde, mit dem Gedicht selbst als *textum*, als Gewebe verbunden. Schon in einem frühen, von ihm selbst nicht veröffentlichten Gedicht (»Sternenlied«) sowie in dem kurzen Prosastück anläßlich einer Ausstellung Edgar Jenés in Wien (»Edgar Jené und der Traum vom Traume«) gilt Celan Berenikes Haupthaar als Topos für die Verknüpfung von Dichtung und Sternen im Zeichen der Liebe. »Uns kann im Mondschein keiner gleichen seit / die Pracht dort oben unser eigen war. / Mein Herz strahlt wild vom herrlichen Bescheid. / Dein Haar vom Glanz aus Berenikes Haar.«[23] Im Jahr 1962 sind davon Gedichte in einer »graueren Sprache«[24] und Sterne aus »graugeschlagenem Herzhammersilber« geblieben, und »Berenikes Haupthaar, auch hier«. Unvermittelt taucht es noch einmal in Celans Sprachkosmos auf, als Erinnerung an die eigenen Verluste, aber auch als Erinnerung an die verlorene Tradition, die sich in dieses Haar mit hineingewebt hat, das jedes Sprechen immer wieder neu weben und flechten, entflechten und neu flechten muß, ohne jemals eine andere Sprache zur Verfügung zu haben. Und so spricht in dieser späten Rede von den Sternen die eigene siderische Sprache ebenso mit wie die Sprache Catulls und vor ihm die Kallimachos. Die Geschichte der Berenike, der die Astrologie ihr erstes datiertes Sternbild verdankt, ist auch die Geschichte von der Geschichtlichkeit der Sprache, ihrer Zerstörung in der Zeit und ihrer Bewahrung durch die Übersetzung. In der griechischen Elegie des Kallimachos erzählt die Locke der Berenike selbst, wie sie von der ägyptischen Königin abgetrennt und den Göttern geopfert wurde, um Berenikes Gatten Ptolemaios siegreich aus dem Krieg gegen die Assyrer heimkehren zu lassen, und wie sie dann aus dem Hoftempel verschwand und von Kónon, dem Astronomen des Königshofes am Himmel, zwischen dem Großen Bären und der Jungfrau als Sternbild wiedergefunden wurde. Catull hat dieses, nur unvollständig erhaltene Gedicht ins Lateinische übertragen, und in dieser Überlieferung ist es bis heute bekannt. Als Katasterismus entsteht so mit der Locke der Berenike ein Sternbild aus der Kraft der Dichtung, und jedes siderische Sprechen, auch eines, dem, wie die Lyrik Celans, »das Wort, das unsterblich war, [...] in die Himmelsschlucht hinter der Stirn« fiel, »geleitet von Speichel und Müll«,[25] auch ein solches Sprechen ist noch Flechtwerk an derselben Strähne, gezwungen, noch das Unsagbare sich zur Sprache verhärten zu lassen.

Doch im Prozeß des »Zutageförderns«, im gewaltsamen »Hinausspeien«[26] erscheint im Gedicht zugleich jenes, wovon in ihm nicht gesprochen wird, worauf es nicht als Zeichen verweisen kann, was aber dennoch der Ort beziehungsweise Nicht-Ort seines Sprechens ist.

Tür du davor einst, Tafel
mit dem getöteten
Kreidestern drauf:
ihn
hat nun ein – lesendes? – Aug.)

Im Spannungsfeld von »einst« und »nun« erfolgt eine Gabe der Erinnerung, die nicht allein durch die Verhärtung in Sprache transportiert wird, gleichwohl aber auch nicht ohne diese sein kann, sondern als das Weiß zwischen den Buchstaben dem – lesenden? – Auge übergeben wird. Weiß auf Schwarz stand der getötete Kreidestern »einst« auf der Tafel. Der Stern, geschändetes Symbol des Judentums und gleichzeitig Verweis auf die Symboltradition des gestirnten Himmels, hat sich dem Schwarz der Tafel als weißes Zeichen eingeschrieben, und als solches Weiß allein kann er im Gedicht als Lücke und Leerstelle »nun« bewahrt werden. Der getötete Stern ist nicht vollkommen abwesend, er ist als getöteter Kreidestern der Sprache eingezeichnet, ohne unmittelbar zugänglich zu sein. Die Hoffnung der Bewahrung des Sterns, so läßt das vorsichtige Fragezeichen des folgenden Verses anklingen, ruht auf einem »– lesende[n]? – Aug«, das dem Diktum Hofmannsthals folgt und die Zwischenräume, die Gedankenstriche, die Zäsuren und Lücken, die, so Celan in den Vorarbeiten zum *Meridian*, »Moren und Kolen«[27] des Gedichts zu lesen vermag. Lesen ist hier legere im Sinne des Sammelns und Aufhebens, nicht dessen, was sich in der Sprache als Sinn und feste Begrifflichkeit zeigt, sondern Sammeln im Sinne des Suchens und Tastens in Richtung auf ein Offenes, Unbekanntes. »Auf- / gelesene / kleine, klaffende Buchecker: schwärzliches / Offen, von / Fingergedanken befragt / nach – – / wonach?« Das Lesen wird zu einem taktilen Vorgang, der fragend ins abgründige Offen eindringt und nach dem sucht, was ungeschrieben bleibt und allein durch die Leerstellen der zwei Gedankenstriche im Gedicht darstellbar ist. Der getötete weiße Kreidestern auf der schwarzen Tafel erscheint im schwärzlichen Offen des abgründigen Textes nicht als Gestalt, sondern als Zäsur des Ungesagten. Dieses Ungesagte, jenes »Infini« der Überschrift ist kein transzendentaler Rest, kein versteckter Hinweis auf die Unendlichkeit und keine Reaktivierung der Symbolbestände des siderischen Sprechens. An Celans freigelegtem Sprachhimmel steht ein »getötete[r] Kreidestern«, und das »Infini« der untergegangenen »espaces infinis« weist auf die einzige noch verbleibende Form der Unendlichkeit, die Celan in der Dichtung – auch hier in Form eines Gedankenstriches – findet: »Die Dichtung, meine Damen und Herren –: diese Unendlichsprechung von lauter Sterblichkeit und Umsonst!«.[28]

Anmerkungen

1 Paul Celan, »Lichtenbergs zwölf«, in: ders., *Gesammelte Werke in fünf Bänden*, hg. von Beda Allemann und Stefan Reichert unter Mitwirkung von Rolf Bücher, Frankfurt a.M. 1986, Band II, S. 91.

2 So problematisch die Einteilung in Werkphasen durch die damit oft verbundene Annahme einer ›Entwicklung‹ auch sein mag, so läßt sich doch in bezug auf die siderische Rede ein Wandel im Verlauf von Celans Dichtung feststellen. Während sich in den frühen Gedichten noch deutliche Rekurse auf die romantische Funktion des Sternen-Topos finden (vgl. etwa das von Celan selbst nicht veröffentlichte Gedicht »Sternenlied« aus dem Jahr 1943, in: Paul Celan, *Die Gedichte. Kommentierte Gesamtausgabe in einem Band*, hg. von Barbara Wiedemann, Frankfurt a.M. 2003, S. 423), kreisen die Gedichte der Bände *Von Schwelle zu Schwelle*, *Sprachgitter* und *Die Niemandsrose* am eindrücklichsten um das hier hervorgehobene Motiv der Orientierung im Schreiben (vgl. vor allem die hier aus Raumgründen ausgeklammerten sogenannten Langgedichte am Ende der *Niemandsrose*. Neben den langen Gedichten finden sich bis zum Gedichtband *Atemwende* eine deutliche Engführung von Sternmetaphorik und Wortwerdungsprozeß, die die Gefährdung der Sprache durch den Verlust des transzendentalen Bezugs deutlich macht. So kommt es sowohl in dem Gedicht »Sprich auch Du« als auch in »Strähne« jeweils in der letzten Strophe zu einer Begegnung von Stern und Wort, die begleitet wird von einer Inklination des Sterns in Richtung auf die Erde. Zur Engführung von Wortwerdungsprozeß und Sternensprache in »Ein Holzstern« vgl. Geoffrey H. Hartman, »›Breaking with every star‹: on literary knowledge«, in: *Comparative Criticism* 18 (1996), S. 3–20.) Ab dem Gedichtband *Atemwende* verschwinden die Fragen nach Richtung und Orientierung zwar nicht, »Sterne« und »Himmel« kommen jedoch immer seltener vor, die Komposita radikalisieren sich, und die Insignien des Himmels werden als verstümmelte Sprachfetzen in die Textlandschaft des Gedichts eingelassen.

3 Celan, »Die Schleuse«, in: ders., *Gesammelte Werke in fünf Bänden*, (Anm. 1), Band I, S. 222.

4 Vgl. Parmenides, *Fragment 8*, in: Herman Diels, Walter Kranz (Hg.), *Die Fragmente der Vorsokratiker*. Griechisch-Deutsch, Berlin 1989, Band I, S. 238: »Allein noch die Kündigung des Wegs bleibt, daß es ist. Auf diesem Wege gibt es viele dem Denken leuchtende Zeichen [...].« Zur Bedeutung der *semata* als Gestirne vgl. Karl-Heinz Volkmann-Schluck, *Die Philosophie der Vorsokratiker. Der Anfang der abendländischen Metaphysik*, Würzburg 1992, S. 75. Zur Auslegung des Psalms vgl. Hartman, »Breaking with every star« (Anm. 2).

5 Brief von Paul Celan an Gottfried Bermann Fischer vom 25. Juni 1962, abgedruckt in: Werner Hamacher, Winfried Menninghaus (Hg.), *Paul Celan*, Frankfurt a.M. 1988, S. 20. In diesem Zusammenhang sei auch darauf hingewiesen, daß den berühmten Sätzen aus dem Brief an Hans Bender – »Nur wahre Hände schreiben wahre Gedichte. Ich sehe keinen prinzipiellen Unterschied zwischen Händedruck und Gedicht.« – eine Engführung von Dichtung, Handwerk und Händen vorausgeht, die ebenfalls auf die Inversion des Himmels anspielt, wenn es heißt: »Dieses Handwerk hat ganz bestimmt keinen goldenen Boden – wer weiß, ob es überhaupt einen Boden hat. Es hat seine Abgründe und Tiefen – manche (ach, ich gehöre nicht dazu) haben sogar einen Namen dafür.« Paul Celan, *Brief an Hans Bender vom 18. Mai 1960*, in: ders., *Gesammelte Werke in fünf Bänden* (Anm. 1), Band III, S. 177 f.

6 Paul Celan, *Ansprache anläßlich der Entgegennahme des Literaturpreises der Freien Hansestadt Bremen am 26. Januar 1958*, in: ders., *Gesammelte Werke in fünf Bänden* (Anm. 1) Band III, S. 185 f.

7 Ebd., S. 185.

8 Ebd., S. 186.

9 Paul Celan, *Der Meridian. Rede anläßlich der Verleihung des Georg-Büchner-Preises, Darmstadt, am 22. Oktober 1960*, in: ders., *Gesammelte Werke in fünf Bänden* (Anm. 1), Band III, S. 195.

10 Ebd.

11 Paul Celan, *Der Meridian. Endfassung – Entwürfe – Materialien*, hg. von Bernhard Böschenstein und Heino Schmull, Frankfurt a.M. 1999 (= Paul Celan, *Werke*. Tübinger Ausgabe, hg. von Jürgen Wertheimer), S. 178.

12 Celan, *Der Meridian* (Anm. 9), S. 197.

13 Notiz von Paul Celan, datiert vom 26. 3. 69, abgedruckt in: *Gesammelte Werke in fünf Bänden* (Anm. 1), Band III, S. 181.

14 Celan, *Der Meridian* (Anm. 9), S. 199.

15 Celan, *Bremer Rede* (Anm. 6), S. 186.

16 Friedrich Hölderlin, »Phäton-Segment« (»In lieblicher Bläue«), in: ders.,

Sämtliche Werke. Frankfurter Ausgabe, hg. von Dietrich E. Sattler, Frankfurt a.M. 1975ff. Bd. IX, S. 34f.

17 Celan, *Die Niemandsrose*, in: ders., *Gesammelte Werke in fünf Bänden* (Anm. 1), Band I, S. 251f.

18 Vgl. Charles Baudelaire, »Le ›confiteor‹ de l'artiste«: »Que les fins de journées d'automne sont pénétrantes! [...] car il est de certaines sensations délicieuse dont le vague n'exclut pas l'intensité; et il n'est pas de pointe plus acérée que celle de l'Infini.« In: ders., *Œuvres complètes*, texte établi et annoté par Yves-Gérard Le Dantec, Paris 1951. Diese Ausgabe befindet sich in Celans Bibliothek, wie auch die Ausgabe von Hugo von Hofmannsthals *Aufzeichnungen*, Frankfurt a.M., 1959, in denen sich an mehreren Stellen Hinweise auf das Baudelaire-Zitat finden, die Celan teilweise angestrichen und mit Kommentar versehen hat. Vgl. ausführlich Celan, *Der Meridian. Endfassung – Entwürfe – Materialien* (Anm. 11), S. 232.

19 Ute Werner, *Textgräber. Paul Celans geologische Lyrik*, München 1998, S. 179.

20 Hugo von Hofmannsthal, »Der Thor und der Tod«, in: *Gesammelte Werke I: Gedichte und Dramen I*, hg. von Bernd Schoeller, Frankfurt a.M. 1979, S. 298.

21 Die Inversionsfigur von Himmel und Erde findet sich bei Celan sprachlich häufig in der Paronomasie von Stern und Stein. Vgl. etwa das »À la pointe acérée« folgende Gedicht, das mit den Versen einsetzt: »Die hellen / Steine gehen durch die Luft, die hell- / weißen, die Licht- / bringer.« Celan, *Gesammelte Werke in fünf Bänden* (Anm. 1), Band I, S. 255. Vgl. zur Figur der Inversion ausführlich Werner Hamacher, »Die Sekunde der Inversion«, in: Hamacher, Menninghaus (Hg.), *Paul Celan* (Anm. 5), S. 81–126.

22 Celan, »Hinausgekrönt«, in: ders., *Gesammelte Werke in fünf Bänden* (Anm. 1), Band I, S. 271.

23 Celan, »Sternenlied«, in: ders., *Die Gedichte* (Anm. 2), S. 424.

24 Vgl. Celans *Antwort auf eine Umfrage der Librairie Flinker, Paris 1958*, abgedruckt in: ders., *Gesammelte Werke in fünf Bänden* (Anm. 1), Band III, S. 167f. Vgl. auch die Engführung von »herzgrau« und »himmelgrau« in einer Notiz aus den Vorarbeiten zum *Meridian*, wo es von der Sprache heißt: »Sie baut, vom Tode her, am Gegenkosmos der Sterblichen. Artistik und Wortkunst – das mag etwas Abendländisch-Abendfüllendes für sich haben. Dichtung ist etwas anders; Dichtung. Herzgraue, sublunarische, himmel- und herzgraue [...] atemdurchwachsende Sprache in der Zeit.« Celan, *Der Meridian. Endfassung – Entwürfe – Materialien*, (Anm. 11), S. 110.

25 Celan, »Wohin mir das Wort«, in: ders., *Gesammelte Werke in fünf Bänden* (Anm. 1), Band I, S. 273.

26 Vgl. zu dieser Bewegung des Sichaussetzens, des Hinausgeworfen- und Zutagegefördertwerdens auch das Gedicht »Ein Wurfholz«, ebenfalls aus dem Gedichtband *Die Niemandsrose* in: Celan, *Gesammelte Werke in fünf Bänden* (Anm. 1), Band I, 258, dessen Wortwerdungsprozeß als Vernichtungsprozeß Zeit und kosmischen Raum durchläuft: »[...] Auf / Sternen- / bahnen, von Welten- / splittern geküßt, von Zeit- / körnern genarbt, von Zeitstaub, mit- / verwaisend mit euch, / Lapilli, ver- / zwergt, verwinzigt, ver- / nichtet, / verbracht und verworfen, / sich selbst der Reim, – [...]«.

27 Celan, *Der Meridian. Endfassung – Entwürfe – Materialien* (Anm. 11), S. 102.

28 Celan, *Der Meridian* (Anm. 9), S. 200.

Andreas Gelhard

Le désastre, le dépeupleur
Beckett montiert die Reste von Dantes *Commedia*

Samuel Becketts erster Roman *Murphy* beginnt mit den Worten: »Die Sonne schien, da sie keine andere Wahl hatte, auf nichts Neues.«[1] Die Strahlen der Sonne fallen auf eine triste Szenerie; und schon die unmittelbar folgenden Sätze stellen klar, daß Murphy seinen Stuhl aus der Sonne gerückt hat, daß ein Vorhang ihn vor der »armen alten Sonne« schützt, die »zum billionsten Mal« im Zeichen der Jungfrau steht.
Aber es gibt, immerhin, noch eine Sonne.
In späteren Texten wird auch die müde, alte, verhängte Sonne aus *Murphy* noch verschwinden, so in der bekannten Szene des *Endspiels*, in der Clov mit dem Fernglas aus dem Fenster schaut. Der Leuchtturm liegt im Kanal, keine Möwen, nichts am Horizont, die Wogen aus Blei. »Und die Sonne?«, fragt Hamm; Clov antwortet »*schauend*«: »Keine.«[2]
Clovs eingehendere Analyse dessen, was er schaut – es sei »grau«, »Grau!«, »*Grau*!«, »Hellschwarz, allüberall« –, behält auch in einer Reihe späterer Texte Becketts ihre Gültigkeit. Die »Stimme« des Fernsehstücks *Ghost Trio* beschreibt die Lichtverhältnisse der ersten Einstellung wie folgt: »Licht: schwach, allgegenwärtig. Keine sichtbare Quelle. Als ob alles leuchtete. Schatten: kaum. *Pause.* Farbe: keine. Alles grau. Nuancen von Grau. *Pause.* Die Farbe Grau, wenn man will, Nuancen der Farbe Grau. Man verzeihe, daß ich erwähne, was offensichtlich ist.«[3] Was »offensichtlich« ist, wird hier nicht mehr durch eine sichtbare und privilegierte Quelle des Lichts verbürgt; die Sonne verschwimmt in eine indifferente Allgegenwärtigkeit, in ein »Als ob alles leuchtete.«
Ich möchte im folgenden die kurze, ausschnitthafte Analyse eines Textes versuchen, der die Lichtverhältnisse von *Ghost Trio* mit einer letzten Reminiszenz an die alte Ordnung des Sonnenlichts verbindet. Es handelt sich um ein längeres Prosastück, das 1966 geschrieben und im Jahr 1970 erstmals publiziert wurde. Es trägt den Titel *Le dépeupleur* und

wurde von Beckett selbst unter dem Titel *The Lost Ones* ins Englische übersetzt.[4]

Der Ausschnitt, auf den sich meine Analyse konzentrieren wird, ist durch die Frage nach dem Verhältnis der Gestirne zur Literatur bestimmt: Es geht um die Beziehung des *Dépeupleur* zur Sonne und zu den anderen Sternen. Diese Beziehung ist zugleich Beziehung zu einem Text, aus dem die Sonne und die anderen Sterne zitiert werden. Wie der Beginn von *Murphy* die Sonne Salomos parodiert, unter der sich bekanntlich nichts Neues ereignet,[5] so wiederholt und variiert der *Dépeupleur* eine Konstellation aus Dantes *Divina Commedia*.

I. Die Bleibe

Zu Beginn des *Dépeupleur* spricht alles dafür, daß man der Sonne und den anderen Sternen nie begegnen wird. Der Text beginnt mit dem Wort »Séjour« – »Bleibe« – und präsentiert diese Bleibe schon mit den ersten Sätzen als ein absolutes Innen; das Licht fällt nicht ein, sondern steht im Raum, es gleicht eher dem Wasser in einem Aquarium als den Strahlen eines Sterns. Die ersten Sätze des Textes lauten:

> Séjour où des corps vont cherchant chacun son dépeupleur. – Eine Bleibe, wo Körper immerzu suchen, jeder seinen Verwaiser. Groß genug für vergebliche Suche. Eng genug, damit jede Flucht vergeblich. Es ist das Innere eines Zylinders mit einem Umfang von fünfzig Metern und einer Höhe von sechzehn wegen der Harmonie. Licht. Seine Schwäche. Sein Gelb. Seine Allgegenwärtigkeit, als ginge von jedem der zwölf Millionen Quadratzentimeter Gesamtfläche ein eigener Schimmer aus (7).

Ein Raum ohne erkennbare Lichtquelle; eine homogen und schwach strahlende, kreisrunde Behausung. Alles – fast alles –, was im *Dépeupleur* geschieht, geschieht in Abhängigkeit von Architektur, Einrichtung und Funktionsweise dieser Behausung. Ich entferne mich nicht allzu weit von der Diktion des Textes, wenn ich hier einige weitere Angaben zur »Bleibe« im Protokollstil anfüge: Boden und Wand des Zylinders sind »aus Hartgummi oder ähnlichem« (9). Die obere Hälfte der Wand ist durch Nischen unterbrochen, die zum Teil durch Tunnel miteinander verbunden sind; die einzige Einrichtung des Zylinders besteht aus einigen Leitern, deren »Zweck« es ist, »die Sucher zu den Nischen gelangen zu lassen« (9–13). Der Boden des Zylinders zerfällt in drei »Zonen«: den äußeren Ring, den inneren Ring und die »Arena« in der Mitte (61). Das Besteigen der Leitern und der Übergang zwischen den drei Zonen ist durch Vorschriften geregelt, auf die ich hier nicht näher eingehen muß.

Auch die etwa zweihundert Bewohner der Bleibe – die »Körper« oder »Leichname« (*les corps, bodies*) – sind in Klassen eingeteilt. Ich zitiere den ersten Versuch einer vierfachen Unterteilung der »Körper«:

> In gewisser Hinsicht sind es viererlei Körper. Erstens, diejenigen, die ohne anzuhalten herumgehen. Zweitens, diejenigen, die manchmal anhalten. Drittens, diejenigen, die, wenn sie nicht von ihrem Platz verjagt werden, nie den von ihnen eroberten verlassen und die als Verjagte sich auf den ersten freien stürzen, um sich dort von neuem nicht mehr zu rühren. Das stimmt nicht ganz. Denn wenn bei diesen letzteren oder Seßhaften das Bedürfnis zu klettern erstorben ist, so unterliegt es darum nicht weniger sonderbaren Wiederauferstehungen. Der Betroffene verläßt dann seine Stelle und macht sich auf die Suche nach einer freien Leiter oder schließt sich der kürzesten oder nächsten Schlange Wartender an. Der Sucher kann nämlich schwerlich auf die Leiter verzichten. Es sind paradoxerweise die Seßhaften, die durch ihr Ungestüm die Ruhe im Zylinder stören. Viertens, diejenigen, die nicht suchen oder Nichtsucher, die größtenteils an der Wand in der Haltung sitzen, die Dante ein seltenes mattes Lächeln entriß. (15 f.)

Wem gilt dieses »seltene matte« Lächeln Dantes? Es gilt Belacqua, der zusammengekauert am Fuß des Läuterungsberges sitzt und zu träge ist, den Aufstieg zum Paradies zu beginnen.[6] Belacqua war ein Zeitgenosse Dantes, ein wegen seiner Faulheit stadtbekannter florentinischer Instrumentenbauer. Keine andere Figur der *Commedia* taucht in Becketts Texten mit einer solchen Beharrlichkeit auf wie er. Schon der Protagonist der frühen Erzählung »Dante and the Lobster« trägt den Namen Belacqua.[7] Von Molloy heißt es, er sitze an einem Felsen »etwa in der Art von Belacqua«, und ähnliche Referenzen kehren in den folgenden Texten immer wieder.[8] Auf einer Postkarte, die Beckett bei einer seiner zahlreichen Lektüren der *Commedia* als Lesezeichen verwendete, notiert er zum vierten Gesang des Purgatoriums: »Dante smiles (at Belacqua). D's 1st smile?«[9] Der Text des *Dépeupleur* läßt dann den Namen Belacquas verschwinden und zitiert nurmehr seine

Haltung: »[Er] saß und schlang die Arme um die Kniee / Und beugte das Gesicht dazwischen nieder« (Purgatorio IV. 107f.). Ich werde darauf zurückkommen.

Eine Frage, die sich den Lesern des *Dépeupleur* immer wieder aufgedrängt hat, ist die Frage nach dem Status der Stimme, die die Bleibe präsentiert, und nach dem Ort, von dem aus das Geschehen im Zylinder beschrieben wird.[10] Die »Körper« selbst sprechen nie, es wird ihnen aber die Fähigkeit zugeschrieben, »Gerüchte« zu übermitteln und an sie zu glauben. Auch zieht die Stimme die Möglichkeit in Betracht, daß die »Körper« sich gegenseitig Namen oder Bezeichnungen geben, betont aber, es könne sich dabei unmöglich um diejenigen Bezeichnungen handeln, die sie selbst verwendet (81). Es scheint also möglich zu sein, über das Innere des Zylinders zu sprechen, ohne ihn zu bewohnen. Eine Passage, die in diesem Zusammenhang besondere Beachtung verdient, diskutiert die Frage, ob der Zylinder einen Ausgang habe, und zieht, zumindest hypothetisch, einen »Besucher« der Bleibe in Betracht. Es heißt dort:

> Seit jeher geht das Gerücht, oder noch besser, gilt der Gedanke [idée], daß es einen Ausweg gibt. Diejenigen, die nicht mehr daran glauben, sind nicht dagegen gefeit, von neuem daran zu glauben, übereinstimmend mit der Vorstellung [notion], dic, solange sie bestand hat, besagt, daß hier alles den Tod erleidet, aber einen so abgestuften, ja sogar derart wankenden Tod [qu'ici tout se meure mais d'une mort si graduelle et pour tout dire si fluctuante], daß er selbst einem Besucher nicht auffallen würde. Über die Art des Auswegs und über seinen Ort gibt es zwei Hauptmeinungen, die alle diejenigen veruneinigen, ohne sie jedoch in einen Gegensatz zueinander zu bringen, die diesem alten Glauben treu geblieben sind. Für die einen kann es sich nur um einen Geheimgang handeln der in einem der Tunnel beginnt und hinausführt zu den, wie der Dichter sagt, Zufluchtstätten der Natur. Die anderen träumen von einer oben in der Mitte der Decke versteckten Klapptür, die Zugang zu einem Kamin gewährt, an dessen Ende angeblich immer noch die Sonne und die anderen Sterne glänzten [Les autres rêvent d'une trappe dissimulée au centre du plafond donnant accès à une cheminée au bout de laquelle brilleraient encore le soleil et les autres étoiles]. (22f.)

Ich schiebe alle Fragen, die den »Besucher« betreffen, auf, um zunächst – im Modus des Gerüchts, der Meinung, des Hörensagens – von der Sonne zu sprechen. Es ist nicht schwer, »die Sonne und die anderen Sterne« als Zitat aus Dantes *Divina Commedia* zu identifizieren, da Dante der einzige Dichtername ist, der im *Dépeupleur* erwähnt wird und sich der zitierte Vers in Dantes Gedicht an exponierter Stelle findet; es ist der letzte oder, angemessener ausgedrückt, der höchste Vers der *Commedia*, der Zenit des Textes:

Die hohe Bildkraft mußte hier versagen
Doch schon bewegte meinen Wunsch und Willen,
So wie ein Rad in gleichender Bewegung
Die Liebe, die beweget [die] Sonn'[e] und [die anderen] Sterne.

A l'alta fantasia qui mancò possa;
ma già volgeva il mio disio e 'l velle
sì come rota ch'igualmente è mossa,
l'Amor che move il sole e l'altre stelle.

Es ließe sich nun vieles zur Bedeutung der Sterne in Dantes *Commedia* sagen. Schon der Beginn von Dantes Reise steht unter einer ausgezeichneten Himmelskonstellation: die Sonne erscheint in Begleitung gerade derjenigen Sterne, die sie auch am Tag der Schöpfung umgaben (Inferno I.38–40). Es ist Frühling, und das Gestirn, »[d]as uns auf jedem Pfade richtig führet«, steht im Zeichen des Widders.[11] Ähnliche astronomische Zeitangaben finden sich in den ersten Gesängen des *Purgatoriums* und des *Paradieses*; und der je letzte Gesang jeder Cantica endet mit einem Ausblick auf die Sterne.[12] Die zitierte Stelle des *Dépeupleur*, die die »Sonne und die anderen Sterne« am Ende eines Kamins vermutet, erscheint in diesem Zusammenhang wie eine Engführung der Schlußverse des *Paradieses* mit denen der *Hölle*, in denen Dante die »Bilder / Des Himmels«, kurz vor dem Schritt ins Freie, »durch ein rundes Loch [per un pertugio tondo]« erblickt (Inf. XXXIV. 137 f.).

Der *Dépeupleur* zitiert nicht nur die erwähnten Verse der *Commedia*, sondern auch einige Strukturen ihrer kosmologischen Architektur. Diese Strukturen sind sehr einfach. Sie lassen sich an einigen Zeichnungen Botticellis erläutern, die Beckett gut kannte.
Botticellis Illustration zum zehnten Gesang des *Paradieses* fixiert denjenigen Moment, in dem Dante und Beatrice in die Sphäre der Sonne

Abb. 1: Sandro Botticelli, *Paradiso X*, in: ders., *Der Bilderzyklus zu Dantes Göttlicher Komödie. Katalog zur Ausstellung der Staatlichen Museen zu Berlin*, Preußischer Kulturbesitz, Ostfilden-Ruit 2000, S. 237.

Abb. 2: Sandro Botticelli, *Paradiso XXVI*, in: ders., *Der Bilderzyklus* (Abb. 1), S. 271.

Abb. 3: Sandro Botticelli, *Paradiso XXI*, in: ders., *Der Bilderzyklus* (Abb. 1), S. 259.

eintreten (Abb. 1). Diese Zeichnung vereint zwei Grundelemente, die im Hinblick auf den *Dépeupleur* von besonderer Bedeutung sind: den Kreis und die aufwärts weisende Geste Beatrices. Die Figur des Kreises bestimmt die gesamte Architektur von Dantes Jenseits. Der Trichter der Hölle und der Kegel des Läuterungsberges sind gleichermaßen in Kreise eingeteilt; sie folgen damit der konzentrischen Anordnung des Fixsternhimmels, die Botticelli unter anderem in seiner Illustration zum sechsundzwanzigsten Gesang des *Paradieses* darstellt (Abb. 2). Die Sonne markiert nicht nur den Mittelpunkt dieser gesamten Architektur, sondern auch den höchsten Punkt des Universums, den Zielpunkt von Dantes Aufstieg. Ein besonders handgreifliches Bild dieses Aufstiegs bietet die golden glänzende Jakobsleiter im einundzwanzigsten Gesang des *Paradieses* (Abb. 3). Becketts Zitat dieser beiden Motive ist deutlich. Er reduziert die beiden Grundelemente des Kreises und des Aufstiegs auf ihr Minimum: auf eine mit Leitern ausgestattete Tonne.

In seinem »Versuch, das Endspiel zu verstehen« schreibt Adorno über die Tonnen, in denen Nagg und Nell hausen: »Becketts Mülleimer sind

Embleme der nach Auschwitz wiederaufgebauten Kultur.«[13] Im *Dépeupleur* erweitert Beckett den Mülleimer zur Behausung einer ganzen Schar von »Körpern« und montiert aus Versatzstücken von Dantes *Commedia* einen Raum, der den spiralförmigen Aufstieg auf ein bloßes Im-Kreis-Laufen und Leiter-Steigen herunterbringt. Der Blick, mit dem der Dichter am Ende seiner Reise, im Paradies, »die Sonne und die anderen Sterne« gewahrt, bleibt eingefaßt durch die runde Öffnung am Ausgang der Hölle. Daß es sich bei dieser Öffnung um »une cheminée«, um »einen Kamin«, handelt, ist dabei kein Zufall. Mehrfach zitiert der letzte Abschnitt des *Dépeupleur* den französischen Titel von Primo Levis Buch *Se questo è un uomo* –: »si c'est un homme« (86 f.).[14]

Levis Buch ist zugleich autobiographischer Bericht über seine Gefangenschaft in Auschwitz und Analyse des »geometrisch konzipierten Irrsinns« des Lagers.[15] Viele Elemente dieser Analyse finden sich in Becketts Text wieder, so die Unterteilung der Gefangenen in verschiedene »Kategorien« und die Charakterisierung des Lagers als eine »Lebensweise«, die von einem »Experimentator« entworfen sein könnte.[16] Weite Teile des *Dépeupleur* wirken wie der monotone Monolog eines solchen Experimentators; doch wird dessen Stimme von Zeit zu Zeit auch von anderen Stimmen unterbrochen und angesteckt. So in der Rede vom Kamin. Einer der wenigen französischen Sätze in Levis Buch stammt von Felicio, dem Griechen, der sarkastisch feststellt, der einzige Ausweg aus dem Lager führe durch den Kamin: »Felicio, der Grieche, kennt mich. ›L'année prochaine à la maison‹, ruft er mir zu. Und ergänzt dann: ›à la maison par la cheminée!‹«[17]

Diejenige Passage des *Dépeupleur*, die von der Sonne und den anderen Sternen spricht, markiert zugleich eine der wenigen Stellen des Textes, an denen die Stimme eines Zeugen in den Monolog des Experimentators einbricht. Diese Stimme des Zeugen – nicht dessen, der als neutraler Dritter vor Gericht erscheint (testis), sondern dessen, der bezeugt, was er durchlebt hat (superstes) – ist für Dantes Text ebenso konstitutiv wie für denjenigen Levis.[18] Ihr gilt der zweite Teil meiner Lektüre.

II. Die Besiegten

Der fiktive, das Jenseits bereisende Dante wird wiederholt als Zeuge angerufen. Immer wieder wird er aufgefordert, »drüben«, in der »Welt« zu berichten, was er »hier« gesehen hat. Im zweiunddreißigsten Gesang des *Purgatoriums* fordert Beatrice: »beschreibe, / Was du gesehen, wenn du nach drüben heimkehrst« (V. 104 f.).[19] Die zeigende Geste Beatrices, mit der diese Forderung einhergeht, regiert Dantes gesamte Reise; zunächst in Gestalt des von ihr gesandten Führers Vergil, dann in Gestalt der Geliebten selbst.

Das führt unmittelbar zurück zur Frage nach dem Status der Erzählstimme im *Dépeupleur*, deren Rede durch ein präsentierendes und resümierendes »voilà« skandiert wird. Eine Reihe von Abschnitten schließt mit Wendungen wie: »Voilà un premier aperçu du séjour« (14). – »Voilà un premier aperçu du code du grimpeurs« (34). – »Voilà pour l'accès aux échelles« (62). – »Voilà en gros les grandes divisions du sol ...« (70).

Versucht man, diese präsentierende Stimme – aus heuristischen Gründen – einer Figur der *Commedia* zuzuordnen, so drängt sich zunächst der Analytiker Vergil auf, dessen »Amt« es ist, Dante das Jenseits zu »zeigen«, und der dessen Architektur zum besseren Verständnis des Dichters »zergliedert« (Inf. XII.85–89 und XI.67–69). Die Stimme im *Dépeupleur* beschreibt Bewegungen, klassifiziert Körper, unterscheidet Zonen und verteilt von Zeit zu Zeit »laufende Nummern«.[20] Wenn in einem späteren Abschnitt des Textes von einem »denkenden Wesen« die Rede ist, das sich »kalt« über das Geschehen in der Bleibe »beugt« und es einer »Analyse« unterzieht (55), so erscheint das wie eine Personifikation dieser Stimme.

Dem Duktus der »Analyse« entspricht auch das beharrliche Bemühen um eine möglichst »neutrale« Terminologie. So bezeichnet die Stimme die Körper, die sich nicht mehr bewegen und in der Haltung Belacquas an den Wänden sitzen, als »Nichtsucher«. Dennoch schleichen sich mit der Zeit alternative Bezeichnungen ein. Die Darstellung des Reglements, das den Gebrauch der Leitern regelt, verlangt eine Verfeinerung der anfänglichen Einteilung der Körper, die Stimme spricht von »Kletterern« und »Lugern« und plötzlich, unversehens, von »Besiegten« (39). Wenig

später heißt es: »Niedergeschlagene oder geschlossene Augen bedeuten Aufgegebenheit [abandon, abandonment] und finden sich nur bei Besiegten« (41). Es schleicht sich ein Ton ein, der an Dantes seltene und von Vergil mitunter scharf gerügte Mitleidsregungen erinnert.
Die nachdrücklichste Korrektur einer solchen Entgleisung findet sich in einer längeren Passage, die den diffusen Lichtverhältnissen in der Bleibe gewidmet ist. Die »seelische Not«, die das schwache, ursprungslose Licht hervorruft, wird hier nur als einer von mehreren Faktoren erwähnt, die die Sehkraft beeinträchtigen. Doch schon ihre bloße Erwähnung provoziert eine Verteidigung und Überbietung der alten, »neutralen« Ausdrucksweise. Die Passage lautet:

> Nichts hindert daran, zu behaupten, daß das Auge sich schließlich an diese Bedingungen gewöhnt und sich ihnen anpaßt, wenn nicht genau das Gegenteil zu beobachten wäre, nämlich ein langsames Erschlaffen der Sehkraft, die auf die Dauer durch dieses feurig flackernde Dunkel verdorben wird und durch die unablässige, immer wieder vergebliche Anstrengung und die damit zusammenhängende, auf das Organ zurückwirkende seelische Not. Und wenn es möglich wäre, zwei vorzugsweise blaue, da verderblichere Augen recht lange Zeit zu beobachten, so sähe man, wie sie sich mehr und mehr mit Blut füllen und immer weiter aufgerissen werden und ihre Pupillen sich allmählich weiten, bis die Hornhaut ganz und gar verzehrt ist. Das alles selbstverständlich auf eine so langsame und so wenig sinnfällige Weise, daß die am stärksten Betroffenen selber es nicht merken, falls diese Vorstellung beibehalten wird. Und für das denkenden Wesen, das sich kalt über all diese Gegebenheiten und Evidenzen beugt, wäre es wahrlich schwierig, am Ende seiner Analyse nicht zu Unrecht anzunehmen, daß, statt den Ausdruck Besiegte zu gebrauchen, der tatsächlich einen leisen, pathetischen Beiklang hat, man besser ganz einfach von Blinden sprechen würde. (53 f.)

Doch weder der Ausdruck »Blinde« noch der Ausdruck »Nichtsucher« setzt sich durch. Der *Dépeupleur* endet mit der Begegnung des letzten noch sich rührenden Bewohners der Bleibe mit der ersten Frau, die endgültig in der Haltung Belacquas verharrte: mit der »ersten Besiegten«. Diese Frau ist es, an der die Körper selbst sich orientierten und die es ihnen erlaubte, die absolute Ordnung des Fixsternhimmels durch eine ganz und gar relative, auf die Bleibe beschränkte zu ersetzen. Im vorletzten Abschnitt des Textes heißt es:

> Bei alledem gibt es ein Norden in Gestalt eines Besiegten oder besser einer Besiegten oder noch besser der Besiegten. Sie hockt an der Wand, den Kopf zwischen den Knien und die Arme um die Beine. Die linke Hand hält das Schienbein und die rechte den linken Unterarm. Das durch die Beleuchtung glanzlose rote Haar hängt bis auf den Boden. Es verdeckt ihr Gesicht und die ganze Vorderseite des Körpers bis zum Schoß hinunter. Der linke Fuß ruht auf dem rechten. Sie ist Norden. (81)

Die Weise, in der sich Beckett hier der Figur der *correctio* bedient, in der er *einen* Besiegten in *eine* Besiegte und *eine* Besiegte in *die* inbegriffliche Besiegte verwandelt, verbietet es, weiterhin nach »Entsprechungen« in der *Commedia* zu suchen, die sich mit Namen einzelner Figuren belegen ließen. Schon die Bemerkung über Dantes »mattes Lächeln« zitierte nicht den Namen, sondern die »Haltung« Belacquas; eine Haltung, die jeder Bewohner der Bleibe einnehmen kann und die jeder früher oder später auch einnehmen wird. Die Haltung Belacquas ist im *Dépeupleur* nicht die des Müßiggängers, sondern die der stummen Körper, der lebenden Toten, der *corps* oder *bodies*. Sie evoziert Levis Beschreibung der »Verlorenen«, der von den Lagerveteranen so genannten »Muselmänner«, die keine menschliche Regung mehr zeigen und weder tot noch lebendig scheinen. Levi schreibt:

> Sie, die Muselmänner, die Verlorenen, sind der Nerv des Lagers: sie, die anonyme, die stets erneuerte und immer identische Masse schweigend marschierender und sich abschuftender Nichtmenschen, in denen der göttliche Funke erloschen ist, und die schon zu ausgehöhlt sind, um wirklich zu leiden. Man zögert, sie als Lebende zu bezeichnen; man zögert, ihren Tod, vor dem sie nicht erschrecken, als Tod zu bezeichnen, weil sie zu müde sind, ihn zu fassen.
>
> Sie bevölkern meine Erinnerung mit ihrer Gegenwart ohne Antlitz; und könnte ich in einem einzigen Bild das ganze Leid unserer Zeit einschließen, würde ich dieses nehmen, das mir vertraut ist: Ein verhärmter Mann mit gebeugter Stirn und gekrümmten Schultern, von dessen Gesicht und Augen man nicht die Spur eines Gedankens zu lesen vermag.[21]

Levi zufolge gibt es im Lager »zwei ganz besonders klar voneinander geschiedene Kategorien von Menschen«: »Gerettete und Verlorene.«[22] In Becketts Bleibe gibt es nur Verlorene, der englische Titel seines Textes lautet, wie gesagt, *The Lost Ones*.[23]

Die Welt des Muselmanns, des »Körpers«, des lebenden Leichnams ist, um einen Begriff Shoshana Felmans aufzunehmen, ein »absolutes Innen«.[24] Von diesem Innen kann niemand erzählen. Wenn ein Zeuge wie Levi versucht, den Stummen und Verlorenen seine Stimme zu leihen, sie durch seine eigenen Worte Zeugnis ablegen zu lassen, so zeugen diese Worte immer auch von der Unmöglichkeit eines Berichts aus dem »absoluten Innen«. Levi selbst schreibt, die eigentlichen, vollständigen Zeugen (testimoni integrali), diejenigen, deren Aussage »eine allgemeine Bedeutung gehabt hätte«, seien die, die sich »nicht geäußert« haben, die Muselmänner.[25] Das ist auch einer der Gründe, weshalb es, Maurice Blanchot zufolge, keine »fiktive Erzählung« über Auschwitz geben kann. Blanchot schreibt: »Die Notwendigkeit, Zeugnis abzulegen, verpflichtet zu einer Zeugenschaft, derer nur die unmöglichen Zeugen fähig sind – die Zeugen des Unmöglichen –, jeder einzeln.«[26] Blanchots eigener Versuch, die Konsequenzen aus dieser Einsicht zu ziehen, steht unter dem Titel eines Schreibens oder einer Schrift des Unheils, des Un-Sterns oder ent-stirnten Himmels: *L'écriture du désastre*.[27]
Es ist hier nicht der Ort, einen ausführlichen Vergleich zwischen Blanchots fragmentarischer *écriture du désastre* und Becketts Abbau der *Divina Commedia* anzustellen. Es soll nur abschließend angedeutet werden, inwiefern sich auch Becketts Text unter das Titelwort des *des-astre* stellen ließe.

Der *Dépeupleur* reflektiert das von Levi aufgeworfene Problem der unmöglichen Zeugenschaft, ohne die Beziehung zu Dantes *Commedia* je zu lockern. Daher die Bedeutung der Sonne und der anderen Sterne. Denn der Blick zum Fixsternhimmel überschreitet den Umkreis der Ereignisse und Phänomene, die der Dichter-Zeuge noch aus eigener, unmittelbarer Anschauung kennt. Die schützende Geste, mit der Dante seine Augen vor dem Übermaß des Lichtes schützt, ist auf Botticellis Illustrationen zu den Gesängen des *Paradieses* ein ständig wiederkehrendes Motiv. Der mittelbare Blick hingegen, der es dem Dichter gestattet, den Aufbau des gesamten Fixsternhimmels zu beschreiben, entzieht sich der Wiedergabe in einer Zeichnung. Denn Dante sieht und beschreibt hier – zu Beginn des achtundzwanzigsten Gesanges –, was Beatrice sieht. Er sieht, gespiegelt in den Augen der Geliebten, den blendend hellen Punkt der Sonne und um diesen Punkt neun Feuerkreise; den kleinsten Kreis in schneller Rotation, die größten, kaum mehr faßlichen Kreise in langsamer, unmerklicher Bewegung. Ich zitiere Hermann Gmelins Prosa-Übersetzung (Paradiso XXVIII.4–39):

Wie man im Spiegel einer Fackel Flamme
Erkennen kann, die hinter einem leuchtet,
Eh sie dem Auge und dem Geist erschienen,
Und sich umkehrt, zu sehen, ob der Spiegel
Die Wahrheit sagt, und sieht, daß sie einander
Entsprechen, wie die Töne ihren Takten;
So kann sich mein Gedächtnis wohl entsinnen,
Daß ich getan beim Blick in ihre Augen,
Mit denen Amor mich gefesselt hatte.
Und als ich mich gewandt, fiel in die meinen
All das, was dort in jenem Himmel glänzet,
Wohin man auch in seine Kreise schaue.
Ein Punkt war dort, der mit so scharfem Lichte
Erstrahlte, daß das Aug, das er geblendet,
Sich schließen mußte vor des Lichtes Schärfe.
Und jeder Stern, der hier am schwächsten leuchtet,
Erschien mir wie ein Mond an dessen Seite,
Wenn sie wie Sterne beieinander stünden.
So nahe wohl wie bei des Mondes Hofe
Des Lichtes Widerschein ihn selbst umgürtet,
Wenn jenes Hofes Dunst ganz dicht geworden,
Hat um den Punkt ein Feuerkreis geschwungen
So schnell, daß er noch übertroffen hätte
Den Himmel, der die Welt als schnellster gürtet.
Und der wird noch von einem Kreis umgürtet,
Und der vom dritten, dieser von dem vierten,
Der vierte von dem fünften, der vom sechsten,
Dann kam der siebente so weit geschwungen
In seinem Bogen, daß der ganze Bote
Der Juno ihn nicht mehr umspannen könnte.
So kam der achte und der neunte, jeder
Bewegte sich verlangsamt in dem Maße,
Wie er vom ersten Kreise Abstand hatte.
Und jener hatte auch die reinste Flamme,

> Der sich am nächsten fand dem reinen Funken,
> Weil er bei ihm wohl höchste Wahrheit findet.

Beatrices Augen bieten sich dem Dichter als Spiegel des Weltalls; und gerade diese Konstellation nehmen die Schlußpassagen des *Dépeupleur* auf. Wenn irgendwo die Stimme des »Besuchers«, des Zeugen, in die Stimme des Analytikers einbricht, dann in diesen letzten Sätzen des Textes, in denen es nicht mehr um Klassen von Körpern geht, sondern um *diesen* »letzten« Bewohner der Bleibe und seine Begegnung mit *dieser*, der »ersten Besiegten«. Die Verwendung des notorischen »voilà« ändert sich dabei so grundlegend, daß Beckett den Ausdruck in seiner englischen Übersetzung des Textes nicht mehr einheitlich wiedergeben kann. Lautete seine Standardübersetzung für das resümierende, eine Beschreibung abschließende »voilà« bis dahin »so much for« (»So much for a first aperçu of the abode ...« – »So much roughly speaking for these bodies ...« – »So much roughly speaking for the main ground divisions ...« etc.), so zielt die Geste der Präsentation nun nicht mehr auf Strukturen und Regeln, sondern auf *diesen* letzten noch sich rührenden Bewohner der Bleibe: »Et *le voilà* en effet, ce dernier ...« – »And sure enough *there he stirs* this last of all ...« (86). Ich zitiere aus dem letzten Abschnitt des Textes:

> Le voilà donc si ce'est un homme qui rouvre les yeux ... – Da öffnet er also die Augen, dieser letzte, wenn es ein Mensch ist, und bahnt sich nach einer Weile einen Weg bis zu jener ersten Besiegten, die so oft als Richtpunkt gewählt wurde. Knieend schiebt er das schwere Haar auseinander und richtet den Kopf auf, der sich nicht wehrt. Im so entblößten, von seinen Blicken verschlungenen Gesicht öffnen sich auf den Druck der Daumen ohne weiteres endlich die Augen. In diesen ruhigen Einöden läßt er seine eigenen schweifen, bis diese letzteren sich schließen und der losgelassene Kopf an seinen Platz zurückfällt [Dans ces calmes déserts il promène les siens jusqu'à ce que les premiers ces derniers se ferment et que la tête lâchée retourne à sa vieille place]. (87–89)

Die erste Besiegte ist der Angelpunkt aller Bewegungen in der Bleibe, sie ist *repère*, *guide*, und der letzte Blick gilt ihren Augen. Diese Augen taugen nicht als Spiegel und nicht als Medium irgendeiner Erkenntnis. Sie sind keine Äquivalente des »Wassers« in Platons Höhlengleichnis, das die Strahlen der Sonne bricht und dem Philosophen bereits einen Blick ins Licht gestattet, bevor sich seine Augen an den Anblick »der Sonne selbst« gewöhnt haben (*Politeia*, 516b). Die Augen der ersten Besiegten verschließen sich – offen – der Ordnung des Lichts. Sie zeigen nur sich als gebrochene und zeugen so von der Unmöglichkeit zu erzählen, was dieser ersten Besiegten widerfahren ist.

Anmerkungen

1 »The sun shone, having no alternative, on the nothing new.« Samuel Beckett, *Murphy*, London 1938, S. 5; dt.: Samuel Beckett, *Murphy*, übers. von Elmar Tophoven, Hamburg 1959, S. 5.

2 Samuel Beckett, *Endspiel. Fin de partie. Endgame*, übers. von Elmar Tophoven, französische Originalfassung, ins Englische übers. von Samuel Beckett, Frankfurt a.M. 1974; diese und die folgenden Zitate: S. 47f.

3 Samuel Beckett, *Stücke und Bruchstücke in drei Sprachen*, englische und französische Originalfassungen, ins Deutsche übers. von Erika Tophoven und Elmar Tophoven – Französische und englische Übertragung von Samuel Beckett, Frankfurt a.M. 1978, S. 87.

4 Ich zitiere den *Dépeupleur* im folgenden mit Seitenangaben im Text nach der dreisprachigen Ausgabe der »Bibliothek Suhrkamp«: Samuel Beckett, *Der Verwaiser. Le dépeupleur. The Lost Ones*, übers. von Elmar Tophoven, Frankfurt a.M. 1989. Änderungen der deutschen Übersetzung betreffen nur einzelne Ausdrücke und werden nicht eigens nachgewiesen.

5 Vgl. Ecclesiastes 1,9: »The thing that hath been, it *is that* which shall be; and that which is done is that which shall be done: and *there is* no new *thing* under the sun« (The King James-Bible). Der Prediger Salomo I,9: »Was ists das geschehen ist? Eben das hernach geschehen wird. Was ists das man gethan hat? Eben das man hernach wieder thun wird. / Vnd geschicht nichts newes vnter der Sonnen« (Luther).

6 Dante Alighieri, *La Divina Commedia*, Turin 1962, Purg. IV.106–29. Im folgenden wird die deutsche Übersetzung zitiert: Dante Alighieri, *Die Göttliche Komödie*, übers. von Hermann Gmelin, Stuttgart 2001.

7 Samuel Beckett, »Dante and the Lobster«, in: ders., *More Pricks than Kicks*, Paris, London, New York 1993 (erste Auflage 1934), S. 9–21; dt.: Samuel Beckett, »Dante und der Hummer«, übers. von Elmar Tophoven, in: ders., *Erzählungen*, Frankfurt a.M. 1995, S. 7–20.

8 Samuel Beckett, *Molloy*, Paris 1951, S. 13; dt.: Samuel Beckett, *Molloy*, in: ders., *Drei Romane. Molloy – Mallone stirbt – Der Namenlose*, übers. von

Elmar Tophoven, Frankfurt a.M. 1969, S. 14. Zu dieser und anderen Referenzen vgl. Mary Bryden, »Beckett and Dante«, in: Richard Lansing (Hg.), *Dante's Afterlife: The Influence and Reception of the Commedia*, New York, London 2003, S. 541–56, hier: S. 544–46.

9 Vgl. Bryden, ebd., S. 543 f. und S. 553.

10 Vgl. z.B. Leslie Hill, *Beckett's Fiction. In Different Words*, Cambridge 1990, S. 153; Antoinette Weber-Caflisch, *Chacun son dépeupleur. Sur Samuel Beckett*, Paris 1994, S. 24 f.

11 Vgl. Hermann Gmelins Anmerkung zu Inf. I.38 in Dante, *Göttliche Komödie* (Anm. 6), S. 399; Zitat: Inf. I.18.

12 Vgl. hierzu ausführlicher: Alison Cornish, *Reading Dante's Stars*, New Haven, London 2000, S. 26 f., S. 34, S. 39.

13 Theodor W. Adorno, *Noten zur Literatur*, Frankfurt a.M. 1981, S. 311.

14 Darauf weist Antoinette Weber-Caflisch hin: vgl. Weber-Caflisch, *Chacun son dépeupleur* (Anm. 10), S. 42 f.

15 Primo Levi, *Ist das ein Mensch? Ein autobiographischer Bericht*, übers. von Heinz Riedt, München 1992, S. 58.

16 Ebd., S. 35 f., S. 104.

17 Ebd., S. 85.

18 Zur Unterscheidung von *testis* und *superstes* vgl. Giorgio Agamben, *Was von Auschwitz bleibt. Das Archiv und der Zeuge*, übers. von Stefan Monhardt, Frankfurt a.M. 2003, S. 14 f.

19 Schon im ersten Gesang des *Inferno* heißt es: »Doch um des Guten, das ich dort gefunden, / Sag ich die andern Dinge, die ich schaute« (V. 8 f.); und Dantes Urahn Cacciaguida fordert im achtzehnten Gesang des *Paradieses*: »Verkünde offen alles, was du schautest« (V. 128). Die bereits erwähnte Postkarte, auf der Beckett Dantes mattes Lächeln verzeichnet, enthält auch eine Notiz zum folgenden, fünften Gesang des *Purgatoriums*, in dem einige Seelen auftreten, die gewaltsam zu Tode gekommen sind. Beckett zitiert vollständig die Rede der Pia de Tolomei, die sich an Dante mit den Worten wendet: »O wenn du einst zur Welt zurückgekehret / Und ausgeruht von deiner langen Reise, / [...] Dann denke auch an mich [...]« (Purg. V. 130–33). Diese Eintragung ist sehr charakteristisch. Unter all den Aufforderungen hinzusehen, sich zu erinnern, Zeugnis abzulegen, die an Dante im Laufe seiner Reise ergehen, notiert sich Beckett gerade diese Worte einer ermordeten Frau, die, ebenso episodisch wie Belacqua, am Fuß des Läuterungsberges auftaucht (vgl. Bryden [Anm. 8], S. 552).

20 »Aber wenn man diesen Familien [die den verschiedenen Kategorien von Bewohnern entsprechen] je nach Reifegrad laufende Nummern gibt ...«

(47). »Wenn man diesen drei Zonen [des Zylinderbodens] laufende Nummern gibt ...« (61).

21 Levi, *Mensch* (Anm. 15), S. 105.

22 Ebd., S. 108.

23 Es seien hier einige Bemerkungen zum Titel des Textes angefügt, die meine Lektüre zugleich auf andere Möglichkeiten öffnen und legitimieren sollen. Das Französische kennt das Verb *dépeupler*, aber nicht das Substantiv *le dépeupleur*. Es handelt sich bei Becketts Titel also um einen Neologismus, von dem der Autor selbst sagte, er sei durch einen Vers aus Lamartines berühmter Meditation »L'Isolement« angeregt: »Un seul être vous manque, et tout est dépeuplé« (Lamartine, *Méditations*, Paris 1968, S. 4). Aus diesem Vers spricht die Trauer um die tote Geliebte, und Becketts »Körper«, die nach ihrem »Verwaiser« suchen, lassen sich folglich auch auf die Liebenden des Platonischen Mythos beziehen, die auf der Suche nach ihrer verlorenen Hälfte umherirren (Platon, *Symposion*, V. 189d–193d). Warum übersetzt Beckett den französischen Titel aber mit *The Lost Ones*? Das Englische kennt nicht nur das Verb *to depeople*, sondern auch die (obsolete) Form *depopulator*. *The Depopulator* kursierte unter einigen englischsprachigen Lesern bereits als Titel des Textes, bevor Becketts eigene Übersetzung 1972 erschien (vgl. Deirdre Bair, *Samuel Beckett. A Biography*, London 1990, S. 659 f.). Warum also wählt Beckett den Titel *The Lost Ones*? Weil der Titel »si c'est un homme« in der englischen Übersetzung »if a man« nicht mehr als Titel zu erkennen ist. Es gab eine englische Übersetzung von Levis Buch unter dem Titel *If this is a man*; seit 1961 erscheint der Text aber unter dem Titel *Survival in Auschwitz* (übersetzt von Stuart Woolf, London). Beckett benötigte also einen alternativen, ähnlich deutlichen Verweis auf Levis Buch und wählte dessen Unterscheidung zwischen »i sommersi e i salvati«. Dabei folgt er derselben Logik wie der deutsche Übersetzer des Buches und übersetzt »i sommersi« nicht mit »the drowned«, sondern, aus dem Gegensatz zu den Geretteten, mit »the lost ones«.

24 Vgl. vor allem den Abschnitt »The Impossibility of Testimony«, in: Shoshana Felman, Dori Laub, *Testimony. Crises of Witnessing in Literature, Psychoanalysis, and History*, New York 1992, S. 224–232.

25 Vgl. die in Agamben, *Auschwitz* (Anm. 18), S. 29 f. zitierten Texte und insgesamt die Ausführungen in Abschnitt 1.12–1.15 dieses Buches.

26 Maurice Blanchot, *Après Coup. Précédé par Le ressassement éternel*, Paris 1983, S. 98.

27 Maurice Blanchot, *L'écriture du désastre*, Paris 1980; dt. *Die Schrift des Desasters*, übers. von Gerhard Pappenberg und Hinrich Weidemann, München 2005.

II. Programmatische Entwürfe

Sylvia Sasse / Sandro Zanetti

Statt der Sterne
Literarische Gestirne bei Mallarmé und Chlebnikov

Stéphane Mallarmé (1842–1898), Englischlehrer und Sprachforscher, Essayist und Kritiker, Übersetzer und Dichter, und Velimir Chlebnikov (1885–1922), selbsternannter Vorsitzender des Erdballs, Futurist, Wort- und Zeitforscher, haben nicht nur in unterschiedlichen Sprachen und Ländern und zu unterschiedlichen Zeiten geschrieben. Sie taten dies auch unter kaum vergleichbaren politischen und ökonomischen Umständen, mit anderen Interessen und Absichten, zudem mit anderen Wirkungen. Es gibt jedoch ein Projekt, an dem beide, der eine früher, der andere später, gearbeitet haben: Beide waren zeitweilig auf der Suche nach einer Sprache, die frei vom Zufall sein sollte, und beide orientierten sich auf dieser Suche an astronomischen Gesetzmäßigkeiten oder Phänomenen. Bei Mallarmé resultierte aus dieser Suche zuletzt eine Poetik, die man als Poetik der Konstellation bezeichnen könnte, bei Chlebnikov, indem er sich unter anderem auf Mallarmé bezog, eine Theorie der Sternensprache. Beide verfolgten eine Zeitlang den Plan, das *eine* Buch zu schreiben, in dem der Zufall gebannt wäre, und bei beiden wiederum sind von diesem Plan nur verstreute Notizen übriggeblieben.

1912 schreibt Chlebnikov den Aufsatz »Lehrer und Schüler«. In diesem Aufsatz, in dem der Schüler die Rolle des Lehrers übernimmt, finden sich erste Ansätze zu einer Theorie der Sternensprache. Diese Sprache soll vor allem auf lautlichen Analogien in Verbindung mit bestimmten Bewegungsgesetzen beruhen, denen Chlebnikov universale Gültigkeit zuspricht. In einer späteren Notiz zu diesem Aufsatz macht Chlebnikov deutlich, daß er seine Arbeit als eine Art Fortsetzung von Mallarmés Suche nach »lautlichen Entsprechungen«, »in denen ein ganzes Wörterbuch« stecke, begreift.[1] Tatsächlich betrieb Mallarmé sprachhistorisch und systematisch motivierte Studien, die sich vor allem an phonetischen Merkmalen bestimmter Wörter orientierten. Notizen aus dem

Umkreis des Fragment gebliebenen Werkes *Igitur*, vermutlich aus den Jahren 1869 und 1870, belegen, daß Mallarmé eine neutrale Sprache, »une langue neutre« finden wollte.[2] Eine Sprache, in der ein bestimmter Laut stets auch etwas Bestimmtes bedeuten sollte und die zudem in der Lage sein sollte, einen Zugang zu verschüttetem Wissen vergangener Zeiten zu eröffnen. Durch Ableitung phonetischer Gesetze sollte eine Erkenntnis des Vergangenen möglich werden.[3]
Mallarmés Annahme einer neutralen, nicht nach dem Grundsatz von Arbitrarität und Konventionalität gedachten Sprache kennzeichnet in systematischer Hinsicht den Punkt, von dem aus Chlebnikov sich mit seinem Entwurf einer universalen Sternensprache auf Mallarmé berufen konnte.[4] Wenn auch Chlebnikov an diesem Punkt ebensowenig stehenblieb wie Mallarmé selbst, so bildete doch die Annahme einer neutralen, lautbasierten, im Prinzip universalisierbaren Sprache für beide den Ausgangspunkt weiterer Überlegungen: Chlebnikov reformulierte diese Annahme im Kontext damaliger Forschungen zur vierten Dimension; Mallarmé selbst unterzog sie in seinen späteren Schriften, ergänzt um die Dimension des Graphischen, einer Kritik und Revision. Im übrigen gilt jedoch für beide, daß sie in ihren Arbeiten eine Kosmologie entworfen haben, in der sie ihre jeweiligen Antworten auf die Frage nach einer universalen Sprache auf bestimmte Gestirnsvorstellungen bezogen. Im folgenden geht es um die Frage, wie diese Kosmologie bei Chlebnikov und Mallarmé jeweils gedacht ist und worin für beide die Notwendigkeit oder Funktion bestand, ihre poetischen Arbeiten sowie ihre Überlegungen zur Sprache in einen solchen Zusammenhang zu stellen.

1. Mallarmé

1895 veröffentlicht Mallarmé in der Zeitschrift *La Revue Blanche* den Artikel »L'Action«.[5] In diesem Artikel steht folgendes:

> Du bemerktest, man schreibt nicht licht auf dunklem Grund, das Alphabet der Gestirne allein zeichnet sich so ab, skizzenhaft oder abbrechend; der Mensch fährt fort schwarz auf weiß.[6]

Möglich, daß Mallarmé sich mit diesem Du selbst meinte. Jedenfalls läßt sich diese Stelle als Vorlage zu einer Reihe von weiteren Stellen lesen, an denen Mallarmé einen Zusammenhang zwischen Gestirn und Literatur skizziert. Dieser Zusammenhang gewinnt überhaupt erst in Mallarmés späten Schriften, also etwa ab den 1880er Jahren bis zu seinem Tod 1898, an Kontur. Gewiß kommen Sterne bereits in den frühen Schriften vor. Sie stehen für die Nachtzeit, für Reinheit, für Schönheit, für Schicksal und Orientierung.[7] Doch eben darauf, auf ihre bloße Metaphorik oder Symbolik, lassen sich die Sterne in den späteren Schriften nicht mehr beschränken. Ihre Bedeutung liegt nun vielmehr darin, daß sie nicht vorweg schon für etwas bestimmtes anderes, sondern erst einmal nur für ihr eigenes Erscheinen stehen: Sterne leuchten, sie zeichnen sich punktuell und in bestimmten Konfigurationen am Himmel ab; und was an weiteren Deutungen vorgenommen werden mag, ist Resultat der Tatsache, *daß* sie – aus der begrenzten Perspektive eines räumlich und zeitlich definierten Beobachters – jeweils so und nicht anders erscheinen.

Durch eine solche Reduktion wird der Aspekt der Deutung bestimmter Sternbilder und die damit verbundene Tradition nicht etwa unwichtig. Im Gegenteil, er wird sogar aufgewertet: Wenn Sterne als Erscheinungen wahrgenommen werden, die in bestimmten Stellungen zueinander und zu einem Betrachterstandpunkt stehen, ohne daß sie bereits für etwas bestimmtes anderes stehen *müßten*, dann wird die Kontextualität und Historizität bestimmter Deutungen um so deutlicher erkennbar.

So gesehen verweisen Sterne auf einen prinzipiell nicht abgeschlossenen, aber eben deshalb die Besonderheit *einzelner* Auslegungen aufwertenden Bereich *möglicher* Deutungen aufgrund bestimmter Vorgaben. Sind diese Vorgaben bei Sternen durch die Stellung von Lichtpunkten auf dunklem Grund zueinander und zu einem Betrachter definiert, dann sind sie es beim Schreiben durch die Anordnung von dunklen Schriftzeichen auf hellem Papier gegenüber einem Leser. In dieser Hinsicht werden Sterne Mallarmé zu Bezugspunkten einer Theoretisierung nicht nur von Leseakten, in denen die räumliche Anordnung von Schriftzeichen zu zählen beginnt, sondern auch von Schreibakten, die solche Leseakte motivieren, indem sie als »Partituren« einer »geistigen Inszenierung«,[8] wie Mallarmé schreibt, die Leser dazu anhalten, ihre gewohnten Deutungsmuster durch Streuung der Anhaltspunkte zu revidieren.[9] – Doch dieses Zurücktreten hinter die Anhaltspunkte einer solchen Inszenierung erfolgt bei Mallarmé erst spät. Im Brief vom 24. September 1867 an den Schriftsteller Villiers de l'Isle-Adam schreibt Mallarmé noch ganz unbescheiden:

> Ich habe, begünstigt durch eine große Sensibilität, die intime Korrelation zwischen der Poesie und dem Universum verstanden, und damit diese rein sei, habe ich den Entschluß gefaßt, sie aus Traum und Zufall herauszuführen und sie der Konzeption des Universums gegenüberzustellen.[10]

Der Entschluß, die Poesie aus dem Zustand von »Traum und Zufall herauszuführen«, fällt zusammen mit dem von Mallarmé seit Beginn der sechziger Jahre geplanten Buch, dem *einen* Buch (*Le Livre*), in dem der Zufall aufgehoben sein sollte. Zudem steht dieser Entschluß im Zusammenhang mit den bereits angesprochenen Sprachforschungen, die Mallarmé zu dieser Zeit betrieb. Aus der Perspektive des Spätwerks stellt sich das Vorhaben einer vom Zufall befreiten Poesie, die sich »der Konzeption des Universums« gegenüberstellen ließe, genau als jenes Vorhaben dar, das man mit den zuvor erwähnten Worten aus dem rund dreißig Jahre später geschriebenen Artikel »L'Action« als Fortfahren des Menschen »schwarz auf weiß« bezeichnen könnte.

Verstreut über die Jahre gibt Mallarmé unterschiedliche Antworten darauf, wie dieses Fortfahren gedacht werden könnte.[11] Die prägnanteste und vielleicht endgültige Antwort gibt er jedoch in seiner letzten großen Arbeit, dem Langgedicht *Un coup de dés jamais n'abolira le hasard* (*Ein Würfelwurf wird nie den Zufall tilgen*). Mit ihm beginnt Mallarmé vermutlich im selben Jahr, in dem er den Artikel »L'Action« veröffentlicht, also 1895.[12] In einer ersten, provisorischen »Präsentation«,[13] wie Mallarmé schreibt, erscheint der *Würfelwurf* zwei Jahre später, 1897, in der Zeitschrift *Cosmopolis*. Im Jahr darauf stirbt Mallarmé. Erst 1914, also posthum, kommt es zu einer »Präsentation« des Gedichts, die annäherungsweise der typographischen Gestaltung nach Wortgruppen, verteilt auf elf Doppelseiten, entspricht, die Mallarmé für den *Würfelwurf* vorgesehen hatte.

In diesem Text und seinem Vorwort kehren Mallarmés Überlegungen zum Zufall, zum Schreiben und Lesen, zum Streben des Dichters, zur Schrift und zu den Gestirnen noch einmal in neuer Anordnung wieder. Mallarmé rekapituliert darin die – unmögliche – Aufgabe, die er sich gestellt hatte, den Zufall zu bannen, und er evoziert dafür das Bild eines Seefahrers, der sich im Sturm zu orientieren sucht und der beim Versuch, die eine, unzufällige Zahl zu würfeln, Schiffbruch erleidet. Galt Mallarmé der Vers eine Zeitlang als Inbegriff der dichterischen Möglichkeit, den Zufall im Ausdruck zu bannen, und kam für ihn schließlich der freie Vers als Verfahren in Frage, diese Möglichkeit zu erkennen und mit ihr gezielt umzugehen, so geht er nun, im *Würfelwurf*, den Weg, die mit dem Vers gegebenen Einheiten zu streuen und neu die weiße, papierene Seite zum Maß seiner Dichtung zu erklären. Daraus gewinnt er auch eine neue Einschätzung des Zufalls.

Der Titel des Gedichts macht bereits deutlich, daß es nie gelingen wird, den Zufall zu tilgen. Zumindest nicht mit einem Würfelwurf. Aber dieser Würfelwurf steht für das Denken schlechthin. »Jedes Denken wirft einen Würfelwurf«,[14] heißt es zum Schluß. Der Würfelwurf steht aber auch für den Akt des Dichtens und, im besonderen, des Schreibens. Er steht für Mallarmés eigene Bestrebungen seit den sechziger Jahren, den Zufall schreibend zu bannen. Mallarmé zieht daraus die Konsequenz, die sich in der rund zweihundertseitigen Ansammlung von verstreuten Notizen zum einen Buch schon materialiter angedeutet hatte: Der Zufall läßt sich nicht bannen, man kann ihm nur stattgeben.

Nimmt man allerdings die Streuungen, die der Wunsch nach seiner Tilgung produziert, zum Einsatz des eigenen Schreibens, dann mag es immerhin gelingen, Schriftzeichen so anzuordnen, daß im einzelnen unklar bleibt, welcher Regel bzw. welchem Zufall die Anordnung von Schriftzeichen folgt. Wichtig ist dann nicht mehr die Frage, ob eine bestimmte Stelle in einem Gedicht mit Absicht, nach einer bestimmten Regel oder rein zufällig dasteht. Wichtig ist, daß sie überhaupt dasteht und daß sie jeweils genau so und nicht anders dasteht, eine Auffassung, die eine deutliche Aufwertung der medialen und materialen Grundlagen von Geschriebenem gerade an dem Punkt bewirkt, wo dieses nicht mehr nach hergebrachten Regeln der Memorierung – als Erinnerungsstütze –, sondern als Eröffnung künftiger, unvorhergesehener Lektüren aufzufassen ist.

So zumindest läßt sich die spezifische Schriftbildlichkeit des *Würfelwurfs* und die zutiefst affirmative Einstellung zur Kontingenz – zur Zufälligkeit im Sinne des provozierten Möglichseins unterschiedlicher Lektüreweisen – auslegen, die Mallarmés späte Schriften auszeichnen.

Diese stehen in einem weiteren Kontext medientheoretischer Überlegungen und einer gezielten Anfertigung, Plazierung und Verbreitung des Niedergeschriebenen und Gedruckten.[15] Das von Mallarmé kultivierte Mysterium der Schrift ist dabei nur die Kehrseite einer viel offensichtlicheren Affirmation, die den Rezeptionsmöglichkeiten seiner Schriften und den Begebenheiten, auf die sie Bezug nehmen, gilt.
Auf den letzten beiden Doppelseiten des *Würfelwurfs* ist – verstreut über die Seiten – folgendes zu lesen:

> NICHTS [...] WIRD STATTGEFUNDEN HABEN [...]
> ALS DIE STÄTTE [...] /
> AUSSER [...] VIELLEICHT [...] EINE KONSTELLATION[16]

Nichts als die Stätte – also *nur* die Stätte – wird stattgefunden haben – *außer* vielleicht eine Konstellation. Was, bezogen auf das *Würfelwurf*-Gedicht selbst, in seiner künftigen Vergangenheit allein zu sehen oder zu lesen gewesen sein wird, ist das, was buchstäblich dasteht. Nicht vorgegebene Gedanken, sondern eine singuläre Anordnung von Schriftzeichen. Nichts als diese Stätte – außer vielleicht eine Konstellation: diejenige Konstellation, die ein künftiger Leser im Geschriebenen erblicken mag, oder diejenige, die er, wenn er seinen Blick gegen den Himmel wendet, in den Gestirnen erblicken mag. Der dreißig Jahre zuvor gefaßte Plan einer Poesie, die »der Konzeption des Universums« gegenübergestellt werden könnte, hat hier seine späte Entsprechung gefunden.[17] Das Schriftbild der Doppelseite nimmt spiegelbildlich das Sternbild des Kleinen Bären mit dem Polarstern auf, das im Gedicht auch genannt ist.[18] Gestirn und Literatur erhellen sich hier wechselseitig darin, daß sie beide nicht als Symbol für etwas anderes erscheinen, sondern so, daß sie als bloße Anhaltspunkte einer noch nicht geschriebenen Geschichte oder von etwas anderem als einer Geschichte lesbar werden.

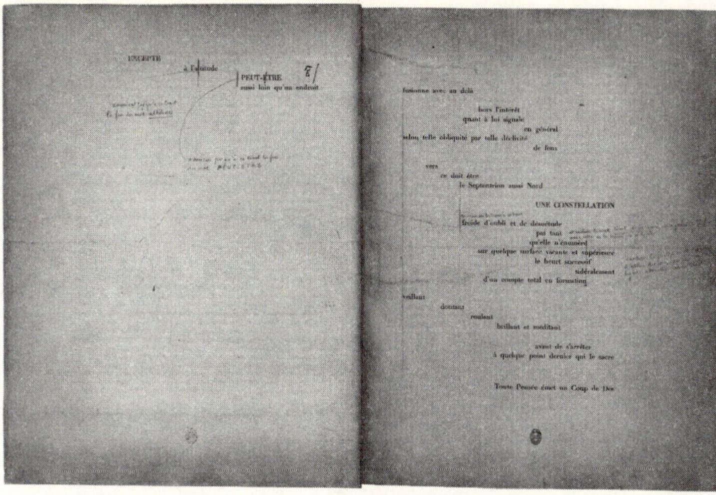

EXCEPTÉ

à l'altitude

PEUT-ÊTRE

aussi loin qu'un endroit

fusionne avec au delà

hors l'intérêt

quant à lui signalé

en général

selon telle obliquité par telle déclivité

de feux

vers

ce doit être

le Septentrion aussi Nord

UNE CONSTELLATION

froide d'oubli et de désuétude

pas tant

qu'elle n'énumère

sur quelque surface vacante et supérieure

le heurt successif

sidéralement

d'un compte total en formation

veillant

doutant

roulant

brillant et méditant

avant de s'arrêter

à quelque point dernier qui le sacre

Toute Pensée émet un Coup de Dés

Fahnenabzüge der letzten Doppelseite vom *Würfelwurf* mit Korrekturen von Mallarmés Hand. Wegen Mallarmés unerwartetem Tod 1898 konnte diese Edition zu Lebzeiten nicht mehr realisiert werden.[19]

2. Chlebnikov

1922, kurz vor seinem Tod, schreibt Velimir Chlebnikov ein Gedicht, in dem er sich selbst einen Stern nennt.[20]

Noch einmal, noch einmal!
Bin ich euer Stern!
Weh dem Seemann, der
Den falschen Winkel seines Schiffes anlegt an den Stern:
Er zerschellt am Felsen, an der unsichtbaren Sandbank.
Wehe auch euch, die ihr
Den falschen Winkel des Herzens
Anlegt an mich:
Ihr zerschellt am Felsen,
Und die Felsen werden lachen
Über euch, so wie ihr gelacht habt
Über mich![21]

Was dem Seemann passieren kann, nämlich am Felsen zu zerschellen, das kann auch, so legt Chlebnikov es nahe, denjenigen passieren, die den »falschen Winkel« an ihn anlegen. Als Chlebnikov dieses Gedicht 1922 schrieb, hatte er die Frage nach der Möglichkeit einer Sprache ohne Zufall bereits beantwortet, und dies anders als zuletzt Mallarmé in seinem *Würfelwurf*. Am 17. November 1920 will er im Matrosenwohnheim von Baku eine Formel gefunden haben, die den Zufall ausschloß.[22] Die von Chlebnikov schließlich, nach über sechzehn Jahren Suche, formulierte Theorie der Zeit sollte nicht nur die Berechnung zukünftiger Ereignisse möglich machen, sondern auch die Bedeutung sprachlicher Zeichen aus ihrer spezifischen Zeitlichkeit heraus erklären.[23]

Die Entdeckung der Gesetze der Zeit, die Fähigkeit, sie lesen und niederschreiben zu können, dokumentiert jedoch weniger eine mathematisch bloß kalkulierende Tätigkeit als eine entwerfende poetische. Auch wenn sich Chlebnikov gelegentlich auf Nikolaj Lobačevskij, Henri Poincaré, Hermann Minkowski oder Albert Einstein berief, deren Werke über nicht-euklidische Geometrie, unregelmäßige Planetenbewegungen und Relativitätstheorie er in seiner Jugend studiert hatte,[24] so blieb er doch, wie er sich selbst nannte, der »Lobačevskij der Worte«: einer, der mit der Relationalität von Wortstämmen rechnet.

Obwohl Chlebnikov schon 1912 den Untergang eines riesigen Reiches für das Jahr 1917 vorausgesagt hatte, ohne zu wissen, daß sich seine Vision auf Rußland beziehen würde, wurde er doch nicht so, wie er es sich erhofft hatte, gelesen. Das lag vor allem daran, daß man ihn, wie er meinte, nicht hörte. Man hörte nicht, was er von sich gab, weil er sich in Sternensprache artikulierte. Schon seit ca. 1910 verfaßte Chlebnikov seine Theorie und seine Dichtung größtenteils mit Hilfe eines von ihm erfundenen »Alphabetes der Sterne«, aus dessen Bestandteilen er eine universal geltende und verständliche Weltsprache zusammensetzen wollte.

Wer also auf den Wellen und vor allem auf den »Wellen des Wortes segeln« will,[25] der muß Sternensprache lesen können. Doch was bedeutet dies?[26] Lesenkönnen, so hatte Chlebnikov später verkündet, heißt, die bei der »Dämmerung hervortretende Sternenbedeutung des Wortes« zu sehen.[27] Ähnlich wie bei Mallarmé zielt die gezogene Analogie von Gestirn und Literatur aber auch bei Chlebnikov nicht darauf ab, eine schon vorgezeichnete Symbolik nachträglich zu entziffern, sondern die Bewegung des Zutagetretens von Wortbedeutungen analog zum Erscheinen der Gestirne am Abendhimmel zu erkennen. Die »bei der Dämmerung hervortretende Sternenbedeutung des Wortes« ist nach Chlebnikov jene Bedeutung, die vom Sonnenlicht tags überstrahlt wird.[28] »Das kommt«, so schreibt er, »weil irgendeine Alltagsbedeutung des Wortes zugleich alle übrigen einzelnen Bedeutungen in sich einschließt, so wie tagsüber alle Lichter einer Sternennacht verschwinden.«[29]

Sternensprache aber belichtet bzw. erleuchtet nicht nur die durch konventionellen Sprachgebrauch verdeckten Wortbedeutungen, sie schließt ein ganz anderes Sprachdenken ein, das auf eine im Wort angelegte bedeutungsstiftende Bewegung, eine semantische Kinesis, verweist. Chlebnikov nennt dies die Raumzeit des Wortes bzw. dessen vierte Dimension. Er schreibt, dies unterstreichend: »Es gibt keine Wörter, es gibt Bewegungen im Raum und ihre Teile – Punkte, Flächen.«[30] Chlebnikov zufolge ist das Bewegungsgesetz eines Wortes in seinem ersten Konsonanten bzw. in seiner Wortwurzel zu finden, die das ganze Wort regiert. Die dort konzentrierten Bewegungsgesetze stehen in Chlebnikovs Theorie für kosmische Bewegungen, Bewegungen der Gestirne, der Planeten oder Lichtstrahlen.[31] Das Berücksichtigen der sternensprachlichen Bedeutung einzelner Silben oder Buchstaben beim Lesen führt so nicht nur dazu, eine verborgene Semantik zu entdecken, sondern auch dazu, einer anderen Idee von Referentialität zu folgen. Sternensprachliche Zeichen innerhalb von einzelnen Wörtern sind nicht autoreferentiell oder areferentiell. Sie beziehen sich vielmehr auf eine von Chlebnikov erdichtete bzw. errechnete konkrete bedeutungsstiftende Bewegung.

Im *Ze* beispielsweise, dem Buchstaben, mit dem im Russischen das Wort ›Stern‹ (›zvezda‹) beginnt, verbirgt sich nach Chlebnikov diejenige Bewegung, die »die Reflexion eines Strahls durch einen Spiegel: Einfallswinkel = Reflexionswinkel« wiedergibt.[32] Durch das Wort ›Stern‹ strahlt so nicht nur das Wort ›Sehen‹ durch, sondern zugleich alle Arten von Spiegeln und alle Sorten von reflektierten Strahlen: der Blick, die Umsicht, die Augen usw.[33] Zieht man die Sternensprache zu Rate, dann findet sich auch eine Antwort auf die Frage, warum der Leser der Gedichte Chlebnikovs am Felsen zu zerschellen droht. Das russische Wort für Felsen (›kamen‹) deutet in der Sternensprache, seinem Anfangsbuchstaben entsprechend, auf eine stillstellende Bewegung hin, auf das »Aufhalten vieler beweglicher Punkte in einem unbeweglichen«.[34] Chlebnikovs letztes großes dichterisches Projekt, geschrieben 1921/22, sind die »Schicksalstafeln«, sieben Blätter, vollgekritzelt mit mathematischen Formeln, Zeichnungen und Vorausdeutungen.[35] In diesen Schicksalstafeln demonstriert Chlebnikov ein letztes Mal, wie seine Kosmologie funktioniert. Aus ihnen, aus der zweiten Schicksalstafel, stammt auch das anfangs zitierte Gedicht. Wenig später, in der letzten, siebten Schicksalstafel kommt Chlebnikov in einem weiteren Gedicht noch einmal zum Schauplatz des Meeres zurück und spricht dabei von Gesetzes(er)neuerung:

Wir ziehen die grundsätzlichsten Gesetze
Mit den Stricken des Lichtbaus, vereinen
Das Deck der Erdkugel und die Achse des Nordsterns.
[...]
Wir, hartnäckige Ruderer, werden mit den Riemen in die Brandung der Sterne tauchen.
Unsere Gesetze brauchen keine Heere:
Gesetzeserneuerung: sie lassen sich nicht zerstören ...,
Sie lassen sich nicht mißachten: man kann sie sehen oder nicht.[36]

Von keiner konkreten Gesetzeserneuerung ist hier mehr die Rede. Die Gesetze sind bereits gefunden und aufgestellt. Im Unterschied zum Seefahrer aus Mallarmés *Würfelwurf*, der sich im Sturm zu orientieren sucht und sich dabei auf den richtigen Würfelwurf verläßt, ist die Frage der Orientierung bei Chlebnikov nun allein zu einer Frage des Sehens geworden. Chlebnikov ist als Dichter Seefahrer, der davon ausgeht, daß die Gesetze immer schon vorhanden sind. Es komme nur darauf an, sie zu sehen. Das zugrundeliegende Gesetz gilt also in Chlebnikovs Konzeption – unabhängig davon, ob man es lesen kann oder nicht – als vorhanden. »Sehen oder nicht« entscheidet bloß darüber, ob man das Gesetz bemerkt oder nicht. Dabei kommt es nicht nur darauf an, die bei der Dämmerung hervortretende Sternenbedeutung des Wortes zu entziffern, seine potentielle Semantik zu entdecken, es kommt vor allem darauf an, die eigene Perspektive bzw. den eigenen Standort als Kriterium des Sehens und Nichtsehens einzukalkulieren. Je nach Standort – zumindest gilt das für die Lektüre des Sternenhimmels – ändert sich auch das am Himmel zu erkennende Sternbild. Ähnliches gilt auch für das Lesen des Gedichts. In der einen Lesart erhält das Gedicht einen bestimmten Sinn, der sich durch die konventionalisierte Semantik der entsprechenden Worte einstellt. In der anderen, der sternensprachlichen Lesart wird jedoch sichtbar bzw. hörbar, daß das Gedicht auch noch einen anderen semantischen ›Schauplatz‹ hat. So bildet etwa das Wort für ›Gesetz‹ (›*z*akon‹) in diesem Text selbst ein Gestirn oder eine Konstellation – das ist im Russischen dasselbe Wort (›so*z*v*e*zdie‹) – mit jenen Worten, denen entsprechend der Theorie der Sternensprache die zuvor erwähnte Reflexions-(*ze*-)Bewegung eigen ist: Dazu gehören auch ›umherschauen‹ (›oziraja‹), ›Erdball‹ (›zemnjy šar‹) – oder eben ›Stern‹ (›*z*v*e*zda‹).

*

In seiner Theorie der Sternensprache geht Chlebnikov davon aus, daß die Orientierungspunkte, die er seinem Verständnis von Sprache zugrunde legt, nur dann zur Geltung kommen, nur dann ›leuchten‹ können, wenn – analog zum Verhältnis von Sternen- und Tageslicht – die Überhelle der alltäglichen Bedeutungen und Erklärungsmuster zurücktritt. Zunächst besteht Chlebnikovs Auffassung der Sprache daher in einer radikalen Reduktion. Eine solche nimmt auch Mallarmé vor, wenn auch auf eine andere Weise. Mallarmé geht davon aus, daß eine Orientierung in der sprachlich strukturierten Welt nur möglich ist, wenn die Streuung der Bedeutungen, die ohnehin gegeben ist, im Geschriebenen zugunsten einer Streuung zurücktritt, die ihre materialen Anhaltspunkte und ihre daran ersichtlichen Umschlagsmomente nicht vergißt. Beide nehmen also eine Reduktion vor, die bei beiden nicht zufällig eine Affinität zu jener aufweist, die das Licht der Sterne in ihrem konstellativen Charakter gegenüber jenem der indifferenten Tageshelle kennzeichnet. Dabei sind diese Anhaltspunkte nicht in einer jenseitigen Sphäre lokalisiert. Sie stammen vielmehr aus der Immanenz dessen, was graphisch und akustisch, alphabetisch oder numerisch indizierbar ist.
Nur sind die Indizien ungewohnt gesetzt. Mit sprachlicher Selbstbezüglichkeit oder gar -genügsamkeit haben diese Setzungen allerdings – wi-

der allem Anschein – nur vorderhand etwas zu tun. Wenn Mallarmé und Chlebnikov starke Zurückhaltung gegenüber der Annahme üben, Sprache sei dazu da, Sachverhalte zu bezeichnen, die in ihren Verhältnissen und Verbindungen (vermeintlich) unsprachlich sind, geschieht dies nicht einfach, um Sprache als selbstbezügliches Medium zu behaupten. Im Vordergrund steht bei beiden vielmehr die Aufmerksamkeit für diejenigen Phänomene, deren Anhaltspunkte zwar ausgemacht, erfaßt und beschrieben werden können, deren Relationen sich aber in ihrer *Qualität* – aufgrund eines jeweils eingenommenen Standpunkts und einer jeweils gewählten Perspektive – immer wieder neu bestimmen lassen. Beide arbeiten deshalb daran, Möglichkeiten solcher Bestimmungen durch ihre Schreibverfahren auch einem Leser gegenüber zu eröffnen. So wie Sterne am Himmel in ihrem Verhältnis zueinander und zu einem Betrachter offen sind für diejenigen Bedeutungen, die sich ihnen zuschreiben lassen, diese Bedeutungen aber – in ihrer Räumlichkeit und Zeitlichkeit – zurückbezogen sind auf die konkreten Orte und Zeiten ihres Aufkommens und Verschwindens, so sind die Texte und Skizzen von Mallarmé und Chlebnikov in der Art, wie sie von den beiden präsentiert – und kommentiert – werden, Zeichen der Möglichkeit von Bedeutungszuschreibungen, die sich gegenüber den räumlichen und zeitlichen Anhaltspunkten ihrer Genese und Transformation nicht indifferent verhalten. In ihren poetischen Arbeiten sind Mallarmé und Chlebnikov Schöpfer eigener Universen, in denen die Himmelskörper als Sprachkörper eigenen Bahnen folgen. – »Und voll Erstaunen sehen wir, daß die Sonnen ohne Widerspruch und Geschrei unsere Befehle ausführen. [...] Langweilig ist es auf der Erde.«[37]

Anmerkungen

1 Velimir Chlebnikov, »Richter können alle Rechte haben«, in: ders., *Werke. Poesie. Prosa. Schriften. Briefe* (2 Bände), hg. von Peter Urban, Reinbek bei Hamburg 1985, Band I, S. 58.

2 Stéphane Mallarmé, »Notes sur le Langage«, in: ders., *Œuvres complètes* (2 Bände), hg. und komm. von Bertrand Marchal, Paris 1998 und 2003, Band I, S. 501–512, hier S. 510.

3 Die Ergebnisse dieser Studien (insbesondere zum Englischen) gingen zum Teil in das Wörterbuch ein, das Mallarmé 1877 unter dem Titel *Les mots anglais* veröffentlichte. Vgl. hierzu den Kommentar in Mallarmé, *Œuvres complètes* (Anm. 2), Band II, S. 1790–1799. An anderer Stelle, in »La Musique et les Lettres« (1895), spricht Mallarmé vom alliterativen Schlüssel, »clé allitérative« (ebd. S. 75), der als strukturierendes sprachliches Element im Vers überlebt.

4 Philologisch ungeklärt ist bislang die Frage geblieben, welche Schriften von Mallarmé Chlebnikov tatsächlich gekannt und im Sinn hatte, als er sich mit seinem Entwurf einer universalen Sternensprache auf Mallarmé berief. Vgl. hierzu Jean-Claude Lanne, *Velimir Khlebnikov. Poète Futurien* (2 Bände), Paris 1983, Band I, S. 61–66.

5 Der Artikel wurde zwei Jahre später, 1897, unter dem Titel »L'Action restreinte« als erster Teil von *Quant au livre* in *Divagations*, eine Sammlung der Prosaschriften, aufgenommen.

6 »Tu remarquas, on n'écrit pas, lumineusement, sur champ obscur, l'alphabet des astres, seul, ainsi s'indique, ébauché ou interrompu; l'homme poursuit noir sur blanc.« Hier zitiert nach der zweisprachigen Ausgabe Stéphane Mallarmé, *Kritische Schriften*, Französisch und Deutsch, übers. von Gerhard Goebel, Gerlingen 1998, S. 234 f. – Zur Logik dieser Umkehrung und ihren Implikationen im Hinblick auf den Schöpfungsmythos vgl. das Mallarmé-Kapitel in Monika Schmitz-Emans, *Schrift und Abwesenheit. Historische Paradigmen zu einer Poetik der Entzifferung und des Schreibens*, München 1995, S. 153–185, besonders S. 165 f.

7 Vgl. hierzu die entsprechenden Stellen in Stéphane Mallarmé, *Gedichte*, Französisch und Deutsch, übers. und komm. von Gerhard Goebel unter Mitarbeit von Frauke Bünde und Bettina Rommel, Gerlingen 1993, S. 32 f., S. 74 f., S. 76 f., S. 78 f., S. 98 f. und S. 216 f.

8 Ebd., S. 245 f.

9 Dazu kommt auch das Bekräftigen von Fiktionen: »Das Buch, totale Expansion des Buchstabens, muß aus ihm direkt eine Beweglichkeit gewinnen und raumhaft, durch Entsprechungen, ein Spiel instituieren, wer weiß, das die Fiktion bekräftigt.« Mallarmé, *Kritische Schriften* (Anm. 6), S. 259.

10 »J'avais, à la faveur d'une grande sensibilité, compris la corrélation intime de la Poësie avec l'Univers, et, pour qu'elle fût pure, conçu le dessein de la sortir du Rêve et du Hasard et de la juxtaposer à la conception de l'Univers.« Zitiert nach Stéphane Mallarmé, *Correspondance complète 1862–1871*, suivi de Lettres sur la poésie 1872–1898, avec des lettres inédites, hg. und komm. von Bertrand Marchal, Paris 1995, S. 366.

11 In den Sätzen unmittelbar nach den zitierten zum »Alphabet der Gestirne« bleibt Mallarmé im Hinblick auf das Fortfahren des Menschen nicht einfach beim Modell der Umkehrung und des Abbilds stehen. Er bestimmt vielmehr die Schrift – schwarz auf weiß – als dunkle Spitze der darin festgehaltenen Unendlichkeit des Universums. Vgl. Mallarmé, *Kritische Schriften* (Anm. 6), S. 234 f. – Das Modell des Abbilds wird von Mallarmé auch insofern ausgehebelt, als er das siderische Vorbild in gewisser Hinsicht auch zum Nachbild erklärt: Alphabetisch können Gestirne nur sein, wenn diese ihrerseits bereits nach schriftlichem Vorbild gedacht sind.

12 Vgl. hierzu Mallarmé, *Gedichte* (Anm. 7.), S. 423.

13 Ebd., S. 247.

14 »Toute Pensée émet un Coup de Dés«. Ebd., S. 287, S. 289.

15 Zu diesen Prozeduren gehört auch eine deutliche Privatisierung und Fragmentarisierung, die Mallarmé in seinen letzten Lebensjahren mit seinen Schriften betrieb. Vgl. hierzu v.a. Marian Zwerling Sugano, *The Poetics of the Occasion. Mallarmé and the Poetry of Circumstance*, Stanford 1992. Gilles Deleuze sieht diese Privatisierung und Fragmentarisierung zu Recht nicht als Scheitern des Projekts vom einen Buch an, sondern als dessen Gelingen auf einem unvermuteten Feld: »Man weiß genau, daß das totale Buch der Traum von Leibniz wie auch von Mallarmé war, obgleich beide unaufhörlich fragmentarisch vorgehen. Unser Irrtum ist zu glauben, ihnen wäre nicht gelungen, was sie wollten: selbstverständlich haben sie dieses einzige Buch gemacht, das Buch der Monaden, in Briefen und kleinen Gelegenheitsschriften, das ebenso weite Streuung wie Kombination aushalten konnte.« Gilles Deleuze, *Die Falte. Leibniz und der Barock*, übers. von Ulrich Johannes Schneider, Frankfurt a.M. 1996, S. 55 f.

16 »RIEN [...] N'AURA EU LIEU [...] QUE LE LIEU [...] / EXCEPTÉ [...] PEUT-ÊTRE [...] UNE CONSTELLATION.« Mallarmé, *Gedichte* (Anm. 7.), S. 282–285.

17 Paul Valéry bemerkte anläßlich seines ersten Eindrucks von Mallarmés Skizzen zum *Würfelwurf* ganz in diesem Sinne: »Er hat versucht, dachte ich, *endlich eine gedruckte Seite der Macht des gestirnten Himmels entgegenzuhalten!*« Paul Valéry, »Erinnerung an Mallarmé«, übers. von Ernst Haerle und Herbert Steiner, in: Paul Valéry, *Über Mallarmé*, Frankfurt a.M. 1992, S. 14.

18 Mallarmé bezeichnet denn auch das Schriftbild des *Würfelwurfs* und das darin genannte Sternbild gleichermaßen als »Konstellation«. Vgl. hierzu die entsprechenden Stellen und Erläuterungen in Beda Allemann, »Rilke und Mallarmé: Entwicklung einer Grundfrage der symbolistischen Poetik«, in:

Käte Hamburger (Hg.), *Rilke in neuer Sicht*, Stuttgart u.a. 1971, S. 63–82, hier S. 70f.

19 Abbildung: © Bibliothèque nationale de France, Paris, Rés. G. Ye. 693, wiedergegeben nach Karl Maurer, »Les philologues«, in: Louis Hay (Hg.), *Les Manuscrits et les écrivains*, Paris 1993, S. 68–85, hier S. 78f. – Zur Text- und Editionsgeschichte des *Würfelwurfs* vgl. Stéphane Mallarmé, *Un coup de dés jamais n'abolira le hasard / Ein Würfelwurf niemals tilgt den Zufall. Poème / Gedicht*, übers. von Wilhelm Richard Berger, Göttingen 1995, S. 75–83; Robert Greer Cohn, *Mallarmés Masterwork. New Findings*, The Hague, Paris 1966; Stéphane Mallarmé, *Ein Würfelwurf*, übers. und erläutert von Marie-Louise Erlenmeyer, Olten, Freiburg i.Brsg. 1966, S. 74.

20 Die Forschungsliteratur zu Chlebnikov ist umfangreich: Vgl. u.a. Henryk Baran, *O Chlebnikove: konteksty, istočniki, mify*, Moskva 2002; Ronald Vroon, *Velimir Xlebnikov's Shorter Poems: A Key to the Coinages*, Ann Arbor 1983; ders., »Velimir Khlebnikov's ›The Seashore‹ (›Morskoi bereg‹) and the Razin Constellation«, in: *Russian Literature Triquarterly* 12 (1974), S. 295–326; Aage A. Hansen-Löve, »Velimir Chlebnikovs Onomatopoetik. Name und Anagramm«, in: Renate Lachmann, Igor. P. Smirnov (Hg.), *Kryptogramm. Zur Ästhetik des Verborgenen*, Wien 1988 (= *Wiener Slawistischer Almanach* 21), S. 135–224.

21 »Еще раз, еще раз! / Я для вас звезда! / Горе моряку, взявшему / Неверный угол своей ладьи и звезды: / Он разобьется о камни и подводные мели. / Горе и вам, / Взявшим / Неверный угол сердца ко мне: / Вы разобьетесь о камни! / И камни будут надсмехаться / Над вами, как вы надсмехались / Надо мной!« Velimir Chlebnikov, *Sobranie sočinenij v šesti tomach*, Moskva 2001, Band II (*Stichotvorenija* 1917–1922), S. 400, übers. mit leichten Veränderungen nach Chlebnikov, *Werke* (Anm. 1), Band I, S. 301.

22 Vgl. Brief Chlebnikovs an Vasilij D. Ermilov vom 3. 1. 1921: »Ich habe das Grundgesetz der Zeit entdeckt und glaube, daß es jetzt ebenso leicht sein wird, die Ereignisse vorauszusehen wie bis 3 zu zählen.« Chlebnikov, *Werke* (Anm. 1), Band II, S. 503.

23 Chlebnikov versuchte mit seinen Theorien und poetischen Arbeiten den von ihm einst mitbegründeten Futurismus buchstäblich in eine Dichtung der Zukunft zu verwandeln: »In meinen Aufsätzen habe ich mich bemüht, das Recht auf Voraussehen der Zukunft vernünftig zu begründen, indem ich eine richtige Betrachtung der Zeitgesetze schuf [...]. Die kleinen Sachen sind dann von Bedeutung, wenn auch sie die Zukunft beginnen, so wie eine Sternschnuppe einen Feuerschweif hinter sich herzieht. Ihre Geschwindig-

keit muß so groß sein, daß sie die Gegenwart durchstoßen können. Vorläufig wissen wir noch nicht, was diese Geschwindigkeit hervorbringt. Aber wir wissen, daß eine Sache dann gut ist, wenn sie, als ein Stein der Zukunft, die Gegenwart in Brand steckt.« Ebd., Band II, S. 10.

24 Chlebnikov hatte bei Lobačevskij (bzw. seinen Schülern) in Petersburg Geometrie und Mathematik studiert. Poincarés und Minkowskis Bücher hat er während seines Studiums gelesen, teils in russischer Übersetzung, teils im Original.

25 Chlebnikov, *Werke* (Anm. 1), Band I, S. 195: »Im Denken in Worten gibt es keine Grundvoraussetzung für Vermessungen – keine Beständigkeit der Maßeinheit, und die Sophisten Protagoras, Gorgias sind die ersten tapferen Steuerleute, die auf die Gefahr hingewiesen haben, auf den Wellen des Wortes zu segeln.«

26 In seinem Poem *Zangezi* läßt Chlebnikov seinen Helden Zangezi, einen futuristischen Zarathustra, das Alphabet der Sterne wie Flugblätter vom Himmel herab in die wartende Menge werfen. Vladimir Tatlin, der das Bühnenbild für die Aufführung von *Zangezi* baute, hat das Ankommen der Sprache aus der Zukunft entsprechend in Szene gesetzt. Seine Idee war, das Lied der Sternensprache und überhaupt alles, was Zangezi spricht, wie einen Lichtstrahl auf die Bühne zu werfen, der sich von der Höhe des Denkers langsam auf die nicht begreifende Menge herabsenkt. Vgl. ebd., Band II, S. 551 f.

27 Ebd., Band II, S. 322.

28 Ebd., Band II, S. 319.

29 Ebd., Band II, S. 322.

30 Ebd., Band I, S. 365.

31 Vgl. Chlebnikovs Brief an G.N. Petnikov, Anfang 1917, ebd., Band II, S. 497.

32 Ebd., Band I, S. 365.

33 Vgl. ebd., Band I, S. 134, S. 136, S. 153. Im Unterschied übrigens zu Chlebnikov entwickelte Aleksej Kručenych eine »vselennyj jazyk« (»Sprache des Universums«), die auf vokalischen Entsprechungen beruht.

34 Ebd., Band I, S. 365.

35 Zu Chlebnikovs Schicksalstafeln vgl. Ronald Vroon, »Velimir Khlebnikov's *Otryvki iz dosok sud'by*: Notes on the Publication History and Three Rough Drafts«, in: *Temy i variacii; Themes and Variations: In Honor of Lazar Fleishman*, Stanford Slavic Studies, Band VIII (1994), S. 326–342; Vasilij Babkov, »Konteksty dosok sud'by«, in: Velimir Chlebnikov, *Doski sud'by*«, Moskva 2000, S. 160–287; Andrea Hacker, *Velimir Khlebnikov's Doski sud'by: Text. Discourse. Vision*, Los Angeles 2002.

36 »Мы протянем основные законы / Веревками светостроя, соединить / Палубу земного шара и ось звезды Севера. / Пусть отныне плывет это судно. / Веревкой светостроя соединим каждую точку / Ближнего неба и прекрасный кровяной шарик внутри нас. / Мы, моряки земного шара, будем плыть,/ Озирая созвездия и его морской прибой / и рев валов вселенной, где чайка будущего срывает в пену. / Будем тонуть веслами в прибое звезд, упорные / гребцы. *Наши законы не нуждаются в войсках*: / Законовшество: их нельзя нарушить ..., / Нельзя ослушаться: их можно видеть или не видеть.« Zitiert nach Hacker, *Velimir Khlebnikov's Doski sud'by* (Anm. 35), S. 26; Vgl. auch Ronald Vroon, »O semantike glasnych v poėtike Velimira Chlebnikova«, in: Michail B. Mejlach, Dmitrij V. Sarabjanov (Hg.), *Poėzija i Živopis'. Sbornik trudov pamjati N. I. Chardžieva*, Moskva 2000, S. 357–368, hier S. 365.

37 Chlebnikov, *Werke* (Anm. 1), Band II, S. 400.

Malte Kleinwort

Zur Rettung der Ideen in Benjamins Trauerspielbuch

> Aber die Reigentänze dieser *Götter* selber und ihre Konstellation zueinander sowie das Zurückkehren dieser Kreise gegenüber ihrer eigenen Kreisbewegung und ihr Voranschreiten [...] darüber ohne genaues Betrachten der entsprechenden Modelle sprechen zu wollen, wäre vergebliche Mühe.[1]

Wo die Literaturwissenschaft sich die Rechtfertigung für postulierte Zusammenhänge zwischen Texten, Autoren oder Motiven nicht von anderen Disziplinen leiht, muß sie sich der Frage stellen, womit die Zusammenstellungen zu rechtfertigen sind. In letzter Zeit wird bei der Beantwortung der Frage wieder vermehrt auf die Sterne zurückgegriffen: auf eine Konstellation benjaminscher Prägung als universal einsetzbarer Berechtigungsschein.

Im folgenden wird das Verhältnis einer frühen Form der Benjaminschen Konstellation zu einer von Platon inspirierten Ideenlehre näher untersucht werden. Damit soll ein Problembewußtsein für die Implikationen der Denkfigur bei Benjamin geweckt werden. Zugleich sind Perspektiven für ein Verständnis der Benjaminschen Konstellation vor dem Hintergrund seiner Bezugnahme auf Platon aufzuzeigen. Die Arbeit konzentriert sich auf Benjamins Darlegungen aus der »Erkenntniskritischen Vorrede« zum *Ursprung des deutschen Trauerspiels*. Im Zentrum der Überlegungen steht die Analogie aus der Vorrede »Die Ideen verhalten sich zu den Dingen wie die Sternbilder zu den Sternen«,[2] welche wenige Sätze weiter in die Feststellung mündet: »Die Ideen sind ewige Konstellationen.«[3]

Das Esoterische der Vorrede zum Trauerspielbuch ist in nicht geringem Maße mit Benjamins emphatischem Plädoyer für eine stärkere Berücksichtigung der Ideen verbunden. Seine Beschäftigung mit den Ideen erreicht in der Vorrede zugleich ihren Höhepunkt und ihren Abschluß. Von »Ideen« ist in Benjamins Texten nach 1928 keine Rede mehr. Nichtsdestotrotz ist seine langjährige Beschäftigung mit ihnen nicht als Verirrung anzusehen, die er durch die Distanznahme in den späteren

Texten korrigierte. Vielmehr ist davon auszugehen, daß die Ideen zwar in den Hintergrund geraten, daß aber mit ihnen verbundene Überlegungen oder Denkfiguren weiterleben – wenn auch verschoben oder unter neuen Namen. Die Kontinuität zu erweisen ist indes nicht das Ziel dieser kleinen Ausarbeitung, sondern der Blick ist in die Vergangenheit gerichtet, in die philosophischen Denkgebäude und was von ihnen in der Vorrede zum Trauerspielbuch noch erhalten geblieben ist. Die Ideen fungieren in der Vorrede als eine Art philosophischer Magnet, der Philosopheme der Vergangenheit zu sich hin zieht. So finden sich in der Vorrede »Platon mit der Ideenlehre, Leibniz mit der Monadologie, Hegel mit der Dialektik«[4] unter einem von Benjamin postulierten Dach versammelt: »Die großen Philosophen stellen die Welt in der Ordnung der Ideen dar.«[5]

Wie in seinen früheren Texten hat Benjamin auch in der Vorrede keinen unverstellten Zugang zu den Ideen. Die Philosophiegeschichte ist nicht spurlos an ihnen vorübergegangen. Sind die Ideen in Benjamins Dissertation *Der Begriff der Kunstkritik in der deutschen Romantik* durch die Perspektive der Frühromantiker als Einheit in der Unendlichkeit gefaßt,[6] so werden in *Goethes Wahlverwandtschaften* die Goetheschen Urphänomene mit ihnen in Verbindung gebracht.[7] In der Vorrede lassen sich alle früheren Perspektiven wiederfinden. Besonders gewichtet wird im Rückgriff auf Platon eine Perspektive, die bis dahin in Benjamins Schriften noch nicht sonderlich in Erscheinung getreten war: die Darstellung der Ideen als die Rettung der Phänomene oder wie Benjamin schreibt: die »Bergung der Phänomene in den Ideen, das Platonische τὰ φαινόμενα σώζειν«.[8]

Für Benjamin wird die *Rettung der Phänomene*, vermittelt durch den Marburger Neukantianer Hermann Cohen, eine feststehende Wendung aus der Philosophie- und Wissenschaftsgeschichte gewesen sein. In jener Tradition meint sie die Rückführung von Phänomenen oder sinnlichem Material auf Gesetzmäßigkeiten. Das geht zurück – und dieser Zusammenhang wird Benjamin ebenfalls bekannt gewesen sein – auf astronomische Überlegungen aus der Antike. Das Platon nahestehende Multitalent Eudoxos von Knidos verengt in seinem Werk *Phainomena* aus dem vierten vorchristlichen Jahrhundert die Bedeutung von φαινόμενον auf »Himmelserscheinung« und formuliert wohl als erster das

Programm der *Rettung der Phänomene*, das bei ihm die Rückführung der sichtbaren Unregelmäßigkeit der Gestirnbewegungen auf regelhafte oder gesetzmäßige Verhältnisse meint.

Es ist dem Neuplatoniker Simplikios zu verdanken, daß die *Rettung der Phänomene* Jahrhunderte später, im 6. Jahrhundert nach Christus, Platon zugeschrieben wurde. Die Zuschreibung wird Ende des 19. Jahrhunderts von den Neukantianern Hermann Cohen und Paul Natorp affirmativ wieder aufgenommen[9] und landet schließlich als ein durch die Geschichte gezeichneter Topos in der Vorrede des Trauerspielbuchs. Die widersprüchliche Berufung auf die *Rettung der Phänomene* und ihren vermeintlichen platonischen Ursprung soll im folgenden genauer untersucht werden. Trotz der Zuschreibung von Simplikios gibt es in Platons Texten keinen Beleg für eine *Rettung der Phänomene*, die weder in ihrer siderischen noch in ihrer übertragenen Bedeutung einen Gemeinplatz Platonischen Denkens darstellt. Zwar wurde bei Platon das Verhältnis von Unsichtbarem und Sichtbarem, das auch das Verhältnis zwischen Ideen und Phänomenen sein konnte, immer wieder thematisiert, dabei spielten aber weder die erscheinenden oder in der Wahrnehmung (αἴσθησις), welche bei Platon meist in Richtung eines möglicherweise Scheinbaren gedacht wird, begegnenden Phänomene (τὰ φαινόμενα) eine entscheidende Rolle noch – und das ist sicherlich die wichtigste Differenz zu Benjamin – die Rettung oder das Retten (σώζειν) derselben.

Selbst in Platons Naturphilosophie oder in seinen astronomischen Überlegungen ist das Retten als philosophisches Programm nicht zu finden, gleichwohl dort das Regelmäßige der Gestirnsbewegungen herausgestellt wird.[10] Was bei Platon einer *Rettung der Phänomene* in ihrer siderischen Bedeutung nahe kommt, so stellt Jürgen Mittelstrass in seiner grundlegenden Arbeit zur *Rettung der Phänomene* heraus, geht zurück auf Eudoxos von Knidos und ist kein originär Platonisches Gedankengut.[11] Mittelstrass kommt sogar zu der Schlußfolgerung, daß »das Prinzip einer Rettung der Phänomene auch in seinem speziellen astronomischen Sinn *unplatonisch* ist«.[12]

Die Distanz zu einer auf regelhafte Gesetzmäßigkeiten abzielenden *Rettung der Phänomene* haben Platon und Benjamin gemeinsam – trotz Benjamins emphatischer Bezugnahme auf das mit Platon identifizierte

Konzept.[13] Ebenfalls gemeinsam ist beiden die Skepsis gegenüber einer wissenschaftlichen Durchdringung der Welt der Phänomene. Benjamin stützt sich bei der Platonrezeption der Vorrede vor allem auf das *Symposion* und den *Timaios.* Während er das *Symposion* explizit erwähnt und interpretiert,[14] zeigt sich der Bezug zum *Timaios* indirekt und vor allem in seiner Erkenntniskritik.[15]

Implizit ist die Kosmologie und Evolutionstheorie im *Timaios* eingeklammert durch einen ironischen Grundton, der bis in die kleinsten Verästelungen des Dialogs reicht, explizit durch die eingeschränkten Möglichkeiten wissenschaftlicher Erkenntnis der behandelten Gegenstände. Timaios rechnet in der Einführung zu seiner langen Erzählung von der Entstehung der Welt das sinnlich Wahrnehmbare (τὰ αἴσθητά) dem Werdenden und Erschaffenen zu.[16] Dies Wahrnehmbare wurde zwar nach einem festen Muster oder Vorbild (παράδειγμα) – hier wären die Platonischen Ideen zu verorten – gebildet, die Darstellung des Wahrnehmbaren kann aber niemals der ontologischen Wahrheit der Vorbilder entsprechen.[17] Timaios resümiert seine skeptische Haltung gegenüber dem Wahrheitsgehalt des Erzählten folgendermaßen:

> Wenn es uns also, Sokrates, in vielen Dingen über vieles – wie die Götter und die Entstehung des Weltalls – nicht gelingt, durchaus und durchgängig mit sich selbst übereinstimmende und genau bestimmte Aussagen zu machen, so wundere dich nicht.[18]

Benjamin nimmt diese erkenntniskritische Haltung Platons auf, legt sie sich für seine Argumentation zurecht und hebt – sicherlich auch mit Blick auf Platons berühmtes Höhlengleichnis, auf das ich später noch zurückkommen werde – das Trennende von Wahrheit und Erkenntnis hervor:

> Immer wieder wird als eine der tiefsten Intentionen der Philosophie in ihrem Ursprung, der Platonischen Ideenlehre, sich der Satz erweisen, daß der Gegenstand der Erkenntnis sich nicht deckt mit der Wahrheit.[19]

Diese erkenntniskritische Haltung ist dem von der Tradition her gedachten Konzept der *Rettung der Phänomene* nicht inhärent, ganz im Gegenteil speist sich die *Rettung der Phänomene* in traditioneller Lesart aus einem Urvertrauen in die Wissenschaft, die dem Ungeordneten, dem Chaos oder – näher am siderischen Ursprung des Konzepts – der sichtbaren Unregelmäßigkeit der am Firmament wandelnden Him-

melskörper durch das Auffinden von bisher unbekannten Regel- oder Gesetzmäßigkeiten beizukommen verspricht.[20]
Das Problem, das der *Rettung der Phänomene* zugrunde liegt, ist nichtsdestotrotz bei Benjamin, Platon und in der wissenschaftsgeschichtlichen Tradition das gleiche: die Tendenz zur Vereinzelung der Phänomene – seien es scheinbar unmotiviert wandernde Himmelskörper oder schwer einzuordnende und zu interpretierende Trauerspiele aus der Barockzeit oder auch, näher an der anfänglich skizzierten Problematik, Autoren oder Werke, deren Gemeinsames durch eine Konstellation vermeintlich benjaminscher Prägung beschworen wird. Es ist letztlich das philosophische Grundproblem des Verhältnisses von Teil und Ganzem oder Allgemeinem und Besonderem, das ein kaum gelöstes aber vielfach umrissenes Grundproblem im Platonischen Denken ist.
Der Bezug auf die Sterne kommt in diesem Zusammenhang nicht von ungefähr, denn einerseits stellen sie als schwer erklärbare Phänomene, wie ausgeführt, einen Anstoß für die Wissenschaft dar, auch die Sterne zu Bestandteilen einer wissenschaftlichen Erklärung zu machen, andererseits werden sie zu Statthaltern einer höheren, metaphysischen Ordnung. Diese wären zugespitzt Sterne in astrologischer Perspektive, jene wären Sterne in astronomischer Hinsicht. Für Benjamin, das wird in seinen späteren Texten zur Konstellation sogar noch deutlicher als in der Vorrede, sind die Sterne vor allem – und darin mag Benjamins Präferenz für das *Wort* (*λόγος*) gegenüber dem *Gesetz* (*νόμος*) verrätselt sein[21] – als Gegenstand der astro*log*ischen Sternendeutung interessant.[22]
Wendet sich Benjamin mit seiner Konstellation gegen eine *Rettung der Phänomene* durch das Auffinden von Gesetzmäßigkeiten, so spricht er prima facie nicht dem konstruktiven Moment der Konstellation das Wort, sondern aktiviert vielmehr eine metaphysische und ontologische Tradition. Abzulesen ist das an Formulierungen wie: »Diese Form eignet nicht einem Zusammenhang im Bewußtsein, wie die Methodik der Erkenntnis es tut, sondern einem Sein«,[23] oder: »Als Einheit im Sein und nicht als Einheit im Begriff ist die Wahrheit außer aller Frage«,[24] oder nicht zuletzt: »Als Sein gewinnen Wahrheit und Idee jene höchste metaphysische Bedeutung, die das Platonische System ihnen nachdrücklich zuschreibt.«[25]
Der Verweis auf die Platonische Ontologie, der einer allzu leichtferti-

gen Inanspruchnahme der Benjaminschen Konstellation entgegenstehen sollte und dem in dieser Arbeit nachgegangen wird, ist indes keine Sackgasse, sondern zeigt Potentiale auf, die eine Benjaminsche *Rettung der Phänomene* der auf Gesetzmäßigkeiten gerichteten Tradition wieder annähern könnte.

Das Sein oder die Ideen, die Benjamin mit Platon den Begriffen oder der Erkenntnis so vehement gegenüberstellt, sind bei Platon trotz der erkenntniskritischen Skepsis im *Timaios* noch nicht so strikt getrennt wie bei Benjamin, da es bei Platon wissenschaftliche Erkenntnis in der uns heute geläufigen Form und mit ihr auch die Begriffe selbst noch gar nicht gegeben hat. Die Begriffe als solche nehmen erst in den Aristotelischen Schriften konkretere Formen an. Bei Platon wird das, was landläufig mit Erkenntnis und Wahrheit übersetzt wird – *επιστήμη*, νόησις oder γνόσις, gegenüber ἀλήθεια –, meist einträchtig zusammen gedacht.

Die Opposition, die Benjamin von Platons Höhlengleichnis her denkt, ist die zwischen einer Untersuchung der Schatten und einem Aufstieg zum Blick in die Sonne. Der Bereich der Benjaminschen Wahrheit ist bei Platon allerdings – ὁ τόπος νοητός (517b). »ὁ τόπος νοητός«, »die Gegend der Erkenntnis« (Schleiermacher), »das Gebiet des Denkbaren« (Apelt), ist bei Platon als das Gebiet, in dem Benjamin bei Platon die Wahrheit verorten würde, keineswegs vom Bereich der Erkenntnis geschieden. Die Dialektik, die aus der Höhlenenge herausführt, ist ausdrücklich eine Wissenschaft oder Erkenntnisform (επιστήμη). Insofern kommt die Erkenntnis, gegen die Benjamin sich kritisch wendet, bei Platon der eine Vielzahl von nichtdialektischen Wissenschaften kennzeichnenden, undialektischen Erkenntnis am nächsten; auch die vermeintliche Erkenntnis, die bloße Meinung (δόξα) liegt bei der Benjaminschen *Erkenntnis* nicht fern.

Der Platon Benjamins ist – und hier ist der Einfluß seines Freundes Florens Christian Rang besonders deutlich – ein parmenideischer,[26] also ein Platon, der die Wahrheit und die Ideen auf das Engste mit Ruhe und Einheit verbindet. In Platons Dialog *Sophistes* demgegenüber wäre nachzuvollziehen, wie sich die Ideen auf wunderbare Art und Weise in einer dialektischen Untersuchung unserer heutigen Vorstellung von Begriffen annähern. So gerät im *Sophistes* unvermutet die wichtige Unter-

scheidung zwischen den beiden Ideen Ruhe und Bewegung ins Wanken[27] und selbst die nicht minder wichtige Unterscheidung zwischen Sein und Nicht-Sein bekommt eine ungewöhnliche begriffliche Facette, insofern Platon das, was sich als Nicht-Seiendes dem dialektischen Zugriff entzieht, weil es keinen ontologischen Grund hat, bloß als vom Sein Verschiedenes identifiziert, um alsdann das Sein in der Spannung von Selbigem (ταὐτον) und Verschiedenem (θάτερον) zu verorten.[28]
Bei Benjamin zeigt sich die Annäherung oder Nähe zu einer auf begrifflichen Deduktionszusammenhängen fußenden Tradition der *Rettung der Phänomene* in der Stellung des Begriffs als unruhige Mitte zwischen Idee und Phänomenen. Gleichwohl Benjamin an mehreren Stellen in der Vorrede seine Ablehnung von Deduktionszusammenhängen, welche die Ideen zu Begriffen »herabwürdig[en]«, zum Ausdruck bringt,[29] spricht er den Begriffen im Verhältnis von Ideen und Phänomenen eine entscheidende Rolle zu:

> Durch ihre Vermittlerrolle leihen die Begriffe den Phänomenen Anteil am Sein der Ideen. Und eben diese Vermittlerrolle macht sie tauglich zu der anderen, gleich ursprünglichen Aufgabe der Philosophie, zur Darstellung der Ideen.[30]

Wie die Vermittlung durch die Begriffe, die Rettung der Phänomene und die Darstellung der Ideen bei Benjamin zusammenhängen, soll im folgenden durch eine genauere Untersuchung dieses Dreigestirns herausgestellt werden.[31] Die Rettung überstehen die Phänomene nicht unbeschadet, sie werden zerlegt in ihre »begrifflichen Elemente«.[32] Aus den Phänomenen sollen nicht jene Elemente herausgebrochen werden, die sich am besten für eine begriffliche Ordnung eignen, sondern das »Einmalig-Extreme«,[33] ein sich begrifflicher Ordnung grundsätzlich Widersetzendes; aus den Phänomenen werden »Denkbruchstücke« herausgebrochen, die ihren Wert nicht an einer »Grundkonzeption« messen, sondern an ihrer Fähigkeit, sich jenem Messen zu enthalten.[34] Einzeln und disparat ist, was, aus den Phänomenen herausgelöst, zu einem »Mosaik« zusammengesetzt wird; ein Mosaik, das die »transzendente Wucht der Wahrheit« lehrt.[35]
Die Zerteilung unterscheidet sich dadurch von traditionellen Formen von Erkenntnis, daß unter Absehung phänomenaler und begrifflicher Zusammenhänge den Phänomenen begriffliche Elemente entnommen

werden.[36] Dementsprechend gibt es bei jener Zerteilung der Phänomene keine Vermittlung im Begriff oder im Verhältnis zwischen Begriff und Phänomen; das von Benjamin der Erkenntnis unterstellte »Besitztum«[37] wird begrenzt auf die unvollständige Ansammlung entwendeter Elemente.[38] Die Distanz zu traditionellen Formen der Erkenntnis kommt vielleicht am besten in Benjamins eigenem Umgang mit Zitaten zum Ausdruck. Im Trauerspielbuch reißen die unvermittelt in den Text gesetzten Zitate trotz aller begrifflichen Integrierbarkeit gleichsam Löcher in den Text, zerreißen die Deduktionsfolge im Rückgriff auf Fremdes. Ebenso bleibt der Textzusammenhang, aus dem zitiert wird, nicht unbeschadet. Ihm scheint der zitierte Abschnitt mutwillig entrissen.

In der Benjaminschen Konzeption wird statt des versagten begrifflichen ein nicht-begrifflicher, ein Zusammenhang der Ideen angestrebt. Dargestellt, vergegenwärtigt werden die Ideen nichtsdestotrotz in einer »Konfiguration« begrifflicher Elemente.[39] Sie werden zusammengestellt, konstelliert unter Absehung deduktiver Zusammenhänge im Hinblick auf einen anderen. Vor der Frage nach dem Status dieses Zusammenhangs möchte ich in einer Art Resümee des Verhältnisses von Idee, Begriff und Phänomen eine mögliche Deutung der Sternenanalogie vorstellen.

Was aus der Perspektive der Sternenbilder an den Sternen interessiert, ist ihre Stellung zueinander. Das Einmalig-Extreme ist ihr Verhaftetsein in einer bestimmten Position zu den jeweils anderen Himmelserscheinungen. Ihre Position am Firmament ist das begriffliche Element, auf das sie reduziert, das aus ihnen herausgebrochen wird. Statt die Koordinaten der Fixsterne zur Orientierung zu nutzen, um sodann die Bewegungen der Himmelskörper mit Hilfe astronomischer Gesetzlichkeiten zu erklären, statt an den Sternen also die Rettung des Eudoxos von Knidos zu versuchen, werden sie zu den Fixpunkten eines Bildes, das zur Erkenntnis der Himmelskörper im traditionellen Sinne nichts beizutragen hat. Der Zusammenhang, der zwischen ihnen zur Darstellung gebracht wird, beispielsweise im Bild eines großen – beziehungsweise *des* Großen – Wagens, ist einer, der ihnen äußerlich scheint, zumindest begrifflich. Im Sternenbild gelangt eben nicht das »Gleichartige zur Deckung, wohl aber das Extreme zur Synthese«.[40]

Die Synthese ist eine Synthese von Begriffen, deren Anspruch auf Allgemeingültigkeit gefährdet ist, insofern sie aus Phänomenen herausgebrochen und nicht entwickelt oder deduziert wurden; die Begriffe werden in einer Ordnung zusammengebracht, die sich weniger aus einer begrifflichen Abstraktion ergibt als vielmehr aus einer mimetischen Anverwandlung, die in einem Bild zusammengefaßt werden kann. Benjamin schafft es, diese Probleme unter Kontrolle zu halten, indem er sich bei seiner Ideenvorstellung weitgehend an dem neuplatonisch oder neukantianisch frisierten Platon orientiert und auf die ontologische Basis seiner Ideenlehre beruft. Damit hält er sich in einer parmenideisch-platonischen Traditionslinie, die, durch Marburger Neukantianer vermittelt, ihm bereits die *Rettung der Phänomene* ans Herz legte.[41] In gewisser Weise steht der parmenideskritische *Sophistes* quer zu einem Denken, das Platon und Parmenides harmonisch ineinanderfügt. Gleichwohl Benjamin eher von dort als vom *Sophistes* her denkt, skizziert er mit seinen Überlegungen ein Problemfeld, das auch von jenem Platonischen Spätdialog angegangen wird, insofern dort die Frage nach dem Verhältnis der Ideen zueinander und damit auch die Frage, inwiefern die Ideen selbst schon Konstellationen anderer Ideen sind, verhandelt wird.

Offensichtlich ist, trotz aller Verwicklungen, die mit Benjamins Berufung auf Platons Ideenlehre und auf dessen vermeintliches Konzept der *Rettung der Phänomene* einhergehen und die hier nachvollzogen wurden, daß Benjamin einen festen Grund für die von ihm im Trauerspielbuch postulierten Zusammenhänge suchte und dabei unter anderem auf Platon zurückgriff. Einerseits wollte sich Benjamin dadurch jenseits der traditionellen Bahnen einer entweder von allgemeinen Gattungsgesetzen auf bestimmte Einzelphänomene deduzierenden oder von einzelnen Motiven auf bestimmte Gesetzmäßigkeiten induzierenden Literaturwissenschaft bewegen; andererseits wollte er aber auch nicht dem Vorwurf bloßer Konstruktion anheimfallen.

Die »philosophische Kontemplation«, von der Benjamin sich in der Vorrede eine Erneuerung der Ideen versprach,[42] weist vielleicht den Weg für die Rechtfertigung von Zusammenhängen, die in der Literaturwissenschaft allzu schnell mit dem Begriff »Konstellation« jeder weiteren Frage nach Rechtfertigung enthoben werden. Was »philosophische Kontemplation« in der Praxis heißen könnte, ließe sich abschließend an der Handschrift des Trauerspielbuchs demonstrieren, die sich in der

Einleitung als Momentaufnahme eines Prozesses präsentiert, der seine Dynamik aus dem Bemühen speist, Denkbruchstücke wie die *Rettung der Phänomene* oder das Platonische der Ideen nicht voreilig in einen Lauf der Intention oder eine »Kette der Deduktion« zu integrieren, ohne unter Würdigung der »Kunst des Absetzens«[43] in der rechten Spalte Raum für zukünftige Einsprüche oder Neugewichtungen zu lassen.[44] Die Lücken, die Einspruchs- und Entwicklungsmöglichkeiten, die Raum geben dafür, daß »umständlich [...] auf die Sache selbst« zurückgegangen werden kann,[45] haben in der Handschrift eine bildhafte Evidenz,[46] während sie im Druck erst durch die Grabungsarbeiten der Interpretation zutage befördert werden müssen.

Die Problematik einer Berufung auf Benjamins Konstellations-Begriff, um postulierte Zusammenhänge zu rechtfertigen, sollte vor dem Hintergrund seiner philosophischen Implikationen deutlich geworden sein. Weniger ist der Begriff auf leichte Handhabbarkeit ausgerichtet, denn auf eine Bewältigung der philosophischen Probleme, die sich bei der Suche nach Zusammenhängen jenseits von Deduktion und Induktion ergeben. Der Gang zurück zu Platons Ideenlehre ist dabei weder Königsweg noch Sackgasse.

Anmerkungen

1 Vgl. Platon, *Timaios*, übers. von Hieronymus Müller (1857), in: Platon, *Werke*, hg. von Gunther Eigler, Darmstadt 1990, Band VII, 40 c–d.

2 Walter Benjamin, *Ursprung des deutschen Trauerspiels* (1928), in: ders., *Gesammelte Schriften*, hg. von Rolf Tiedemann und Hermann Schweppenhäuser, Frankfurt a.M. 1980, Band I.1, S. 203–430, hier S. 214.

3 Vgl. ebd., S. 215.

4 Vgl. ebd., S. 212.

5 Vgl. Benjamin, *Ursprung des deutschen Trauerspiels* (Anm. 2), S. 212.

6 Vgl. Walter Benjamin, *Der Begriff der Kunstkritik in der deutschen Romantik* (1920), in: Benjamin, *Gesammelte Schriften* (Anm. 2), Band I.1, S. 7–122, bes. S. 110–119.

7 Vgl. Walter Benjamin, *Goethes Wahlverwandtschaften* (1924/25), in: ebd., S. 123–202, bes. S. 147–150.

8 Benjamin, *Ursprung des deutschen Trauerspiels* (Anm. 2), S. 214.

9 Für die geschichtlichen Hintergründe des Prinzips der Rettung der Phänomene sei die grundlegende Arbeit von Jürgen Mittelstrass empfohlen (vgl. Jürgen Mittelstrass, *Die Rettung der Phänomene. Ursprung und Geschichte eines antiken Forschungsprinzips*, Berlin 1962).

10 Platon, *Timaios* (Anm. 1), 39d–e.

11 Vgl. Mittelstrass, *Die Rettung der Phänomene* (Anm. 9) bes. S. 70–139.

12 Vgl., ebd., S. 139.

13 Die Distanz zeigt sich besonders deutlich in Benjamins Abwertung der für das traditionell verstandene Prinzip der *Rettung der Phänomene* so wichtigen *Hypothese* (vgl. Benjamin, *Ursprung des deutschen Trauerspiels* [Anm. 2], S. 214) und seiner mehrmaligen Ächtung der Deduktionszusammenhänge (vgl. beispielsweise. ebd., S. 213).

14 Vgl. ebd., S. 210–212.

15 Auf beide Platonische Dialoge kommt Benjamin im Zusammenhang mit seiner Arbeit am Trauerspielbuch in einem Brief vom 9. 12. 1923 an Florens Christian Rang zu sprechen (Vgl. Walter Benjamin, *Gesammelte Briefe*, hg. von Christoph Gödde und Henri Lonitz, Frankfurt a.M. 1995 2000, Band II, S. 394).

16 Platon, *Timaios* (Anm. 1), Band VII, 28 b–c.

17 Vgl. ebd., 29b–c.

18 Ebd., 29c.

19 Benjamin, *Ursprung des deutschen Trauerspiels* (Anm. 2), S. 209.

20 Die Distanz zu einer solchen optimistischen Auffassung neuzeitlicher klassischer Wissenschaft verbunden mit dem gleichzeitigen Versuch, so etwas wie eine Rettung der Phänomene zum eigenen Programm zu erheben, läßt sich bei Goethe finden – beispielsweise in seiner Farbenlehre. Goethes Einfluß auf Benjamins Vorstellung von den Ideen, die er nicht zufällig in der Vorrede in eins setzt mit den Goetheschen Idealen (vgl. ebd., S. 215), und der Rettung der Phänomene ist offensichtlich, wäre indes ein eigens zu untersuchender Zweig des Themas. Vgl. dazu Cornelia Zumbusch, *Wissenschaft in Bildern. Symbol und dialektisches Bild in Aby Warburgs Mnemosyne-Atlas und Walter Benjamins Passagen-Werk*, Berlin 2004, S. 306–332.

21 So sieht Benjamin die Phänomene dadurch bedroht, daß sie sich in ihr Gesetz »verflüchtigen« (vgl. Benjamin, *Ursprung des deutschen Trauerspiels* [Anm. 2], S. 214) und läßt demgegenüber die Idee durch die »philosophische[] Kontemplation« als »das Wort« sich loslösen (vgl. ebd., S. 217).

22 Vgl. Walter Benjamin, *Lehre vom Ähnlichen* (1933), in: ders., *Gesammelte Schriften* (Anm. 2), Band II.1, S. 204–210, bes. S. 206, sowie: ders., *Über das mimetische Vermögen* (1933), in: ebd., S. 210–213.

23 Vgl. Benjamin, *Ursprung des deutschen Trauerspiels* (Anm. 2), S. 209.

24 Vgl. ebd., S. 210.

25 Vgl. ebd.

26 Rangs Einfluß auf Benjamin – vor allem auf das Trauerspielbuch – ist nicht zu unterschätzen. Viele Benjaminsche Gedanken – vor allem jene zu den Ideen im Trauerspielbuch – gehen auf Gespräche, Briefe oder Begegnungen mit Rang zurück. Diese Zusammenarbeit im Geiste und gegenseitige Einflußnahme in freundschaftlicher Verbundenheit kann in der grundlegenden Studie von Lorenz Jäger nachvollzogen werden (vgl. Lorenz Jäger, *Messianische Kritik. Studien zu Leben und Werk von Florens Christian Rang*, Köln, Weimar, Wien 1998); im Rahmen dieser Arbeit muß ein kurzer Hinweis auf die Überblendung von Parmenides und Platon in dem Zwitter-Philosophen »Parmenides-Plato« in Rangs Brief an Benjamin vom 22. 11. 1923 genügen (vgl. ebd., S. 168); dieser Brief hatte für die Konzeption der Ideenlehre in der Vorrede eine große Bedeutung, wie in Benjamins bereits erwähnten Brief an Rang vom 9. 12. 1923 deutlich wird (vgl. Benjamin, *Gesammelte Briefe* [Anm. 15], Band II, S. 390–394, bes. S. 391 f.).

27 Über diese möglicherweise korrupte Stelle, die sich nur schwer in den Argumentationsgang integrieren läßt, wurde in der Literatur zu Platon viel gestritten (vgl. Platon, *Sophistes*, übers. von Friedrich Schleiermacher (1824), in: Platon, *Werke*, hg. von Gunther Eigler, Darmstadt 1990, Band VI, 256b). Francis M. Cornford beispielsweise vermutet eine Textlücke, die er in seinem weiterhin gültigen Kommentar eilfertig mit dem Gegenteil des Überlieferten füllt (vgl. Francis M. Cornford, *Plato's Theory of Knowledge*, London 1935, S. 286 f.). Das vermeintlich Ketzerische und besonders für einen von Parmenides her verstandenen Platon Überraschende einer Teilhabe der Bewegung an der Ruhe könnte indes, dies sei hier nur angedeutet, auf die Verbindungen schaffende Kraft der Dialektik zurückgeführt werden, die stets im Begriff ist, die ihr bei Platon gesetzten Grenzen zu überschreiten.

28 Vgl. Platon, *Sophistes* (Anm. 27), 258e–259b.

29 Vgl. Benjamin, *Ursprung des deutschen Trauerspiels* (Anm. 2), S. 223, s.a. S. 213, S. 219.

30 Ebd., S. 214.

31 Eine ausführlichere Besprechung der komplexen Überlegungen zu Idee, Phänomen und Begriff ist beispielsweise nachzulesen in der Arbeit von Wolfgang Bock (vgl. Wolfgang Bock, *Walter Benjamin – die Rettung der Nacht: Sterne, Melancholie und Messianismus*, Bielefeld 2000, S. 108–130).

32 Vgl. Benjamin, *Ursprung des deutschen Trauerspiels* (Anm. 2), S. 214 f.

33 Vgl. ebd., S.215.

34 Vgl. ebd., S. 208.
35 Vgl. ebd.
36 Vgl. insb. ebd., S. 215.
37 Vgl. ebd., S. 209.
38 Vgl. ebd., S. 215.
39 Vgl. ebd., S. 214.
40 Vgl. ebd., S.221.
41 Zur neukantianischen Inanspruchnahme Platons vgl. Helmut Holzhey: »Platon im Neukantianismus«, in: Theo Kobusch und Burkhard Mojsisch (Hg.), *Platon in der abendländischen Geistesgeschichte. Neue Forschungen zum Platonismus,* Darmstadt 1997, S. 226–240. Zu Benjamin und dem Neukantianismus vgl. Thomas Schwarz Wentzer, *Bewahrung der Geschichte. Die hermeneutische Philosophie Walter Benjamins,* Bodenheim 1998, S. 52–62, oder Zumbusch, *Wissenschaft in Bildern* (Anm. 20), S. 294–305.
42 Vgl. Benjamin, *Ursprung des deutschen Trauerspiels* (Anm. 2), S. 217.
43 Vgl. ebd., S. 212.
44 Vgl. die ersten drei Seiten von Benjamins Handschrift des Trauerspielbuchs aus dem Jahr 1924, die unter der Signatur »Arc.4* 1598/109« im Walter Benjamin Archiv der Jewish National & University Library in Jerusalem zu finden ist.
45 Vgl. Benjamin, *Ursprung des deutschen Trauerspiels* (Anm. 2), S. 208.
46 Einen vergleichbaren Zusammenhang stellt Davide Giuriato heraus, wenn er, das Schreiben am Rand fokussierend, den Schreibprozeß von Benjamins *Berliner Kindheit* mit dem Prozeß der Erinnerung kurzschließt (vgl. Davide Giuriato: »Folded Manuscripts: Walter Benjamin's Marginal Writing«, in: Dirk Van Hulle und Wim Van Mierlo [Hg.], *Reading Notes,* Amsterdam, New York 2004 [= Variants: Journal of the European Society for Textual Scholarship 2/3], S. 195–206, bes. S. 205).

Inés Mateos

Die Sonne Batailles – Brennpunkt einer Poetologie der Entgrenzung

MANIBUS DATE LILIA PLENIS
GLORIA IN EXCELSIS MIHI
Au plus haut des cieux,
les anges, j'entends leur voix, me glorifient.
Je suis, sous le soleil, fourmi errante
petite et noire, une pierre roulée
m'atteint
m'écrase,
morte,
dans le ciel
le soleil fait rage,
il aveugle,
je crie:
»il n'osera pas«
il ose.

Georges Bataille[1]

Denkt man über das Verhältnis unserer Sonne zu den Sternen nach, so scheint die dualistische Differenzierungskraft der Alltagssprache mit unserer menschlichen Wahrnehmung zunächst im reinen zu sein: Die Sterne gehören in dieser Logik scheinbar ebenso eindeutig zur Dunkelheit der Nacht, wie die Sonne als das Licht des Tages erstrahlt. Und während die punktförmigen Lichterscheinungen des Nachthimmels als Sternbilder wahrgenommen werden, deren Konstellationscharakter zu denken gibt, erscheint die Sonne lediglich als einzelner Himmelskörper und vom nämlichen Konstellationscharakter abgetrennt. In unserer geläufigen Auffassung figurieren Sonne und Sterne somit als Gegensätze, deren Gemeinsamkeit sich bestenfalls darauf beschränkt, zur großen Schar der Himmelskörper zu gehören. Zu den bedeutungsvollsten Erkenntnissen moderner Astronomie gehört nun aber gerade, daß die uns als Sterne am Nachthimmel erscheinenden Lichter nichts anderes als weit entfernte, fremde Sonnen sind, während unsere Sonne ein Gestirn – unser Tagesgestirn – ist. Denn in der Astrophysik gelten

Sonne und *Stern* als synonyme Bezeichnungen. Die Komplexität dieser astronomischen Vereinfachung (Sonne gleich Stern bzw. Stern gleich Sonne) liegt nun aber gerade in der inhärenten Bedeutungsabweichung zwischen Sternen und Sonne. Dabei geht es wohlverstanden gerade nicht um jenen schon benannten dualen Gegensatz, der vom Kontrast zwischen Tag- und Nachthimmel getragen wird, sondern es geht um einen Unterschied, welcher der Sonne ihr zentrales konstellatives Gepräge restituiert. Denn die Differenz zwischen Sonne und Sternen läßt sich gerade als das situative Verhältnis von Sonne und Sternen zueinander beschreiben. Mehr noch: Der konstellative Platz, den die Sonne im Verhältnis zu den Sternen einnimmt, dieser durch Gravitation gebundene zentrale Platz macht sie erst zur Sonne, macht sie zu jenem *Einzelstern*, der im Mittelpunkt des Sonnensystems mit den ihn umgebenden Planeten und seinen Monden, den Kometen, Asteroiden und Meteoroiden erstrahlt. Von diesem konstellativen Zentrum aus überblendet die Sonne in der ihr eigenen Art einer Überbietungsgeste alle anderen Sterne, welche für den Menschen *erst* und *nur dann* sichtbar werden, wenn die Erde ihr Gesicht von der Sonne abwendet: in der Dunkelheit der Nacht.

Jedoch nicht alleine dieses universelle Beziehungsgefüge, welches die Sonne durch ihre Stellung erschafft, macht sie zum wichtigsten aller Sterne für den Menschen. Von größerer Bedeutung noch ist, daß erst sie das Leben auf der Erde ermöglicht. Ohne Sonnenlicht und Sonnenwärme wäre kein menschliches Dasein auf unserem Planeten denkbar. Diese Bedeutung der Sonne für den Menschen läßt sich auch daran ermessen, daß ihr seit der Antike göttliche Verehrung zuteil wird, und dies, obwohl das heliozentrische Weltbild erst Mitte des 18. Jahrhunderts einhellig von der Astronomie anerkannt wurde. Der symbolische Wert der Sonne hat sich denn auch von ihrer Beachtung im Naturempfinden der Goethezeit über ihr Leuchten im Dienste der Aufklärung bis hin zum Sonnenkult moderner Sekten erhalten.

Zusätzlich charakteristisch für den Bezug des Menschen zum gestirnten Himmel ist die beschauliche Entfernung zwischen beiden. Erst die Sonne aber schafft die energetischen Voraussetzungen für den kontemplativ-distanzierten Ort, der den Menschen in eine vordergründig stabile Beziehung zur siderischen Konstellation setzt. Daß zugleich die Stabilität dieses ästhetischen Raumes unter der solaren Figuration zu zerbersten droht, beruht auf einem Paradox, das den Helios zum einzigartigen Gegenstand theoretischer Betrachtung macht. Er soll hier im Zentrum meiner Überlegungen stehen.

I

Von dieser herausragenden Bedeutung der Sonne geht auch der französische Denker Georges Bataille aus, wenn er die Sonne als »noyau central du système auquel il appartient« bezeichnet.[2] Für seine um die Sonne kreisenden Theoretisierungsversuche aber ist insbesondere der Bezug des Menschen zum Tagesgestirn von Bedeutung. Der Helios erscheint diesem nämlich als *singulärer* Stern und damit – anders als die anderen Sterne – nicht in einer siderischen, sondern in einer a- oder de-siderischen Konstellation.[3] Maßgebend für die Theorie Batailles ist somit die Achse ›Mensch : Sonne‹. Ich möchte hier, bevor ich mich in die verschlungenen Gedankengänge Batailles vertiefe, die beiden zentralen Aspekte dieser bemerkenswerten Relation kurz erwähnen: Der erste Aspekt tangiert die Sonne als *conditio sine qua non* für die Existenz des Menschen auf dem von Natur aus kalten Planeten Erde. Der Helios als über 5000 Grad heiße Gaskugel, die konstant ihre Energie in den Weltraum verschleudert, gleichsam ihr innerstes substantielles Gut preisgebend, erstrahlt in der Theorie Batailles als Sinnbild schlechthin für eine Logik der Verschwendung. Die Sonne figuriert hier als höchster und zugleich zentraler Ort eines sich selber vernichtenden Systems, das in einer ihm eigenen Auflösungsgeste Leben erst ermöglicht. Der zweite Aspekt betrifft den konstellativen Ort, von dem aus der Mensch mit seiner Sonne in Beziehung tritt. Diese Beziehung ist markiert von der Wahrnehmung der Sonne durch den Menschen, sie ist markiert von seinem Blick. Weil die Sonne dem Menschen als Einzelstern unmittelbar von Angesicht zu Angesicht entgegentritt, erscheint das Verhältnis zunächst durch Direktheit geprägt. Indessen bleibt die Sonne gerade für den menschlichen Blick unsichtbar. Erstrahlt sie in ihrer vollen Leuchtkraft, so zwingt sie den Menschen – unter der Drohung, ihn seines Augenlichtes zu berauben –, den Blick abzuwenden. Am Tag können wir die Sonne demnach nur indirekt als Blendung wahrnehmen. Und auch in der Nacht ist die Sonne höchstens mittelbar – im Schein des Mondes – oder in einer Art Übertragung – im Aufleuchten der anderen Sterne – sichtbar. Etwas allgemeiner formuliert: Die Sonne kann nur unter der Bedingung ihrer eigenen Abwesenheit als Reflex erscheinen.

Dieser unmögliche Blick zur Sonne hat Georges Bataille schon in seinen frühesten Schriften beschäftigt. Zwischen 1927 und 1930 finden sich verschiedene theoretische und literarische Texte Batailles, die versuchen, das energetisch-figurative Zentrum, welches die Sonne repräsentiert, zu fassen.[4] In diese Zeit fällt auch seine Arbeit an verschiedenen Versionen eines Textes, der mit dem Titel *L'œil pinéal*[5] überschrieben ist und der als theoretische Grundlage für die Ideen Batailles zur Sonne dienen kann. Um den Überlegungen Batailles näher zu kommen, möchte ich einen Gedanken darlegen, den er parallel zu *L'œil pinéal* etwas expliziter in dem kurzen, von André Masson illustrierten Text *L'anus solaire*[6] entwikkelt. Batailles Betrachtungen zur Sonne operieren mit einem Verähnlichungsverfahren, welches eine Beziehung zwischen dem Makrokosmos des Universums und dem Mikrokosmos des Menschen schafft. Bataille sieht nämlich in der Rotationsbewegung der Erde eine eigentümliche Verwandtschaft zur sexuellen Bewegung und hält diese beiden Regungen überdies für die beiden wesentlichsten überhaupt:

> Les deux principaux mouvements sont le mouvement rotatif et le mouvement sexuel, dont la combinaison s'exprime par une locomotive composée de roues et de pistons. Ces deux mouvements se transforment l'un en l'autre réciproquement. C'est ainsi qu'on s'aperçoit que la terre en tournant fait coïter les animaux et les hommes et (comme ce qui résulte est aussi bien la cause que ce qui provoque) que les animaux et les hommes font tourner la terre en coïtant.[7]

Der universelle Koitus, der sich auf kosmischer Ebene zwischen Sonne und Erde abspielt und dessen Bewegung die Erdrotation darstellt, steht in einem konstitutiven Verhältnis zum menschlichen Geschlechtsakt, der im Gegenzug das anthropomorphe Bild dazu liefert:

> ce grand coït avec l'atmosphère céleste est réglé par la rotation terrestre en face du soleil. Ainsi, bien que le mouvement de la vie terrestre soit rythmé par cette rotation, l'image de ce mouvement n'est pas la terre tournante mais la verge pénétrant la femelle et en sortant presque entièrement pour y rentrer.[8]

Dabei versucht Bataille durch die Einführung einer vertikalen und einer horizontalen Achse, die Abhängigkeit beider Akte – des universellen vom humanen und *vice versa* – begrifflich-graphisch ins Bild zu setzen. Er teilt dazu die Welt in drei Bereiche ein: Der erste Bereich stellt die organisch-pflanzliche Welt dar, die sich durch Vertikalität auszeichnet; so ist vom Boden aus durch das Wachstum der Pflanzen eine vertikale Bewegung Richtung Sonne auszumachen, desgleichen durch den Regen in die umgekehrte Richtung zur Erde hin. Bataille sieht darin das Symbol für den Koitus zwischen Erde und Sonne. Das Steigen und Sinken von Flut und Ebbe gehört ebenfalls dieser vertikalen Ordnung an und läßt sich im Kopulationsbild von Erde und Mond fassen. Der zweite Bereich besteht aus der Tierwelt, welche in der Horizontalität gefangen bleibt. Den dritten Bereich schließlich bildet die Menschheit. Ihr Verhältnis zum Universum ist ambivalent, denn sie hebt sich in einer ersten Bewegung durch ihre Vertikalität – verkörpert im aufrechten menschlichen Gang – von der Tierwelt ab:

> Seuls les êtres humains s'arrachant [...] à la paisible horizontalité animale ont réussi à s'approprier l'érection végétale et à se laisser polariser, dans un certain sens, par le ciel.[9]

Der Mensch strebt quasi einem pflanzlichen Gewächs gleich phalloid-vertikal dem Himmel zu, um dann durch eine zweite Gebärde, jene seines eigenen Blicks nämlich, in der Horizontalen eingeschlossen zu bleiben. Das Zeichen für diese letzte horizontale Bewegung sieht Bataille im Abwenden des Blicks von der hoch am Himmel stehenden Sonne verkörpert:

> Le soleil, humainement parlant (c'est-à-dire en tant qu'il se confond avec la notion de midi) est la conception la plus *élevée*. C'est aussi la chose la plus abstraite, puisqu'il est impossible de le regarder fixement à cette heure-là.[10]

In *L'œil pinéal* entwickelt Bataille sodann eine nahezu delirante Theorie darüber, wie das menschliche Defizit, das Erhabene der Sonne in den Blick zu bekommen, behoben werden könnte. Von der objektiven morphologischen Ähnlichkeit zwischen der Epiphyse des Gehirns (*glande pinéale*) und dem Auge ausgehend, ersinnt Bataille ein drittes Auge auf dem Scheitel des Kopfes. Dieser *œil pinéal* besitze die Fähigkeit, die Sonne zu betrachten, worin auch seine einzige Bestimmung liege:

> Je me représentais l'œil au sommet du crâne comme un horrible volcan en éruption, justement avec le caractère louche et comique qui s'attache au derrière et à ses excrétions. Or l'œil est sans aucun doute le symbole du soleil éblouissant et celui que j'imaginais au sommet de mon crâne était nécessairement embrasé, étant voué à la contemplation du soleil au summum de son éclat.[11]

Beim Skizzieren dieses auf die Sonne gerichteten Auges wird Bataille immer wieder von anal-fäkalen Phantasien oder gewaltsamen erotischen Vorstellungen heimgesucht.[12] So vergleicht er die Sonne mehrmals mit der Protuberanz eines in der Ausscheidung begriffenen Affenhinterns oder spielt offenkundig mit der Homonymie von *glande* (*glande pinéal* = Zirbeldrüse) und *gland* (= Eichel des Penis). Die Funktion dieser starken, oft abstoßenden Bilder innerhalb der Theorie Batailles läßt sich etwas besser fassen, wenn wir einen seiner außerordentlichsten literarischen Texte heranziehen. Um 1928 in *Histoire de l'œil* versucht Bataille nämlich der Idee des *œil pinéal* literarisch Form zu geben. Es handelt sich dabei um so etwas wie eine erotische Erzählung.[13] Wir könnten in der *Histoire de l'œil* aber auch die Geschichte eines Wahnsinns sehen, die Chronik einer unstillbaren sexuellen Gier (*avidité*), welche die körperlichen Exzesse und innere Unrast (*agitation intérieure et des corps*) ihrer Akteure an deren Grenze treibt. Aber Sexualität und Wahnsinn, Erotik und Tod sind im Batailleschen Universum ohnehin eng verbunden. Auf der Ebene des Plots läßt sich die *Histoire de l'œil* kurz resümieren: Ein Ich-Erzähler schildert die sexuellen Ausschweifungen mit seiner erotischen Gespielin Simone. Dabei überschreiten die Protagonisten mit ihrem exzessiven Treiben nicht nur systematisch die Grenzen bürgerlicher Moralvorstellungen, sondern auch jene inneren Grenzen von Ekel und Abscheu, die ihre eigene psychische Stabilität garantieren. Die Situierung des Erotisch-Sexuellen im Kontext von exkrementellen Praktiken, Gewalt, Wahnsinn und Tod unterlegt die Erzählung nun aber nicht nur mit einem Grundton der Angst und Grausamkeit, sondern zuweilen auch mit einer Leichtigkeit und Komik, die darauf hinzuweisen scheint, daß erst in der Ambivalenz des Erotischen die Gespaltenheit des Lebens selbst und seine zahlreichen Möglichkeiten zum Ausdruck kommen können. Dabei überantwortet sich Bataille in *Histoire de l'œil* ganz der assoziativen Wahrheit der

Sprache. Der erste Teil der Erzählung scheint sich so ganz aus Wortassoziationen heraus zu konstituieren (*con–cul–couilles–œuf–œil–uriner–buriner–soleil*), und wird dann von Bataille in einem zweiten, mit dem Titel *Coïncidences* überschriebenen Teil im Ansatz auf autobiographische Erinnerungen hin analysiert. Diese Erinnerungen hätten sich, so Bataille, nur in der Entstellung durch den obszönen Diskurs Raum verschaffen können und enthüllen so eine metaphorische Welt, welche Himmel und Sonne in enge Verbindung mit dem Überschuß menschlicher Exkremente bringt und diese wiederum wortspielerisch mit der Schrift verknüpft.
Ich möchte hier nur einige Elemente der *Histoire de l'œil* herausgreifen, die Batailles um die Sonne kreisenden Assoziationen veranschaulichen sollen. Das Auge – Leitmotiv der Geschichte – geht in der Erzählung verschiedene Verbindungen ein: Zum einen finden wir die Verknüpfung von Auge und Urin, welche biographisch durch das Andenken Batailles an seinen syphilitischen Vater getragen wird. Die Erinnerung heftet sich dabei an die Beobachtung des kleinen Georges seines urinierenden blinden Vaters und insbesondere an die bei dieser Verrichtung ekstatisch verdrehten Augen des Familienoberhaupts. Zum anderen werden Auge und Ei durch Alliteration – *œil–œuf* – zusammengefügt. Gestützt wird diese Verknüpfung noch durch die Reminiszenz an den Tod des berühmten Toreros Manuel Granero in der Stierkampfarena von Madrid, dem Bataille, gerade erst fünfundzwanzigjährig, während eines Studienaufenthaltes in Spanien 1922 schicksalhaft beiwohnt. Das vom Stier tödlich durchstochene Auge des Toreros, insbesondere der aus der Augenhöhle heraustretende Augapfel hat dieselbe graue Farbe wie die abgetrennten Hoden des Stiers, so belehrt ein befreundeter Mediziner den jungen Bataille. In *Histoire de l'œil* arbeitet Bataille diese biographische Begebenheit zu einer wahnwitzig-erotischen Szene aus, in welcher die Hauptakteurin Simone sich als Zuschauerin in der Arena von Sevilla mit entblößtem Hintern auf abgetrennte Stierhoden setzt und gleichzeitig mit der tödlichen Augenpenetration des Toreros zum Orgasmus gelangt. Die heftige, fast gewaltsame Wirkung der andalusischen Sonne in der Szene eröffnet dazu den Verweis auf eine Himmelsmetaphorik, welche Uranos (= Himmel) und Urin nicht nur durch ihre alliterierende Komponente in Beziehung treten läßt. So ließe sich so-

wohl der Vergleich der Sonne Andalusiens mit einem vollen Nachttopf am Ende der *Histoire de l'œil* als auch die zügellosen Ausschweifungen, die ihr intensives Licht provoziert, erklären:

> [...] l'Andalousie, pays jaune de terre et de ciel, à mes yeux immense vase de nuit inondé de lumière solaire où je violais chaque jour, nouveau personnage, une Simone également métamorphosée, surtout vers midi en plein soleil et sur le sol, sous les yeux à demi sanglants de Sir Edmond.[14]

In dieselbe Kategorie lautmalerischer Begriffsverknüpfung gehört auch das heitere Spiel Simones mit den Worten. Als der Protagonist – noch halb im Liebesspiel gefangen – sie nach ihren Assoziationen zum Wort *uriner* befragt, antwortet diese:

> [...] buriner, les yeux, avec un rasoir, quelque chose de rouge, le soleil. Et un œuf? [...] elle jouait gaiemant avec les mots, ainsi elle disait tantôt *casser un œil*, tantôt *crever un œuf*, faisant de plus de raisonnements insoutenables.[15]

Die lautspielerisch naheliegende Verknüpfung Simones von *uriner–buriner* paßt nicht nur perfekt in die metaphorische Konstruktion einer exkrementellen Uranologie, sie geht noch etwas darüber hinaus. Denn das Wort ›*buriner*‹ heißt soviel wie ›meißeln, stechen, gravieren‹, und mit ›*écriture burinée*‹ bezeichnet man im Französischen eine ›gestochene Schrift‹. Die unhaltbaren Ausführungen (*raisonnements insoutenables*) Simones spielen so auf die gleichermaßen ausgefallenen – wenn auch gestochen scharfen – Erwägungen Batailles eines *œil pinéal* an und koppeln den literarischen Text an seinen theoretischen Vorläufer. In seiner Theorie spricht Bataille auch ausdrücklich von einer »possibilité déconcertante de l'œil pinéal«,[16] der ›bestürzenden Möglichkeit‹ dieser Umformung des Sehapparates durch ein drittes Auge. Dabei ist sich Bataille durchaus im Klaren über den deliranten Charakter seines Einfalls:

> A cette époque, je n'hésitais pas à penser sérieusement à la possibilité que cet œil extraordinaire finisse par se faire jour réellement à travers la paroi osseuse de la tête, parce que je croyais nécessaire qu'après une longue période de servilité les êtres humains aient un œil exprès pour le soleil (alors que les yeux qui sont dans les orbites s'en détournent avec une sorte d'obstination stupide). Je n'étais pas dément mais je faisais sans aucun doute une part excessive à la nécessité de sortir d'une façon ou de l'autre des limites de notre expérience humaine [...].[17]

Das Bestürzende liegt nicht nur in der obsessiven Idee des *œil pinéal*, sondern in der Vorstellung eines ›Auge in Auge‹ des Menschen mit der Sonne. Es wäre dies ein ›Auge in Auge‹, bei welchem der Mensch, ohne den Blick abzuwenden, ohne ein einziges Mal zu blinzeln, das sehen könnte, was sonst seiner Anschauung entgeht. Bataille spielt hier offenkundig auch mit der Bedeutung des Auges als Symbol für das Wissen.[18] Das Signum dieses Auges wäre allerdings eine immanent erfahrungsgebundene Wissensform. Denn der Durchbruch eines dritten Auges am Scheitel besitzt nicht nur in seiner phantasmatischen Dimension ein überschreitendes Moment, es ist ein Durchbruch, der den Menschen über sich selber hinausführt und ihm neue Erfahrungshorizonte eröffnet. In dieser Verbindung von erfahrendem Sehen und Wissen – von triebhaftem Auge und Geist – wäre also das Bataillesche dritte Auge zunächst aufzufassen. Und *L'œil pinéal* wäre demnach als ein erster Versuch zu werten, in einer nicht enden wollenden Reihe von Bemühungen des französischen Denkers, einer Erfahrung auf die Spur zu kommen, die er 1943, rund 15 Jahre später, *expérience intérieure*[19] nennen wird und die er nochmals eine Dekade danach in der erotischen Ekstase[20] oder mystischen Entrückung[21] ausmacht.

II

In der Konzeption der Batailleschen Erfahrung spielt nun die Sonne eine herausragende Rolle. Dies deshalb, weil sie für eine Erfahrung steht, die *nicht* durch die Ökonomie der Akkumulation bestimmt wird, sondern einer Ökonomie der Verausgabung gehorcht. Die Sonne widersetzt sich in ihrem innersten Kern einer Handels- und Tauschökonomie; und dies im wahrsten Sinne des Wortes, denn sie verschleudert pausenlos ihre eigene Kernsubstanz in die Leere des Kosmos. Ihr Prinzip ist die Verschwendung, was Bataille *dépense* oder *perte prodigieuse*[22] – eine gewaltige, eine wunderbare Verschwendung – nennt. Aus der menschlichen Perspektive haftet dieser solaren Verschwendung gleichwohl etwas Grausames an, denn die Sonne schenkt zwar – in einer geradezu menschlichen Geste – Leben (Pflanzen, Tieren, Menschen), aber sie ist diesem Leben gegenüber auch wiederum absolut indifferent – ja, sie ist selbst in der Lage, es in misanthropisch teilnahmsloser Manier wieder auszubrennen. Die Einsicht in diese unerbittliche, anonyme Unbezüglichkeit kosmischer Objektivität, welche dem Lebenskreislauf zugrunde liegt, gehört zu den schmerzlichsten Erfahrungen des Menschen, weil sie dessen Anerkennung seiner eigenen Vergänglichkeit beinhaltet. Das Abwenden des Blicks von der Sonne hat deshalb für Bataille auch die Bedeutung einer Verdrängung des Unabwendbaren. Die Abkehr von der Sonne und deren immanenter solarer Verschwendungslogik kongruiert damit, dem eigenen Tod nicht ins Gesicht sehen zu wollen:

> [...] l'homme ne vit pas seulement d'acquisitions mais de dépenses. Dans un autre sens il n'est pas de paradoxe plus impossible à reconnaître. [...] Il est vrai que l'homme subit l'attrait de cette profonde réalité mais elle lui apparaît vite si déchirante qu'il s'en détourne de la même façon que les yeux se détournent lorsqu'ils cherchent à voir le soleil en face.[23]

Nicht nur das stechende Licht des Helios läßt letztlich den Menschen seinen Blick geblendet abwenden, sondern das Paradox, welches die Sonne durch die ihr eigene Ökonomie der Verausgabung darstellt.
Anders als Platon, der über dieselbe Verknüpfung von Auge – Sonne – Erkenntnis zur Verkörperung der Idee des Guten in der Sonne gelangt, gibt es bei Bataille keine Möglichkeit, das Augenlicht an die Sonne zu gewöhnen und dadurch »sehend« bzw. »wissend« zu werden.[24] Denn wo Platon eine Sonne entwirft, die vorerst als Sehkraftverstärker oder gar Sichtbarkeitsvoraussetzung fungiert, an welche sich das menschliche Auge in einem schmerzhaften, aber erfolgreichen Prozeß gewöhnen kann und so dem »Aufschwung der Seele in die Gegend der Erkenntnis«[25] zum Vollzug verhilft,[26] steht bei Bataille eine verzehrende Sonne, die – wie einst Ikarus – zu verbrennen droht, was in ihre Nähe kommt. Mit der Akzentuierung der solaren Verschwendungslogik führt Bataille daher in die platonische Idee des Guten, Richtigen und Schönen eine prägnante Ambivalenz ein. Die Sonne erscheint damit nicht mehr als der reine Gedanke (*pensée*) des Guten, welche der klaren Urteilskraft entspringt und so dem Bereich der rationalen Tausch- und Wertökonomie angehört, sie wird vielmehr zum Sinnbild der verzehrenden Maxime einer Ökonomie des Exzesses, die ihre Grundzüge im Auswurf (*dépense*) und im Häßlichen findet:

> De même que le soleil précédent (celui qu'on ne regarde pas) est parfaitement beau, celui qu'on regarde peut être considéré comme horriblement laid.[27]

In der postulierten ›reinen‹ Schönheit der Sonne tritt so ein ästhetisches Urteil zutage, das sich seinem eigenen blinden – oder besser: geblendeten – Fleck verdankt. Die unerträgliche Attraktivität der Sonne für den Menschen speist sich deshalb, Bataille zufolge, gerade nicht – oder nur vordergründig – aus deren Schönheit, sondern vielmehr aus der durch diese Schönheit durchscheinenden Kehrseite. Der Hang zur Identifikation mit der Sonne, im direkten Blick zur Sonne verkörpert, bleibt so bei Bataille mit dem Wahnsinn – mit dem Aussetzen des Denkens (*dépense*)[28] – assoziiert:

> [...] si, en dépit de tout, on le [le soleil, IM] fixe assez obstinément, cela suppose une certaine folie et la notion change de sens parce que, dans la lumière, ce n'est plus la production qui apparaît, mais le déchet, c'est-à-dire la combustion, assez bien exprimée, psychologiquement, par l'horreur qui se dégage d'une lampe à arc en incandescence.[29]

Beispiele für diese von einem verrückten und verrückenden Sonnenblick bestimmten Figuren finden sich in den fiktionalen Texten Batailles reichlich, aber auch Albert Camus' *L'étranger* oder Heinrich von Kleists *Penthesilea* gehören in diese Kategorie souveräner Gestalten.[30]
Aber nicht nur auf der Ebene der fiktionalen Gestalten ergeben sich aus dem beschriebenen Blick in die Sonne Implikationen für eine Theorie der Literatur. Die Ambivalenz, welche der Sonne in Batailles Denken eignet, finden wir im *œil pinéal* als deren Identifikationsfigur wieder. Der Inbegriff dieses *œil pinéal* läßt sich schon auf der nominellen Ebene als doppelwertig fassen: Im Französischen ist *pine* ein umgangssprachlicher Ausdruck für ›erigierter Penis‹, was als Verweis auf das phallische, der symbolischen Ordnung angehörende, wissensbezogene Moment des sonnenzugewandten Auges ausgelegt werden kann, während der Zusammenzug mit -al (von anal) auf den niederen, fäkalen Charakter dieses Auges deutet. Das aufnehmende, sehende Auge wird um die unkonventionelle Bedeutung eines auswerfenden, freisetzenden Auges ergänzt.[31]
In Batailles Denken kongruieren diese Absonderungen am äußersten Scheitel des Menschen in ihrer Essenz nachgerade mit den Exkrementen. Sie sind ebenso nutzloser Überschuß, dessen sich der Mensch in einem souveränen Akt der Überschreitung seiner selbst erleichtert.

In einem kurzen Text von 1940 mit dem reizvollen Titel *Les mangeurs d'étoiles*[32] geht Bataille diesem Entgrenzungswunsch anhand einer Anekdote aus dem Leben des Schriftstellers Raymond Roussel nach. Der besagte Roussel brachte von einem Essen bei seinem Verleger *chez Flammarion* einen kleinen sternförmigen Kuchen mit und ließ umgehend eine ebenso sternförmige kleine Silberschatulle mit gläsernem Deckel dafür anfertigen. Bataille deutet Roussels Aktion als den Inbegriff des menschlichen Traumes, sich einen Stern vom Himmel zu holen und anzueignen, und damit als den Akt, die menschlichen Grenzen zu überwinden (*briser les misérables limites humaines*).[33]
In der Kunst und speziell in der Literatur sieht denn Bataille auch einen Bereich, der dieser Entgrenzungsphantasie Raum gibt, weil sie den nützlichen Werten der Arbeit entgegengesetzt ist. Für Bataille entspringt das literarische Genie denn auch nicht einem Gnadenakt göttlicher Eingebung, sondern ist eng verbunden mit dem Bild des überschüssigen Kreierens und Gebärens[34] und weist damit ebenfalls auf eine Ökonomie der Verschwendung. Die Literatur stellt das dem Menschen Inkommensurable dar, und die künstlerische Aktivität verschreibt sich voll und ganz der Logik des Exzesses:

> Les hommes diffèrent des animaux en ce qu'ils observent des interdits, mais les interdits sont ambigus. Ils les observent, mais il leur faut aussi les violer. La transgression des interdits n'est pas leur ignorance: elle demande un courage résolu. Le courage nécessaire à la transgression est pour l'homme un accomplissement. C'est en particulier l'accomplissement de la littérature, dont le mouvement privilégié est un défi. La littérature authentique est prométhéenne. L'écrivain authentique ose faire ce qui contrevient aux lois fondamentales de la société active. La littérature met en jeu les principes d'une régularité, d'une prudence essentielles. L'écrivain sait qu'il est coupable.[35]

Mit dem Konzept der Überschreitung stellt Bataille einen weiteren Aspekt ins Zentrum des künstlerischen Schaffens, der abermals in den Bereich der Verausgabung weist. Eine Literatur, welche der Maßlosigkeit und der Ausschweifung gehorcht, folgt keinen Gesetzen, seien diese nun literarischer, gesellschaftlicher oder gar kosmischer Natur.[36] Es ist dies deshalb eine Literatur, die sich schuldig macht. Und es ist zudem eine Literatur, welche die am literarischen Geschehen Beteiligten in diese Schuld mithineinreißt.

Das Gegenüber zwischen Mensch und Sonne, von dem Bataille ausgeht, umschreibt ein emphatisches Verhältnis zur Sonne, welches den Menschen in die solare Ökonomie miteinbezieht. Der Mensch ist Teil davon und hat in diesem Sternenbild seinen Platz. Auf eine Theorie der Literatur übertragen, schafft diese Konstellation ein Bezugssystem, das es dem Menschen – als Autor, aber auch als Leser – nicht erlaubt, sich in der Rolle des distanziert beschreibenden oder beobachtenden Sternenguckers einzurichten: Er ist – im Gegenteil – immer schon mit all seinen Körperöffnungen – und nicht etwa nur mit seinen okularen Ritzen – in das literarische Geschehen involviert.[37]

Das triebhafte Auge, wie es Bataille in *L'œil pinéal* entwirft, schaut direkt in die Sonne, nicht nur um der Idee des Guten habhaft zu werden, sondern um sich in einem Akt der Selbstüberschreitung mit der Sonne und dem Wahnsinn des Exzesses, den sie bedeutet, zu vereinigen. Die Sonne fungiert hier deshalb als Triebkraft einer Literatur der Entgrenzung. Sie ist der Brennpunkt einer Literatur, die sich von der schönen Ordnung der Sterne – oder der geordneten Schönheit der Kunst – verabschiedet zugunsten eines fulguranten Mittelpunktes des Exzesses, den sie selber darstellt und nicht nur im übertragenen Sinn zum hervorragenden Objekt literarischer Schöpfung macht:

> La nécessité d'éblouir et d'aveugler peut être exprimée dans l'affirmation qu'en dernière analyse le soleil est le seul objet de la déscription littéraire.[38]

Anmerkungen

1 Georges Bataille, *L'expérience intérieure* (1943), in: ders., *Œuvres complètes*, Paris 1970–1988, Band V, S. 185: »Im höchsten Himmelreich / höre ich die Stimme der Engel mich verherrlichen / Ich bin, unter der Sonne, eine irrende Ameise / klein und schwarz, ein gewälzter Stein / trifft mich / zermalmt mich / tot / im Himmel / tobt die Sonne / sie läßt erblinden / ich schreie: / ›sie wird es nicht wagen‹ / sie wagt es.« (Hier und im folgenden alle Übersetzungen von mir, IM).

2 Georges Bataille, *Corps célestes* (1938), in: ders., *Œuvres complètes* (Anm. 1), Band I, S. 517: »der zentrale Kern des Systems, dem sie angehört«.

3 Das französische *désirer/désir* von lateinisch *desiderare/desiderium* beinhaltet in seinem etymologisch-litteralen Sinn noch den Aspekt eines siderischen

Bezuges des Begehrens: *de-siderare* bedeutet im Grunde genommen ›die Sterne nicht mehr sehen‹ und beinhaltet in dieser ursprünglichen Semantik noch die Idee einer Abwesenheit, eines Mangels. Die lateinischen Autoren benutzen *desiderare* denn auch in diesem Sinne des Bedauerns oder Vermissens und Herbeisehnens. Dahingehend entstammt das Begehren schon immer einem Mangel, der genuin mit dem Nicht-Sehen der Sterne verbunden ist. Daran anschließen läßt sich der Gedanke, daß das menschliche Begehren (*désir*) dahin tendiert, nicht nur die Sterne zu betrachten, sondern ihrer habhaft zu werden – und vielleicht deshalb ungestillt bleiben muß.

4 Diese Schriften – *L'anus solaire* (1927), *Histoire de l'œil* (1928, unter dem Pseudonym Lord Auch), *Espace* (1930) und *Soleil pourri* (1930) – sind alle wiedergegeben in Georges Bataille, *Œuvres complètes* (Anm. 1), Band I, S. 79–86, S. 9–78, S. 227, S. 231 f.

5 Georges Bataille, *L'œil pinéal*, in: *Dossier de l'œil pinéal* (1927-1930), in: ders., *Œuvres complètes* (Anm. 1), Band II, S. 11–47.

6 Bataille, *L'anus solaire* (Anm. 4).

7 Ebd., S. 82: »Die beiden Hauptbewegungen sind die Rotationsbewegung und die sexuelle Ergriffenheit, deren Kombination sich im Zusammenspiel der Räder und Kolben einer Zugmaschine ausdrückt. Jede dieser beiden Bewegungen verwandelt sich in die jeweils andere. So wird man gewahr, daß die Erde, indem sie rotiert, sowohl Tier wie Mensch zum Geschlechtsakt treibt, und (weil die Folge ebensogut Ursache und Verursachendes ist) daß Tier und Mensch mit ihrer Kopulation die Erde zum Rotieren bringen.«

8 Ebd., S. 83: »Dieser große Koitus mit der himmlischen Atmosphäre wird durch die Erdrotation um die Sonne reguliert. Und obwohl die Rotation den Rhythmus der Bewegung des Lebens auf der Erde angibt, ist das Bild dieser Bewegung nicht die sich drehende Erde, sondern die Rute, welche das Weibchen penetriert und beinahe vollständig herausfährt, um wieder in es einzudringen.«

9 Bataille, *L'œil pinéal* (Anm. 5), S. 26: »Nur dem Menschen, indem er sich von der friedlichen Horizontalität der Tierwelt freigemacht hat, ist es gelungen, sich die Erektion der Pflanzen anzueignen und sich auf gewisse Art und Weise durch den Himmel polarisieren zu lassen.«

10 Bataille, *Soleil pourri* (Anm. 4), S. 231, Hervorhebung GB: »Die Sonne ist menschlich gesprochen (das heißt sofern sie sich mit dem Begriff des Mittags verwechselt) die höchste Idee. Sie ist auch die abstrakteste Sache, weil es unmöglich ist, sie zu diesem Zeitpunkt direkt zu fixieren.«

11 Bataille, *L'œil pinéal* (Anm. 5), S. 14: »Ich stellte mir dieses Auge auf dem Gipfel der Schädeldecke wie einen gräßlichen Vulkanausbruch vor, gerade

mit dem zweideutigen und komischen Charakter, der sich mit dem Hintern und seinen Ausscheidungen verbindet. Das Auge aber ist ohne jeden Zweifel das Symbol für die grelle Sonne. Und dasjenige, welches ich mir auf der Spitze meines Schädels vorstellte und ganz der Betrachtung der Sonne auf dem Höhepunkt ihres Glanzes ergeben war, entflammte zwangsläufig.«

12 »Cet œil [...] ne m'apparaissait pas autrement que comme un organe sexuel d'une sensibilité inouïe, qui aurait vibré en me faisant pousser des cris atroces, les cris d'une éjaculation grandiose mais puante.« Ebd., S. 19: »Dieses Auge erschien mir nicht anders als ein Geschlechtsorgan mit einem unerhörten Empfindungsvermögen, welches vibrierte und mir schreckliche Schreie entlockte, Schreie eines großartigen aber übelriechenden Ergusses.«

13 Bezeichnenderweise finden wir diese Erzählung in der deutschen Übersetzung mit anderen Geschichten Batailles zum sogenannten ›obszönen Werk‹ (Georges Bataille, *Das obszöne Werk*, übers. von Marion Luckow, Reinbek bei Hamburg 1972) zusammengefaßt.

14 Bataille, *Histoire de l'œil* (Anm. 4), S. 69: »Andalusien, dieses von seiner Erde und von seinem Himmel her gelbe Land, war in meinen Augen ein immenser mit Sonnenlicht überfluteter Nachttopf, wo ich täglich meine dramatische Rolle änderte und Simone, die sich ebenfalls verwandelte, vergewaltigte – vor allem gegen Mittag in der grellen Sonne und auf dem Boden unter den beinahe blutenden Augen Sir Edmonds.«

15 Ebd., S. 38, Hervorhebung GB: »[...] meißeln, die Augen, mit einem Rasiermesser, etwas Rotes, die Sonne. Und ein Ei? [...] Sie spielte fröhlich mit den Worten, so sagte sie bald *ein Auge aufschlagen*, bald sagte sie *ins Ei springen* und räsonierte weiter unhaltbar daher.« (Die Wortspielereien Simones lassen sich nur schlecht übersetzen. *casser un œuf* heißt ›ein Ei aufschlagen‹, während *crever les yeux* ›ins Auge springen‹ bedeutet; *crever* konnotiert jedoch viel stärker auch noch die Bedeutung von ›zerbersten‹).

16 Bataille, *L'œil pinéal* (Anm. 5), S. 19.

17 Ebd., S. 15: »Zu jener Zeit zögerte ich nicht, ernsthaft über die Möglichkeit nachzudenken, dieses außerordentliche Auge könne tatsächlich die knöcherne Schädeldecke durchdringen. Denn ich hielt es für notwendig, daß die Menschen nach einer langen Periode der Knechtung ein Auge eigens für die Sonne besäßen (wo doch die Augen in den Augenhöhlen sich mit einfältiger Hartnäckigkeit abwenden). Ich war nicht verrückt, aber ich schrieb zweifellos eine übermäßige Bedeutung der Notwendigkeit zu, auf die eine oder andere Weise die Grenzen unserer menschlichen Erfahrung zu durchbrechen [...].«

18 Schon in der mehrdeutigen Wortbedeutung von *contemplatio* (= ›sehen‹,

hat aber auch die Bedeutung von *theoria* = ›Wissen‹, ›Anschauung‹) läßt sich die Verbindung von Sehen und Wissen feststellen.

19 Bataille, *L'expérience intérieure* (Anm. 1).

20 Georges Bataille, *L'histoire de l'érotisme* (1950), in: ders., *Œuvres complètes* (Anm. 1), Band VIII, S. 146; ders., *Le paradoxe de l'érotisme* (1955),), in: ders., *Œuvres complètes* (Anm. 1), Band XII, S. 323; ders., *L'Érotisme* (1957), in: ders., *Œuvres complètes* (Anm. 1), Band X.

21 Georges Bataille, *Mystique et sensualité* (1952), in: ders., *Œuvres complètes* (Anm. 1), Band X, S. 218.

22 Bataille, *Corps célestes* (Anm. 2), S. 517.

23 Georges Bataille, *Les guerres sont pour le moment les plus forts stimulants de l'imagination* (1938), in: *Manuel de l'Anti-Chrétien*, in: ders., *Œuvres complètes* (Anm. 1), Band II, S. 395 f.: »[...] der Mensch lebt nicht nur von Errungenschaften, sondern auch von Verausgabungen. In einem anderen Sinne: Es gibt kein Paradox, das schwieriger anzuerkennen wäre. [...] Gewiß, der Mensch erliegt der Anziehung dieser tiefen Wahrheit, sie erscheint ihm aber bald so zerreißend, daß er auf dieselbe Weise davon Abkehr nimmt, wie sich die Augen abwenden, wenn sie der Sonne ins Antlitz zu blicken versuchen.«

24 Platon, *Politeia*, V. 514a–518b (nach der Übersetzung Friedrich Schleiermachers).

25 Ebd., V. 517b.

26 Platons Aufschwung zur Erkenntnis zeichnet sich aus durch einen schmerzhaften und mühevollen Weg, an dessen Ende die Einsicht in die Wahrheit als Belohnung winkt: »[...] daß zuletzt unter allem Erkennbaren und nur mit Mühe die Idee des Guten erblickt wird, wenn man sie aber erblickt hat, sie auch gleich dafür anerkannt wird, daß sie für Alle die Ursache alles Richtigen und Schönen ist, im Sichtbaren das Licht und die Sonne, von der dieses abhängt, erzeugend, im Erkennbaren aber sie allein als Herrscherin Wahrheit und Vernunft hervorbringend, und daß also diese sehen muß, wer vernünftig handeln will [...].« (Platon, *Politeia* (Anm. 24), V. 517c).

27 Bataille, *Soleil pourri* (Anm. 4), S. 231: »Auf dieselbe Weise, wie die vorherige Sonne (jene, die man nicht anblickt) vollendet schön ist, kann diejenige, welche man anschaut, als abscheulich häßlich bezeichnet werden.«

28 Gerade umgekehrt wie in der Auffassung Platons, wo als letzte Stufe eines langen und mühevollen Weges der Blick in die Sonne für den Einzug in die Gegend der Wahrheit und der Vernunft steht.

29 Bataille, *Soleil pourri* (Anm. 4), S. 231: »[...] wenn man sie [die Sonne] trotz allem hartnäckig anstarrt, setzt dies eine gewisse Verrücktheit voraus, und

der Begriff ändert seine Bedeutung, denn im Lichte erscheint nicht mehr das Erzeugnis, sondern der Abfall, das heißt die Verbrennung an sich. Psychologisch läßt sich dies ziemlich gut im Entsetzen ausdrücken, das von einer Glühlampe ausgeht.«

30 Bei Meursault, dem Protagonisten in Albert Camus' *L'étranger*, ist der Blick in die Sonne schicksalbestimmend. Es ist die Blendung der Sonne, welche den Fremden zur Tötung des Arabers treibt. Meursaults Geistesaussetzer steht ganz unter dem Einfluß und im Zeichen der Sonne (Albert Camus, *L'étranger*, Paris 1961). Ähnlich ergeht es Kleists Amazone Penthesilea. Sie vergißt beim Anblick des ihr als im Skamandros gespiegelte Sonne erscheinenden Achill sich selber und das Gesetz der Amazonen, was unvermeidlich zum tragischen Geschehen führen muß (Heinrich von Kleist, *Penthesilea*, in: ders., *Sämtliche Werke. Brandenburger Ausgabe*, hg. von Roland Reuß und Peter Staengle, Basel, Frankfurt a. M. 1992, Band I.5).

31 Das rezeptive, sehende Auge stimmt mit der platonischen Sonne überein (»Aber das sonnenähnlichste ist es [das Auge, IM] doch unter allen Werkzeugen der Wahrnehmung.« Platon, *Politeia* [Anm. 24], V. 508b), während das überschießende Auge auf die solare Verschwendungsökonomie verweist, um die es dem französischen Denker zu tun ist. Phänomenologisch betrachtet, erweist sich das Bataillesche Auge (*œil pinéal*) denn auch in seinem polymorphen phallisch-analen Charakter dem Platonischen strebsam wißbegierigen Auge entgegengesetzt.

32 Georges Bataille, *Les mangeurs d'étoiles* (1940), in: ders., *Œuvres complètes* (Anm. 1), Band I.

33 Ebd., S. 567.

34 »Le génie diffère en ceci du reste de l'activité humaine qu'il crée de l'existence: le génie crée de l'existence différente de tout ce qui, jusqu'alors, avait pu venir au monde.« Bataille, *La littérature et le mal* (1957), in: ders., *Œuvres complètes* (Anm. 1), Band IX, S. 564: »Das Genie unterscheidet sich vom Rest der menschlichen Betriebsamkeit darin, daß es schöpferisch ist: Das vom Genie Erschaffene unterscheidet sich von all dem, was bis dahin auf die Welt hat kommen können.«

35 Ebd.: »Der Mensch unterscheidet sich vom Tier dadurch, daß er gewissen Verboten unterliegt, aber die Verbote sind zweideutig. Der Mensch unterliegt ihnen, aber er muß sie auch übertreten. Die Überschreitung des Verbots bedeutet aber nicht dessen Unkenntnis. Die Übertretung verlangt im Gegenteil entschlossenen Mut. Der zur Überschreitung nötige Mut verkörpert für den Menschen die Erfüllung. Es ist insbesondere die Erfüllung der Literatur, deren bevorzugte Bewegung die Provokation ist. Authentische

Literatur ist prometheisch. Der wahrhafte Dichter wagt das zu tun, was den grundlegenden Gesetzen der aktiven Gesellschaft zuwiderläuft. Die Literatur setzt die Grundsätze der Regularität, der wesenhaften Vorsicht aufs Spiel. Der Dichter weiß, daß er schuldig ist.«

36 Bataille spricht in diesem Zusammenhang von einem Delirium des Universums: »[...] Il n'existe pas de sol, ni de haut ni de bas, mais une fête fulgurante d'astres qui tournent à tout jamais le ›vertige de la baccanale‹[...].« Bataille, *Les mangeurs d'étoiles* (Anm. 32), S. 567: »Es gibt keinen Boden, kein Oben und kein Unten, aber es gibt ein prächtiges Fest der Gestirne, die sich bis in alle Ewigkeit im bacchantischen Taumel drehen.«

37 Die beschriebene Konstruktion von *Histoire de l'œil* mit den biographischen *Coïncidences* kann als Anhaltspunkt für die Implikationen des Selbst dienen, die hier gemeint sind. Aber es geht Bataille wohl nicht in erster Linie um eine biographisch geprägte Literatur, aber doch um eine, welche die erfahrungsgemäß dunklen Seiten des Selbst nicht ausschließt. Nicht ausschließlich, aber oft artikuliert sich dies nicht nur bei Bataille im Thema der Erotik und des Todes. Daß sich diese Themen meist einer Sprache bedienen, die sich durch eine beunruhigende Brüchigkeit und Desemantisierungsbewegung auszeichnet, gehört zum bedeutendsten Wesenszug einer von der Sonne bestimmten Literatur. Batailles allusive Technik in der Vermengung von literarischem Text und theoretischer Abfassung steht meines Erachtens performativ inmitten einer solchen solaren Literatur.

38 Georges Bataille, *La nécessité d'éblouir*, in: ders., *Œuvres complètes* (Anm. 1), Band II, S. 140: »Die Notwendigkeit zu erblinden und zu blenden kann mit dem Umstand ausgedrückt werden, daß letzten Endes die Sonne der einzige Gegenstand literarischer Beschreibung ist.«

Madleen Podewski

Dichtung aus der Sternenperspektive
Eugen Gomringers »konstellationen«

> die konstellation ist die einfachste gestaltungsmöglichkeit der auf dem wort beruhenden dichtung. sie umfasst eine gruppe von wörtern – so wie ein sternbild eine gruppe von sternen umfasst. in ihr ist zwei, drei oder mehreren neben- oder untereinandergesetzten wörtern – es werden nicht zu viele sein – eine gedanklich-stoffliche beziehung gegeben. und das ist alles![1]

Die Passage stammt aus Eugen Gomringers Manifest *vom vers zur konstellation. zweck und form einer neuen dichtung*, das, 1954 zum ersten Mal abgedruckt,[2] zu einem der wichtigsten und grundlegenden programmatischen Texte für eine neue Dichtungsform im Nachkriegsdeutschland wurde: die Konkrete Poesie. Mit dieser Dichtung, das sei hier knapp zusammengefaßt, artikuliert sich ein Spracherneuerungsbedürfnis, das sich entschieden von traditionellen Lyrikformen abzusetzen sucht, die die literarische Szenerie auch noch in den fünfziger Jahren dominieren. Der Begriff des »Konkreten«, der bereits in den dreißiger Jahren für die Malerei genutzt wird, bedeutet die konsequente Ablehnung jeglicher – auch der abstrakten – Form von »Darstellung« und die Hinwendung zu den Medien der Künste selbst. In der Literatur gilt das Interesse dabei der Materialität der Sprache, die dafür auf ihre Grundelemente reduziert wird: auf die Wörter, Buchstaben, Laute und Zeichen mit ihren akustischen und visuellen Qualitäten. Ein konkretes Gedicht soll nichts mehr mitteilen, und die Sprache in ihm soll im Gegensatz zur Alltagskommunikation und zu traditioneller Dichtung keine Trägerfunktionen mehr erfüllen, sondern sich in einer selbstreferentiellen Wendung nur noch selbst präsentieren. Man greift dabei, mehr oder weniger bewußt, auf die Sprachexperimente und die befreiten Worte der historischen Avantgarden zurück, deren Texte nach dem Krieg wieder neu zugänglich werden, und entwickelt eine ganz ähnliche Vielfalt an akustischen, visuellen und typographischen Formen, in der nun auch stochastische und kybernetische Produktionsverfahren zunehmend Berücksichtigung finden. Im Verlauf der fünfziger und sechziger Jahre bilden sich hier verschiedene Schulen und Richtungen aus, die sich unter anderem in den einzelnen Methoden der Sprachpräsentation, im Grad der Formalisierung und auch in der ideologischen Ausrichtung voneinander unterscheiden.[3]

Gomringer selbst, für den das Wort das grundlegende Element Konkreter Dichtung bleibt, der die Sprache also nicht weiter zerlegen will, läßt sich hier einer gemäßigt konstruktivistischen Richtung zuordnen. In den fünfziger Jahren Sekretär von Max Bill und Mitarbeiter an der Ulmer Hochschule für Gestaltung, bedeutet für ihn die Arbeit mit einer auf ihre Materialität reduzierten Sprache zugleich die Möglichkeit, sie für eine moderne Rationalität zu gewinnen, die ihm das Zeichen der Zeit zu sein scheint. Selbst Dichter, Anreger und Förderer der Konkreten Poesie, ist Gomringer vor allem auch einer ihrer ersten und wichtigsten Theoretiker. Um diese Programmatik soll es hier, konzentriert auf Texte aus den fünfziger Jahren, gehen. Mit ihr hat sich die einschlägige Forschung freilich längst ausgiebig beschäftigt. Ihr Interesse galt bisher allerdings fast ausschließlich den sprachphilosophischen, linguistischen oder semiotischen Implikationen von Gomringers Entwürfen.[4] Wie das oben angeführte Zitat aber zeigt, argumentiert der Programmatiker der Konkreten Poesie gar nicht dezidiert sprachtheoretisch, sondern er blickt für die Konzipierung seiner neuen Dichtung zum Sternenhimmel hinauf. Offensichtlich läßt sich erst von hier aus die Essenz der Konkreten Poesie, die »konstellation«, adäquat beschreiben. Eine solche Orientierung an stellaren Ordnungen, die auch in anderen Texten Gomringers begegnet, ist nicht zufällig und auch nicht marginal. Sie koppelt die elementarisierte, von Referenz befreite Sprache an astronomische Phänomene und speist dabei kosmische Dimensionen in die Dichtungstheorie ein. Das ist in den fünfziger Jahren weder erstaunlich noch anachronistisch, beteiligt sich hier doch, nach den Schrecken und Zerstörungen des Nationalsozialismus, auch die Literatur extensiv und in immer neuen Anläufen an der Suche nach neuem Sinn und übergreifenden, stabilen Ordnungen jenseits der Wechselfälle von Gesellschaft, Politik und Geschichte.[5]

Was Gomringer hiervon unterscheidet, ist, daß er in seine Dichtung emphatisch diejenigen Entwicklungen und Erscheinungen seiner Gegenwart integriert, die von den zeitgenössischen Poeten mindestens skeptisch betrachtet oder aber mit kultur- und modernekritischen Argumenten zurückgewiesen werden, weil sie für sie mit Kunst nicht vereinbar sind: Massenbewegungen, beschleunigte Verkehrsströme, Technik, Ökonomie und Rationalisierung. Vor diesem Hintergrund stellt sich die Frage, welche Funktion und welche Reichweite der Blick zu den Sternen für ein solchermaßen der Moderne angepaßtes Dichtungsverständnis besitzt – welche poetologischen Dynamiken er freisetzt, welche seiner Implikationen auf welche Weise genutzt werden, wohin die Poesie mit ihm gestellt wird und welche Ansprüche dabei für sie formuliert werden können. Es geht also um die spezifische Nutzung der Sternenmetaphorik in Gomringers Dichtungsprogrammatik. Deren wichtigste Grundlagen sollen im folgenden aus den zahlreichen Texten, mit denen Gomringer seine eigene dichterische Produktion begleitet und popularisiert hat, herausgearbeitet werden.

In der oben zitierten Passage aus Gomringers erstem und grundlegendem Manifest zur Konkreten Poesie führt die Orientierung am Stern*bild* zu der für alle sprachkritischen Avantgarden so wichtigen Aufmerksamkeit auf die Materialität der Sprache, hier auf ihre visuellen Qualitäten. Der argumentative Kontext, in den diese Aufmerksamkeit auf die Optik der Schrift eingebettet ist, macht deutlich, daß es dabei nicht nur um einen einfachen aisthetischen Schwenk, um eine bloße Physik der Worte geht. Die Visualisierung der Sprache hat in Kombination mit der astronomischen Perspektive weitreichende Konsequenzen für Gomringers Vorstellungen vom Werkcharakter seiner Dichtungen, ihrer Produktion und Rezeption und von ihrem Ort innerhalb der Gesellschaft. Mit ihr geht nämlich eine grundlegende Aufwertung flächiger Strukturen einher, avanciert die Fläche zu einer systematischen Kategorie seiner Poetologie. Das beginnt bereits mit der Herauslösung der Dichtung aus der Verpflichtung auf Referenz: Verborgene Tiefenschichten des Subjekts sind hier nicht mehr relevant, sie bringt keine »individualistische[n] gefühle und gedanken«[6] zur Darstellung. Das zeigt sich weiter am Umbau allgemeiner Sprachstrukturen bis in syntaktische Ordnungen hinein: Gegen den »hierarchischen aufbau« der »vorkopernikanischen« Alltagssprache[7] besteht Gomringer für seine Dichtung auf der Gleichrangigkeit aller Elemente, aus der sie sich zusammensetzt: »die konstellation ist eine strukturbewusste dichtung, das heisst, vor ihr und für sie sind alle gegenstände gleichrangig, kann jeder gegenstand mittelpunkt und ausgangspunkt werden.«[8] Und es gilt schließlich für den Umgang mit der Vieldeutigkeit von Poesie. Sie scheint in Gomringers technizistisch und ökonomisch inspiriertem Dichtungsverständnis, das im Dichter einen »universalökonomen« und »berater des ingenieurs« und die Dichtung selbst als eine »auf knappe, unverhüllte form gebrachte information« sieht,[9] keinen Platz zu haben. Gleichwohl bleibt der ästhetische Bedeutungsüberschuß als »wunderbar überraschende vielseitigkeit«,[10] als »schönheit und abenteuerlichkeit«[11] weiterhin ein entscheidendes Charakteristikum der Konkreten Poesie.

Akzeptabel ist diese Vieldeutigkeit allerdings wiederum nur innerhalb nivelliert gedachter Strukturen, für die eine physikalische Größe, das »kraftfeld«, als entscheidender Bildspender herangezogen wird: »die wörter einer konstellation gehören zusammen, weil sie durch ihre semantisch-pragmatische orientierung oder durch ihr kraftfeld als zusammengehörig empfunden werden.«[12] Konstellationen sind also – trotz ihrer immer wieder betonten Ökonomie und Rationalität – kein Klartext. Ihre Komplexität wird aber nicht, und das ist entscheidend, auf eine hermeneutische Unterscheidung zwischen Wesentlichem und Unwesentlichem, auf die mehrfach geschichteten Bedeutungsebenen oder die organologisch modellierten Beziehungsstrukturen des »Werkes« zurückgeführt. Sie wird statt dessen auf einem »Feld« plaziert. Die Kräfte, die dort wirksam sind, sichern die Kohärenz der Konstellation, sie verlegen den ästhetischen Überschuß von der Vertikale in die Horizontale, und sie halten diesen Überschuß durch den Anflug mathematischer Berechenbarkeit, der im Rekurs auf das physikalische Modell des Kraftfeldes latent präsent bleibt, im Zaum der Regelhaftigkeit. So sichert die flächige Struktur, die Gomringer seinen Konstellationen in der Orientierung am Sternbild unterlegt, den Zusammenhalt von Wörtern, die aus traditionellen Bindungen wie Referenz, Stil, Gattung oder Syntax herausgelöst und zu eigenständigen Elementen geworden sind.

Eine solchermaßen selbstreferentielle, weil nur sich selbst präsentierende und nicht über anderes redende Sprache ist aber kein Selbstzweck. Es soll mit ihr vielmehr gelingen, »der dichtung wieder eine organische funktion in der gesellschaft zu geben und damit den platz des dichters zu seinem nutzen und zum nutzen der gesellschaft neu zu bestimmen.«[13]

Das geschieht bei Gomringer über die Einspeisung der Konstellation in die Informations-, Menschen- und Verkehrsströme der modernen Massengesellschaften. Bevorzugtes Modell für eine solche Integration ist von Anfang an und in *vom vers zur konstellation* neben dem Sternbildvergleich stehend, der Flughafen.[14] Auch er ist als eine Fläche vorgestellt. Auf ihr bewegen sich Menschen ungehindert und schnell, weil sie von effektiven Informationen geleitet werden, die weder redundant sind noch Tiefe besitzen. Die Konstellation paßt deswegen so gut hierher, weil für die Worte, aus denen sie sich zusammensetzt, jeglicher Bezug zu einem »Grund« gekappt worden ist und sie auf sich selbst reduziert worden sind. Genau damit aber gewinnen sie an Mobilität:

> der sinn der reduzierten sprache ist ja nicht die technik der reduktion an sich, sondern – bei allem immanenten zwang zur regelung und ordnung – die grössere beweglichkeit und freiheit der mitteilung, die zudem so allgemein wie möglich sein sollte, so wie es anweisungen auf flughäfen und strassenverkehrszeichen sind.[15]

Gomringer löst hier die Grundbedeutung der sprachlichen Medialität, nämlich Transportmittel für etwas zu sein, einfach aus der Kette von Sender, Botschaft und Empfänger heraus und weist ihr eine andere, aktive Position zu: Erst dann, wenn die Worte selbst keine Vehikel mehr sind, können sie Teil beschleunigter Verkehrsströme werden. Das ästhetische Produkt »konstellation« wird so in einer Art struktureller und thematischer Analogie an umfassende moderne Bewegungen und gesellschaftliche Erscheinungen angeschlossen, die weit über die Kunst hinausgehen.

Der Flughafen als idealer Ort der Konstellation ist für Gomringer auch deswegen so attraktiv, weil mit ihm Internationalität ins Spiel kommt – eine Internationalität, die Differenzen in Sprache und Herkunft in der effektiven Flughafenkommunikation wiederum nivelliert und aus der schließlich die Idee einer »neuen gemeinschaftssprache«, einer »weltdichtung«[16] hervorgeht. Für diesen Wunsch, die Konkrete Poesie an Universalität teilhaben zu lassen, bleiben Flughafen und Flugverkehr aber noch aus anderen Gründen wichtig. Denn hier kann die Dimension der Bewegung auf eine intrikate Weise mit dem Gewinn von Übersicht verknüpft und eine semantische Schicht des Sternbildvergleichs – der Verweis auf Transzendenz – aktiviert werden. Das zeigt sich besonders deutlich in einer Passage, in der Gomringer den Zusammenhang von Dichtung und Flugverkehr in einem Rekurs auf den Berner Lyriker Kurt Marti formuliert:

> kurt marti hat den weg der konkreten poesie mit dem vogelflug verglichen. der vogel nimmt auf dem flug statt des individuellen und besonderen primär die allgemeinen strukturen der landschaft wahr. die rapide zunahme des flugverkehrs seit dem letzten weltkrieg, die selbstverständlichkeit, mit der immer mehr menschen das flugzeug benützen, hat unser verhältnis zur welt verändert. die welt ist klein, die länder darin sind noch kleiner geworden. umgekehrt ist diese welt, weil sie nach jeder richtung hin mühelos erreichbar ist, aber auch abenteuerlich gross. das reisen im flugzeug zwingt zu einem abkürzenden, raffenden, verallgemeinernden sehen, dem auch abgekürzte redeweisen entsprechen.[17]

Mit dem Flugzeug lassen sich, so wird hier einerseits deutlich, Fragen nach Endlichkeit oder Unendlichkeit in ein rein verkehrstechnisches Problem überführen. Daraus ergibt sich so etwas wie eine quantifizierte Universalität, die keine wirklich fremden Außenbereiche mehr kennt, weil sich – jedenfalls prinzipiell – jeder Ort der Welt anfliegen läßt. Für diese Form der Überwindung von Entfernungen hätten allerdings auch andere Verkehrsmittel genauso gut getaugt. Daß Gomringer sich so vehement auf das Flugzeug stützt, liegt andererseits in der Attraktivität der vertikalen Dimension begründet, die sich aus dem Blick vom Himmel herab ergibt. Diese Vertikale, die die oben beschriebenen flächigen Strukturen und Umgebungen der Konstellation kreuzt, bleibt allerdings zweideutig und bewegt sich zwischen der Vorstellung von einer real dimensionierten Höhe und einer Perspektive, die noch von kosmischen Übersichten zehrt. Die Konstellation läßt sich also nicht nur mit einem Sternbild vergleichen, sie kann genausogut in den Rahmen der Vogel- und Flugzeugperspektive gestellt werden. Beide himmlische Perspektiven werden nun zugleich mit der Erkenntnis von »allgemeinen strukturen« verbunden. Das muß man in den fünfziger Jahren, als Transatlantikflüge in 6000 Metern Höhe möglich werden und die Entwicklung der Druckkabine dem Massenmarkt Lufttourismus die Tore öffnet, im wahrsten Sinne des Wortes nicht so sehen. Für den Ingenieur Walter Faber aus Max Frischs *Homo Faber* etwa verwandelt sich die Erde, von einer viermotorigen *Super Constellation* aus gesehen, in ein

Konglomerat von Farbflecken und bizarren Formen, das in phantasievolle Assoziationen führt, unter denen die reale Geographie der Landschaft mehr und mehr verschwindet.[18]

Gomringers gänzlich anderer Blick aus der Höhe führt dagegen in eine Beobachterposition, die nicht nur wahrnehmungstheoretische, sondern auch – und das ist entscheidend – logische Implikationen trägt und die dort Metaebenen ins Spiel bringt, wo es um die Abstraktion vom Besonderen, um »Verallgemeinerung« geht. Solche logischen und nicht durch eine meßbare Höhe gewonnenen Überblickspositionen unterlaufen vereinzelt auch in anderen Argumentationszusammenhängen das demokratische Nebeneinander, in das die Konstellation ansonsten eingebettet ist – und das manchmal sogar im selben Satz, etwa wenn es heißt, die Konstellation sei »inter- und *über*national«.[19] An diesen Stellen wird deutlich, daß die Universalität, auf die Gomringer seine Dichtung verpflichtet und die mit dem Bezug auf moderne Verkehrstechnik additiv gedacht ist, offensichtlich doch nicht gänzlich auf Übersichtlichkeiten verzichten kann. Die sind bei ihm auch nicht nur ein optischer Effekt, der je nach gewählter Höhe mehr oder weniger markant ausfällt, sondern sie befriedigen in der Erkenntnis von »strukturen« einen Anspruch auf Wahrheit und Ordnung und im »Übernationalen« den Wunsch nach Integration. Der Blick zum Sternenhimmel ist für die Artikulation solcher Bedürfnisse nicht allein zuständig. Gleichwohl scheint mit ihm etwas im Hintergrund präsent zu bleiben, das die Flugzeugperspektive so nicht freisetzt und das jenseits astronomischer Höhendimensionen liegt. Wenn Gomringer Ende der siebziger Jahre in einem Rückblick auf die Anfänge der Konkreten Poesie davon spricht, daß sich mit der Konstellation der »blick am himmel orientieren« und dabei »das sternbild vom himmel auf die erde heruntergeholt werden sollte«,[20] dann aktivieren solche Formulierungen noch einmal exakt die zweideutige Überkreuzung von horizontaler und vertikaler Dimension, in die er die Konstellation in den fünfziger Jahren eingepaßt hatte: auf der einen Seite eine Bewegung, die die Differenz von Transzendenz und Immanenz einebnet und ohne weiteres Sterne mit Flugzeugen vergleichen kann, und auf der anderen Seite der Anklang an ein altes Glücksversprechen, das nicht von dieser Welt ist, sondern vom Himmel kommt. Diese Doppeldeutigkeit gilt auch für die Orte, an denen eine Konstellation allein entstehen kann. Das sind vom täglichen Sprachgebrauch unberührte Zonen – ein Schweigen oder ein leeres weißes Blatt –, in die hinein die wenigen und kostbaren Wörter als eine eigene Realität »gesetzt« werden.[21] Der Vergleich mit der Sternenkonstellation verstärkt dabei unter der Hand Gomringers Anspruch auf die Exklusivität seiner Dichtung: Er zehrt von der kosmischen Ferne der Sterne, die von allem Irdischen unberührt ist.

Offensichtlich kann Gomringer auf die himmlische Anbindung seiner Konstellationen nicht ganz verzichten, und das obwohl sie doch auch ebenerdig zwischen den Menschenströmen auf einem modernen Flughafen ihren Platz haben sollen. Für sie gilt die streng dualistische Perspektive nicht, die die Lyrikdebatten der fünfziger Jahre beherrscht und die Dichter und Dichtung entschieden vom Bereich des Alltäglichen, Zeitlichen oder Ideologischen getrennt halten will. »Der alte Vergleich des Gedichtes mit dem Traum ist beruhigender als je. [...] Die Poesie hat nichts mit dem ›gesunden Menschenverstand‹ und mit dem praktischen Leben zu tun, in deren Sprache sie unübersetzbar bleibt«, schreibt etwa Max Hölzer in seinem Beitrag für die 1955 von Hans Bender herausgegebene und seinerzeit vielbeachtete Sammlung *Mein Gedicht ist mein Messer*, in dem Lyriker ihre Auffassung vom Gedicht und seinem Ort in der Gesellschaft zu bestimmen versuchen.[22] Gomringer, dessen Werk und Dichtungskonzept ganz ähnlich wie das anderer Autoren der Neoavantgarde zu dieser Zeit ein Randphänomen bleibt, das in Privatverlagen und Zeitschriften von geringer Auflage und kurzer Lebensdauer erscheint und nur kleinen Kreisen bekannt ist,[23] sieht nun aber genau hier, im ökonomisierten, rationalisierten und von neuem Freizeitverhalten bestimmten Leben der fünfziger Jahre eine »neue ganzheitsauffassung«[24] entstehen, an der er seine Dichtung teilhaben lassen will. Aus dieser Integration einer hierarchiefreien, nivellierten Massenkultur in das eigene Dichtungsverständnis folgt gleichwohl nicht der Verzicht auf die Exklusivität der Kunst. Nur ist sie in seiner Programmatik anders verortet und ergibt sich gewissermaßen unter der Hand – aus den abgesonderten Sprachräumen, in der sie entsteht, und aus dem Vergleich mit der Sternenkonstellation, die sie in einen Bereich kosmischer Ferne rückt. Daß das nicht in dieselbe rigide Trennung zwischen Dichtung und Gesellschaft führt, von der seine Zeitgenossen ausgehen, liegt an

der Flächensemantik, mit der Gomringer operiert und die die Gelenkstelle liefert für die Einspeisung der Dichtung in die demokratisch strukturierte moderne Gesellschaft.
So repräsentiert die Poetologie der Konstellation eine spezifische Form dessen, was jüngst als »Synthetische Moderne« bezeichnet worden ist: »die Dopplung von literarischer Modernität und Synthesis auf dem aktuellen Stand der Formgeschichte«.[25] Sie hält, »aller Dissonanzen der modernen Tatsachen und aller Einsichten in die (natur)wissenschaftliche mediale oder diskursiv gesteuerte Produktion zum Trotz [...] die Idee der Integration oder gar der Versöhnung präsent.«[26] In dieser Universalität spiegelt sich nicht nur, wie die Forschung kritisch angemerkt hat, ein technik- und rationalitätsgläubiger Fortschrittsoptimismus.[27] Und sie bezieht sich auch nicht, wie bei den Zeitgenossen, auf Grundmächte, auf den Mythos, die Natur oder auf andere Innerlichkeiten, Ewigkeiten oder Verborgenheiten. Die universale Reichweite und die synthetisierende Macht der Dichtung bewegen sich bei Gomringer statt dessen zwischen astronomischen, luftverkehrstechnischen und kosmologischen Einflußsphären. Dabei ist es der Vergleich mit der Sternenkonstellation, der hier eine Dopplung erlaubt: nämlich Dichtung einerseits zu demystifizieren und sie in die Nähe physikalischer Berechenbarkeit und ökonomischer, massenhaft genutzter Verkehrs- und Informationstechnik zu rücken, sie aber andererseits Transzendenz noch immer wenigstens streifen zu lassen und ihr dabei eine Exklusivität zu sichern, die für Gomringer wohl doch nicht aus dem Diesseits, sondern nur von den Sternen kommen kann.

Anmerkungen

1 Eugen Gomringer, *vom vers zur konstellation. zweck und form einer neuen dichtung*, in: ders., *theorie der konkreten poesie. texte und manifeste* 1954–1997, Wien 1997, S. 16.

2 Der Artikel erschien ohne Titel in der *Neuen Zürcher Zeitung* vom 31. 7. 1954.

3 Vgl. dazu etwa den Überblick bei Dieter Kessler, *Untersuchungen zur konkreten Dichtung. Vorformen, Theorien, Texte*, Meisenheim 1976.

4 Repräsentativ und den diesbezüglichen Forschungsstand referierend sind

Thomas Kopfermann, *Konkrete Poesie – Fundamentalpoetik einer Neoavantgarde*, Frankfurt a. M., Bern 1981, und Michael Backes, *Experimentelle Semiotik in Literaturavantgarden. Über die Wiener Gruppe mit Bezug auf die Konkrete Poesie*, München 2001 (= Michael Backes, Thomas Dreher, Georg Jäger, Oliver Jahraus (Hg.), *Das Problempotential der Nachkriegsavantgarden. Grenzgänge in Literatur, Kunst und Medien*, Band I).

5 Vgl. dazu im Überblick: Wilfried Barner, »Gedichte zwischen Hermetik und Öffentlichkeit«, in: Wilfried Barner (Hg.), *Geschichte der deutschen Literatur von 1945 bis zur Gegenwart*, München 1994 (= *Geschichte der deutschen Literatur von den Anfängen bis zur Gegenwart*, begründet von Helmut de Boor, Richard Newald, Band XII), S. 194–243.

6 Eugen Gomringer, *vom vers zur konstellation. zweck und form einer neuen dichtung* (Anm. 1), S. 13.

7 »es ist indes bekannt, dass unsere syntax – das hat heisenberg festgestellt – noch vorkopernikanisch ist; der ganze hierarchische aufbau der sprache ...« (Eugen Gomringer, *wie konkret kann konkrete poesie sich engagieren? ein gespräch mit ekkehardt jürgen*, in: ders., *theorie der konkreten poesie* [Anm. 1], S. 96).

8 Eugen Gomringer, *mist, mountain, butterfly*, in: ders., *theorie der konkreten poesie* (Anm. 1), S. 41.

9 »im allgemeinen kommunikationssystem sitzt der dichter an den beiden menschlich-psychologischen polen: an der quelle der information und deren aufschlüsselung für den gebrauch, er gehört zur gruppe der universalökonomen und ist berater des ingenieurs.« (Eugen Gomringer, *23 punkte zum problem »dichtung und gesellschaft«*, in: ders., *theorie der konkreten poesie* [Anm. 1], S. 28 f.). – »aus kommunikativen gründen wird [...] versucht, das konkrete sprachgebilde als eine auf knappe, unverhüllte form gebrachte information zu verwenden, denn grundlage guter sprachlicher kommunikation sind analoge denkstruktur [...] und analoge materielle (zeichen-)struktur.« (Eugen Gomringer, *konkrete dichtung*, in: ders., *theorie der konkreten poesie* [Anm. 1], S. 24).

10 »indem ich wie ein spezialist auch heute noch die reduktion besonders streng durchführe, hoffe ich auf die sonderbare, immer wieder wunderbar überraschende vielseitigkeit des wortes aufmerksam zu machen [...].« (Eugen Gomringer, *die konstellation. eine neue gedichtform*, in: ders., *theorie der konkreten poesie* [Anm. 1], S. 47).

11 »es eignet dem wort die schönheit des materials und die abenteuerlichkeit des zeichens.« (Eugen Gomringer, *vom vers zur konstellation.* [Anm. 1], S. 16).

12 Eugen Gomringer, *mist, mountain, butterfly* (Anm. 8), S. 39.

13 Eugen Gomringer, *vom vers zur konstellation* (Anm. 1), S. 15.

14 »wie gut passt die konstellation auf einen flughafen!« (Eugen Gomringer, *vom vers zur konstellation* [Anm. 1], S. 17).

15 Eugen Gomringer, *das gedicht als gebrauchsgegenstand*, in: ders., *theorie der konkreten poesie* (Anm. 1), S. 31.

16 »zur verwirklichung der neuen gemeinschaftssprache, die nicht von einem tag auf den anderen geschaffen werden kann und soll, ist dichtung, bewusst gesellschaftlich verstanden und bezogen, ein entscheidendes phänomen. wir leben in der stunde der sich bildenden weltdichtung.« (Eugen Gomringer, *23 punkte zum problem »dichtung und gesellschaft«* [Anm. 9], S. 28).

17 Eugen Gomringer, *die konkrete poesie als übernationale sprache*, in: ders., *theorie der konkreten poesie* (Anm. 1), S. 55.

18 »Die Gletscherspalten: grün wie Bierflaschenglas. Sabeth würde sagen: wie Smaragd! […] Die Felsen im späten Licht: wie Gold. Ich finde: wie Bernstein, weil matt und beinahe durchsichtig, oder wie Knochen, weil bleich und spröde.[…] Unser Flugzeugschatten: wie eine Fledermaus! So würde Sabeth sagen, ich finde nichts und verliere einen Punkt, ich habe anderes im Kopf, eine Spur im Firn, Menschenspur, sie sieht aus wie eine Nieten-Naht, Sabeth würde finden: wie eine Halskette, bläulich, in großer Schleife um eine weiße Firn-Büste gehängt. […] die Wolken: wie Watte, wie Gips, wie Blumenkohl, wie Schaum mit Seifenblasenfarben, ich weiß nicht, was Sabeth alles finden würde, es wechselt rasch […].« (Max Frisch, *Homo Faber*, Reinbek bei Hamburg 1969, S. 145 f.).

19 Eugen Gomringer, *vom vers zur konstellation* (Anm. 1), S. 17, Hervorhebung M. P. – Oder: »es sind einsichten, die in den jahren nach dem zweiten weltkrieg an verschiedenen orten der welt gleichzeitig gewonnen wurden und die voraussetzung waren für ein neues kapitel in der geschichte der poesie und deren schriftbild – ein kapitel, das sich wohl zum ersten mal von anfang an und durch definition international – besser: *über*national – verstand.« (Eugen Gomringer, *text, buchstabe, bild*, in: ders., *theorie der konkreten poesie* [Anm. 1], S. 76, Hervorhebung M. P.).

20 »es ging um die neue dichtung einer neuen welt. der begriff ›konstellation‹ weist darauf hin, dass sich der blick am himmel orientieren wollte, dass das sternbild vom himmel auf die erde heruntergeholt werden sollte.« (Eugen Gomringer, *konkrete poesie und zero*, in: ders., *theorie der konkreten poesie* [Anm. 1], S. 115 f.).

21 »mit der konstellation wird etwas in die welt gesetzt. sie ist eine realität an

sich und kein gedicht über …« (Eugen Gomringer, *vom vers zur konstellation* [Anm. 1], S. 17).

22 Hans Bender (Hg.), *Mein Gedicht ist mein Messer. Lyriker zu ihren Gedichten*, München ²1961. – Der Beitrag von Hölzer findet sich auf S. 60–68, Zitat S. 60.

23 Vgl. dazu etwa die Rückblicke einzelner Autoren in: Jörg Drews (Hg.), *Vom »Kahlschlag« zu »movens«. Über das langsame Auftauchen experimenteller Schreibweisen in der westdeutschen Literatur der fünfziger Jahre*, München 1980.

24 »wenn die konkrete dichtung noch als fremd (asketisch mager oder simplifikatorisch) empfunden wird, dann wahrscheinlich aus mangel an einsicht in eine entwicklungstendenz unserer gesellschaft, ihres denkens und tuns, die in ihrem kern eine neue ganzheitsauffassung enthält.« (Eugen Gomringer, *konkrete dichtung* [Anm. 9], S. 24.

25 Gustav Frank, Rachel Palfreyman, Stefan Scherer, »Modern Times? Eine Epochenkonstruktion der Kultur im mittleren 20. Jahrhundert – ein Forschungsprogramm«, in: Gustav Frank, Rachel Palfreyman, Stefan Scherer (Hg.), *Modern Times? German Literature and Arts Beyond Political Chronologies. Kontinuitäten der Kultur: 1925–1955*, Bielefeld 2004, S. 387–431, Zitat S. 404.

26 Frank, Palfreyman, Scherer, »Modern Times?« (Anm. 25), S. 406.

27 Vgl. dazu zusammenfassend: Clemens K. Stepina, »Zum Paradigma der Repräsentationskrise in der Experimentellen Literatur: Ein Methodendiskurs zur negativen Form Konkreter Poesie in der ›Wiener Gruppe‹«, in: *Germanic Notes and Reviews* 29 (1998), S. 25–35.

III. Figuren des Wissens

Jochen Thermann

Sternstunde: Schwarze Löcher in der Seele des Dichters

Was nie geschrieben wurde, lesen.
Hugo von Hofmannsthal

Schattenklüfte, Schwarze Löcher

Gestirn und Literatur im 20. Jahrhundert in einem Atemzug zu nennen befremdet, weil ihr Zusammenhang auseinandergedriftet und unkenntlich geworden ist. Die Gestirne werden im 20. Jahrhundert von der unbestechlichen Rationalität des Astronomen verwaltet, und jeder andere Umgang mit ihnen steht unter Esoterikverdacht.[1] »Daß wir in unserer Wahrnehmung dasjenige nicht mehr besitzen, was es einmal möglich machte, von einer Ähnlichkeit zu sprechen, die bestehe zwischen einer Sternkonstellation und einem Menschen«,[2] wie Walter Benjamin in seiner *Lehre vom Ähnlichen* feststellt, mag erklären, weshalb die Sterne in der Literatur des 20. Jahrhunderts zumindest auf den ersten Blick nur noch schwach leuchten. Insofern scheint es geradezu konsequent, wenn es im Folgenden um dunkle, in sich zusammengestürzte Sterne geht, nämlich um Schwarze Löcher.

An einer bemerkenswerten Stelle am Ende des erfundenen *Gesprächs über Gedichte*, das Hugo von Hofmannsthal 1903 schrieb und ein Jahr später in der *Neuen Rundschau* veröffentlichte, vergleicht die Figur Gabriel Seele und Sternenhimmel:

> Die Landschaften der Seele sind wunderbarer als die Landschaften des gestirnten Himmels: nicht nur ihre Milchstraßen sind tausende von Sternen, sondern ihre Schattenklüfte, ihre Dunkelheiten sind tausendfaches Leben. Leben, das lichtlos geworden ist durch sein Gedränge, erstickt durch seine Fülle. Und diese Abgründe, in denen das Leben sich selber verschlingt, kann ein Augenblick durchleuchten, entbinden, Milchstraßen aus ihnen machen. Und diese Augenblicke sind die Geburten der vollkommenen Gedichte, und die Möglichkeit vollkommener Gedichte ist ohne Grenzen wie die Möglichkeit solcher Augenblicke. Wie wenige gibt es dennoch, Clemens, wie sehr wenige. Aber daß ihrer überhaupt welche entstehen, ist es nicht wie ein

> Wunder? Daß es Zusammenstellungen von Worten gibt, aus welchen, wie der Funke aus dem geschlagenen dunklen Stein, die Landschaften der Seele hervorbrechen, die unermeßlich sind wie der gestirnte Himmel, Landschaften, die sich ausdehnen im Raum und in der Zeit, und deren Anblick abzuweiden in uns ein Sinn lebendig wird, der über alle Sinne ist. Und dennoch entstehen solche Gedichte.[3]

Der Vergleich von Sternenhimmel und Seele fordert den Komparativ »wunderbarer«, weil die Seele eine Erscheinung aufweise, die am Himmel nicht zu sehen sei: Es handelt sich dabei um »Schattenklüfte«, »Abgründe«, in denen das Leben »lichtlos geworden ist durch sein Gedränge« und »sich selber verschlingt«. Allerdings postulierte zwölf Jahre später der Astronom Karl Schwarzschild ein Objekt, das genau jene Eigenschaften aufweist, die Gabriel den Schattenklüften zuschreibt und dem Sternenhimmel abspricht. Schwarzschild zog die mathematischen Konsequenzen aus Einsteins Relativitätstheorie und berechnete den heute sogenannten Schwarzschildradius, bei dem eine Masse in sich zusammenstürzt. Ein derart kollabierender Stern hat in seinem Innern eine solche Dichte, daß kein Teilchen, auch kein Licht, nach außen dringen kann. Zudem bewirken die enormen Gravitationskräfte, eine Akkretion, d.i. eine Anziehung und Anhäufung von Masse in dem Loch, das aufgrund seines ungeheuren Gewichts den Raum krümmt, weshalb man überhaupt von einem Schwarzen Loch spricht.[4] Wie die Schattenkluft, so ist auch das Schwarze Loch »lichtlos geworden durch sein Gedränge, erstickt durch seine Fülle«, es ist ein Abgrund, in dem Masse, »sich selber verschlingt«. Die Vorstellung Schwarzer Löcher im Raum fand nur langsam Anerkennung in der Astronomie. Einstein wehrte sich bis zu seinem Tod 1955 gegen die Annahme der physikalisch problematischen Schwarzen Löcher, die diesen Namen übrigens erst seit 1969 tragen, und heute weitgehend akzeptiert sind.[5] Insofern scheint es astronomisch konsequent, wenn Hofmannsthal 1903 die Schattenklüfte lediglich in der Seele ansiedelt und sie als astronomische Erscheinung dem Kenntnisstand seiner Zeit entsprechend verwirft.

Die Geschichte der Astronomie jedenfalls kennt kaum Vorläufer für die Konzeption eines Schwarzen Lochs, auf die Hofmannsthal rekurriert haben könnte. Ende des 18. Jahrhunderts entwickelten John Mitchell und Pierre-Simon Laplace unabhängig voneinander zwar die Vorstellung eines dunklen Sterns.[6] Bei diesem handelt es sich jedoch nicht um ein Loch oder eine Kluft, sondern lediglich um einen ungeheuer großen, massiven Stern, dessen Masse sogar Lichtteilchen zurückhält. Als die Physik jedoch davon abließ, Licht als Teilchen zu beschreiben, ließen auch die Herausgeber davon ab, die Spekulationen von Laplace weiter zu publizieren, und nahmen sie aus den Folge-Auflagen heraus. Die für das Schwarze Loch und die Schattenkluft so kennzeichnende Abgründigkeit einer kollabierenden Masse hat also kein Vorbild in der Geschichte der Astrophysik.

Wie aber geht man mit der verblüffenden Ähnlichkeit von Schattenkluft und Schwarzem Loch um? Verbucht man sie als bloßen Zufall im Register der Kuriositäten? Dann hörte jede weitere Überlegung hier auf. Oder gilt es, zunächst einmal danach zu fragen, wie man eigentlich dazu kommt, Ähnlichkeiten wahrzunehmen, bevor man sie bewertet?

Das mimetische Vermögen

Nimmt man Benjamins eingangs zitierten Befund ernst, dann ist die Fähigkeit des Menschen, Ähnlichkeiten zwischen Gestirnen und Menschen aufzuspüren, verkümmert. Gleichwohl mag gerade die Reflexion auf die verkümmerte Beziehung von Gestirn und Mensch auch das zum Vorschein bringen, was da verkümmert ist. Für Benjamin handelt es sich dabei nämlich um die Gabe, Ähnlichkeiten zu sehen und zu produzieren.[7] Diese Fähigkeit des Menschen nennt Benjamin das *mimetische Vermögen*. Ihm verdanken sich die Orakel der Hellseher, die den Vogelflug oder die Konstellation von Sternen, die Linien der Hand oder die Risse in Knochen lesen. In den Verwandlungen eines Schamanen in den tierischen Geist, von dem ein Kranker heimgesucht wird, ebenso wie im Spiel des Kindes, das eine Eisenbahn nachahmt oder zur Windmühle wird, zeigt sich neben dem Lesen auch eine produktive Kraft des mimetischen Vermögens; eine Form der Partizipation und Verwandlung, Benjamin spricht von »mimetischen Verhaltungsweisen«,[8] die ein phylogenetisches und ontogenetisches Erbe des Menschen seien: nämlich seiner Fähigkeit zur Herstellung von Ähnlichkeiten.

Die umfassenden Ähnlichkeiten vergangener Zeiten zwischen Mikro-

und Makrokosmos können daher als Hervorbringungen jenes mimetischen Vermögens verstanden werden. Das magische Denken der Neuplatoniker, der Alchemie und der Kabbala schöpfte aus dem analogen Aufbau der Welt seine Lehren und Geheimnisse, in denen sich das Wissen um den Menschen mit dem um Sternenkonstellationen verschränkte.[9] Bei Paracelsus etwa zeigt sich die Nähe des Menschen zu den Gestirnen derart, daß er Geist und Seele einen siderischen Leib zuordnet. Dieser siderische Leib bringe Kunst und Wissen durch das Gestirn hervor (»die vernunft des menschen in künsten, gemüt und weisheiten, die komen im vom gestirn«[10]), wobei das Gestirn als ein Prinzip erscheint, das gleichermaßen Natur und Mensch durchwirkt und sich im Menschen als Imagination zeige – »die imagination ist das gestirn selbst«.[11] Eine solche Verschränkung von Leib, Seele, Gestirn und Imagination, mittels der Korrespondenzen zwischen Seele und Welt möglich und aufgeschlossen werden, hat viel, wenn nicht alles von ihrer welterklärenden Kraft eingebüßt; in der Poesie, wie Gabriel sie auffaßt, lebt sie jedoch fort. So ähneln sich noch die Metaphern, mit denen Paracelsus das Entstehen von Kunst (im Sinne von Ars oder Techne), Gabriel das von Gedichten erklärt.[12]
Dementsprechend ist auch für Benjamin das mimetische Vermögen nicht vollständig verschollen, sondern – daran erinnern die okkulten Frühformen des Lesens und Schreibens – in Sprache und Schrift aufgehoben:

> ›Was nie geschrieben wurde, lesen.‹ Dies Lesen ist das älteste: das Lesen vor aller Sprache, aus den Eingeweiden, den Sternen oder Tänzen. Später kamen Vermittlungsglieder eines neuen Lesens, Runen und Hieroglyphen in Gebrauch. Die Annahme liegt nahe, daß dies die Stationen wurden, über welche jene mimetische Begabung, die einst das Fundament der okkulten Praxis gewesen ist, in Schrift und Sprache ihren Eingang fand. Dergestalt wäre die Sprache die höchste Stufe des mimetischen Verhaltens: ein Medium, in welches ohne Rest die früheren Kräfte mimetischer Hervorbringung und Auffassung hineingewandert sind, bis sie so weit gelangten, die der Magie zu liquidieren.[13]

Es scheint kein Zufall zu sein, daß Benjamin in seinen Überlegungen *Über das mimetische Vermögen* Hofmannsthal zitiert. Das Lesen des Ungeschriebenen und in Benjamins Sinne auch das mimetische Vermögen stehen im Mittelpunkt des *Gesprächs über Gedichte* und bestimmen dessen Poetik. Das *Gespräch* entfaltet nämlich einen Symbolbegriff, nach dem im Symbol wahrgenommene Ähnlichkeiten zwischen Seele und Welt in sprachlicher Form zum Vorschein kämen. Diese Umwandlung einer mimetischen Wahrnehmung in ein poetisches Symbol deckt sich mit Benjamins Befund, das mimetische Vermögen sei in Sprache und Schrift noch wirksam. Und so wie Benjamin eine Kulturgeschichte des mimetischen Vermögens skizziert,[14] so weist auch das *Gespräch über Gedichte*, wenn es der Genese des Symbols nachspürt, phylogenetisch auf eine magisch-rituelle Handlung zurück. Es handelt sich um die berühmte Stelle, wo Gabriel den Ursprung des Symbols mit der ersten Opferhandlung erklärt. Das Schlachtopfer beruhe auf einer Verwandlung des Opfernden in sein Opfer. Die Transformation ins Tier sei der mimetische Urvorgang des Symbols, bei dem das mimetische Objekt, hier das Opfertier, und der Opfernde in einem Nu ununterscheidbar werden und fusionieren:[15] »Das Tier starb hinfort den symbolischen Opfertod. [...] Daß sich sein Dasein, für die Dauer eines Atemzugs, in dem fremden Dasein aufgelöst hatte. – Das ist die Wurzel aller Poesie.« »Woher kommt ihnen diese Kraft?«, fragt Clemens, »wie konnte er in dem Tier sterben?«[16] – Und es klingt wie eine Antwort, wenn Benjamin schreibt: »Die Gabe, Ähnlichkeiten zu sehen, die er besitzt, ist nichts als ein Rudiment des ehemals gewaltigen Zwanges, ähnlich zu werden und sich zu verhalten.«[17] Gabriels Replik fällt fundamentaler aus. Der Prozeß, sich Erscheinungen der Außenwelt anzugleichen, setzt bei Gabriel auf der umfassenden Maxime auf, »daß wir und die Welt nichts verschiedenes sind«, weil im Körper des Menschen, das »ganze All dumpf zusammengedrückt ist«.[18]

Eine solche Konvergenz und Korrespondenz von inneren und äußeren Erscheinungen ermöglicht die von Amiel geprägte Redeformel, die Landschaft sei ein Zustand der Seele.[19] Dabei wird einerseits die Landschaft psychisch überformt und seelisch codiert, andererseits wird die Seele verräumlicht und so im Raum zerstreut, daß sie sich mit der Außenwelt verknüpft. Deshalb sagt Gabriel:

> Sind nicht die Gefühle, die Halbgefühle, alle die geheimsten und tiefsten Zustände in der seltsamsten Weise mit einer Landschaft verflochten, mit einer Beschaffenheit der Luft, mit einem Hauch? [...] Wollen wir uns finden, so

dürfen wir nicht in unser Inneres hinabsteigen, draußen sind wir zu finden, draußen.[20]

Poetische Sprache vermag also Ähnlichkeiten zwischen Außen- und Innenwelt hervorzubringen. Die verflochtene Wahrnehmung kann Text werden, weil ihr eine potentielle Textur innewohnt. Das Wort, das diese Textur aufzeigt, in dem sich Innen und Außen sowohl spiegeln können als auch ineinander fallen, ist das Symbol. Die analytische Operation, in der die beiden symbolisch fusionierten Pole wieder auseinanderdriften, ist die Analogie. Hofmannsthal führt diese Pendelbewegung vor, wenn er in seinen Vorarbeiten schreibt: »Analogie ist alles: es heißt, die eigene Schwere abgeben: sich im schwebenden Adler finden.«[21]

Schwarzes Loch – Weiße Wand

Die Gabe, Ähnlichkeiten zu sehen und zu produzieren, ist also zumindest für Gabriel nicht ganz erloschen, sondern die Quelle der Poesie.[22] Das poetische Lesen der Welt macht kraft des mimetischen Vermögens innere und äußere Erscheinungen einander ähnlich und bringt Unverbundenes zusammen. Dabei ist die Frage unerheblich, ob die Ähnlichkeiten konstruiert oder entdeckt werden. Wie für den Leser von Knochen, Händen und Eingeweiden das Gelesene weniger ein Konstrukt seiner blühenden Einbildung ist, sind die aufgelesenen Objekte »samt und sonders Stimulantien und Erwecker des mimetischen Vermögens«.[23]

Das heißt aber auch, daß die Frage, ob Ähnlichkeiten gesehen oder erzeugt werden, ins Leere geht. Die Ähnlichkeit von Schattenkluft und Schwarzem Loch stellt sich jenseits der Unterscheidung von Entdekkung und Konstruktion ein.[24] Was die Ähnlichkeit von Schattenkluft und Schwarzem Loch angeht, so kann zumindest gesagt werden: sie hervorzubringen, bedarf genau jener Operation, die das *Gespräch über Gedichte* und Benjamins Essays *Über das mimetische Vermögen* behandeln: »Lesen, was nie geschrieben wurde.« Wer aber liest, was nie geschrieben wurde, kann nie sicher sein, ob er dort, wo er glaubt, Ähnlichkeiten entdeckt zu haben, nicht einfach liest, was sein mimetisches Vermögen diktiert hat; ob er also lediglich liest, was er selbst geschrieben hat. Das mimetische Vermögen scheint unterhalb der Schwelle des Bewußtseins zu arbeiten, das diese Frage zu entscheiden erlaubt; dort wirft es unablässig Ähnlichkeiten aus. Die Ähnlichkeit hat eine unbewußte Seite. Wie das Unheimliche bei Freud, das an die für überwunden gehaltenen »Reste animistischer Seelentätigkeit rührt und sie zur Äußerung anregt«,[25] äußert sich in der Ähnlichkeit das im Unbewußten waltende mimetische Vermögen.

> Noch für die Heutigen läßt sich behaupten: die Fälle, in denen sie im Alltag Ähnlichkeiten bewußt wahrnehmen, sind ein winziger Ausschnitt aus jenen zahllosen, da Ähnlichkeit sie unbewußt bestimmt. Die mit Bewußtsein wahrgenommenen Ähnlichkeiten – z. B. in Gesichtern – sind verglichen mit den unzählig vielen unbewußt oder auch gar nicht wahrgenommenen Ähnlichkeiten wie der gewaltige unterseeische Block des Eisbergs im Vergleich zur kleinen Spitze, welche man aus dem Wasser ragen sieht.[26]

Die Ähnlichkeit führt in ein erkenntnistheoretisches Dunkel. Diesen blinden Fleck im Entdecken und Produzieren von Ähnlichkeiten bezeichnet nun gerade die Schattenkluft. Aus diesem unzugänglichen Ort werden ja die Gedichte hervorgebracht, und das ist im *Gespräch über Gedichte* eben eine durch Ähnlichkeiten doppelt codierte symbolische Dichtung. Das Schwarze Loch in der Seele des Dichters spuckt die symbolischen Zeichen aus, ehe aus den »Konstellationen von Worten« wiederum »die Landschaften der Seele hervorbrechen, die unermeßlich sind wie der gestirnte Himmel«.[27] Das Vermögen, das diese Spiegelungen von Gestirn, Poesie und Seele evoziert, siedelt Gabriel in der Schattenkluft an. Gilles Deleuze und Félix Guattari sprechen von einer abstrakten Maschine Schwarzes Loch – Weiße Wand, die unsere Wahrnehmungs-, Lese- und Schreibprozesse steuere:

> Wir haben uns mit den beiden Achsen der Signifikanz und der Subjektivierung beschäftigt. Dabei handelte es sich um zwei ganz unterschiedliche Semiotiken oder sogar Schichten. Aber die Signifikanz braucht eine weiße Wand, auf der sie ihre Zeichen und Redundanzen einschreiben kann. Die Subjektivierung braucht ein Schwarzes Loch, in dem sie ihr Bewußtsein, ihre Passion und ihre Redundanzen ansiedelt.[28]

So wie das Schwarze Loch ein blinder Fleck am Himmel ist, eine Inversion der nach außen strahlenden Sterne, so ist die Schattenkluft der Ort einer extremen Zusammenballung des Lebens in der Psyche des von Gabriel konzipierten Dichters. Während das *Gespräch über Gedichte* über weite Strecken eine quasi-psychotische Zerstreuung in die Welt der Symbole, Landschaften und sonstigen mimetischen Objekte propagiert, markiert die Schattenkluft den einzigen Ort einer subjektivierenden Verdichtung des Lebens. Von dort aus wird der Raum zur Landschaft und das Tier zum Symbol, Gesichter werden lesbar, und Sterne treten in signifikante Konstellationen. Die Schattenkluft »entbindet« diese Ähnlichkeiten als symbolische Poesie.[29]

Noch diese metaphorische Geburt von Gedichten ähnelt einem astronomischen Vorgang: der Entstehung von Galaxien aus akkretierenden Schwarzen Löchern. Im Sommer 2003 stellte ein internationales Forschungsprojekt seine Beobachtungen und Hypothesen vor. Man zog die Schlußfolgerung, daß intensive Aktivität von Galaxiekernen oft mit einem starken, vor kurzem erfolgten Ausbruch der Sternentstehung assoziiert sei.[30] Solche aktiven Galaxiekerne wiederum enthalten in ihrem Zentrum ein Schwarzes Loch, das Masse aus seiner Umgebung aufsaugt. Schwarzes Loch, aktiver Galaxiekern und Ausbruch von Sternentstehung seien demnach untrennbar miteinander verbunden.[31]

Das Schwarze Loch verhält sich zum Sternenhimmel also wie die Schattenkluft zum Gedicht. Schwarzes Loch und Schattenkluft sind in einer Umgebung eingelassen, zu der sie in einem generativen Verhältnis stehen. Sie sind der unzugängliche, verdichtete, energiegeladene Ort, der Materialisierungen (Sterne, Symbole, Gedichte) im Raum oder auf einer Fläche (Himmel, Seelenlandschaft, Papier) einschreibt. Schattenkluft und Schwarzes Loch beschreiben aber auch den blinden Fleck, den menschliches Wissen nicht erschließen kann. Dementsprechend geben sie sich als Dunkelheit zu erkennen, die sich dem Logos entzieht und den Verstand vor Rätsel stellt. Dort, wo man sich dem Unerklärlichen zuwendet, befindet sich wie beim Schwarzen Loch ein Ereignishorizont, hinter dem die Wissenschaft aufhört und die Spekulation beginnt. Eine Möglichkeit, auch die unaufgeklärten und unbewußten Beziehungen von Sprache und ihrem Außen aufzudecken, liegt im mimetischen Vermögen. Es uneingeschränkt anzuwenden verbietet die Rationalität und erlaubt Poesie.

Anmerkungen

1 Zur Geschichte von Astronomie und Astrologie vgl. Hans Blumenberg, *Die Vollzähligkeit der Sterne*, Frankfurt a. M. 2000. Für zahlreiche Hinweise danke ich Eva Geulen.

2 Walter Benjamin, »Lehre vom Ähnlichen«, in: ders., *Gesammelte Schriften*, hg. von Rolf Tiedemann und Hermann Schweppenhäuser, Frankfurt a. M. 1991, Band II.1., S. 207.

3 Hugo von Hofmannsthal, *Das Gespräch über Gedichte*, in: ders., *Sämtliche Werke*, hg. von Rudolf Hirsch et al., Frankfurt am Main 1991, Band XXXI (*Erfundene Gespräche und Briefe*, hg. von Ellen Ritter), S. 86.

4 *Lexikon der Astronomie. Die große Enzyklopädie der Weltraumforschung in zwei Bänden*. Mit einer Einführung von Hans Elsässer, unter redaktioneller Leitung von Rolf Sauermost Heidelberg, Berlin, Oxford 1995, Eintrag »Schwarze Löcher«, Band II, S. 225.

5 Stephen Hawking, *Eine kurze Geschichte der Zeit. Die Suche nach der Urkraft des Universums*, übers. von Hainer Kober, Reinbek bei Hamburg 1991, S. 107.

6 Ebd., S. 107–108.

7 Vgl. den über weite Strecken wortgleichen Essay von Walter Benjamin, »Über das mimetische Vermögen«, in: ders., *Schriften* (Anm. 2), Band II.1, S. 210.

8 Benjamin, »Lehre vom Ähnlichen« (Anm. 2), S. 205.

9 Alain Godet, *»Nun was ist die Imagination anderst als ein Sonn im Menschen«. Studien zu einem Zentralbegriff des magischen Denkens*, Zürich 1982, S. 30–39.

10 Paracelsus, *Astronomia Magna*, in: Theophrast von Hohenheim, genannt Paracelsus, *Sämtliche Werke*, hg. von Karl Sudhoff, München 1929 ff., 1. Abt., Band XII, S. 20.

11 Paracelsus, *Die Bücher von den unsichtbaren Krankheiten*, in: Paracelsus, *Werke* (Anm. 10), 1. Abt., Band IX, S. 296.

12 Bei Paracelsus heißt es: »dieweil der leib das liecht von der natur entpfahen muß, zu gleicherweis wie der zundel aus dem kisling das feuer entpfacht, also entpfahet auch ein ieglicher sein liecht, aus dem er ist. […] und wie das feuer aus dem kiesling fellet, in dem es nit gesehen wird, also fellet es auch aus den sternen in das fleisch und blut, das ir zundel ist, aber nicht in die ding das fleisch und blut antrift. alein die ding gebirt er in im, das weisheit, kunst antrift;« Paracelsus, *Astronomia Magna* (Anm. 10), S. 20. Bei Hofmannsthal dementsprechend: »Daß es Zusammenstellungen von Wor-

ten gibt, aus welchen, wie der Funke aus dem geschlagenen dunklen Stein, die Landschaften der Seele hervorbrechen, die unermeßlich sind wie der gestirnte Himmel, Landschaften, die sich ausdehnen im Raum und in der Zeit, und deren Anblick abzuweiden in uns ein Sinn lebendig wird, der über alle Sinne ist.« Hofmannsthal, *Gespräch* (Anm. 3), S. 86.

13 Benjamin, »Über das mimetische Vermögen« (Anm. 7), S. 213.

14 Ebd., S. 210–11.

15 Diese Gewalt, die das Lesen des Ungeschriebenen, also hier des Widders als Opfer, oder auch das Lesen in Eingeweiden, ihren Gegenständen antun, hinterläßt ihre Blutspur noch in den *Schmökern* aus Benjamins *Berliner Kindheit um neunzehnhundert*: »Eins [der Bücher] aufzuschlagen, hätte mich mitten in den Schoß geführt, in dem ein wechselnder und trüber Text sich wölkte, der von Farben schwanger war. Es waren brodelnde und flüchtige, immer gerieten sie zu einem Violett, das aus dem Innern eines Schlachttiers zu stammen schien.« Walter Benjamin, *Berliner Kindheit um neunzehnhundert*, in: ders., *Schriften* (Anm. 2), Band IV.1, S. 28. Werner Hamacher kommentiert: »He cannot do otherwise, for what hinders reading and makes it forgetful is reading itself as striking, slaughter and sexual act, as *Schlagen, Schlachten, Geschlechtsakt.* [...] Whatever the object of violation may be, it is in the first place the reading itself.« Werner Hamacher, »The Word *Wolke* – if it is one«, in: Rainer Nägele (Hg.), *Benjamin's Ground. New Readings of Walter Benjamin*, Detroit 1988, S. 147–175, hier S. 149.

16 Hofmannsthal, *Gespräch* (Anm. 3), S. 81.

17 Benjamin, »Über das mimetische Vermögen« (Anm. 7), S. 210.

18 Hofmannsthal, *Gespräch* (Anm. 3), S. 82. Lord Chandos zeigt eine Reihe »mimetischer Verhaltungsweisen« (Benjamin, »Lehre vom Ähnlichen« [Anm. 2], S. 205) dieser Art, etwa wenn er sich in die sterbenden Ratten versetzt, und ihn »ein ungeheures Anteilnehmen, ein Hinüberfließen in jene Geschöpfe« (Hofmannsthal, *Ein Brief*, in: ders., *Werke* [Anm. 3], Band XXXI, S. 51.) erfaßt. Vgl. zu Chandos und dem Opfer auch David Wellbery, »Die Opfer-Vorstellung als Quelle der Faszination. Anmerkungen zum Chandos-Brief und zur frühen Poetik Hofmannsthals«, in: *Hofmannsthal Jahrbuch* 11 (2003), S. 281–310.

19 1892 notiert sich Hofmannsthal: »Die neue Technik. Amiel: ›Tout paysage est un état de l'âme.‹« Hugo von Hofmannsthal, *Aufzeichnungen aus dem Nachlaß*, in: ders., *Gesammelte Werke in zehn Einzelbänden*, hg. von Bernd Schoeller, Frankfurt am Main 1980, *Reden und Aufsätze III*, hg. von Ingeborg Beyer-Ahlert, S. 348. Diese Auffassung erwies sich zudem anschlußfähig an die im Wien der Jahrhundertwende vieldiskutierte *Analyse der Empfindun-*

gen von Ernst Mach. Mach interpretierte Ich und Welt als einen dynamischen Komplex, »als eine zusammenhängende Masse von Empfindungen«. Ernst Mach, *Beiträge zu einer Analyse der Empfindungen*, Jena 1886, S. 21.

20 Hofmannsthal, *Gespräch* (Anm. 3), S. 76.

21 Hofmannsthal, *Gespräch* (Anm. 3), Varianten, S. 321.

22 Auch Adorno gesteht der Mimesis in der Kunst ein Überleben zu, Theodor W. Adorno, *Ästhetische Theorie*, in: ders., *Gesammelte Schriften*, hg. von Rolf Tiedemann, Frankfurt am Main 1997, Band VII, S. 86 f. Vgl. z. B. auch: »Nicht so durchaus ist der Gattung Mensch die Verdrängung ihrer Tierähnlichkeit gelungen, daß sie diese nicht wiedererkennen könnte, und dabei von Glück überflutet wird; die Sprache der kleinen Kinder und der Tiere scheint eine. In der Tierähnlichkeit der Clowns zündet die Menschenähnlichkeit der Affen; die Konstellation Tier/Narr/Clown ist eine von den Grundschichten der Kunst.« Ebd., S. 182.

23 Benjamin, »Über das mimetische Vermögen« (Anm. 7), S. 211.

24 An dieser Stelle sei die Frage gestattet, ob sich naturwissenschaftliches Denken völlig vom mimetischen Vermögen freisprechen kann oder ob nicht gerade der Prozeß, Daten zur Generierung von Metaphern und Modellen auszuwerten, zumindest partiell verlangt, die Daten und das (metaphorische) Modell, das sie hervorbringen, einander ähnlich zu machen. Bejaht man diese Frage, dann ergäbe sich die Ähnlichkeit von astronomischen und poetischen Konzepten aus der Ähnlichkeit ihrer Verfahren. Dieses ähnliche Verfahren besteht für Heidegger im »Entbergen«. Die verborgene Verwandtschaft von Technik und Poesie tritt bei Heidegger in eine Konstellation der Wahrheitsfindung: »Das Unaufhaltsame des Bestellens und das Verhaltene des Rettenden ziehen einander vorbei wie im Gang der Gestirne die Bahn zweier Sterne. Allein dieser Vorbeigang ist das Verborgene ihrer Nähe. Blicken wir in das zweideutige Wesen der Technik, dann erblicken wir die Konstellation, den Sternengang des Geheimnisses. Die Frage nach der Technik ist die Frage nach der Konstellation, in der sich Entbergung und Verbergung, in der sich das Wesende der Wahrheit ereignet.« Martin Heidegger, »Die Frage nach der Technik«, in: ders, *Vorträge und Aufsätze*, Pfullingen 1954, S. 13–44, hier S. 41.

25 Sigmund Freud, »Das Unheimliche«, in: ders., *Gesammelte Werke*, hg. von Anna Freud et al., Frankfurt a. M. 1999, Band XII, S. 227–268, hier S. 254.

26 Benjamin, »Lehre vom Ähnlichen« (Anm. 2), S. 205.

27 Hofmannsthal, *Gespräch* (Anm. 3), S. 86.

28 Gilles Deleuze, Félix Guattari, *Tausend Plateaus. Kapitalismus und Schizophrenie*, übers. von Gabriele Ricke und Ronald Voullié, Berlin 1992, S. 230.

29 Ganz analog vervollständigt auch bei Benjamin der lesende Astrologe erst die Konstellation (Benjamin, »Lehre vom Ähnlichen« [Anm. 2], S. 206). Der Moment der Geburt und der Moment der Wahrnehmung einer Ähnlichkeit seien, wenn nicht identisch, ähnlich, so Carol Jacobs, *In the Language of Walter Benjamin*, Baltimore 1999, S. 99.

30 Guinevere Kauffmann, Timothy M. Heckmann et al., »The Host Galaxies of AGN«, in: *Monthly Notices of the Royal Astronomical Society* 346 (2003), S. 1055–1077.

31 Ebd., S. 1077.

Marcus Hahn

Drogensterne: Gottfried Benn

Komm her, Sternschnuppe
Rainald Goetz, Rave (1998)

Januar 1937, Bahnhof Göttingen. Ein Oberstabsarzt will betrunken nach Hannover fahren, aber wie ohne Zerrüttung?

> Drolliges Leben! Stand nun also um 2 Uhr nachts auf dem Bahnsteig in der fremden Stadt, schick angezogen, Lackschuhe, hörte die Viehwagen mit den brüllenden Rindern in den Güterzügen vorbeirollen, sah in die fernen, zum Nachdenken anregenden, unerklärlichen Sterne, der Bahnhofsvorsteher grüßte mich, da Uniform, hatte ein fremdes Weltgefühl, war eine fremde aufgespaltene Persönlichkeit, sehr unpersönlich, beziehungslos, veralkoholisiert, müde, weder G. B. noch sonstwas, eine sonderbar beauftragte Funktion in einem Kräftespiel.[1]

Gottfried Benn (1886–1956), ein Berliner Expressionist, der sich nach dem Abklingen seines Nazi-Politrausches verkatert in die ›schicke‹ Wehrmachtsuniform geflüchtet hat, muß mitten in der Nacht per Bahn von einer Göttinger Dienstbesprechung in seinen Verbannungsort Hannover zurückreisen. Daß er dabei ein »fremdes Weltgefühl« hat, ist nicht ›drollig‹, sondern bloß folgerichtig. Das später zur exkulpatorischen Verhaltenslehre für die totalitäre Phase der Moderne weiterentwickelte Modell des ›Doppellebens‹ – d. h. die durch die soziale Rolle als Künstler einerseits und als Bürokrat im Sanitätswesen von Hitlers Kriegsmaschine andererseits »aufgespaltene Persönlichkeit« – destabilisiert die Basiseinheit von Identität, nämlich den Eigennamen: »weder G. B. noch sonstwas«. Interessant wird diese Briefstelle dadurch, daß Benn die Sterne anruft, um sehr durchschaubare Karriereprobleme zu thematisieren. Er entwirft eine kosmologische Szene, die zwischen das »brüllende« Schlachtvieh auf der Erde und die »unerklärlichen Sterne« am Nachthimmel Göttingens seinen »veralkoholisiert[en]« und »müde[n]«, zugleich aber auch »unpersönlich[en]« und »beziehungslos[en]« Körper als »sonderbar beauftragte Funktion in einem Kräftespiel« stellt. Diese Verbindung von Drogen (hier: Alkohol) und Sternen ist kein Zufall.

Der Blick in Kants gestirnten Himmel alleine verschafft der Literatur im 20. Jahrhundert weder ekstatische noch kosmische Gefühle, dazu bedarf es wenigstens im Falle Gottfried Benns physiologischerer Mittel. Das bedeutet natürlich nicht, daß siderische Metaphern nicht auch an anderen Stellen seines textuellen Firmaments leuchten würden. »O rauschtest du wie Meer: ich vogelfreie! / Wie Sonne stürmisch: Ich, / Entschwänzter, glühe, pfingste, sternen-maie!«[2] Die Mai-Sterne Benns sind unzählbar, die Konjunktion von Drogen und Gestirnen läßt sich dagegen gut numerieren. *Erstens:* In Benns Texten wird das Siderische regelmäßig und drastisch mit den Tatsachen des Leibes konfrontiert. »Gestirne? wo? [...] fleischlich Fakt!«;[3] »Huren! Grünspan der Gestirne!«[4] Zum einen ist das Teil jener Diskursverschrottungsstrategie, mit der ein Pastorensohn die Theologie zu exorzieren versucht. Die Sterne als Metapher göttlicher Ordnung implodieren in dieser grotesken Reduktion: »[A]uch um die Vorhaut kreiste das All, sie galt es einzustellen in die Fülle des sich stündlich neu erschaffenden Kosmos«, heißt es 1918 in einer Darstellung der operativen Behebung einer Vorhautverengung.[5] Zum anderen befinden sich die Sterne am falschen Ende der diskursiven Skala: Wörter wie »heilig, Firne, gestirnt, alles Vertikale« liegen Benn nicht, dagegen haben »Ebene, Wasser, horizontale Situationen« oder »Worte aus den Steppen« ihn »immer sehr berührt«.[6] Sterne sind Benn zu hoch. *Zweitens:* Trotzdem oder gerade deshalb bleibt der Körper oder präziser: die Schrift des Körpers das einzige Medium, das den Aufstieg zu den Sternen simulieren kann. Die kosmische Emotion ist ins Zeitalter ihrer toxikologischen Reproduzierbarkeit eingetreten: »Was heutzutage Gott ist: Tablette oder die Originalstaude mit Pottasche für den Coquero (Koks).«[7] Nur in »Vendraminpalästen« gelangt der lyrische *Selbsterreger* (1925) noch zu »Stern und Sternentraum«,[8] nur die rauschinduzierte »Nervenmythe« generiert ein ironisch eingeschränktes Äquivalent des Siderischen: »O still! Ich spüre kleines Rammeln: / Es sternt mich an –«.[9] *Drittens:* Die Konjunktion von Drogen und Sternen hat bei Benn einen unmittelbaren Bezug zu den Wissens(un)ordnungen der Moderne. Seine hier interessierenden Texte sind das Ergebnis einer genauso spezifischen wie ambivalenten Rekombination von astronomisch-physikalischen und pharmakologischen Wissensdiskursen.

Ein Blick in *Drei alte Männer. Zwei Gespräche* (1948) verdeutlicht das Problem. Das Szenario beginnt mit einer Klage über fehlende »Daten« – »daher auch das Dilemma mit den Horoskopen, die brauchen sogar die Geburtsstunde, – aber die Daten fehlen, um den ganzen Nonsens richtig zu überblicken«.[10] Die mangelnde Exaktheit wird aber nicht nur einer historisch überholten Astrologie, sondern auch der neuesten Astronomie zum Verhängnis.

> Wenn es tatsächlich so ist, daß die Sterne Himmelskörper sind, wäre alles klar! Dann wären wir Mondkälber, wenn wir dächten, dann wären wir alle Pflaumenmus. Da wir aber denken, wird das mit den Sternen nicht stimmen, sonst wäre doch alles unter sich geblieben und wir wären nicht der Abhub, als der wir hier Whisky trinken müssen.[11]

Die ›Begründung‹ dafür liefern die »Märchen« der Quantenphysik: »bedurften Sie einer Verknüpfung des diskontinuierlichen Energiequants mit der kontinuierlichen Welle, verlangte es Sie überhaupt nach einer Veränderung des physikalischen Weltbildes, in dem nicht mehr die Auffassung von einer stetigen Energieverteilung galt?«.[12] Man könnte das zu einem *Lord Chandos*-Brief über die Physik dramatisieren, der von der Auflösung der »*mythischen Kosmogonie*« der Griechen handelt, d.h. der »erzählende[n] Beschreibung von der Entstehung und Entwicklung eines geordneten Universums«.[13] Während »*die griechische Physik*« in diesem Sinne noch »*ästhetischen Charakter*« besessen habe, bleibe nach der Entzauberungsarbeit der »modernen Naturwissenschaften« nichts davon übrig als »Goethe-Sentenzen und einige Abschiedsfloskeln alternder Physiker«[14] – letzteres ist vermutlich auf Wilhelm Ostwald gemünzt. Entscheidend ist die Konsequenz, die einer der *Drei alten Männer* aus der Ausdifferenzierung und Unerfahrbarwerdung des zeitgenössischen physikalischen Wissens zieht. Da das »Zeitalter [...] seine Perspektive so ins Imaginäre verlängert [habe], rückwärts in Lichtjahre, die nie einer sah, vorwärts in Zahlen und Ideen, zu denen keine Anschauung je mehr vordringen kann«, gebe es »einen Maßstab für Sinn und Wahnsinn überhaupt nicht mehr«.[15] Die »Märchen« der Physik werden damit aber auch umgekehrt zur Voraussetzung des Plädoyers für (Drogen-)Literatur. Die »Rasse« habe »kein anderes Gesetz mitbekommen [...] als, schöpferisch zu sein«, d.h. »neue körperliche Realitäten [zu] schaffen«, woraus die »pädagogische Pflicht« resultiere, »in die Schulen Pervitin

einzuführen zwecks Zentrenlösung und Bewußtseinszielung und Stunden für Injektionstechnik in den Lehrplan einzusetzen«.[16]
Alle drei Aspekte – der Gegensatz zwischen irdischen und himmlischen Körpern, der Aufstieg zum Siderischen im Drogenrausch, die transzendentale Obdachlosigkeit der modernen Physik und Benns poetologische bzw. schulpolitische Folgerung daraus – werden im folgenden eine Rolle spielen. Gegenstände sind zunächst zwei 1943 zeitgleich entstandene Essays Benns, die in *Drei alte Männer* teilweise wörtlich zitiert werden: *Physik 1943* und *Provoziertes Leben*. Die Verknüpfung von Drogen und Sternen beruht jedoch nicht nur auf dem gemeinsamen Entstehungskontext beider Texte – sie findet sich in *Provoziertes Leben* auch in aller Buchstäblichkeit. Es ist an dieser Stelle wenig sinnvoll, das in *Physik 1943* ausgebreitete Wissen vom Vorausblick auf die Atombombe bis zur »modernen Strahlenforschung«[17] zu referieren. Wichtig dagegen ist der ›imaginäre‹ Charakter des astronomisch-physikalischen Wissens, denn über diese Brücke läuft die Analogie zwischen Physik und Literatur. Weil das, »was die moderne Physik das ›Endgültig Reale‹ und das ›Absolut Reale‹ nennt«, »immer rätselhafter«[18] werde, weil beispielsweise die neu entdeckten »Höhenstrahlen« »an Herkunft [...] unerfahrbar« seien und »aus sagenhaften Fernen neu entspringender Sterne«[19] stammten, kann das Wissen der Physik zwar zum Beleg für »*die tatsächliche Umgestaltung des Wirklichen durch den Geist*«[20] werden. Doch die mathematische Formalisierung führt auch zur »Zerstrahlung der Materie«[21] und »verdunkelt« »Sonne«[22], Mond und Sterne. Auch das *Verlorene Ich* (1943) wird »zersprengt von Stratosphären« und ist als »Gamma-Strahlen-Lamm« ein »Opfer des Ion« bzw. atomphysikalischer »Unendlichkeitsschimären«.[23] Aus dieser Verlustdiagnose speist sich das Plädoyer für »die zweite Welt«, »die Überwelt«[24] der Literatur, dessen romantische Abkunft Benn bekannt ist: daß »die Physik [...] das Negativ der Dichtung« sei, habe »schon Novalis«[25] geschrieben. Spätestens an dieser Stelle wird deutlich, daß Benns Bezug auf das moderne Wissen hochgradig ambivalent ist. Einerseits behauptet er, wie »Goethe nicht an die Physik« zu glauben, da dieser sie »als eine plumpe Banalisierung der Sterne, die über seinem Garten standen«,[26] empfunden habe. Andererseits erhebt er die europäischen Avantgarden zur »expressive[n] Parallele der nichteuklidischen Mathematik, die die klassische Raumwelt der

letzten 2000 Jahre verließ zugunsten irrealer Räume«.[27] Einerseits steht das Wissen der Literatur im Weg, andererseits verdoppelt es lediglich ihre imaginative Operation.[28]

Der Essay *Provoziertes Leben*, der vor dem Hintergrund des ›totalen Krieges‹ Drogengebrauch zur Erzielung literaturfähiger »Zerebraloszillationen« statt zur Leistungssteigerung von Bomberpiloten anrät, stellt der Genealogie »des Begriffs ›Wirklichkeit‹« den exotistischen Blick auf vermeintliche Vorformen des von der »schizoide[n] Katastrophe« geplagten Europäers voran.[29]

> Vor Jahren lief in Berlin ein Film, ein Negerfilm ›Hosiannah‹, in dem sah man Schwarze dadurch, daß sie gemeinsam sangen, in Rausch geraten. [...] Primitiv ist offenbar die Nähe von Rausch und einem nahen Übergang in ein kollektiv gesteigertes Existenzgefühl. [...] Sein Wesen ist religiös und mythisch, eine erregende, das Einzelwesen steigernde Kommunion mit dem All.[30]

Die ›Primitiven‹, das Ritual, der Rausch, die Kollektivität, die Religion, der Mythos und schließlich die »Kommunion mit dem All« – das sind zum einen gängige Topoi der europäischen Drogenliteratur, die den christlichen Abendmahlsritus mit den Ekstasen der Mystiker verbindet und über die Programme der Genieästhetik legt,[31] zum anderen Bestandteile aus Benns Poetologie, die mittels punktueller Regression – neben dem Rausch durch Traum, Wahnsinn, Primitivität usw. – auf evolutionäre Frühstadien den Normierungsdruck der Moderne aushängen und den Körper als phylogenetisches Bio-Archiv für die Textproduktion nutzbar machen möchte. *Provoziertes Leben* spielt die Szene auf dem Göttinger Bahnhof von 1937 nach. Man gerät »außer sich« und in »Rückenlage«, d.h. in eine Existenzform »unter dem Tier, weit unter den Reflexen, hin zu Wurzel, Kalk und Stein«, man flieht aus dem »genormte[n] Müll« seiner sozialen Umwelten mittels »Freimachung unbewußter, d.h. eindruckslos gewordener Organfunktionen sowie archaischer Mechanismen« zu den künstlichen Paradiesen einer »experimentelle[n] Religionspsychologie rücksichtslosester Art«.[32] »Gott ist eine Substanz, eine Droge! Eine Rauschsubstanz mit verwandtschaftlicher Relation zu den menschlichen Gehirnen. Durchaus möglich, jedenfalls wahrscheinlicher, als daß er eine Elektrisiermaschine ist oder eine durch Pfropfung von Kaulquappengewebe in die

Mundgegend entstandene Spemannsche Tritonlarve«.[33] Und erst diese zweite »*Wirklichkeit rein aus Gehirnrinde*« läßt den gestirnten Himmel wieder strahlen:

> Das Ich zerfällt [...]. Weltallhafte Kälte, erhaben und eisig, entsteht im Gefüge, bei Glut in der Mittelachse [...]. [...] Durchkreuzungen der Ichhaltung, affektfremdes Lächeln, objektlose Tränen. Fähigkeitsgefühle: ›die Lösung unklar geahnter Probleme scheint bevorzustehen‹, – ›überall der unerhörte Jubel einer starken Harmonie‹, – ›Herr, laß mich blühen‹, – (die ›cosmic emotion‹ Buckes).[34]

Es gehört zu den Paradoxien der Wissenschaftskritik Benns, daß gerade die Texte, die die Durchbrechung abendländischer Rationalität feiern, ohne die modernen Wissenschaften nicht hätten geschrieben werden können.[35] Während Benn das Wissen über die zeitgenössischen »Quantenquerulanten«[36] aus Hugo Dinglers *Der Zusammenbruch der Wissenschaft* (1926) übernimmt,[37] stammt die Formulierung, daß Gott eine Droge sei, aus dem Brief eines Kokainsüchtigen, den der deutsche Toxikologe und Ethnopharmakologe Louis Lewin (1850–1929) in seinem populärwissenschaftlichen Standardwerk *Phantastica* (1924) publiziert hatte.[38] Die weltallhafte Kälte und den Jubel starker Harmonie zitiert Benn dagegen aus den Versuchsprotokollen des Experimentalpharmakologen Kurt Beringer (1893–1949). Auf der Suche nach einer Schizophrenietherapie hatte dieser Mitte der 20er Jahre das Personal der psychiatrischen Anstalt Heidelbergs unter Meskalin gesetzt und den Irrenärzten damit kosmische Gefühle verschafft, d.h. eine genauso ›primitive‹ wie ästhetische Erfahrung experimentell erzeugt. ›Primitiv‹, weil die aus der »[v]erfluchten Zweiteilung bürgerlicher Existenz« herausgerissenen Versuchspersonen nicht nur in »Kontakt« mit »der anderen Seite« kommen,[39] sondern im Drogentrip auch religiöse Erlebnisse haben, die beispielsweise denen der nordamerikanischen Winnebago entsprechen, die Beringer eingangs seiner Monographie unter Verweis auf die Forschungen der Ethnologen Kurt Radin und Ruth Benedict ausführlich schildert.[40] Ästhetisch, weil die Berauschten »Bilder« sehen, die sie »an Maurisches aber auch an Expressionistisches«[41] erinnern: »Ein Staubsaugeapparat, der auf dem Korridor arbeitet, setzt mich durch sein Geräusch in Angst: ich habe das Gefühl, Wahlrosse [sic!] und Robben kämen schnaubend auf mich zu. [...] Aus dem Muster der Zimmertapete sehe ich chinesische Mädchenköpfe heraus. Dann habe ich beim Augenschließen das Gefühl, ich sei im ›Reich des Stils‹«.[42] Die durch den Meskalinrausch hervorgerufenen Störungen der Sinneswahrnehmung öffnen Kanäle erstens zu Europas Gegenbildern (Negerfilm, Mauren, chinesische Mädchenköpfe), zweitens zum expressionistischen Stil – und drittens zu den Sternen. »Beim Nachhausegehen« hat Versuchsperson Nr. 9 das Gefühl, »als ginge mich ›Überirdischen‹ die peinliche irdische Welt nichts an«.[43]

Die Doppelung von »*abnorme[m] Abstandserleben*« und »*abnorme[m] Verschmelzungserlebnis* bis zum Fallen der Subjekt-Objekt-Schranken«[44] versucht Beringer mit Richard Maurice Buckes »Ausdruck der Cosmic emotion« begrifflich zu fassen und verweist auf dessen Buch *Cosmic Consciousness. A Study in the Evolution of the Human Mind* (1901 zuerst als Privatdruck erschienen). Bucke (1837–1902), ein kanadischer Psychiater und Walt Whitman-Freund bzw. Hagiograph, hatte die Theorie aufgestellt, daß der Menschheit der evolutionäre Advent einer dritten Bewußtseinsform bevorstehe, die über das »Simple Consciousness« (das »einfache Bewußtsein«) der höheren Säugetiere bzw. das an Sprache gebundene »Self Consciousness« (das »Ichbewußtsein«) des Menschen weit hinausgehe.[45] Dieses neue kosmische Bewußtsein ist in spezifischer Weise rückgebunden an Literatur. Nicht nur an die Lektüre von »speculative books, such as the ›Origin of Species‹«,[46] sondern vor allem an »reading Wordsworth, Shelley, Keats, Browning, and especially Whitman«. [47] Seine eigene »real and sole initiation«[48] beschreibt Bucke in der dritten Person:

> [H]e did not come to believe, he saw and knew that the Cosmos is not dead matter but a living Presence, that the soul of man is immortal, that the universe is so built and ordered that without any preadventure all things work together for the good of each and all, that the foundation principle of the world is what we call love.[49]

In *Cosmic Consciousness* versucht Bucke dementsprechend die Entwicklung dieses »intuitional mind«[50] mit Darwin und Haeckel herzuleiten, die Varianz von Ekstasen statistisch zu erschließen und im narrativen Format psychiatrischer Fallgeschichten zu jener Elite der Erleuchteten von Buddha bis Balzac vorzustoßen, bei denen das kosmische Bewußtsein zunächst minutenweise aufblitzt, bevor es allmählich in die

Erbmasse des Homo sapiens sapiens eingelagert wird. »These men dominate the last twenty-five, especially the last five, centuries as stars of the first magnitude dominate the midnight sky«.[51] Was dagegen im esoterischen Kosmos' Buckes nicht zu finden ist, ist der Ausdruck ›cosmic emotion‹. Diese Fehllektüre hat seine Ursache entweder in der Vermittlungsinstanz William James (Beringer zitiert Bucke über diesen Umweg) oder in der toxikologischen Reduktion von Bewußtsein auf bloße Emotion. Während Bucke die Erzeugung kosmischer Ekstasen beispielsweise durch Chloroform ausdrücklich als »a kind of artificial and bastard cosmic consciousness«[52] ablehnt, sind für Benn (der die vermeintliche ›cosmic emotion‹ Buckes von Beringer übernimmt) die Sterne oder das Siderische als metaphorische Garanten eines geordneten Universums ausschließlich unter den Bedingungen einer Drogenvergiftung adressierbar. Nur gestörte »körperliche Realitäten«[53] produzieren das kosmische Gefühl, und einzig sie sind zugleich der ›irrealen‹ modernen Physik adäquat, denn – so heißt es am Ende der Beringer-Montage in *Provoziertes Leben* –: »die Quantentheorie sagt auch nichts anderes.«[54]

Ohne das Medium des berauschten Körpers jedoch führt kein Weg aus der schizoiden Katastrophe funktional ausdifferenzierter moderner Gesellschaften zu den Sternen: »Heute und hier, keine Allgemeinheiten und siderischen Dränge – das ist eine gute Grundlage für Doppelleben«.[55] Ganz im Gegenteil: Benn vollzieht die poetologische Regression auch begriffspolitisch und betitelt 1947 einen Prosatext nach der vorkopernikanischen Kosmologie *Der Ptolemäer*, wobei ihn weniger der Astrologe als der Geozentriker Claudius Ptolemaeus interessiert. »Kepler und Galilei« sind bloß »alte Tanten«, deren »Strickstrumpf« es gewesen sei, »daß sich die Erde um die Sonne dreht«.[56] Dem »wissenschaftliche[n] Weltbild« und seinen »grotesken Zahlen«[57] – diesmal u. a. aus Max Benses *Der Geist der Mathematik* (1939) zusammenzitiert[58] – setzt Benns Figur einen »prismatische[n] Infantilismus«[59] entgegen: »eine berußte Glasscheibe vor das Auge halten und den Mond vor das Tagesgestirn treten sehn, wie wir es als Kinder machten, erschien mir eine völlig genügende Astronomie«.[60] Entsprechend hält sich der Text, der einmal mehr ein emphatisches Literaturkonzept verteidigt, statt der »berußten Glasscheibe« das Wissen der Moderne »vor das Auge«. »Ich drehe eine

Scheibe und werde gedreht, ich bin Ptolemäer«.[61] Die oben skizzierte Paradoxie Bennscher Wissenschaftskritik sorgt dafür, daß im zitativen Kaleidoskop des Kinderastronomen trotzdem »eine Hypothese« »aus der modernen Physik« auftaucht, »der selbst bei dieser Herkunft etwas Stimmungsvolles eignete«.[62]

> Es war die Konstruktion des ›Lotoslandes‹, in dem nichts geschieht und alles stillsteht –, der Raum, mit der geraden Dimensionszahl, in dessen Weiten das Licht nach Auslöschen der Lichtquelle bestehen bleibt. Die Schilderung stammt von de Sitter. Sie ist eine streng mathematisch-physikalische Imagination, aber sie erinnert auffallend an Gedankengänge aus anderen Bereichen.[63]

Auf das relativitätstheoretische Nirwana des niederländischen Astronomen Willem de Sitter (1872–1934) war Benn in Erich Ungers *Wirklichkeit Mythos Erkenntnis* (1930) gestoßen.[64] Umgehend gibt er die vermeintlich »antiphysikalische Haltung«[65] des *Ptolemäers* auf: Wo die Resultate modernen mathematisch-physikalischen Wissens als Metapher für Literatur brauchbar sind, wird die Autorität dieser Wissenschaften für den Legitimationsdiskurs der Literatur refunktionalisiert. Denn jenes »Licht«, das »nach Auslöschen der Lichtquelle bestehen bleibt«, leuchtet zweifellos einem »hinterlassungsfähige[n] Gebilde«[66] den Weg, d.h. dem Werk, oder präziser: dem Eigennamen – G.B. und nicht sonstwas. Diese Autorität besitzt der traditionelle Diskurs über das Siderische dagegen nicht mehr: »Das, was lebt, ist etwas anderes als das, was denkt [...]. Möglich, daß es einmal anders war, möglich, daß in einer unerreichbaren Zukunft eine siderische Vereinigung heranschimmert, heute lebt die Rasse in dieser Form.«[67] Das scheint auch der Grund dafür zu sein, daß Benn – sonst allem Esoterischen sehr zugetan – der Astrologie gegenüber Distanz hält. Zwar registriert er mit Interesse, daß ihm ein »berufsmässiger Horoskopiker, Graphologe u. Prophet«[68] unter seinen Patienten 1946 weitgehend korrekt sein literarisches Comeback voraussagt, ansonsten aber gilt: »bitte kein Horoskop! Ich glaube nicht daran, vielleicht konnten die alten Chaldäer u. Ägypter das besser, bei uns ist doch alles nur Routine.«[69] Notwendigerweise ambivalent bleibt dagegen der intertextuelle Bezug auf die moderne Physik, die in Benns Wissenspolitik zwischen den Lotosländern einer dogmatischen Kunstmetaphysik und der »Weltraumforschung«

zu stehen kommt, die »noch nicht so weit [ist], daß man sich bei den Sternen wieder was denken könnte.«[70]

Anmerkungen

1 Gottfried Benn, *Briefe an Elinor Büller 1930–1937*, hg. von Marguerite Valerie Schlüter, Stuttgart 1992, S. 164.
2 Gottfried Benn, *O Geist*, in: ders., *Sämtliche Werke*, hg. von Gerhard Schuster, Holger Hof, Stuttgart 1986-2003, Band I, S. 43.
3 Gottfried Benn, *Banane*, in: ders., *Sämtliche Werke* (Anm. 2), Band I, S. 82.
4 Gottfried Benn, *Ball*, in: ders., *Sämtliche Werke* (Anm. 2), Band II, S. 48.
5 Gottfried Benn, *Querschnitt*, in: ders., *Sämtliche Werke* (Anm. 2), Band III, S. 83.
6 Gottfried Benn, *Der Ptolemäer. Berliner Novelle, 1947*, in: ders., *Sämtliche Werke* (Anm. 2), Band V, S. 44.
7 Gottfried Benn, *Der Garten von Arles*, in: ders., *Sämtliche Werke* (Anm. 2), Band III, S. 117.
8 Gottfried Benn, *Selbsterreger*, in: ders., *Sämtliche Werke* (Anm. 2), Band I, S. 114.
9 Gottfried Benn, *O Nacht –:*, in: ders., *Sämtliche Werke* (Anm. 2), Band I, S. 46.
10 Gottfried Benn, *Drei alte Männer. Zwei Gespräche*, in: ders., *Sämtliche Werke* (Anm. 2), Band VII.1, S. 101.
11 Ebd.
12 Ebd., S. 102.
13 Gottfried Benn, *Bezugssysteme*, in: ders., *Sämtliche Werke* (Anm. 2), Band IV, S. 321. Er bezieht sich auf einen Aufsatz des englischen Altphilologen Francis Macdonald Cornford, »Griechische Naturphilosophie und moderne Wissenschaft«, in: *Europäische Revue* 15 (1939), S. 365–376.
14 Ebd., S. 323.
15 Benn, *Drei alte Männer* (Anm. 10), S. 122.
16 Ebd., S.123.
17 Gottfried Benn, *Physik 1943*, in: ders., *Sämtliche Werke* (Anm. 2), Band IV, S. 307.
18 Ebd., S. 305.
19 Ebd., S. 308.
20 Ebd., S. 305.

21 Ebd., S.308.

22 Ebd., S.307.

23 Gottfried Benn, *Verlorenes Ich*, in: ders., *Sämtliche Werke* (Anm. 2), Band I, S. 205.

24 Benn, *Physik 1943* (Anm. 17), S. 309.

25 Gottfried Benn, *Fazit der Perspektiven*, in: ders., *Sämtliche Werke* (Anm. 2), Band III, S. 301.

26 Gottfried Benn, *Ausgewählte Briefe*, Wiesbaden 1957, S. 147.

27 Gottfried Benn, *Expressionismus*, in: ders., *Sämtliche Werke* (Anm. 2), Band IV, S. 86.

28 Die Interpretation von Elisabeth Emter, *Literatur und Quantentheorie. Die Rezeption der modernen Physik in Schriften zur Literatur und Philosophie deutschsprachiger Autoren (1925–1970)*, Berlin, New York 1995, S. 147 ff. vereindeutigt Benns Auseinandersetzung mit der modernen Physik zu einer Absage an die ›hektischen‹ naturwissenschaftlichen Paradigmenwechsel in den 20er Jahren. Dem ist entgegenzuhalten, daß trotz aller Wissenschaftskritik die »Ideen der modernen Physik« durchaus eine »Hilfe in der Verarbeitung der Großhirnentwicklung« (S. 153) darstellten. Zwar konnte es in der Tat »[f]ür Benn [...] nicht die Aufgabe des Dichters sein, einen Beitrag für eine Genialisierung der Wissenschaft zu leisten« (S. 149), aber umgekehrt galt das keineswegs: »Man kann die Wissenschaft bezweifeln und verspotten [...], aber die Wissenschaften sind Fernrohre« (Gottfried Benn, *Doppelleben*, in: ders., *Sämtliche Werke* [Anm. 2], Band V, S. 161).

29 Gottfried Benn, *Provoziertes Leben*, in: ders., *Sämtliche Werke* (Anm. 2), Band IV, S. 317, S. 313 f.

30 Ebd., S. 310.

31 Vgl. als allgemeinen Überblick Alexander Kupfer, *Die künstlichen Paradiese. Rausch und Realität seit der Romantik. Ein Handbuch*, Stuttgart, Weimar 1996 bzw. Andreas Hiepko, »Pharmakopoiesis. Trunkenheit, Drogen und Rausch in der Ästhetik unserer Vergangenheit«, in: Andreas Hiepko, Katja Stopka (Hg.), *Rauschen. Seine Phänomenologie und Semantik zwischen Sinn und Störung*, Würzburg 2001, S. 243–254. Speziell zu Benn vgl. u.a. Klaus Modick, »Formenpräger der weißen Spur. Benns Konzeption des produktiven Rausches«, in: *Text und Kritik* 44 (21985), S. 47–53 sowie Konstantin Bendix, *Rauschformen und Formenrausch. Untersuchungen über den Einfluß von Drogen auf das Werk Gottfried Benns*, Frankfurt a.M. u.a. 1988.

32 Benn, *Provoziertes Leben* (Anm. 29), S. 311 f., S. 316 f.

33 Ebd., S. 313.

34 Ebd., S. 312.

35 Vgl. dazu ausführlicher Marcus Hahn, »Die Stellung des Gehirns im Leben. Gottfried Benn und die philosophische Anthropologie Max Schelers«, in: Ulrich Bröckling et al. (Hg.), *Disziplinen des Lebens. Zwischen Anthropologie, Literatur und Politik*, Tübingen 2004, S. 87–110.

36 Gottfried Benn, *Zur Problematik des Dichterischen*, in: ders., *Sämtliche Werke* (Anm. 2), Band III, S. 245.

37 Hugo Dingler, *Der Zusammenbruch der Wissenschaft und der Primat der Philosophie*, München 1926, S. 97 ff. Zu Dingler (1881–1954), einem Grenzgänger zwischen Physik und Philosophie, vgl. Ulrich Weiß, *Hugo Dinglers methodische Philosophie. Eine kritische Rekonstruktion ihres voluntaristisch-pragmatischen Begründungszusammenhangs*, Mannheim u.a. 1990.

38 Louis Lewin, *Phantastica. Über die berauschenden, betäubenden und erregenden Genußmittel. Für Ärzte und Nicht-Ärzte*, Berlin 21927 (ND Köln 2000), S. 114. Zu Lewin vgl. Brigitte Hoppe, *Louis Lewin (1850–1929). Sein Beitrag zur Entwicklung der Ethnopharmakologie, Toxikologie und Arbeitsmedizin*, Med. Diss. FU Berlin 1985.

39 Kurt Beringer, *Der Meskalinrausch. Seine Geschichte und Erscheinungsweise*, Berlin 1927 (ND Berlin u.a. 1969), S. 135. Zu Beringer vgl. Werner Pieper, *Kurt Beringer und die Heidelberger Drogenforschung der 20er Jahre*, Löhrbach o.J.

40 Vgl. ebd., S. 10 ff.

41 Ebd., S. 196.

42 Ebd., S. 174.

43 Ebd., S. 177.

44 Ebd., S. 169.

45 Richard Maurice Bucke, *Cosmic Consciousness. A Study in the Evolution of the Human Mind*, Philadelphia 1905, S. 1. Deutsche Übersetzungen hier und im folgenden, wenn nicht anders vermerkt, nach der Ausgabe: Richard Maurice Bucke, *Die Erfahrung des kosmischen Bewußtseins. Eine Studie zur Evolution des menschlichen Geistes.* Mit einer Einführung von George Moreby Acklom, hg., übers. und bearb. von der Forschungsgesellschaft für östliche Weisheit und westliche Wissenschaft e.V. (Übersetzerin: Karin Reese), Freiburg i.Br. 1975, hier S. 19. Seitenzahlen in den Fußnoten beziehen sich im folgenden auf diese deutsche Ausgabe.

46 Ebd., S. 7: »spekulativen Büchern, wie etwa [Darwins] ›Über den Ursprung der Arten‹« (M.H.).

47 Ebd.: »die Lektüre Wordsworths, Shelleys, Keats', Brownings und insbesondere Whitmans« (M.H.).

48 Ebd., S. 8: »wahre und einzige Einweihung« (dt. S. 22).

49 Ebd.: »Unter anderem schaute und erkannte er, daß der Kosmos keine tote Materie, sondern lebendige Gegenwart ist; daß die menschliche Seele unsterblich ist; daß das Grundprinzip der Welt das ist, was wir Liebe nennen, und daß die Seligkeit eines jeden letzten Endes eine Gewißheit ist« (dt. S. 23).

50 Ebd., S.13: »intuitiven Verstandes« (M. H.).

51 Ebd., S. 9: »Diese großen Männer des Geistes beherrschen die letzten fünfundzwanzig, besonders die letzten fünf Jahrhunderte wie Sterne den Mitternachtshimmel« (dt. S. 23).

52 Ebd., S. 314: »eine Art von künstlichem und bastardhaftem kosmischen Bewußtsein« (M. H.).

53 Benn, *Drei alte Männer* (Anm. 10), S. 120.

54 Benn, *Provoziertes Leben* (Anm. 29), S. 313.

55 Benn, *Doppelleben* (Anm. 28), S. 144.

56 Benn, *Der Ptolemäer* (Anm. 6), S. 10.

57 Ebd., S. 11 f.

58 Max Bense, *Der Geist der Mathematik. Abschnitte aus der Philosophie der Arithmetik und Geometrie*, München, Berlin 1939.

59 Benn, *Der Ptolemäer* (Anm. 6), S. 53.

60 Ebd., S. 12.

61 Ebd., S. 54.

62 Ebd., S. 23.

63 Ebd.

64 Erich Unger, *Wirklichkeit Mythos Erkenntnis*, München, Berlin 1930, S. 299, der sich auf Hermann Weyl beruft. Gerhard Schusters Erläuterung im Stellenkommentar, de Sitter sei »Astrologe« gewesen (Gottfried Benn, *Sämtliche Werke* [Anm. 2], Band V, S. 278), ist ebenso falsch wie die dort angegebenen Lebensdaten. Vgl. Pierre Kerszberg, »Einstein, De Sitter and Cosmology«, in: Don Howard, John Stachel (Hg.), *Einstein and the History of General Relativity. Proceedings of the 1986 Osgood Hill Conference, North Andover, MA*, Boston 1989, S. 325–366. Für den Hinweis danke ich Christian Blohmann.

65 Gottfried Benn, *Briefe an F. W. Oelze 1945–1949*, hg. von Harald Steinhagen und Jürgen Schröder, Frankfurt a. M. 1982, S. 98.

66 Benn, *Doppelleben* (Anm. 28), S. 137.

67 Ebd., S. 136.

68 Benn, *Briefe an F. W. Oelze 1945–1949* (Anm. 65), S. 24.

69 Gottfried Benn, *Hernach. Gottfried Benns Briefe an Ursula Ziebarth*, mit

Nachschriften zu diesen Briefen von Ursula Ziebarth und einem Kommentar von Jochen Meyer, Göttingen 22001, S. 324.

70 Gottfried Benn, *Altern als Problem für Künstler*, in: ders., *Sämtliche Werke* (Anm. 2), Band VI, S. 143.

Caroline Torra-Mattenklott

Das Sternbild als ›Pathosformel‹
Zur Poetik der Abstraktion in Rilkes zehnter Duineser Elegie

Der Titel meines Beitrags setzt Namen und Begriffe miteinander in Beziehung, die auf den ersten Blick nicht zusammengehören: zunächst Aby Warburg und Rilke, die sich zwar annähernd gleichzeitig, aber unabhängig voneinander und in verschiedenen Kontexten mit Sternen und Sternbildern befaßt haben, dann die Sterne und den Begriff der Pathosformel, der nicht etwa Warburgs Studien zur Geschichte der Astrologie und Astronomie entstammt, sondern seinem zweiten (oder eigentlich ersten) großen Forschungsgebiet, dem Studium der Ausdrucksgebärden in der bildenden Kunst. Ich werde im folgenden ausführen, aufgrund welcher Parallelen und Überschneidungen diese Zusammenstellung mir sinnvoll erscheint. Im Anschluß daran möchte ich eine Lektüre von Rilkes zehnter Duineser Elegie vorschlagen, die sich in ihren Fragestellungen an Warburgs Theorie des sozialen Gedächtnisses orientiert. Dabei werde ich auf Forschungen zur Geschichte der Astronomie und Astrologie zurückgreifen, die zeitgleich mit Rilkes eigenem Schaffen im Umkreis der Bibliothek Warburg und vor allem von Warburg selbst betrieben wurden.
In der Rilke-Forschung ist das Thema der Sterne und Konstellationen bislang im Rahmen exemplarischer Gedichtanalysen[1] sowie, unter Berücksichtigung des Gesamtwerks, im Horizont poetologischer Fragestellungen verhandelt worden.[2] Beda Allemann hat in diesem Zusammenhang auch auf die Verbindungen zwischen Rilkes Figur-Konzept und der Poetik des französischen Symbolismus hingewiesen, u.a. auf die Verwandtschaft der Rilkeschen Sternbilder mit Mallarmés Poetik der *constellation* in *Un coup de dés*.[3] Die Frage, wie und mit welchem Gewinn sich diese vorwiegend textimmanente Betrachtungsweise auf kulturwissenschaftliche Perspektiven hin öffnen läßt, bildet den Ausgangspunkt des vorliegenden Experiments. Begründen läßt es sich nicht zuletzt über das Interesse an den Prozessen menschlicher Symbolbil-

dung, das Rilke – wie der Symbolismus insgesamt – mit der Warburg-Schule teilt. Die historischen und psychologischen Tiefendimensionen der Reflexion über das symbolische Denken führen in beiden Fällen zu einer mehr oder weniger expliziten Anthropologie des Symbols. Als ein Phänomen größter kultureller und historischer Reichweite sind die Sternbilder ein besonders prägnantes Beispiel für die symbolische (imaginative, mythologische, wissenschaftliche) Aneignung der Natur durch den Menschen oder, um es mit Rilke auszudrücken, für die Übersetzung der Dinge in den »Weltinnenraum«.

1. Sternbilder und Pathosformeln

Als »Pathosformeln« bezeichnete Warburg die in der Antike geprägten Affektgebärden, auf die Renaissancekünstler wie Ghirlandaio oder Dürer zurückgriffen, um affektive »Superlative« zu gestalten.[4] Er nahm an, daß diese Ausdrucksschemata sich dem kollektiven Gedächtnis im dionysischen Taumel orgiastischer Rituale eingraviert haben und als energiegeladene Symbole überdauerten, bis der Ausdrucksbedarf späterer Zeiten sie erneut zur Entladung brachte.[5] Auch an der Astrologie der frühen Neuzeit interessierte Warburg das Nachleben antiker Vorstellungen.[6] Allerdings verband sich für ihn mit den griechischen Göttergestalten, die in der Astrologie seit der Spätantike als »Sterndämonen« figurierten, weniger die positive Möglichkeit leidenschaftlichen Ausdrucks als die verheerende Wirkung von Magie und Aberglauben. Die künstlerische Rezeption in der frühen Neuzeit konnte diesen Gefahren in Warburgs Sicht nur insoweit entgehen, als sie dem Sog der Dämonenfurcht widerstand und die Orientierungsleistung der Gestirnsymbole von ihren mythischen Überformungen sonderte.[7] Ausdrucksträger sind die Gestirne für Warburg also nur im negativen Sinn als Instrument irrationaler Ängste und Beherrschungsphantasien; ihre Entzauberung führt über die Ordnungsleistung des Bildes zum abstrakten Orientierungssystem der modernen Astronomie.[8]

Den Warburgschen Begriff der Pathosformel für einen Diskurs über Sternbilder fruchtbar zu machen erschiene in Anbetracht des Gesagten nur sinnvoll im Hinblick auf eine Kunstform, die sich das überlieferte expressive Potential der Sternsymbolik zunutze machte, ohne sich ihrer dämonischen Seite zu verschreiben. Eine solche ästhetische Aneignung würde dieselben Abstraktionsprozesse implizieren, die auch für das Nachleben der griechischen Affektgebärden konstitutiv sind: Zum einen muß der Künstler die »gefährliche Ladung« der antiken Symbole »isolieren«,[9] um nicht, wie Ernst Gombrich es formuliert, »von dem intensiven Leben, das sie ausstrahlen, überwältigt [zu] werden«.[10] Er kann sich dem »mörderischen Taumel«[11] der bacchantischen Rituale nicht hingeben, sondern muß sie im Bild auf Distanz halten, indem er das Dargestellte aus der illusionistischen Vergegenwärtigung löst. Dazu diente in der Renaissance, so Warburg, die Grisailletechnik des Stichs und der Zeichnung,[12] dieselbe Praxis der linearen Gestaltung, die auch die Gruppierung der Himmelskörper zu Sternbildern ermöglicht.[13] Zum anderen müssen die Ausdruckssymbole kontextunabhängig einsetzbar sein, um überhaupt als »Formeln« fungieren zu können; ihre ursprüngliche Affektrichtung muß sich, wie Warburg das bezüglich der pathetischen Gebärden gezeigt hat, variieren, ja sogar ins polare Gegenteil verkehren lassen. Die Sternbilder in Rilkes später Lyrik erfüllen diese Bedingungen. Sie sind gesättigt mit historischen Implikationen, sie werden in unterschiedlichen Zusammenhängen als emphatische Ausdrucksmittel eingesetzt, und sie stehen im Kontext einer hochgradig abstrakten, von illusionistischer Darstellung weit entfernten Poetik, die – wie die Stiche und Graphiken der Renaissance – die Kontur, die Umrißzeichnung favorisiert.[14] Insofern, das ist die erste These, von der ich im folgenden ausgehen möchte, ist es legitim, sie im Warburgschen Sinn als Pathosformeln zu beschreiben und danach zu fragen, wie sie die affektiven Prägungen der Antike ins Werk setzen.

Überdies entwirft Rilke in seinen späten Texten aber auch eine eigene Theorie des kulturellen Gedächtnisses, und zwar in bezug auf die dichterische Anverwandlung und Bewahrung der Dinge. Ähnlich wie Warburg, der das Symbol in Anlehnung an die Gedächtnistheorie Richard Semons als energetische Prägung, als »Engramm« konzeptualisierte und den so geschaffenen Energiespeicher in Metaphern des Bankwesens als eine kulturelle Goldreserve beschrieb – der Prägevorgang wäre im Rahmen dieser Metaphorik als Münzprägung vorzustellen[15] –, dachte sich Rilke das Gedächtnis der Dinge als immaterielle Wertanlage in Form gespeicherter »Schwingungen« oder »Intensitäten«.[16] Warburgs Formulierung »[d]er Leidschatz der Menschheit wird humaner Besitz«[17] könnte ganz ähnlich auch bei Rilke stehen. Die Sternbilder in Rilkes zehnter Elegie, auf die ich mich hier konzentrieren möchte, lassen sich, das wäre meine zweite These, nicht nur als künstlerische Realisierungen einer Pathosformel lesen, sondern auch als Bestandteil einer Metareflexion über die Formen und Möglichkeiten des kulturellen Gedächtnisses im Medium der Dichtung.

2. Das Sternbild als Modell der *memoria* in Rilkes zehnter Elegie

Nach Rilkes eigener Deutung verfolgen die *Duineser Elegien* ein poetologisches und kulturpolitisches Programm: Sie kreisen um die Frage, wie es angesichts der Entfremdungs- und Abstraktionsprozesse der Moderne noch möglich ist, die kulturellen Werte der Dingwelt vor dem Vergessen zu bewahren. Schon 1907 hatte Rilke den öffentlichen Widerstand gegen Rodins Plastiken mit einem allgemeinen Geltungsverlust der Dinge erklärt. In einer Gegenwart, die ihrem Inneren keine Form geben könne und deshalb »keine Dinge« mehr habe, wirke Rodins Kunst unzeitgemäß, gerade weil es ihr gelinge, die Vagheiten des modernen Seelenlebens in die Abgeschlossenheit autonomer »Kunst-Dinge« zu überführen.[18] Die Tendenz zur Abstraktion in der Malerei, die Rilke mit Skepsis beobachtete, schien diese Diagnose zu bestätigen.[19] Allerdings betraf seine These von der Hinfälligkeit der Dinge nicht nur das Problem des künstlerischen Ausdrucks, sondern vor allem auch die Gegenstände des täglichen Gebrauchs. Die über Generationen vererbten, von den Spuren menschlichen Umgangs gezeichneten Dinge des Alltags schienen ihm samt der in ihnen materialisierten kulturellen Identität bedroht durch den Schwund traditioneller Lebensformen und die Flut gesichts- und geschichtsloser Industrieprodukte. Die Erfahrung des Ersten Weltkriegs verstärkte Rilkes Sorge um das Fortbestehen der materiellen Kultur. Er betrachtete es als Aufgabe der Dichtung, diesem Verlust entgegenzuwirken und die Erinnerung an die historisch gewachsenen Beziehungen zwischen Mensch und Dingwelt aufrechtzuerhalten. »Die belebten, die erlebten, die *uns mitwissenden Dinge* gehen zur Neige und können nicht mehr ersetzt werden«, schrieb Rilke 1925 an Witold Hulewicz. »*Wir sind vielleicht die Letzten, die noch solche Dinge gekannt haben.* Auf uns ruht die Verantwortung, nicht allein *ihr* Andenken zu erhalten (das wäre wenig und unzuverlässig), sondern ihren humanen und larischen Wert. (›Larisch‹, im Sinne der Haus-Gottheiten.)«[20] Anders als in den Jahren seiner mittleren Schaffensperiode, in denen u.a. die *Neuen Gedichte* entstanden, konzipierte Rilke diese archivarische Funktion der Dichtung zur Entstehungszeit der *Duineser Elegien* nicht mehr nach dem Modell des skulpturalen »Kunst-Dings«. Zu den poetologischen Leitkonzepten des Spätwerks gehören im Gegenteil die Metaphern des Weltinnenraums und der Verwandlung ins »Unsichtbare«.[21] Angestrebt ist nicht mehr die Konsolidierung des bewegten Inneren im Kunst-Objekt, sondern die Transformation der Dinge in psychische Energie – ein Abstraktionsprozeß, der es dem Menschen ermöglichen soll, sich ein zweites, immaterielles Universum zu erschaffen, das die im Verfall begriffene Außenwelt supplementiert. Ich zitiere wiederum aus Rilkes Brief an Hulewicz:

> [...] unsere Aufgabe ist es, diese vorläufige, hinfällige Erde uns so tief, so leidend und leidenschaftlich einzuprägen, daß ihr Wesen in uns »unsichtbar« wieder aufersteht. [...] Die »Elegien« zeigen uns an diesem Werke, am Werke dieser fortwährenden Umsetzungen des geliebten Sichtbaren und Greifbaren in die unsichtbare Schwingung und Erregtheit unserer Natur, die neue Schwingungszahlen einführt in die Schwingungs-Sphären des Universums. (Da die verschiedenen Stoffe im Weltall nur verschiedene Schwingungsexponenten sind, so bereiten wir, in dieser Weise, nicht nur Intensitäten geistiger Art vor, sondern wer weiß, neue Körper, Metalle, Sternnebel und Gestirne.)[22]

Rilkes Vorstellung, die im leidenschaftlichen Prozeß der »Verwandlung ins Unsichtbare« entstehenden geistigen Schwingungen könnten sich zu »neue[n] Körper[n], Metalle[n], Sternnebel[n] und Gestirne[n]« verdichten, führt unmittelbar zu der Textstelle, die im Zentrum meiner weiteren Überlegungen stehen wird: zu den neuen Sternbildern im zweiten Teil der zehnten Duineser Elegie. Sie bilden die letzte Station einer Wanderung durch das »Leidland«, die eine »ältere Klage«, die personifizierte Elegie, mit einem »jungen Toten« unternimmt – man könnte von einem Initiationsweg sprechen, bei dem die Klage als Mystagogin auftritt. Bevor sie den Toten, der seinen weiteren Weg alleine zurücklegen muß, an der »Quelle der Freude« verabschiedet, zeigt sie ihm die »Sterne des Leidlands«:

Und höher, die Sterne. Neue. Die Sterne des Leidlands.
Langsam nennt sie die Klage: – Hier,
siehe: den *Reiter*, den *Stab*, und das vollere Sternbild
nennen sie: *Fruchtkranz*. Dann, weiter, dem Pol zu:
Wiege; *Weg*, *Das Brennende Buch*; *Puppe*; *Fenster*.
Aber im südlichen Himmel, rein wie im Innern
einer gesegneten Hand, das klar erglänzende ›*M*‹,
das die Mütter bedeutet ...... –[23]

Das Leidland, Tal der Klagen, ist das poetische Universum schlechthin, ein elegischer, nach innen gewendeter Parnaß. Hier läßt sich exemplarisch beobachten, wie die Dinge durch das dichterische Wort ins Unsichtbare verwandelt werden und sich dabei zu einer neuen, imaginären Welt zusammenfügen. Die Sternbilder markieren den Endpunkt dieses Vorgangs, sie sind im wörtlichen Sinne unsichtbar, oder, um einen anderen Rilkeschen Ausdruck zu verwenden, »gewußte Figur[en]«[24], Projektionen des Schauenden auf den bildlosen Nachthimmel.

Ohne den symbolischen Gehalt der »neuen« Sternbilder im einzelnen ausdeuten zu müssen, kann man festhalten, daß sie sich durchweg auf anthropologische Grenz- und Schwellensituationen beziehen: auf das Verhältnis des Menschen zum Tier und zu seinen unbelebten Ebenbildern (Reiter, Puppe), auf Fruchtbarkeit, Zeugung und Geburt (Fruchtkranz, Stab, Mütter, Wiege), auf die selbstgeschaffenen Verbindungen zwischen Innen und Außen, Hier und Dort, Diesseits und Jenseits (Weg, Fenster) sowie auf die Relationen zwischen Natur und Kultur, Geist und Materie, Bewahrung und Zerstörung etc. (Das Brennende Buch). Gestützt wird diese Lesart durch die Assoziationen, die sich bereits in früheren Werken Rilkes mit den genannten Gegenständen verbinden. Einige von ihnen – Reiter, Weg, Puppe, Fenster und Mütter – begegnen explizit als Motive Rilkescher Gedichte und Prosaschriften,[25] andere können mit bekannten Motiven assoziiert werden, der Fruchtkranz etwa mit den Früchten und dem Füllhorn oder der Stab mit geläufigen phallischen Symbolen wie dem Turm oder dem Baum. In den Sternzeichen des Leidlands hat Rilke also nicht nur Dinge verewigt, die auf hochgradig affektbesetzte Kollektiverfahrungen verweisen, sondern auch, gleichsam in Kurzschrift, seine eigenen, der poetischen Anverwandlung dieser Dinge gewidmeten Werke.

Um die kondensierte Schreibweise der *Duineser Elegien* zu erläutern, sprach Rilke davon, er habe, »statt die Posten anzureihen, die zum Ergebnis nötig waren«, häufig nur »lyrische Summen« genannt.[26] Mit Blick auf die Sternbilder des Leidlandes läßt sich ergänzen, daß die übersprungenen Summanden und Zwischensummen nicht erst bei der Abfassung der Elegien anfielen, sondern in frühere Phasen des Rilkeschen Werks zurückreichen. Die in der zehnten Elegie genannten »Summen«, die Namen der Sternbilder des Leidlands, sind komprimierte Resultate vergangener Dichtungsprozesse. Die Funktionsweise dieses lyrischen Abstraktionsverfahrens kann mit der menschlichen Wahrnehmungsstruktur verglichen werden, die das Erfinden von Sternbildern ermöglicht: Das Prinzip des Sternbilds basiert auf einer optischen Täuschung. Nur, weil wir die Sterne so wahrnehmen, als wären sie nebeneinander auf der Innenfläche einer Halbkugel angeordnet, können wir sie zu imaginären Gestalten verbinden. In Wirklichkeit sind sie unter Umständen viele Lichtjahre voneinander entfernt, und wir sehen nichts als die Projektion ihrer Strahlen. Analog verhält es sich mit der Konstellation der Sternbilder in Rilkes zehnter Elegie: Jenseits der Linearität der Aufzählung besitzen sie eine verborgene raum-zeitliche Tiefendimension. Die »lyrischen Summen«, hier die Namen der Sternbilder, ähneln als abstraktes Phänomen den Lichtpunkten am Himmel, deren entfernte Herkunft sich nur mit Hilfe technischer Geräte und astronomischer Berechnungen bestimmen läßt.

Wenn die in Sternbilder gegliederte Himmelssphäre in astronomischer Hinsicht eine flächige Zusammenstellung räumlich und zeitlich distanter Phänomene darstellt, so gilt das – die Forschungen Warburgs, seiner Weggefährten und Schüler haben es in eindrucksvoller Weise dargelegt – im selben Maße für ihren Charakter als ein kulturhistorisches Produkt, das astronomische, astrologische und mythologische Vorstellungen in sich vereinigt. In den Sternkarten der modernen Astronomie hat sich ein jahrtausendealtes Orientierungsprinzip gehalten, das auch den Praktiken der spätantiken und frühneuzeitlichen Astrologie als Grundlage diente. Die Namen zahlreicher Sterne stammen aus dem Arabischen, die Aufteilung des Himmels in Tierkreiszeichen geht auf Ägypter und Babylonier zurück, und noch heute werden die meisten Planeten und Sternbilder nach den Gestalten der griechischen Mythologie benannt. Die Sternkarte selbst besitzt also den Charakter eines kulturhistorischen Archivs, das Namen und Bilder aus verschiedensten Zeiten und Kulturräumen versammelt. Daß dies so ist, hängt nicht allein mit der langen Geschichte der Astronomie zusammen, sondern auch mit der Funktion des Sternenhimmels für die Erinnerungskultur der Antike wie der Neuzeit. Von mythologischen Gestalten und ihren Attributen, von Herakles oder von der Leier des Orpheus etwa, wird berichtet, daß die Götter sie zum Gedächtnis am Himmel verewigt haben. In römischer Zeit ist dieses Motiv in die Kaiserapotheose eingegangen,[27] und noch im 19. Jahrhundert schlugen deutsche Astronomen vor, das Sternbild Orion zum Gedenken an Napoleon auf dessen Namen umzutaufen.[28] Die im 17. und 18. Jahrhundert neu entdeckten Sternbilder sind nach exotischen Tieren und wissenschaftlichen Instrumenten benannt – sie erinnern an geographische und naturwissenschaftliche Forschungsleistungen.[29]

Rilkes neue Sternbilder knüpfen an diese Tradition der siderischen *memoria* an. Mit dem Verweis auf Reiter, Stab und Fruchtkranz ist allerdings nur ein Aspekt ihrer Erinnerungsleistung genannt. Denn über die Archivierung von Dingen in ihrer literarischen Anverwandlung hinaus geht es in den Duineser Elegien auch und mehr noch um Möglichkeiten und Formen der *memoria*, und zwar, so wieder Rilkes eigene Deutung, im Modus einer Reflexion historischer Gedächtnis-Modelle. In dem bereits zitierten Brief an Hulewicz schreibt Rilke in diesem Sinne:

> Die Erde hat keine andere Ausflucht, als unsichtbar zu werden: *in* uns, die wir mit einem Teil unseres Wesens am Unsichtbaren beteiligt sind, Anteilscheine (mindestens) haben an ihm, und unseren Besitz an Unsichtbarkeit mehren können während unseres Hierseins, *in* uns allein kann sich diese intime und dauernde Umwandlung des Sichtbaren in Unsichtbares, vom sichtbar- und greifbarsein nicht länger Abhängiges vollziehen, wie unser eigenes Schicksal in uns fortwährend *zugleich vorhandener und unsichtbar wird.* Die *Elegien* stellen diese Norm des Daseins auf: sie versichern, sie feiern dieses Bewußtsein. Sie stellen es vorsichtig in seine Traditionen ein, indem

> sie uralte Überlieferungen für diese Vermutung in Anspruch nehmen und selbst im ägyptischen Totenkult ein Vorwissen solcher Bezüge heraufrufen. (Obwohl das »Klageland«, durch das die ältere »Klage« den jungen Toten führt, *nicht* Ägypten *gleichzusetzen* ist, sondern nur, gewissermaßen, eine Spiegelung des Nillandes in die Wüstenklarheit des Toten-Bewußtseins.)[30]

Die von Rilke erwähnten ägyptischen Motive im Leidland der zehnten Elegie legen es nahe, Rilkes Ausführungen über die altertümlichen Traditionen der »Verwandlung ins Unsichtbare« speziell auf die zehnte Elegie und den Initiationsweg des jungen Toten zu beziehen und in den Sternbildern des Leidlandes das Zitat eines überlieferten *memoria*-Modells zu sehen. Man kann an dieser Stelle auch einen unmittelbaren Bezug zum ägyptischen Totenkult herstellen: Die Ägypter glaubten, daß ihre Könige nach dem Tod als Sterne zum Nordhimmel aufstiegen oder sich mit der Sonne vereinigten.[31] Bemerkenswert scheint mir vor allem, daß Rilke die metapoetische Dimension der Elegien explizit im Sinne einer Selbsthistorisierung beschreibt. Diese Perspektive läßt sich auf die gesamte Initiationserzählung in der zehnten Elegie übertragen: Rilke reflektiert hier die Genese seiner eigenen Poetik im Spiegel einer Geschichte der Schrift, an deren Ende wiederum die Sternbilder stehen. Im nun folgenden letzten Teil meines Beitrags möchte ich versuchen, diese Geschichte nachzuzeichnen.

3. Abstraktion, Schrift und Pathos

Der Initiationsweg des jungen Toten führt über eine Reihe von Stationen, deren Anordnung in mehrfacher Hinsicht als Progression beschrieben werden kann. So wird der horizontale Weg durch das Leidland überlagert von einer vertikalen Bewegung, die ausgehend von Bergbauschächten (Z. 57) durch eine ebene Ruinenlandschaft mit Tränenbäumen, »Felder[n] blühender Wehmut«, weidenden »Tiere[n] der Trauer« und flach fliegenden Vögeln (Z. 61–69) zum »erhabene[n] Sphinx« führt, hinter dessen Kopfbedeckung eine Eule hervorgescheucht wird (Z. 75–87). Es folgen, »höher«, die Sterne.[32] Parallel zu dieser Aufwärtsbewegung kann man, wenn man die einzelnen Stationen als Figuren auffaßt, eine Tendenz zur geometrischen Abstraktion beobachten, angefangen bei den dreidimensionalen Produkten des Bergbaus (Z. 58 f.) über die flächenhaften Felder und Blätter der Wehmut (Z. 65 f.) sowie die Umrißlinien des Vogelflugs (Z. 68 f.) und des Sphingen (Z. 87) hin zu den nur noch im Imaginären verbundenen Lichtpunkten der Sternbilder. Die dritte offensichtliche Progressionslinie ist zeitlicher Natur: Die Erläuterungen der Klage beginnen mit den Tätigkeiten der Väter, den Ruinen alter Burgen und Tempel sowie den Gräbern der Vorfahren und enden mit den »neuen« Sternen des Leidlands.

Die Erzählung der Klage muß als eine Geschichte der elegischen Dichtung gelesen werden – über nichts anderes kann eine Personifikation der Elegie sprechen, wenn sie von ihren Vorfahren berichtet. Und es ist möglich, in dieser Geschichte spezieller eine Geschichte der Rilkeschen Poetik zu sehen, beginnend mit dem skulpturalen Ideal Rodins, über den Rilke 1907 sagt, er habe »alles das Vage, Sich-Verwandelnde, Werdende, das auch in ihm war, ergriffen und eingeschlossen und hingestellt wie einen Gott […]. Als ob einer ein dahinstürzendes Metall aufhielte und es erstarren ließe in seinen Händen.«[33] Die Metapher des erstarrenden Metalls für den künstlerischen Schaffensprozeß kommt dem Bild vom »schlackig versteinerten Zorn« in der zehnten Elegie sehr nahe, und das »Stück geschliffenes Urleid« paßt als ein aufwendig gearbeitetes handwerkliches Produkt von großer Ausdrucksintensität ebenfalls in den Kontext der Rilkeschen Rodin-Verehrung. Auch die zweite Station der Wanderung, die Klage-Landschaft mit ihren Burg- und Tempelruinen, den Pflanzen und Tieren der Trauer läßt sich mit der mittleren, am Modell des Dings orientierten Phase von Rilkes Werk assoziieren – sie erinnert an die Bauwerke, Skulpturen, Pflanzen und Tiere in den *Neuen Gedichten*.[34] Die bogenförmige Kurve des Vogelflugs, die, wie schon Beda Allemann gesehen hat, eine von Rilkes bevorzugten poetischen Figuren ist, weil sie Bewegung und Kontur vereint,[35] begegnet in den Gedichten ab 1909, kurz vor jenen »Krisenjahren« also, in denen gemeinhin der Beginn des Spätwerks angesetzt wird. Mit dem »schriftliche[n] Bild seines vereinsamten Schreis«, das der Vogel des Leidlands in seinem flachen Fluge zeichnet, führt Rilke nach den mineralischen, tierischen und pflanzlichen Ding-Symbolen eine Form des lyrischen Ausdrucks ein, die keine Projektion des Leids in die Kompaktheit des Dings mehr ist, sondern ein abstrahierender Modus der Zeichnung zwischen Bild und Schrift. Oder um mit Warburg zu sprechen: Der dichterische Ausdruck kommt hier nicht mehr im brachialen Prägewerk ungefesselter Affektivität zustande, sondern in der distanzierten Grisailletechnik, einer Zeichenkunst, die Leid artikuliert, indem sie es in Kontur überführt. Die darauf folgende Station der Wanderung demonstriert diesen Vorgang besonders eindrücklich, und zwar als einen Mechanismus der *memoria*: Der monumentale Ausdruck der Totenklage im ägyptischen Sphinx wird durch das zarte Geräusch eines Eulenflügels, der seine Wange streift, in das »neue Totengehör« gezeichnet, als Umriß oder Schrift über ein »doppelt aufgeschlagenes Blatt«, aber auch »weich« wie in frisches Wachs, die biegsame Materie des Gedächtnisses. Nur in dieser reduzierten Form ist der Affekt der »Alten« für den »jungen« Toten faßbar – als sanftes Engramm im Ohr. Man kann diesen akustischen Übertragungsvorgang mit dem Aufsatz *Ur-Geräusch* von 1919 in Verbindung bringen, in dem Rilke von seiner kindlichen Faszination durch einen selbstgebauten Phonographen berichtet. Kernstück dieses frühen Tonaufzeichnungs- und -wiedergabegeräts war eine Membran, deren Schwingungskurve mittels einer Nadel in eine rotierende, mit Wachs überzogene Walze eingeritzt wurde. »[L]ieß man«, schreibt Rilke, »gleich darauf den eifrigen Zeiger seinen eigenen (inzwischen durch einen Firnis befestigten) Weg wieder verfolgen, so zitterte, schwankte aus der papiernen Tüte der eben noch unsrige Klang, unsicher zwar, unbeschreiblich leise und zaghaft und stellenweise versagend, auf uns zurück.«[36] Was den jungen Rilke an dieser Apparatur beeindruckte, war zum einen der »selbständige, von uns abgezogene und draußen aufbewahrte Klang«, zum anderen die graphische Übersetzung des Tons, »jene der Walze eingeritzten Zeichen«.[37] Die Erinnerung an dieses Erlebnis reizte ihn viele Jahre später zu dem Gedankenexperiment, das den Anlaß und Hauptgegenstand des Essays *Ur-Geräusch* bildete: zu der Idee, eine nicht durch akustische Schwingungen entstandene, sondern natürlich gewachsene Linie, die Kranznaht des menschlichen Schädels, mit dem Phonographen abzuspielen und auf diese Weise ins Hörbare zu übertragen. Eine weitere solche Linie, so zeigt die zehnte Elegie, bildet die Wange des Sphingen. Mit dem Phonographen gerät ein neues, historisch datierbares Medium der Erinnerung ins Spiel, das wie die Schrift und die Sternkarte nach dem Prinzip der Abstraktion funktioniert und das durch die Technik der Wachsgravur zum Gedächtnismodell geradezu prädestiniert ist.

Beim Versuch, die Stationen des Initiationswegs in der zehnten Elegie als Wegmarken der Rilkeschen Poetik zu beschreiben, zeichnet sich neben der zeitlichen Achse, der Aufwärtsbewegung und der Tendenz zur geometrischen Abstraktion eine weitere Progressionslinie ab, die vom reifizierten Affekt zum abstrakten Schriftzeichen führt. Auch diese Progression gipfelt natürlich in den Sternbildern, und zwar besonders im letzten, nicht mehr bildhaften, dem »›M‹, das die Mütter bedeutet«.[38] Dazwischen – die ägyptische Kulisse legt es nahe – stehen verschiedene Formen von Hieroglyphen, eine Folge deutlich konturierter Zeichen zwischen Bild und Schrift. »Tränenbäume«, »Felder blühender Wehmut« und »Tiere der Trauer« sind symbolische Verkörperungen dessen, was sie ausdrücken – in ihrer Bezeichnungsfunktion gleichen sie jenen ägyptischen Tier-Symbolen, die sich synekdochisch auf bestimmte Charakter- und Affektqualitäten beziehen.[39] Die beiden Konturzeichnungen, das »schriftliche Bild« des Vogelschreis und der Umriß, den die Eule in das Gehör des jungen Toten einschreibt, können dagegen, wie ein großer Teil der ägyptischen Hieroglyphen, als Phonogramme bezeichnet werden: Sie verweisen auf lautliche Zeichen, den »vereinsamten Schrei[]« des Vogels und den seinerseits bedeutungsträchtigen »Abstrich« der Eule. Hier wie bei den Sternbildern treten Zeichen und Bedeutung auseinander: Der affektive Gehalt, der als universales Signifikat der Zeichen des Leidlandes supponiert werden muß, steht erst am Ende einer mehrgliedrigen Kette von Signifikanten, die von den abstrakten Konturen (den Umrißzeichnungen bzw. den imaginären Verbindungen der Sterne) über Lautzeichen (den Vogelschrei und den Abstrich, die Namen der Sternzeichen) zu Dingsymbolen (dem Sphingen bzw. dem Reiter, dem Stab, dem Fruchtkranz etc.) reicht. Die Relationen zwischen diesen Kettengliedern sind zwar durch mechanische Übertragung (im Fall der Eule) oder durch figurale Analogien (im Fall der Sternbilder) motiviert. Aufgrund ihres hohen Abstraktionsgrades erscheinen sie jedoch intransparent und sind, wie die Funktion der älteren Klage als Mystagogin beweist, nur für Eingeweihte verständlich. Als eine esoterische Bilderschrift im Dienste der Totenklage, die verschiedene semiotische Prinzipien nebeneinander aufweist und dergestalt verschiedene Stufen der Schriftentwicklung dokumentiert, ähneln die Zeichen des Leidlandes einmal mehr dem System der ägyptischen Hieroglyphen.[40]

Die ägyptischen Grabinschriften sind jedoch nur eine mögliche Assoziation, die sich mit Rilkes Bilderschrift verbindet. Eine andere geht in die Richtung eines Zeichenrepertoires, für das Warburg in bezug auf die Astrologie den Ausdruck »Schicksalshieroglyphen« verwendete.[41] Schreie und Fluglinien der Vögel, Sternbilder und Handlinien bilden eine Geheimschrift, mit deren Hilfe kundige Leser der Antike und der frühen Neuzeit das Schicksal zu deuten versuchten. Auch in der zehnten Elegie figurieren diese Zeichen als Auguren: Die Sternbilder, der Sphinx und die Eule als ein Totenvogel verweisen auf die Schwellenerfahrungen Zeugung, Geburt und Tod. Aber für den jungen Toten, der gemeinsam mit der älteren Klage das Leidland durchquert, ist das frühe Ende keine dräuende Zukunft mehr, die sein Leben überschatten könnte. Im Modus der Klage sublimiert und verinnerlicht, wird das Schicksal vielmehr zu seinem immateriellen Besitz. Damit ist den mantischen und magischen Symbolen ihr dämonischer Charakter genommen. Der bittere Weg des Schicksals ist zu einem Lehrpfad geworden, flankiert nicht etwa von unheilvollen Boten dämonischer Sterngötter, sondern von einprägsamen Symbolen menschlichen Lebens und Leidens. Die Worte der Klage, die ja zugleich eine Führerin ist, weisen diese Symbole, namentlich die »neuen« Sternbilder, als Produkte der Dichtkunst aus, als eine menschengemachte Form des Ausdrucks und der Orientierung. In einem Widmungsgedicht zu den Elegien hat Rilke diese doppelte Funktion des Sternbilds explizit benannt:

> Nach so langer Erfahrung sei »*Haus*«,
> »*Baum*« oder »*Brücke*« anders gewagt;
> immer dem Schicksal eingesagt,
> sag es sich endlich *aus*!
> Daß wir das tägliche Wesen entwirrn,
> das jeder anders erfuhr,
> machen wir uns ein Nachtgestirn
> aus der gewußten Figur.[42]

Mit der Wendung vom »Einsagen« zum »Aussagen« realisiert Rilke jene polare Inversion, die für Warburg wesentlich zum Rezeptionspotential der Pathosformel gehört: Die Furcht vor der Schicksalsschrift der Sterne kehrt sich um ins Wagnis des Benennens.

Anmerkungen

1 Vgl. vor allem Wolfram Groddeck, »Sieh den Himmel. Heißt kein Sternbild ›Reiter‹?«, in: ders. (Hg.), *Gedichte von Rainer Maria Rilke*, Stuttgart 1999, S. 203–228, sowie ders., »Nachwort«, in: Rainer Maria Rilke, *Duineser Elegien. Die Sonette an Orpheus*, nach den Erstdrucken von 1923 kritisch hg. von Wolfram Groddeck, Stuttgart 1997, S. 137–155, hier S. 152–155.

2 Beda Allemann, *Zeit und Figur beim späten Rilke. Ein Beitrag zur Poetik des modernen Gedichtes*, Pfullingen 1961, bes. S. 70–86 (»Das Sternbild«); ders., »Rilke und Mallarmé: Entwicklung einer Grundfrage der symbolistischen Poetik«, in: Käte Hamburger (Hg.), *Rilke in neuer Sicht*, Stuttgart u.a. 1971, S. 63–82; in jüngerer Zeit auch Annette Gerok-Reiter, *Wink und Wandlung. Komposition und Poetik in Rilkes »Sonetten an Orpheus«*, Tübingen 1996 (= Studien zur deutschen Literatur 140), S. 249–254 (über die Sonette I,11 und I,28 der *Sonette an Orpheus*).

3 Vgl. Allemann, »Rilke und Mallarmé« (Anm. 2); zu Rilkes Figurkonzept im Verhältnis zu Paul Valéry vgl. u.a. Winfried Eckel, »Musik, Architektur, Tanz. Zur Konzeption nicht-mimetischer Kunst bei Rilke und Valéry«, in: Manfred Engel, Dieter Lamping (Hg.), *Rilke und die Weltliteratur*, Düsseldorf, Zürich 1999, S. 236–259.

4 Zu Warburgs Begriff der Pathosformel vgl. die einführenden Darstellungen von Fritz Saxl, »Die Ausdrucksgebärden der bildenden Kunst« (1932), in: Aby Warburg, *Ausgewählte Schriften und Würdigungen*, hg. von Dieter Wuttke, Baden-Baden [3]1992 (= Saecvla spiritalia 1), S. 419–431, und Ernst Gombrich, *Aby Warburg. Eine intellektuelle Biographie*, übers. von Matthias Fienbork, Frankfurt a.M. 1984, bes. S. 228–244.

5 Vgl. Gombrich, *Aby Warburg* (Anm. 4), S. 323–347.

6 Zu Warburgs astrologiegeschichtlichen Forschungen vgl. ebd., S. 245–304. Die einschlägigen Aufsätze, »Italienische Kunst und internationale Astrologie im Palazzo Schifanoja zu Ferrara« (1912), »Über Planetengötterbilder im niederdeutschen Kalender von 1519« (1908), »Heidnisch-antike Weissagung in Wort und Bild zu Luthers Zeiten« (1920) und »Orientalisierende Astrologie« (1926), sind enthalten in: Aby Warburg, *Gesammelte Schriften. Studien-*

ausgabe, Repr. der von Gertrud Bing unter Mitarbeit von Fritz Rougemont edierten Ausgabe von 1932, neu hg. von Horst Bredekamp, Michael Diers, Berlin 1998, 1. Abt., Band I.2 (*Die Erneuerung der heidnischen Antike. Kulturwissenschaftliche Beiträge zur Geschichte der europäischen Renaissance)*, S. 459–565, S. 627–657.

7 Zur progressiven »Entdämonisierung« der Sternbilder bei Luther und Dürer vgl. Warburg, »Heidnisch-antike Weissagung in Wort und Bild zu Luthers Zeiten« (Anm. 5), S. 487–558.

8 Die Dichotomie von Orientierung und Ausdruck ist grundlegend für Warburgs zweigeteiltes Werk; der Aspekt des Ausdrucks ist mit den Affektgebärden, der Aspekt der Orientierung mit den Sternzeichen assoziiert. Vgl. hierzu Gombrich, *Aby Warburg* (Anm. 4), S. 327, S. 378.

9 Ebd., S. 334.

10 Ebd.

11 Aby Warburg, »Einleitung zu *Mnemosyne*«, zit. nach Gombrich, *Aby Warburg* (Anm. 4), S. 331.

12 Vgl. Gombrich, *Aby Warburg* (Anm. 4), S. 334.

13 Zur Bedeutung der Umrißzeichnung für Warburg vgl. ebd., S. 105, S. 264 f. (in bezug auf die Sternbilder), S. 343.

14 Vgl. hierzu besonders die in Anm. 2 genannten Arbeiten von Beda Allemann.

15 Vgl. Gombrich, *Aby Warburg* (Anm. 4), S. 339 f.

16 Rainer Maria Rilke, An Witold Hulewicz, 13. 11. 1925, in: ders., *Werke*, hg. von Manfred Engel u. a., Frankfurt a. M., Leipzig 1996 (im folgenden RW), Band II (*Gedichte 1910 bis 1926*), S. 602, sowie die von Rilke skizzierte Vorrede für eine Vorlesung aus eigenen Werken, ebd., S. 671. Jürgen Söring, der Rilkes Poetik im übergreifenden Zusammenhang gesellschaftlicher und wissenschaftlicher Abstraktionsprozesse situiert, hat in diesem Rahmen auch seine Reaktion auf die Entmaterialisierung des Geldes (»Wertabstraktion«) hervorgehoben, vgl. Jürgen Söring, »Zu Rilkes poetischem Konzept im Abstraktionsprozeß der Moderne«, in: Engel, Lamping (Hg.), *Rilke und die Weltliteratur* (Anm. 3), S. 191–213, hier S. 197 f.

17 Warburg, *Handelskammer*, Notizbuch, 1928, zit. nach Gombrich, *Aby Warburg* (Anm. 4), S. 339.

18 Rainer Maria Rilke, »Auguste Rodin«, in: ders., *Sämtliche Werke*, hg. vom Rilke-Archiv in Verbindung mit Ruth Sieber-Rilke, Frankfurt a. M. 1965, Band V, S. 135–280, hier S. 240 f.

19 Hierzu sowie zu Rilkes Besorgnis über den Verfall der Dingwelt allgemein vgl. Hermann Meyer, »Die Verwandlung des Sichtbaren. Die Bedeutung der

modernen bildenden Kunst für Rilkes späte Dichtung«, in: ders., *Zarte Empirie. Studien zur Literaturgeschichte*, Stuttgart 1963, S. 287–336, S. 405–408.

20 Rilke, An Witold Hulewicz (Anm. 16), S. 602.

21 Vgl. hierzu das Gedicht *Es winkt zu Fühlung fast aus allen Dingen* (1914), in: RW II, S.113, sowie Rilkes Formulierungen in der siebten und neunten Elegie.

22 Rilke, An Witold Hulewicz (Anm. 16), S. 602.

23 Rainer Maria Rilke, »Die zehnte Elegie«, in: RW II, S. 230–234, hier S. 233.

24 Rainer Maria Rilke, »Zueignung, geschrieben für Frau A.G. Kröller«, in: RW II, S. 377.

25 Zu den Motiven des Reiters und des Weges vgl. *Die Sonette an Orpheus*, I,11, zum Weg außerdem das Gedicht *Der Gartenweg*, zur Puppe u.a. den Essay *Puppen* und die vierte Elegie, zum Fenster vgl. den französischen Gedichtzyklus *Les fenêtres*, zu den Müttern die eindringlichen Stellen in den *Aufzeichnungen des Malte Laurids Brigge*, den Zyklus *Das Marienleben* u.a.

26 Rainer Maria Rilke, An Nanny von Escher, 22. 12. 1923, in: RW II, S. 599.

27 Vgl. Wilhelm Gundel, *Sterne und Sternbilder im Glauben des Altertums und der Neuzeit*, Bonn, Leipzig 1922, ND Hildesheim 1981, S. 109f., S. 121.

28 Angel Bonov, *Sternbilder, Sternsagen. Mythen und Legenden um Sternbilder*, Leipzig u.a. [2]1990, S. 19.

29 Ebd., S. 14f.

30 Rilke, An Witold Hulewicz (Anm. 16), S. 602f.

31 Jan Assmann, Art. »Himmelsaufstieg«, in: Wolfgang Helck, Wolfgang Westendorf (Hg.), *Lexikon der Ägyptologie*, Wiesbaden 1977, Band II, Sp. 1206–1211, hier bes. Sp. 1208.

32 Vgl. zu dieser Aufwärtsbewegung auch den Kommentar in RW II, S. 689.

33 Rilke, »Auguste Rodin« (Anm. 18), S. 240f.

34 Die »Tränenbäume und Felder blühender Wehmut« lassen sich außerdem über den Schmerz als »Sinngrün« zu Beginn der zehnten Elegie sowie den Lorbeer und die Parallelisierung von Wort und Blume in der neunten Elegie auf die bekannte Metapher der Blume für das dichterische Wort zurückführen, vgl. z.B. die Metaphorik in Hölderlins *Hälfte des Lebens* und in Mallarmés *Avant-dire au »Traité du verbe« de René Ghil* (in: Stéphane Mallarmé, *Œuvres complètes*, hg. von Bertrand Marchal, Paris 2003, Band II, S. 677f., hier S. 678).

35 Allemann, *Zeit und Figur beim späten Rilke* (Anm. 2), S. 68–70.

36 Rainer Maria Rilke, »Ur-Geräusch«, in: RW IV (*Schriften*, hg. von Horst Nalewski), S. 699–704, hier S. 700.

37 Rilke, »Ur-Geräusch« (Anm. 36), S. 700, S. 702.

38 Vgl. zu diesem Sternzeichen auch den Beitrag von Wolfram Groddeck in diesem Band.

39 Jan Assmann hat diesen Bezeichnungsmodus ägyptischer Hieroglyphen im Unterschied zum »direkten« Modus der Ideogramme und Phonogramme den »metaphorischen Modus« genannt: »Im metaphorischen Modus bezeichnet das Bild eines Dinges nicht das Ding selbst, sondern eine Eigenschaft, die dieses Ding in paradigmatischer bzw. ›emblematischer‹ Weise verkörpert. Das Zeichen eines Krokodils z.B. kann einfach ›Krokodil‹ bedeuten: dann haben wir es mit dem direkten Modus zu tun. Es kann aber auch als Determinativ dienen in Worten, die ›Gier‹, ›gierig sein‹, ›Gewalttätigkeit‹, ›angreifen‹ usw. bedeuten. [...] Das Ding, hier: das Krokodil, bezeichnet nicht einfach das Wort oder den Begriff ›Krokodil‹, sondern einen Begriff von ›Krokodilhaftigkeit‹ als Inbegriff der (auf den Menschen übertragenen) Verhaltenseigenschaften des Krokodils. [...] Es gibt immerhin gut 20 Zeichen, sämtliche Tierbilder, die im metaphorischen Modus verwendet werden. Das schönste Beispiel ist das Zeichen für die Kuh, die ihr Kalb säugt und dabei zärtlich leckt. Das so determinierte Wort *3ms-jb* bedeutet ›froh sein‹.« (Jan Assmann, *Stein und Zeit. Mensch und Gesellschaft im alten Ägypten*, München 1991, S. 91.)

40 Vgl. zum System der Hieroglyphen und seiner historischen Schichtung Assmann, *Stein und Zeit* (Anm. 39), S. 76–92; ders., »Etymographie: Zeichen im Jenseits der Sprache«, in: ders., Aleida Assmann (Hg.), *Hieroglyphen. Stationen einer anderen abendländischen Grammatologie*, Archäologie der literarischen Kommunikation VIII, München 2003, S. 37–63; Wolfgang Schenkel, »Die ägyptische Hieroglyphenschrift und ihre Weiterentwicklungen«, in: Hartmut Günther, Otto Ludwig (Hg.), *Schrift und Schriftlichkeit. Writing and Its Use. Ein interdisziplinäres Handbuch internationaler Forschung. An Interdisciplinary Handbook of International Research*, Berlin, New York 1994, S. 289–297; Erich Winter, Art. »Hieroglyphen«, in: Ernst Dassmann u.a. (Hg.), *Reallexikon für Antike und Christentum*, Stuttgart 1991, Band XV, Sp. 83–103; Adelheid Schlott, *Schrift und Schreiber im Alten Ägypten*, München 1989, bes. S. 30–38. Zur Entstehungszeit der *Duineser Elegien* vertrat der Ägyptologe Adolf Erman die Theorie einer sukzessiven Entstehung der Hieroglyphenschrift: Die Ägypter hätten ursprünglich über eine reine Bilderschrift verfügt, aus der dann mit der Zeit die Konsonantenzeichen und Determinative entwickelt worden seien. Vgl. Adolf Erman, *Die Hieroglyphen*, Berlin, Leipzig 1912, durchges. ND 1917.

41 Vgl. Warburg, »Italienische Kunst und internationale Astrologie« (Anm. 6),

S. 459–482, hier S. 465. Über den »Hieroglyphendiskurs«, der diesen Wortgebrauch im Abseits der ägyptologischen Terminologie ermöglicht, vgl. A. und J. Assman, *Hieroglyphen* (Anm. 40).

42 Rilke, »Zueignung, geschrieben für Frau A. G. Kröller« (Anm. 24), S. 377.

Andrea Albrecht / Christian Blohmann

Dichter, Mathematiker und Sterndeuter. Hermann Brochs *Unbekannte Größe*

Die Lage des modernen Menschen bestimmt sich nach Alfred Döblin durch den »bestirnte[n] Himmel über [...] und die Eisenbahnschienen unter« ihm. Während der bestirnte Himmel seinen Platz in dieser Version des kantischen Aphorismus behaupten kann, setzt Döblin an die Stelle des »moralischen Gesetzes in uns« ein Symbol des technischen Fortschritts. Doch anstatt sich dem von der naturwissenschaftlich-technischen Intelligenz vorangetriebenen »Prozeß der Umseelung«[1] zu stellen, träten die mit der »Scheuklappe« der »scholastisch-humanistische[n] Schulbildung«[2] ausgestatteten Literaten den Manifestationen des »technischen Geistes« mit kulturpessimistischen Aversionen entgegen. Charles P. Snows These von den *Two Cultures* vorwegnehmend, beklagt Döblin, daß eine »Kluft zwischen den Geistigen – den Leuten, die sich um Kunst, Literatur, Philosophie, Geschichte kümmern – und denen, die Naturwissenschaft treiben«,[3] entstanden sei, die verhindere, daß die Lage des modernen Menschen angemessen reflektiert werde. Man habe, pointiert er, ja noch nicht einmal die »seelischen Konsequenzen« aus der Lehre »des Kopernikus«[4] gezogen. Dabei waren die Naturwissenschaften zum Zeitpunkt der Abfassung der Döblinschen Polemik 1924 bereits mit einem anderen Paradigmenwechsel befaßt, der es mit der Bedeutung von Kopernikus' *De revolutionibus orbium coelestium* aufnehmen konnte: Man befand sich auf dem Weg zur relativistischen Astrophysik, die in einer ›*zweiten* kopernikanischen Wende‹ nun auch den bestirnten Himmel ins Wanken bringen sollte.

Ein Schriftsteller, auf den Döblins Vorwurf nicht zutrifft, ist Hermann Broch, der zwischen 1925 und 1930 in Wien Mathematik und Physik studierte und sich unter anderem in seinem »astronomisch-mathematisch-erkenntnistheoretisch-nachtwandlerisch-vaterkomplexisch-introvertierten«[5] Roman *Die unbekannte Größe* (1933) mit den

»seelischen Konsequenzen« des naturwissenschaftlichen Weltbilds auseinandersetzte.[6]

1. Brochs naturwissenschaftlicher Blick auf die Kosmologie

Aus naturwissenschaftlicher Sicht – um die sich Hermann Broch bemühte – liegt die Bedeutung der kopernikanischen Wende vor allem in der Etablierung eines neues Leitprinzips der Naturerkenntnis: Das heliozentrische Bezugssystem war dem geozentrischen in der Vorhersage von Stern- und Planetenkonstellationen *praktisch* überlegen. Es war nicht wahrer oder folgerichtiger im System einer wie auch immer gearteten Naturontologie, vielmehr war es vorteilhafter für die Beschreibung der Himmelsbewegungen.[7] Galilei führte diese Kriterien der Funktionalität der Naturbeschreibung zu derjenigen Methode fort, die wir im Kern noch heute als die naturwissenschaftliche Methode ansehen: der Kreislauf von empirischer Naturbeobachtung, Verdichtung in quantitativen, mathematisch formalisierbaren Hypothesen und deren empirischer Verifizierung bzw. Falsifizierung.[8]
Broch wertete diesen Erkenntnisprozeß als eine »Bankrotterklärung der scholastischen Dialektik«. Das menschliche Erkenntnisstreben, heißt es in den *Schlafwandlern*, habe sich nach Kopernikus »nicht mehr um [die] Aufrechterhaltung der *biblischen* Kosmogonie [...], sondern um die ›wissenschaftliche‹ Beobachtung des Naturobjektes und um das Experiment, das mit ihm angestellt werden« konnte, bemüht.[9] In der Folge konnten im 18. Jahrhundert, nachdem es Kepler und Newton gelungen war, den noch ausstehenden mathematisch-naturgesetzlichen »Beweis« für die kopernikanische Kinematik zu liefern, nicht nur alle damals bekannten Planeten-, Mond- und Kometenbewegungen, sondern auch alle irdischen Kräfte quantitativ abgeleitet werden.[10] Die Erfolge der Laborphysik des 18. und 19. Jahrhunderts wurden in die Astronomie übertragen und zur Astrophysik zusammengeschlossen,[11] die die ersten gesicherten Erkenntnisse über die Beschaffenheit und Entstehung der Sterne zutage brachte. An die Stelle des scholastischen rückte so ein mechanistisches Weltbild mit nicht minder umfassendem Geltungs-

anspruch. Man befand sich, wie Broch konstatierte, in einer Phase der »Vergottung der ›Wissenschaftlichkeit‹«.[12]
Doch so umwälzend sich die wissenschaftlichen Fortschritte am Ende des 19. Jahrhunderts auch darstellten: Die eigentliche Moderne der Wissenschaft hatte noch keineswegs begonnen. Die rund 300 Jahre währende Kontinuität mechanistischer Anschauung wurde erst durch die Einsteinschen Relativitätstheorien und die Quantenmechanik abrupt beendet: Die Quantenmechanik erzwang die Abkehr vom naiven Determinismus der Mechanistik, die Relativitätstheorien – die wegen ihrer weltanschaulichen Konsequenzen sofort als wissenschaftliche Großtat eines neuen Kopernikus gefeiert[13] wurde – lösten die apriorische Unveränderlichkeit von Raum und Zeit in die Einsteinsche Dynamik des Raum-Zeit-Kontinuums auf. In den Worten Brochs wurde im Zuge dieser zweiten kopernikanischen Wende »das Sein [...] zu solcher Abstraktheit aufgelöst, daß es nach zwei Generationen sogar des Raumes beraubt werden konnte«.[14] So hatte die Physik der Moderne die menschliche Vorstellungskraft auf einen bescheidenen Erfahrungsbereich verwiesen, aber zugleich vom Totalitätsanspruch der Mechanistik befreit. Die »apodiktische Stellung«, heißt es bei Broch, »welche die Naturwissenschaft im 19. Jahrhundert eingenommen hat, ist kraft der *Selbstrevision des wissenschaftlichen Denkens* erschüttert«.[15] Das »Ziel der Wissenschaft, ein Totalitätsbild der Erkenntnis zu gewinnen«, habe sich als prinzipiell nicht zu erfüllender Wunsch entlarvt, womit zugleich der Dichtung eine neue Aufgabe zugewachsen sei: Sie hat unter den Bedingungen der Moderne »die Kosmogonie der Welt« abzubilden, inklusive ihrer naturwissenschaftlichen Elemente.[16]

2. Mathematik und Bildung in Brochs *Unbekannter Größe*

Der skizzierte Diskurs bildet die Folie, vor der sich Brochs Roman *Die Unbekannte Größe* als literarische Auseinandersetzung mit der Wissenschaft der Moderne zu erkennen gibt. Der Protagonist Richard Hieck arbeitet im Jahr des fiktiven Geschehens 1926/27 – also zu der Zeit, in der die durch Einstein, Bohr, Heisenberg, Hubble u. a. eingeleitete »Revolution der Physik«[17] ihren Lauf nimmt – als junger mathematischer Physiker an der Universität Wien. Seine Bildungsgeschichte, die ihn durch die Wissenschaft schließlich dem »Leben«[18] zuführt, wird vom Erzähler in teils satirischem, teils pathetischem Ton präsentiert. Das zunächst mathematische, dann astrophysikalische Wissen, dem Hiecks Ehrgeiz gilt, ist für diesen Prozeß keine kontingente Größe: Mathematisch-naturwissenschaftliche Bildung ist für Broch obligatorischer Bestandteil eines holistischen, an Goethe geschulten Bildungsideals: »Man muß immer wieder auf Goethe zurückgreifen«, heißt es in dem Essay *Denkerische und dichterische Erkenntnis*,

> weil Goethes Idee der ›Bildung‹ schon vor hundert Jahren der Dichtung eine Rolle zuwies, die, bei aller Festhaltung an der Autonomie der Kunst, deren Durchtränkung mit wissenschaftlichem Geist bereits in sich schließt und fordert: denn die kognitive Aufgabe der Dichtung [...] ist Fortsetzung der rationalen Erkenntnis über die rationale Grenze hinaus [...].

Damit antizipiert Goethe für Broch die um 1800 noch latente, Anfang des 20. Jahrhunderts dann aufbrechende Problematik der Moderne: das unaufhaltsame »Einfließen wissenschaftlichen Denkens in außerwissenschaftliche Lebensgebiete«,[19] nicht zuletzt in die Kunst, was Broch – und hier verkehrt seine Zeitdiagnose die Goethesche These vom Primat der Kunst[20] – von einem »Primat der Wissenschaft«[21] sprechen läßt. Während aber Goethe die von Newton betriebene Mathematisierung der Physik ablehnte, weil die Erfassung durch »Maß, Zahl und Zeichen«[22] an den Phänomenen der Erfahrungswirklichkeit »vorbeigreife«,[23] hält Broch die Mathematik für die unhintergehbare Denkform der modernen Wissenschaften.

Für seinen Protagonisten Hieck, der am Beginn seiner Laufbahn einen rein mathematischen Zugang zur Welt sucht, ist die Mathematik »ein helles Netz leuchtender Wirklichkeit, [...] ein kompliziertes Himmelsgeflecht wie die Welt selber«.[24] Mathematische Strukturen haben für ihn den geradezu platonischen Status eines stellaren Seins,[25] doch da er – nach Art der Intuitionisten[26] – von einer Korrelation zwischen logischer Deduktion und der realen Welt der Phänomene ausgeht, kann sein mathematisches Interesse auf Berechnung und Beherrschung der Wirklichkeit zielen,[27] er neigt dazu, die »übrige und nicht mathematische Welt«[28] – also das, was Goethe das Inkommensurable, Broch die

»unberechenbare Sphäre« nennt[29] – »vollständig und maßlos«[30] zu verachten.

Tatsächlich gelingt es ihm bald, in »mathematisches Neuland«[31] vorzustoßen. Sein mathematisches Kalkül interpretiert der Erzähler jedoch als einen kognitiven Prozeß, der nicht dem intuitionistischen, sondern dem formalistischen, Hilbertschen Programm der Mathematik entspricht. David Hilbert versuchte, die sogenannte Grundlagenkrise der Mathematik durch einen Rückzug auf ein formales Regelspiel mit mathematischen Symbolen zu umgehen. Beschränkt auf Kriterien der inneren Konsistenz, sah diese Form der Mathematik von Weltbezügen gänzlich ab und kann daher auch Hieck nicht zu einer Erfassung der Wirklichkeit außerhalb der Mathematik führen. »Aber«, so heißt es im Roman, »er wollte darüber nicht nachdenken [...]: zu reich war die Welt, erst mußte das Logische erledigt werden.«[32]

Hieck, das macht der satirische Ton des Erzählers deutlich, irrt sich: Mit seinen mathematischen Konstruktionen wird er dem Reichtum der Welt nicht auf die Spur kommen. Diese Einsicht disqualifiziert für Broch nicht etwa die Mathematik, sie bleibt für ihn die »Königin« der Wissenschaften.[33] Doch er demonstriert an seinem Protagonisten, daß sie sich weder in ihrer formalistischen noch in ihrer intuitionistischen Ausprägung dazu eignet, die Totalität des eigenen Lebens zu erfassen. Unausschreitbar, weil unendlich fortsetzbar, generiert sie per Konstruktion kein Ganzes, um das es dem Menschen nach Broch aber zu tun sein muß. So spürt schließlich auch Hieck, daß er »mit der Mathematik etwas erzwecken« wollte, das »außerhalb der Mathematik lag [...], doch er gelangte niemals über die internen mathematischen Zwecke hinaus«,[34] bis er sich, um sein finanzielles Auskommen zu sichern, genötigt sieht, eine Stelle an der Sternwarte anzutreten.

3. »Sie sind ein Sterngucker, Hieck.« Grenzprobleme der Erkenntnis

Durch den damit vollzogenen Schwenk von der Mathematik zur Physik[35] wird Hieck mit der Empirie konfrontiert, ein Sündenfall, wie sein Kollege Kapperbrunn meint, erscheint diesem doch wie Hilbert die

Abb. 1: Großer Refraktor der Universitätssternwarte in Wien

Mathematik als letzte »Insel der Anständigkeit«,[36] die von den ›Absurditäten‹ der modernen Physik – Relativitäts- und Quantentheorie – weitgehend verschont geblieben sei. Hieck selbst aber gewinnt, obwohl er die astronomische Sternbeobachtung für »mechanisch«[37] und »langweilig«[38] hält, schnell den Eindruck, daß »ihm gerade die Astronomie« den »tiefere[n] Sinn seines mathematischen Studiums« offenbart,[39] nicht zuletzt, weil die Sterne schon vor der professionellen Sternbeobachtung eine wichtige Rolle für ihn gespielt haben. Sterne tauchen den ganzen Roman über auf und überziehen den Text leitmotivisch mit einem Assoziationsnetz des Siderischen. Dabei dienen Sterne erstens als Metaphern. Der »Sterngucker«[40] Hieck meint nicht nur am Himmel, sondern überall Sterne zu sehen. So bewundert er die »Augensterne« seiner Freundin,[41] fühlt sich angesichts des Funkenschlags der Trambahn an ein »Tagfeuerwerk bläulicher Sterne«[42] erinnert und meint selbst in seinen mathematischen Arbeiten »sternenhafte Landschaft[en]«[43] zu entdecken. Zweitens stimulieren die realen Himmelsgestirne seine Imagination, erinnern an seine Kindheit;[44] ihnen werden astrologische, mythologische, religiöse und nicht zuletzt ästhetische Bedeutungen zugeschrieben, wenn vom leuchtenden Mond und von flutenden Sternen,[45] schicksalverkündenden Meteoren,[46] Orion und Venus,[47] aber auch dem »Stern[] von Bethlehem«[48] die Rede ist. Drittens stehen die Sterne für Hiecks Wunsch nach Klarheit und Helle,[49] sie motivieren, wie in Platons Höhlengleichnis, sein Streben nach Erkenntnis.[50]

Als astronomische Objekte treten die Sterne allerdings erst mit der Arbeit in der Sternwarte in den Blick. Doch die technische Beobachtung mit dem Refraktor läßt Hiecks unwissenschaftliche Beschäftigung mit den Sternen nicht obsolet werden. Obwohl er weiß, daß »Astronomie mit Sternenpracht kaum etwas zu schaffen« hat, nutzt er den unter dem nächtlichen Sternenhimmel zu absolvierenden Weg zur Sternwarte zu intensiven erhabenen Sternenerfahrungen, also zu der vielleicht konventionellsten Form des Sternerlebens. Das Erhabenheitserlebnis entspringt dabei – hier folgt Broch der kantischen Ästhetik – einer Unendlichkeitserfahrung. Obwohl er »berufsmäßig schon an sie gewöhnt sein müßte«, überwältigt Richard angesichts des nächtlichen Sternenhimmels immer wieder das »erregende Bewußtsein [...] jener übermachtigen Dimensionen, die sonderbarerweise in die Seele eines jeden Menschen die Spur göttlicher Ewigkeit einprägen«.[51] Wiederholt überfällt ihn beim Aufstieg zur Sternwarte das Gefühl einer »vieldeutige[n] Unsicherheit des Seins«,[52] dessen er sich mal durch astronomische Berechnungen der »Sternentfernungen«,[53] mal durch das stoische Vergegenwärtigen der fahrplanmäßigen Regelmäßigkeit und Eindeutigkeit der Himmelsmechanik[54] zu entledigen versucht. Durch die szientifischen Rationalisierungsstrategien stellt sich jedoch keine Beruhigung ein. Immer wieder werden seine Gedanken vom Irrationalen durchkreuzt – eine Erfahrung, die Hieck schließlich sogar dazu veranlaßt, sich zu Phantasien einer Trennung von berechenbarer und unberechenbarer Sphäre[55] bzw., ins Anthropologische verschoben, von Geist und Körper[56] zu versteigen.

Dieser innere Konflikt steigert sich zu einem psychologischen Höhepunkt, als Hieck seiner Schülerin Ilse Nydhalm seinen Arbeitsplatz am Refraktor zeigt. Was durch die Gespräche im physikalischen Institut trotz offenkundiger gegenseitiger Sympathie nicht gelingt, gelingt in der Sternwarte: Richard und Ilse kommen sich näher. Allerdings erfolgt die Annäherung auf eine für Richard typische, umständliche Weise, die der Erzähler wiederum in satirischem Ton präsentiert. Anstatt sich die erotische Dimension der Zusammenkunft einzugestehen, beginnt Richard »[s]chon auf der Straßenbahn [...] den Einsteinschen Makrokosmos zu entwickeln«.[57] Im Bemühen, dem erotischen Begehren auszuweichen, erläutert er Ilse die nichteuklidischen Grundlagen der Relativitätstheorie samt kosmologischen Konsequenzen.

Überraschenderweise läßt sie sich nach anfänglicher Unsicherheit fasziniert auf die wissenschaftlichen Erörterungen ein, ganz anders als Goethes Meister, der in einer ähnlich angelegten Sternwartenepisode in den *Wanderjahren* sich angesichts des Sternenhimmels erst die Augen zuhält und sich dann, nach dem Blick durch ein »vollkommenes Fernrohr«,[58] sowohl über die Wirklichkeitsverzerrungen als auch über die entsittlichenden Konsequenzen dieses Blicks empört, um kurz darauf die astronomische durch eine geträumte Sternwahrnehmung zu überblenden.[59] Ilse dagegen macht simultan zu Richards Ausführungen eine die wissenschaftliche Erkenntnis übersteigende Erfahrung, sie gerät, wie man mit Musil sagen könnte, in einen »anderen Zustand«, in dem

sich ihr ein »Zusammenhang [...] zwischen Denkbarem und Erlebbarem« offenbart, dem rational nicht beizukommen ist, der sich dennoch *nur* auf rationalem Weg einstellt, auch wenn er »weder mit mathematischen Formeln noch mit irgendeinem Wort ausdrückbar« wäre.[60] Dem designierten Höhepunkt der Sternwartenführung, dem Blick durch den Refraktor, kommt dabei nur eine marginale Bedeutung bei. Die lapidar geschilderte Beobachtung eines »milchige[n] Etwas mit ungenauen Rändern, die sich leicht zu bewegen schienen«,[61] katalysiert Ilses mystische Erfahrung, stellt aber zugleich dem psychoanalytisch geschulten Leser, der sich an »ejakulierte[s] Sperma«[62] erinnert fühlen mag, die Verdrängung des Erotischen umso schärfer vor Augen. Hieck hingegen spürt nur, daß »[i]rgend etwas« nicht stimmt. Er besinnt sich auf sein Ziel, »die ganze Welt im Spiegel der Mathematik zu erfassen« und somit durch die Anhäufung von Erkenntnis zur Unsterblichkeit zu gelangen: »Wem es gelungen ist, so viel Erkenntnis zu erreichen, daß er das gesamte Geschehen umfaßt«, verkündet er, der sei »unsterblich ...«.[63]
Mit diesem entgrenzten Erkenntnisanspruch ist Hieck jedoch nicht nur moralisch, sondern auch wissenschaftlich auf einem fragwürdigen Höhepunkt seiner intellektuellen Hybris angelangt. Zum einen entsprach der Refraktor der Wiener Sternwarte dem Stand der 1880er Jahre, und so mochte etwa der Andromedanebel schon aus technischen Gründen Ilse als kaum mehr als das »milchige Etwas« erschienen sein. Mit diesem Gerät hätte Hieck unter keinen Umständen wissenschaftliche Unsterblichkeit erlangen können. Zum anderen hatte Hubble 1923 experimentell belegen können, daß eben dieser Andromedanebel weit außerhalb unserer Galaxis liegt, und im Verlauf der 1920er Jahre ein Gesetz gefunden, nach dem die Rotverschiebung ferner Galaxien, die als Fluchtgeschwindigkeit interpretiert werden konnte, linear mit ihrem Abstand zunahm.[64] Diese empirische Tatsache stützte kosmologische Modelle eines expandierenden Universums, implizierte aber die epistemologische Zumutung, Bereiche der Raumzeit vorauszusetzen, die hinter dem Ereignishorizont der Erde lagen und sich so der Beobachtung *prinzipiell* entzogen.

Die Sterne markierten also auch weiterhin die Grenzen des menschlich Erkennbaren und Erreichbaren, doch sind es seit dem frühen 20. Jahrhundert nicht mehr allein die mythologischen, astrologischen und theologischen Projektionen, die »Material für eine Auseinandersetzung mit der Dichotomie zwischen Ratio und Mythos« bieten,[65] sondern die Entdeckungen der exakten Wissenschaften selbst. »[T]rotz ihrer scheinbar unanfechtbaren Exaktheit« führen, wie es bei Broch heißt, die moderne Mathematik und die moderne Physik auf geradezu paradoxe Weise »immer aufs neue zu diesen letzten Grenzproblemen der Erkenntnis« hin.[66]

Hieck gelangt erst spät zu dieser Einsicht, obwohl ihm im Zusammenhang seiner Forschung bereits ahnungsweise klar geworden war, daß die rationalen Erkenntnisse »immer nur ein geringer Teil des ahnenden Erlebens und der unendlichen und kosmischen Fernsicht«[67] bleiben. Zur bewußten Erkenntnis wird diese Ahnung durch ein Memento mori, mit dem der Roman ziemlich konventionell zum Abschluß gebracht wird. Am Grab seines Bruders offenbart sich Hieck der »Zusammenhang seiner erschreckenden tödlichen Endlichkeit mit der Unendlichkeit des

Abb. 2: Andromeda-Galaxie, vom Hubble-Weltraumteleskop aufgenommen (STScI / NASA)

Kosmos«[68] und veranlaßt ihn zu einer grundlegenden Selbstbeschränkung seines intellektuellen Strebens.

4. »Vereinigung der Sphären« im Symbol. Literatur und Wissenschaft in der Moderne

»Sie sind kein moderner Mensch, Hieck. [...] Sie sind ein Sterngucker, und solche Narren hat es immer gegeben«, bemerkt Kollege Kapperbrunn und gibt damit Anlaß zu der Frage, ob der Paradigmenwechsel zur modernen Wissenschaft für Hieck und die Conclusio des Romans Relevanz hat. Ist es mit der Erkenntnis nicht, wie Hieck meint, »zu allen Zeiten das nämliche gewesen«,[69] also belanglos, ob man sich diesseits oder jenseits der Moderne der Wissenschaften befindet?

Für Brochs Selbstverständnis als Dichter war der naturwissenschaftliche Paradigmenwechsel von elementarer Bedeutung, weil er auch eine »Neufundierung« der nicht-exakten Disziplinen, etwa der Philosophie und Dichtung, ermöglichte, wenn nicht erzwang.[70] So habe sich die Philosophie, konstatiert er in einem Beitrag zu Joyce, auf »›exaktere‹ Themen zurück[]ziehen«[71] müssen. Die im »Geist wissenschaftlicher Weltauffassung«[72] von den radikalen Empiristen des Wiener Kreises propagierte Trennung von Erkennen und Erleben sowie ihre Suspension metaphysischer und ethischer Fragen habe aber zugleich dazu geführt, daß die »brennendsten Fragen aus« dem »logischen Raum« entfernt oder mit Wittgenstein »ins Mystische« verwiesen würden,[73] also trotz ihrer perennierenden Aktualität in der Moderne unbeantwortet bleiben müßten – gäbe es nicht die Dichtung. Um unter den Bedingungen der Moderne »einen eigenen Erkenntniswert«[74] beanspruchen zu können, habe sich zwar auch die Literatur der Verwissenschaftlichung zu stellen, sie müsse »erkenntnisdurchtränkt«[75] sein. Da aber Literatur »nicht imstande« sei, »die Welt wirklich in ihrer Realität zu schildern«, dürfe sie gar nicht erst anstreben, wie der Naturalismus oder die Neue Sachlichkeit postulierten, »die Aufgabe der Wissenschaft« zu übernehmen,[76] sondern sie solle sich auf *diejenigen* Probleme konzentrieren, die »von der Wissenschaft ausgeschieden« würden, weil sie »einer rationalen Behandlung überhaupt nicht« oder noch nicht zugänglich seien.[77] Durch den privilegierten Zugriff auf das Nichtrationale aber erwächst der Literatur in Brochs Poetologie eine spezifische Aufgabe: Sie allein könne ein »Totalitätsbild der Erkenntnis« liefern und eine »Vereinigung zwischen allen rationalen und irrationalen Elementen des Lebens [...] erzielen« – ein, wie Broch selbst zugibt, »etwas pathetische[r]« Anspruch.[78]

In der *Unbekannten Größe* sucht Broch dieser Aufgabe durch eine poetische »Simultantechnik« zu genügen. Darunter versteht er ein an Joyce' Texten beobachtetes Verfahren der Verdichtung der Symbolstrukturen. Im narrativen Prozeß sollen »Symbolketten« so zusammenlaufen, daß sich schließlich »alle Schichten der allegorischen Darstellung [...] übereinander«[79]schieben und den Wunsch nach einem »Totalitätsbild« auf »symbolhafte«[80] Weise erfüllen.

Das in dieser Hinsicht zentrale Symbol der *Unbekannten Größe* sind die Sterne. Sie werden, wie wir gesehen haben, erstens mit astrologischen, mythologischen, religiösen, platonisch-philosophischen, ästhetischen, aber auch sexuellen Bedeutungen assoziiert, sind zweitens Objekte des wissenschaftlichen Erkenntnisstrebens und stehen drittens für Brochs epistemologische Einsicht, daß das »Ziel der Erkenntnis [...] außerhalb der Erkenntnis« liege.[81] Die wissenschaftliche und unwissenschaftliche Zuschreibungen verschränkende und simultanisierende Symbolbedeutung entfaltet Broch sukzessive in der literarischen Narration, diskursanalytisch formuliert: in der interdiskursiven, nicht-exakten Qualität literarischer Rede, die die Sterne im Verlauf der Erzählung zu einem mehrfach kodierten Kollektivsymbol werden läßt. Sie werden zum Kristallisationspunkt divergierender Symbolketten und stehen für die »Vereinigung« der berechenbaren und der unberechenbaren »Sphären im Symbol«.[82] So halten sie die schon im Titel des Romans benannte »Unbekannte Größe« sichtbar und präsent, die der Mensch seit Jahrtausenden von sich fernzuhalten und zugleich zu erreichen bemüht ist, die ihm aber auch immer wieder die Begrenztheit seiner Erkenntnis als Einsicht in die »schmerzliche Komik der Kreatur«,[83] ihr vergebliches Streben nach einer vollständigen Rationalisierung seiner Lebenswelt, vor Augen führt. Und so wird nicht nur Hieck, sondern auch Hermann Broch im Laufe des Bildungsprozesses bzw. des Romans mehr und mehr zum »Sterndeuter«,[84] der am Beispiel der Sterne die »Fortsetzung der rationalen Erkenntnis über die rationale Grenze hinaus« führt.

Anmerkungen

1 Alfred Döblin, *Der Geist des naturalistischen Zeitalters* (1924), in: ders., *Ausgewählte Werke in Einzelbänden. Schriften zu Ästhetik, Poetik und Literatur*, hg. von Erich Kleinschmidt, Olten, Freiburg 1989, S. 168–190, hier: S. 173.

2 Ebd., S. 169.

3 Döblin, *Naturerkenntnis, nicht Naturwissenschaft* (1923), in: ders., *Ausgewählte Werke in Einzelbänden. Kleine Schriften II*, hg. von Anthony W. Riley, Olten, Freiburg 1990, S. 346–348, hier: S. 346.

4 Döblin, *Geist des naturalistischen Zeitalters* (Anm. 1), S. 190.

5 Bertolt Hack, Marietta Kleiß (Hg.), *Hermann Broch – Daniel Brody. Briefwechsel 1930-1951*, Frankfurt a. M. 1971, S. 280.

6 Vgl. Willy Riemer, »Mathematik und Physik bei Hermann Broch«, in: Paul Michael Lützeler (Hg.), *Hermann Broch*, Frankfurt a. M. 1986, S. 260–271; Elisabeth Schlant, »Hermann Broch and Modern Physics«, in: *The German Review* 53 (1978), S. 69–75; Theodore Ziolkowski, »Hermann Broch und die Relativität im Roman«, in: Manfred Durzak (Hg.), *Hermann Broch. Perspektiven der Forschung*, München 1972, S. 315–327.

7 Vgl. John North, *Viewegs Geschichte der Astronomie und Kosmologie*, übers. von Rainer Sengerling, Braunschweig, Wiesbaden 1997, S. 191 ff.

8 Vgl. Bernulf Kanitscheider, *Wissenschaftstheorie der Naturwissenschaft*, Berlin 1981.

9 Hermann Broch, *Die Schlafwandler. Eine Romantrilogie*, in: ders., *Kommentierte Werkausgabe*, hg. von Paul Michael Lützeler, Frankfurt a. M. ^{4}1986, Band I, S. 536.

10 Vgl. North, *Viewegs Geschichte der Astronomie* (Anm. 7), S. 237 ff.

11 Ebd., S. 276 ff.

12 Hermann Broch, *Denkerische und dichterische Erkenntnis* (1933), in: ders., *Werkausgabe* (Anm. 9), Band IX/2, S. 43–49, hier: S. 43.

13 Vgl. Carsten Könneker, *Auflösung der Natur – Auflösung der Geschichte: moderner Roman und NS-Weltanschauung im Zeichen der theoretischen Physik*, Stuttgart 2001.

14 Broch, *Schlafwandler* (Anm. 9), S. 497 f.

15 Broch, *Denkerische und dichterische Erkenntnis* (Anm. 12), S. 48.

16 Hermann Broch, *Das Weltbild des Romans* (1933), in: ders., *Werkausgabe* (Anm. 9), Band IX/2, S. 89–118, hier S. 115 f.

17 Hermann Broch, *Die Unbekannte Größe* (1933), in: ders., *Werkausgabe* (Anm. 9), Band II, S. 13.

18 Ebd., S. 142.

19 Broch, *Denkerische und dichterische Erkenntnis* (Anm. 12), S. 45 f.

20 Vgl. Johann Wolfgang Goethe, *Der Sammler und die Seinigen*, in: ders., *Werke. Hamburger Ausgabe*, hg. von Erich Trunz, München 1978 ff. (überarb. Aufl.), Band XII, S. 84.

21 Broch, *Denkerische und dichterische Erkenntnis* (Anm. 12), S. 43.

22 Johann Wolfgang Goethe, *Maximen und Reflexionen*, Nr. 502, in: ders., *Werke* (Anm. 20), Band XII, S. 434.

23 Ebd., Nr. 488, S. 432.

24 Broch, *Unbekannte Größe* (Anm. 17), S. 39.

25 Vgl. Carsten Könneker, »Moderne Wissenschaft und moderne Dichtung. Hermann Brochs Beitrag zur Beilegung der ›Grundlagenkrise‹ der Mathematik«, in: *Deutsche Vierteljahresschrift für Literaturwissenschaft und Geistesgeschichte* 73 (1999), S. 319–351.

26 Vgl. Herbert Mehrtens, *Moderne – Sprache – Mathematik. Eine Geschichte des Streits um die Grundlagen der Disziplin und des Subjekts formaler Systeme*, Frankfurt a.M. 1990.

27 Broch, *Unbekannte Größe* (Anm. 17), S. 39.

28 Ebd., S. 65.

29 Ebd., S. 127.

30 Ebd., S. 65.

31 Ebd., S. 22.

32 Ebd., S. 64.

33 Ebd., S. 56.

34 Ebd., S. 30.

35 Ebd., S. 12.

36 Ebd., S. 14.

37 Ebd., S. 41.

38 Ebd., S. 43.

39 Ebd., S. 25.

40 Ebd., S. 140.

41 Ebd., S. 139.

42 Ebd., S. 32.

43 Ebd., S. 22.

44 Ebd., S. 16.

45 Ebd., S. 44 f.

46 Ebd., S. 35, S. 99.

47 Ebd., S. 25.

48 Ebd., S. 32.

49 Ebd., S. 25.

50 Vgl. Gisela Roethke, *Zur Symbolik in Hermann Brochs Werken. Platons Höhlengleichnis als Subtext*, Tübingen 1992, S. 42–75.

51 Broch, *Unbekannte Größe* (Anm. 17), S. 43.

52 Ebd., S. 129.

53 Ebd., S. 45.

54 Ebd., S. 74.

55 Ebd., S. 129.

56 Ebd., S. 118 f.

57 Ebd., S. 89.

58 Johann Wolfgang Goethe, *Wilhelm Meisters Wanderjahre*, in: ders., *Werke* (Anm. 20), Band VIII, S. 120.

59 Vgl. Barbara Hunfeld, »Das sprachlose All und der Kosmos der Sprache. Zur Sternwartenszene in Goethes Wilhelm Meisters Wanderjahren«, in: Claudia Benthien u. a. (Hg.), *Über Grenzen. Limitation und Transgression in Literatur und Ästhetik*, Stuttgart u. a. 1999, S. 38–60.

60 Broch, *Unbekannte Größe* (Anm. 17), S. 96 f. Vgl. zum zeittypischen, nicht nur von Broch postulierten Zusammenhang von Logik und Mystik Anja Grabowsky-Hotamanidis, *Zur Bedeutung mystischer Denktraditionen im Werk von Hermann Broch*, Tübingen 1995.

61 Ebd., S. 94.

62 Ernestine Schlant, »Brochs Roman ›Die Unbekannte Größe‹ (1933). Mit Hinweisen zum Filmskript ›Das Unbekannte X‹ (1935)«, in: Lützeler, *Hermann Broch* (Anm. 6), S. 110–134, hier: S. 117.

63 Broch, *Unbekannte Größe* (Anm. 17), S. 98 f.

64 Daß Broch über diesen Zusammenhang gut informiert war, belegt die im Filmskript *Das Unbekannte X* vorgenommene Verlegung der Handlung an Hubbles Wirkungsstätte: das Mount Wilson Observatory.

65 Elisabeth Emter, *Literatur und Quantentheorie. Die Rezeption der modernen Physik in Schriften zur Literatur und Philosophie deutschsprachiger Autoren (1925–1970)*, Berlin u. a. 1995, S. 7.

66 Broch, *Unbekannte Größe* (Anm. 17), S. 121.

67 Ebd., S. 63 f.

68 Broch, *Das Weltbild des Romans* (Anm. 16), S. 109 f.

69 Broch, *Unbekannte Größe* (Anm. 17), S. 140.

70 Broch, *Denkerische und dichterische Erkenntnis* (Anm. 12), S. 48 f.

71 Hermann Broch, *James Joyce und die Gegenwart. Rede zu Joyces 50. Geburtstag* (1936), in: ders., *Werkausgabe* (Anm. 9), Band IX/1, S. 63–94, hier: S. 84.

72 Rudolf Carnap, Hans Hahn, Otto Neurath, »Wissenschaftliche Weltauffassung – Der Wiener Kreis«, in: *Veröffentlichung des Vereins Ernst Mach*, Wien

1929, S. 9–30, hier S. 12. Vgl. Michael Roesler-Graichen, *Poetik und Erkenntnistheorie. Hermann Brochs* Tod des Vergil *zwischen logischem Kalkül und phänomenologischem Experiment*, Würzburg 1994, S. 56 ff.

73 Broch, *Joyce und die Gegenwart* (Anm. 71), S. 85.

74 Broch, *Das Weltbild des Romans* (Anm. 16), S. 114.

75 Broch, *Joyce und die Gegenwart* (Anm. 71), S. 83.

76 Broch, *Das Weltbild des Romans* (Anm. 16), S. 114.

77 Broch, *Schlafwandler* (Anm. 9), S. 719.

78 Broch, *Das Weltbild des Romans* (Anm. 16), S. 116 f.

79 Broch, *Joyce und die Gegenwart* (Anm. 71), S. 75.

80 Broch, *Das Weltbild des Romans* (Anm. 16), S. 116. Vgl. zum Symbol Ernestine Schlant, *Die Philosophie Hermann Brochs*, Bern 1971, S. 97 ff.

81 Broch, *Unbekannte Größe* (Anm. 17), S. 107.

82 Ebd., S. 121.

83 Broch, *Joyce und die Gegenwart* (Anm. 71), S. 89.

84 Broch, *Unbekannte Größe* (Anm. 17), S. 39.

Stefan Willer

»Die scheinbar erdenfernste aller Wissenschaften« Arno Schmidts astronomische Orientierungen

Asteriscus illucescere facit.

Hamann, Aesthetica in nuce

Was die Menge von Referenzen auf den bestirnten Himmel angeht, kann es wohl kein deutschsprachiger Schriftsteller der Nachkriegsjahrzehnte mit Arno Schmidt aufnehmen. Die Häufigkeit des Motivs trägt entscheidend zu dem bei, was man Schmidts astronomische Orientierungen nennen kann – was also das bloß Stoffliche des Motivs bereits überschreitet und statt dessen die *Motivationen* des Schreibens offenlegt: sichtbar macht, wie und woraufhin sich Autorschaft ausrichtet und entwirft.[1] Der Griff zu den Sternen steht bei Arno Schmidt exemplarisch für eine Poetik, die auf dem Wechselbezug von Experimentierfreude und rigoroser, ja positivistischer Detailtreue beruht. Daher bedarf für Schmidt der Bezug auf Gestirne unabdingbar des Wissens über die Astronomie, die »scheinbar erdenfernste aller Wissenschaften« (III, 3, 313), wie es in einem Essay aus den fünfziger Jahren heißt.[2] Auf den Zusammenhang von Wissenschaftlichkeit, Erdenferne und Scheinbarkeit möchte ich im folgenden einige Schlaglichter werfen.[3]

Ein Sternenfreund

Im Jahr 1948, in den ersten Monaten seiner beginnenden Nachkriegsexistenz als freier Schriftsteller, schrieb der vierunddreißigjährige Arno Schmidt einen fiktiven Lehrbrief an seinen Schwager Werner Murawski, datiert auf den November 1943. Zu diesem Zeitpunkt war der Adressat, wie einer angefügten Notiz zu entnehmen ist, gerade in Rußland gefallen. In dem Brief heißt es, jeder Autor müsse danach streben, ein »Polyhistor« zu werden (III, 3, 52). Zu diesem Zweck wird ein »Kursus« entworfen, »den jeder Denker durchlaufen *muß*, wenn er überhaupt von uns gehört werden will : zur Erkenntnis unserer räumlichen Situation : Mathematik, Astronomie, Geographie; zum Überblick über die zeitlichen Verhältnisse : Geologie, Paläontologie, Geschichte; zur Orientierung in seiner Umwelt : rezente Biologie, Physik, Chemie, Kulturgeschichte« (III, 3, 50). Als genaues Gegenbild eines solchen wissenden und denkenden Schriftstellers nimmt sich der Verfasser keinen Geringeren als Goethe vor, der von nun an in seinen Texten immer wieder als schlechtes Beispiel herhalten muß.[4] Der Vorwurf, den Schmidt in seinem frühen Brief gegen Goethe erhebt, ist der einer philosophischen Ignoranz, eines Nicht-Wissen-Wollens, das exemplarisch an der Astronomie festgemacht wird: »die Astronomie z. B. war ihm unerträglich; wenn er von Lichtjahren und Unendlichkeit hörte, da war es ihm, als müsse er unsinnig werden«. Daß hier auch ein psychologisches Defizit gemeint ist, wird kurz darauf bekräftigt: »Goethe, das ist die Angst vor dem Weltall, dem Leid der Kreatur, dem Tode, also (unerbittlich !) : das ist die Flucht vor der Wahrheit« (III, 3, 51 f.).

Bemerkenswert ist die hier angesichts der »Totschlägerei« (III, 3, 49) des Zweiten Weltkriegs ex negativo erstellte Verknüpfung von Weltall einerseits, kreatürlichem Leid und Tod andererseits. Wer für die Bewegungen der Gestirne blind ist, verschließt auch die Augen vor dem Leid der Welt. Die Verknüpfung von Gestirn und Ethik kann sich auf die Kantsche Parallele im »Beschluß« der *Kritik der praktischen Vernunft* berufen: »Zwei Dinge erfüllen das Gemüt mit immer neuer und zunehmenden Bewunderung und Ehrfurcht, je öfter und anhaltender sich das Nachdenken damit beschäftigt: *Der bestirnte Himmel über mir, und das moralische Gesetz in mir.*«[5] Gleichwohl ist gerade dies ein Satz, den Arno Schmidt nicht ungeschoren gelassen hat: »Der goldgetränkte Himmel über mir / und das mänadische Gesöff in mir«, heißt es im Widmungsgedicht zum Roman *Brand's Haide* (I, 4, 160); und in der Erzählung *Leviathan oder Die beste der Welten* aus Schmidts erster Buchveröffentlichung von 1949 läßt sich ausgerechnet ein bigotter Pfarrer »von dem gestirnten Himmel über sich ergreifen : ›Gott‹, gab er an, ›ist unendlich –‹«. Was der Ich-Erzähler kommentiert: »Ich disputiere nie mit Frommen« (I, 1, 39).

In dieser Erzählung, die eine Gruppe von Flüchtlingen bei dem letztlich scheiternden Versuch zeigt, mit einem Zug aus Schlesien nach Westen zu gelangen, spielen die Sterne eine eigentümliche Rolle als Gegenbild zum irdischen Chaos. Unter dem Beschuß von Artillerie und Tieffliegern und während der am letzten Waggon angebrachte Schwellenreißer die Gleise hinter dem Zug zerstört, entspinnt sich eine abschnittsweise wiedergegebene Unterhaltung zwischen dem Schmidtschen Helden – einem Soldaten, Intellektuellen und Antimilitaristen –, einer jungen Frau (mit der er schließlich von einer zerschossenen Brücke aus in den Tod springen wird) und einem alten Postbeamten. Das Gespräch beginnt bei einem Halt des Zuges in der Nacht, den die Flüchtlinge zum Austreten nutzen.

> Dünne hohe Ruten beben im Wind, der über'n morschen Schnee seufzt; eine Kiefer federt gleichmäßig hin und her; man huschte und kauerte hinterm Gesträuch. Ich sah die Sterne; winzige lodernde Gesichter, kalkweiß und hellblau; Ursa majoris, die kleine; dazwischen der Drache. Die Lichtschleier am Horizont murrten unaufhörlich. Auch Anne bummelte hochhüftig hinter ihrem Busch hervor. Der alte Postbeamte trat höflich zu mir: »Auch ein Sternenfreund, Herr Unteroffizier ?« Er zeigte mit dem Kopf nach hinten ins Gebränd : »Wie gut, daß es noch eine Unendlichkeit gibt – –.« Ein hageres, leidlich würdiges Gesicht. Aber sie hörte. Ich drehte mich langsam (ho, eindrucksvoll !); ich sagte zerstreut : »Sie irren sich; nicht einmal die Unendlichkeit gibt es [...].« (I, 1, 39)

Von hier aus gibt der Ich-Erzähler Erläuterungen zum unbegrenzten, aber nicht unendlichen Raum, zu den »Fliehbewegungen der extragalaktischen Nebel« (I, 1, 44) und zu einer in Aussicht stehenden erneuten Kontraktion des Universums.[6] Diese kosmische Pulsationsbewegung werde zum Verschwinden aller natürlichen, sprich irdischen Raum-Zeit führen, was angesichts der herrschenden extremen Desorientierung von den astronomisch-philosophischen Dialogisten als Trost begriffen wird – anders als die kontrastierend eingefügten erbaulichen Floskeln des Pfarrers. Die kosmische Verheißung lautet, daß nicht nur die Menschen sterben werden, sondern schließlich auch der »Leviathan«, der hier nicht etwa den über die Gewalt verfügenden Staat im Hobbesschen Sinne meint, sondern die nicht zu ordnende oder befriedende Gewaltsamkeit aller irdischen Natur, ja geradezu einen die irdische Welt regierenden Dämon. Der Ich-Erzähler ist also mit seiner kosmischen Eschatologie in der Tat ein »Sternenfreund«, aber nicht in dem gemütlichen Sinn, in dem ihn sein Gesprächspartner zunächst so apostrophiert, sondern als radikaler Erdenfeind. »Diese Welt ist etwas, das besser nicht wäre; wer anders sagt, der lügt ! Denken Sie an die Weltmechanismen : Fressen und Geilheit. Wuchern und Ersticken.« (I, 1, 48). Wenn es im zitierten Lehrbrief heißt, »wahre Wissenschaft aber grenzt allenthalben an den Leviathan« (III, 3, 52), so erscheint in der Erzählung die astronomische Wissenschaft als die einzige, die wiederum die Grenzen des Leviathans bestimmen kann. Jeder Blick auf die Sterne ist demnach ein tröstlicher Vor-Schein des Weltuntergangs, eines Kosmos mit dann erst menschlichem Antlitz: »Ich sah die Sterne; winzige lodernde Gesichter« – »Eine magere Sternschnuppe zog eine Silberbraue über Beteigeuze« (I, 1, 39).

Berechnungen

Für Arno Schmidt bedurfte das Projekt einer Verbindung von Literatur und Wissenschaften der Legitimation durch eine akademische Vorgeschichte. In den Angaben zu seinem Lebenslauf nannte er immer wieder ein ausführliches universitäres Studium in Breslau zu Beginn der dreißiger Jahre, das sich insbesondere auf die Astronomie gerichtet haben sollte, das aber – davon ist die biographische Arno-Schmidt-Forschung mittlerweile überzeugt – in Wirklichkeit nicht stattgefunden hat.[7] Dieser Täuschungsversuch führt zum Kern der Sache. Daß und wie Schmidt seine akademische Ausbildung fingiert hat, liefert nicht nur soziologische Aufschlüsse über die Prätentionen eines kleinbürgerlichen Schriftstellers, sondern vor allem poetologische Indizien für den Stellenwert wissenschaftlichen Wissens in Schmidts Schreiben, insbesondere den der sogenannten exakten Wissenschaften. Das vordergründig Auffälligste an Schmidts Referenzen auf die Astronomie ist jedenfalls genau dies: ihr Status als einer Disziplin der *exakten* Berechnung, wonach sie unmittelbar neben der Mathematik zu stehen kommt, wenn nicht mit ihr deckungsgleich wird.

Die Berufung auf Exaktheit kennzeichnet Schmidts Poetik generell. Das zeigen insbesondere seine sogenannten *Berechnungen*. Dabei handelt es sich um eine Reihe von Texten aus den 50er Jahren, in denen er sich zur Konstruktionsweise und zu Formfragen seiner Prosa äußert – nicht im Ton einer essayistischen Selbsterkundung, sondern deklarativ und apodiktisch sowie unter schon äußerlicher Hervorhebung der Wissenschaftlichkeit, insbesondere der Mathematizität seiner Argumentation (etwa durch Gliederung in Paragraphen oder Visualisierung mittels Tabellen).[8] Im Einzelnen geht es um die ›Berechnung‹ möglicher Prosaformen, angesichts derer die schon geschriebenen oder noch zu schreibenden Texte Schmidts den Status von Experimenten, »Modellanordnung[en]« (III, 3, 283), erhalten, gruppiert zu – wie es wiederholt heißt – »Versuchsreihen« (III, 3, 164f.; 275; 279; 283f.). Wichtig ist dabei der Gegensatz zwischen einem fast schon irritierend konventionellen Postulat der konformen Abbildbarkeit der Welt durch die Literatur – das Prinzip mimetischen Weltbezugs hat Schmidt in seinen poetologischen Äußerungen der Idee nach nie preisgegeben[9] – und der extremen Formalisierung der Darstellungselemente.

In *Berechnungen I* etwa, wo es um die Bewegungen erzählter Figuren im Raum geht, bedient sich Schmidt »zur Bezeichnung dieser Bewegungskurven der präzisen Namen, welche die Mathematik (zur Hälfte ja eben eine Wissenschaft des Raumes !) längst festgesetzt hat; nicht, um diesen meinen Notizen ein kokettes pseudowissenschaftliches asa foetida [d.i. ein Nervenberuhigungsmittel] zu verleihen, sondern weil ich meiner Zeit schon sehr gram sein müßte, wenn ich die unübertreffliche Klarheit solcher Formulierungen unbeachtet ließe, und dafür eigene Umschreibungen zusammenstotterte.« Darauf folgt eine Kategorisierung von Bewegungen als Gerade, Hypozykloide, Epizykloide, rotierender Punkt usw. Zum Verfahren des Berechnens heißt es dann weiter: »Wem solche Überlegungen auch nach diesen Erläuterungen immer noch zu gekünstelt oder abstrakt erscheinen, der möge, vielleicht zu seiner peinlichen Überraschung, zur Kenntnis nehmen, daß das Problem der heutigen und künftigen Prosa nicht der ›feinsinnige‹ Inhalt ist [...] sondern die längst fällige systematische Entwicklung der äußeren Form.« (III, 3, 165–167)

Der Begriff der Berechnung steht somit im Zentrum dessen, was man Arno Schmidts Wissenspoetik nennen kann. Der Intention nach geht es dabei vor allem um die Verwissenschaftlichung der Poesie; zu bestimmen ist aber im einzelnen die Poetizität des so verhandelten Wissens, also die Art und Weise, *wie* gewußt wird, wie Gewußtes, Wissenswertes und Wißbares zur Sprache kommt. Der eigentümliche Ton beständiger

Gereiztheit, der aus vielen von Schmidts Texten spricht – egal ob das Subjekt der Abhandlungen sich als deckungsgleich mit dem Autor gibt oder ob in den Erzählungen ein immer sehr Schmidt-ähnliches Rollen-Ich als *persona* vorgeschaltet wird – macht deutlich, daß es in seiner Wissenspoetik immer auch um eine Poetik des *Besser*wissens geht. Die fortwährend betonte Allgemeingültigkeit der Überlegungen verhindert daher nicht, daß das exakte Wissen vor allem als ein esoterisches präsentiert wird. »Nemo geometriae ignarus intrato« ist einer der *Berechnungen* als Motto vorangestellt (III, 3, 163): Zutritt verboten für alle der Geometrie Unkundigen.

Gerade hinsichtlich der Konstellation von Gestirn und Literatur ist nach Arno Schmidt die Neigung zur Unexaktheit besonders groß, gibt es besonders viele ›Unkundige‹ und ist daher die Bedeutung von ›Berechnungen‹ besonders nachdrücklich in Erinnerung zu rufen. In einem kurzen Aufsatz mit dem Titel *Finster war's der Mond schien helle* (1954) macht er sich daran zu zeigen, »was für Streiche das beliebteste aller Gestirne, der Mond, fast allen Dichtern gespielt hat«. Zu diesem Zweck greift er auf den Tag genau datierte Passagen aus literarischen Texten heraus – und versagt sich auch hier wieder nicht das Vergnügen, Goethe zu korrigieren. Die Szene aus den *Leiden des jungen Werthers*, in der sich der Held in der Nacht vom 9. auf den 10. September 1771 bei Mondschein »an die Erde« wirft und ausweint,[10] wird kalendarisch gekontert: »Nur, leider, war ›in Wirklichkeit‹ an dem angegebenen Datum wenige Stunden zuvor Neumond gewesen, und die haarfeine Sichel eine halbe Stunde nach Sonnenuntergang verschwunden; hätte also auf keinen Fall das zu einer komplett=romantischen Trennung der Wertherzeit scheinbar unerläßliche schmachtende Licht spenden können !« (III, 3, 122f.).

In einem zehn Jahre später erschienenen Aufsatz mit dem ähnlich lautenden Titel *Und es blitzten die Sterne …* versammelt Schmidt erneut Beispiele aus der englischen und deutschen Literatur des achtzehnten bis zwanzigsten Jahrhunderts (teils auch dieselben in textidentischer Wiederholung des älteren Aufsatzes), um auf die neu erschienenen *Astronomisch-chronologischen Tafeln* von Paul Ahnert hinzuweisen, die er als – so der Untertitel des Aufsatzes – »Hülfsmittel des Schriftstellers« gewertet wissen will, ebenso wie die älteren Tafeln des Wiener Astronomen Theodor von Oppolzer und anderer »unbekannte[r] Größen« (III, 4, 310). Nur mit solchen Hilfsmitteln, so Schmidt, habe er wissen können, als er »eine meiner Lieblingsepochen, den Spätherbst des Jahres 541 n. Chr. bukolisch ab[schilderte]«, »wie damals die Planeten standen; wie & wo der Mond sich erhob«; und auch den Verfassern von Zukunftsromanen gehöre gesagt: »wenn von der Zukunft meinethalben noch Alles offen sein sollte, *die Mondaufgänge sind es nicht, Messieurs !*« (III, 4, 309).

Die – wenn auch in Anführungszeichen gesetzte – Wirklichkeit, auf die sich Schmidt in diesen Aufsätzen beruft,[11] zeigt erneut, daß das Programm einer angemessenen und präzisen Wiedergabe dieser Wirklichkeit gewiß einen der Orientierungspunkte seines Literaturverständnisses darstellt. Darauf wäre die Forderung nach Exaktheit allerdings nicht zu beschränken. Wenn es heißt, wer »eine gute Mondtafel bei der Hand« habe, könne »mühelos eine beliebig lange Liste dergleichen astraler Fehltritte anlegen« (III, 3, 122 f.), wird deutlich, daß mathematische Exaktheit immer auch ein Aufschreibesystem darstellt: die Ausrichtung des Schreibens an vorgefundenen oder selbst gefertigten Tabellen und Listen, Hand in Hand mit der Einrichtung dieses Schreibens in gleichsam tabellarischer Präzision. Diese Präzision führt nun aber in Schmidts Schreibweise durchgängig zu einer hochauflösenden, semiotisch ausdifferenzierten und transmimetischen *Simulation von Realität.*[12] Die Schmidtschen Berechnungen beschränken sich somit nicht auf den Nachvollzug von Verhältnissen, die so in der wirklichen Welt vorhanden sind. Weit wichtiger ist, daß und wie sie als literarisches Dispositiv Wirklichkeit verfertigen.

Scheinbarkeit

Wenn Schmidt von der *scheinbaren* Erdenferne der Astronomie spricht, dann deswegen, weil die dort ermittelten Ergebnisse auf irdische Verhältnisse beziehbar bleiben. Der Bezug soll dabei ein kategorial anderer sein als im astro*logischen* Wissen, das es nach Benjamins *Lehre vom Ähnlichen* »einmal möglich machte, von einer Ähnlichkeit zu sprechen, die bestehe zwischen einer Sternkonstellation und einem Menschen«.[13] Im

Gegensatz zu einer solchen analogischen Beziehbarkeit von Erde und Gestirnen soll die diskrete astronomische Berechnungskunst der Erstellung von Chronologien dienen, der Entscheidung der Frage, ob und wo an einem bestimmten Datum ein Gestirn zu sehen war oder nicht, und so weiter. Damit ist jedoch erst der Unterschied zwischen Astronomie und Astrologie festgestellt – also ein weiteres Mal bekräftigt –, nicht der zwischen Astronomie und Mathematik. Als *reine* Berechnungswissenschaft wäre die Astronomie keineswegs hinreichend beschrieben. Denn ihre Besonderheit liegt ja nicht nur im Astro*nomischen*, sondern ebensosehr im *Astro*nomischen: darin, daß die reinen Berechnungen sich an konkreten, beobachtbaren Konstellationen vollziehen.

Allerdings ist die Anschaulichkeit dieser Konstellationen äußerst problematisch. Fragt man in astronomischer Hinsicht nach Anschaulichkeit, ist man auf die komplementäre Frage verwiesen, wie Gestirne *erscheinen*. Beide Fragen können helfen, das Wechselverhältnis von Astronomie und Literatur zu präzisieren. Daß es um Schein geht, ist den Titeln der beiden genannten Essays von Arno Schmidt ja deutlich abzulesen: *Finster war's der Mond schien helle*; *Und es blitzten die Sterne*. Der Intention nach liegt gewiß genau hier die sarkastische Spitze dieser Aufsätze: Für den astronomischen Laien scheint und blitzt es, während der Experte Berechnungen anstellen kann. Doch daß Schein und Erscheinung eines Himmelskörpers in einem differentiellen Verhältnis zu seiner Berechenbarkeit stehen, läßt sich geradezu als Axiom aller astronomischen Wissenschaft ausmachen. Für die moderne Astronomie gilt das in gesteigertem Maß. Je genauer die raumzeitlichen Verhältnisse des Kosmos erforscht werden, um so deutlicher wird, daß die errechneten Distanzen und Zeitverläufe mit unserer Wahrnehmung nicht synchron gehen.

Es ist somit die Synchronie der Wahrnehmung selbst, die auf dem Spiel steht. Daß kosmische Entfernungen in *Lichtjahren* berechnet werden, macht immer wieder klar, daß sich unsere räumliche Distanz zu den Sternen zeitlich auswirkt. Der von der Erde aus erblickte Stern ist – unabhängig davon, ob er noch existiert oder nicht – ein *gewesener* Stern; was er zu sehen gibt, gibt es so nicht mehr. Er ist kein Objekt, sondern ein Zeichen, ein »Aktenvermerk über einen vergangenen Zustand«, wie es der Essayist Jürgen Dahl formuliert hat. »Die Verwirrung«, so Dahl weiter, »wird aber auf die Spitze getrieben durch den Umstand, daß alle diese Himmelskörper verschieden weit von uns entfernt sind, so daß das majestätisch prangende Himmelszelt vollends zum Vexierbild wird.«[14] Eine jede beobachtete Konstellation ist also eine Täuschung, eine für uns synchrone Darstellung zahlloser *ungleichzeitiger* kosmischer Realitäten. Die Rede von Täuschung und Darstellung wäre hier in ihrem komplexen ästhetischen Sinn zu nehmen. Der Begriff der Konstellation selbst unterliegt diesem Vorbehalt. Da eine konstellative Gleichzeitigkeit immer nur unter dem Gesichtspunkt der Illusion verstanden werden kann, ist die vorherrschende Verwendungsweise des Begriffs – etwa im Sinne der philosophiegeschichtlichen Konstellationsforschung[15] – geradezu irreführend; zumindest vergibt man, indem man ›historische Konstellationen‹ zeitlich fixiert, den metaphorologisch fruchtbarsten Aspekt des Begriffs.

Wie steht es aber angesichts des ästhetischen Scheins, der Illusion und Illumination des Sternenhimmels, um die Exaktheit der Berechnungen? Schon in Arno Schmidts Versuch, das eine gegen das andere auszuspielen, zeigt sich, daß zwischen beidem ein wechselseitiger Bezug vorliegt: »Umsonst haben die Engländer für eine ›reine Erfindung‹ ja nicht das Wort vom ›perfect moonshine‹ geprägt!« (III, 3, 123). Auch in Schmidts astronomischen Orientierungen geht es also um den Schein – um *perfect moonshine* nun aber im Sinne einer Perfektionierung des Scheins. Was es damit auf sich hat, zeigt die kurze Erzählung *Schulausflug*. Der Ich-Erzähler ist hier nicht nur gelehrter, sondern auch lehrender Autor, gibt einer zahlungskräftigen Bewundererin privaten Poesieunterricht und wird sich, so deutet es das Ende an, von ihr heiraten lassen, vor allem um so seine Autorschaft auf eine solide ökonomische Basis zu stellen. Anläßlich einer totalen Mondfinsternis unternehmen beide einen nächtlichen Spaziergang, um, wie es heißt, »auf Bilderjagd« zu gehen (I, 4, 114). Und dies ist das Bild, eingeleitet von einem Ausruf der Schülerin und dann »gelehrig« annotiert mit dem Hinweis auf das zuständige Nachschlagewerk:

> »Aaaach !« und da hing er, ein Kupfergong, sehr niedrig im Äther : der verfinsterte Mond. Über dürren Kiefernwitwen. Ein paar Fußballtore standen, völliger Autismus, im Gelände herum. Sie sah mich an, und sagte gelehrig das zuständige Wort : »Oppolzer !«. »Oppolzer«, wiederholte ich, und

> drückte ihren Armknochen fester : was ich schon so an Mondmetaphern ersonnen habe; es wäre nicht mehr als recht und billig, einen Mondkrater nach mir zu benennen !« (I, 4, 118)

Mit der Ausstellung der Metapher »Kupfergong« kommentiert der Poet seine eigene sprachliche Potenz: die Fähigkeit zur metaphorischen Umbenennung und die Quantifizierbarkeit dieser Fähigkeit (»was ich schon so an Mondmetaphern ersonnen habe«). Viele und genaue Metaphern zu erfinden gehört durchaus in den Bereich poetologischer Berechnungen – im Sinne einer Verfügung über den ästhetischen Schein. Zugleich kommt aber mit der Metapher eine *analogische* Form ins Spiel, die der Astronomie als *diskreter* Berechnungswissenschaft idealtypisch gegenübersteht. Ähnliches gilt auch für die in dieser Szene behandelten oder artikulierten Sprechakte, die den Zusammenhang poetologisch weiter anreichern: für den Wunsch des Autors, man möge nach ihm, dem lunatischen, lunophilen Schriftsteller, einen Mondkrater benennen; und für die Nennung des Namens Oppolzer, der das aufgenommene Wissen gerade nicht expliziert, sondern metonymisch evoziert (und außerdem auf jenen Namensruf »Klopstock!« ironisch anspielt, der bei Goethe zur magischen Chiffre für Lotte und Werther wird[16]).

Trotzdem wird hier kein Reservat des ›bloß‹ Poetischen angelegt. Die in der Metapher hervorgehobene Fähigkeit zur Produktion von Schein thematisiert den Anteil von Scheinhaftigkeit *auch* im Berechnungswissen. Daß sich im Blick auf das Gestirn eine analogische Gegenbewegung zur diskreten astronomischen Berechnung vollzieht, ist von entscheidender Bedeutung für eine Ästhetik der Gestirne. Diese Ästhetik hat mit ›schöner Kunst‹ zunächst einmal nichts zu tun: Sie reflektiert über die Bedingungen des Anschauens und somit auch über die Bedingungen einer sich selbst naturwissenschaftlich disziplinierenden Astronomie.

Die Astrologik des Gedankenspiels

Unter den neuen Prosaformen, die Schmidt in den *Berechnungen* für sich zur späteren Bearbeitung entwirft, nennt er als doppelte »Versuchsreihe« das »Längere Gedankenspiel« und den »Traum«. »Das wichtigste Bestimmungsmerkmal dieser neuen Gruppe ist, daß in beiden Fällen eine ›doppelte Handlung‹ vorliegt, Oberwelt und Unterwelt«, von Schmidt auch »Erlebnisebene I und II« genannt und mit »E I« und »E II« abgekürzt. In beiden Versuchsreihen ist E I, die »objektive Realität [...] annähernd die gleiche«; die »subjektive Realität« hingegen wird beim Traum »passiv erlitten«, »während beim Gedankenspiel das Individuum wesentlich souveräner, aktiv=auswählend, schaltet (natürlich ebenfalls ›konstitutionell=beschränkt‹)« (III, 3, 275 f.). Die paradigmatische Gestaltung des »Längeren Gedankenspiels« hat es nun ebenfalls mit dem Verhältnis von Gestirn und Literatur zu tun: *KAFF auch Mare Crisium*, Schmidts 1960 erschienener und bis dahin umfangreichster Roman, der die doppelte Handlung der beiden Erlebnisebenen in Form zweier ineinander übergreifender Spalten ins Schriftbild setzt, spielt mit E I in der nordwestdeutschen Gegenwart, mit E II in der Zukunft auf dem Mond.[17]

Ich-Erzähler und Gedankenspieler auf E I ist der Buchhalter Karl Richter, konstitutionell beschränkt durch seinen schon recht hinfälligen mittvierzigjährigen Körper wie auch durch seine bescheidenen finanziellen Mittel, souverän schaltend jedoch als derjenige, der vor seiner Freundin Hertha die Gegenwelt eines besiedelten Mondes im Jahre 1980 imaginiert und zu diesem Zweck die Rolle des amerikanischen Mondbewohners Charles Hampden annimmt. Als souveräner Akt jedenfalls beginnt das Gedankenspiel, das sich aus einem Gespräch zwischen Karl und Hertha über die Langeweile an ihrem Ausflugsort Giffendorf entspinnt, wo sie eine Verwandte Karls, die soeben verwitwete »Tanndte Heete«, besuchen. Herthas Refrain zum Hier und Jetzt lautet »*Mänsch, iss das lankweilich !*«, während sie sich den Mond »*maß=los* intressant« vorstellt. In Karls Imagination hingegen ist das Leben auf dem Mond von Eintönigkeit geprägt: »... *langweilich; langweilich : so langweilich* ist es doch auf Erden nie geweesn ? !«, so lauten die ersten Gedanken seines lunaren anderen Ich, was Herthas erstaunten Kommentar provoziert: »*So schtellst Du Dir's uff'm Mond* vor ?« (I, 3, 14 f.)

Nicht nur in dieser Initialszene verbindet sich die Erdenwelt mit der Mondwelt durch *tertia comparationis*; die Übergänge von einer Erzählebene zur anderen erscheinen nie abrupt, sondern sind logisch wie syntaktisch motiviert. Trotzdem bleibt bis zum Schluß des Romans unerklärt, wie eigentlich genau das Gedankenspiel zwischen Karl und Hertha kommuniziert wird. Man ›stellt sich etwas vor‹, aber es wird nicht ausgeführt, daß es hier um das Verhältnis von Erzähler und Zuhörerin ginge. Die Leerstelle gleich am ersten Übergang von E I zu E II, »– : *Darf ich maa* ...« ist programmatisch gesetzt (I, 3, 14). Den Begriff des Gedankenspiels ernst nehmend, mag man geradezu vermuten, daß Hertha Karls Gedanken liest oder hört; immerhin antwortet sie auch in Gesprächen, die nicht Teil des Gedankenspiels sind, fortwährend auf Überlegungen und Assoziationen Karls, die nicht als wörtliche Rede ausgewiesen sind. Das »Geschpräch – kann man's so nenn'?« fragt sich Karl selbst an einer Stelle (I, 3, 18).

Schmidt hat viel Aufmerksamkeit auf die Frage verwendet, was es denn ist, das ein Bewußtsein zum Längeren Gedankenspiel treibt, und welche Art von Gedankenspiel jeweils damit einhergeht. Für den *KAFF*-Roman ist vor allem diejenige Variante von Interesse, in der »bei einem auf eine finstere Null geschalteten E I [...] das E II als pessimistische Steigerung auf[tritt]; ins bedeutend Allgemeine gewandt, tiefsinnig, utopienverdächtig.« (III, 3, 280). In der Tat ist die gesamte utopisch-lunare Realität in *KAFF auch Mare Crisium* als pessimistische Steigerung der irdischen Welt von 1960 eingerichtet. Die Erde ist nach einem atomaren Krieg unbewohnbar geworden; nur wenige hundert Bewohner konnten sich auf den Mond retten. Dort bleibt es bei der Teilung in zwei ideologisch verfeindete Blöcke: Amerikaner und Russen enthalten sich gegenseitig Rohstoffe und Technologien vor, was zu erheblichen zivilisatorischen Einbußen führt, und zwar, aus der defätistischen Perspektive des Ich-Erzählers betrachtet, insbesondere bei den Amerikanern, während sich die Russen zunehmend als Sieger der Geschichte herauskristallisieren. Darin liegt ein weiterer deutlicher astronomischer Bezug auf E I, hatte doch ein Zeitungsbericht von den astronautischen Erfolgen der Sowjets das Gedankenspiel überhaupt erst initiiert, und heißt es auch an anderer Stelle: »Und der russische LUNIK III kreiste indes unermüdlich« (I, 3, 49). In dieser Weise liefert das gesamte Gedankenspiel eine Parallele zur irdischen Realität – zur weltpolitischen Lage um 1960 wie zur spezifischen Ödnis des Kaffs Giffendorf. Auch hier ist der Titel präzise: *KAFF auch Mare Crisium* indiziert einen

Doppelroman, besagt darin aber das Zusammenfallen seiner beiden Teile. Das Kaff ist ›auch‹ ein Mondkrater; der Mondkrater ist ›auch‹ nur ein Kaff.

Solche Reflexionen sind erneut nicht diskreter, sondern analogischer Natur: Sie installieren ein Spiegelverhältnis zwischen den Gestirnen. Diese Reflexivität ist allerdings auch unter dem Regime der ›Berechnungen‹ keine astrologische Träumerei, sondern die klassische Eigenschaft des astronomischen Blicks. Selbst ohne die Analogie zum »Kaff« weist schon der Name *Mare Crisium* genau diese »auch«-Struktur auf. Der Krater soll ein Meer sein; der Mond wird eingerichtet als eine andere Erde – das ist, wie vor allem Hans Blumenberg gezeigt hat, der astronomische Topos schlechthin.[18] Daß sich die Blickrichtung auch umkehren läßt, hat ebenfalls Blumenberg beobachtet, und zwar an Galileis astronomischen Beobachtungen: »Galilei ist ein Mann von einer vertrackt reflektierten Optik. Er richtet das Fernrohr auf den Mond, und was er sieht, ist die Erde als Stern im Weltall.«[19] Bei Schmidt (I, 3, 55): »›*Hier. Kuck Dir ma die Erde an* –‹; ich hielt ihm mein Taschenfernrohr hin; (denn obm schtand sie grad, leicht verschwollen, im Plexiglas.)«

Anmerkungen

1 Zu den Begriffen Orientierung und Motiv in ihrer Anwendung auf Arno Schmidt vgl. Rüdiger Zymner, »›Rein‹ und ›angewandt‹. Wissenschaft als Orientierungsmodell von Literatur«, in: Guido Graf (Hg.), *Arno Schmidt. Leben im Werk*, Würzburg 1998, S. 28–40, und Bernhard J. Dotzler, »Mondlandschaften. Eine Motivvariation auf das *Überleben* im Werk«, in: ebd., S. 144–164.

2 Arno Schmidts Werke werden zitiert nach der *Bargfelder Ausgabe*, hg. von der Arno Schmidt Stiftung, Zürich 1987 ff. Die römische Zahl bezeichnet die Werkgruppe, die erste arabische Zahl den Band, die zweite arabische Zahl die Seite.

3 Ich beschränke mich dabei auf Texte von den späten vierziger bis zu den sechziger Jahren. Außerdem bleibt Schmidts wissenschaftsgeschichtliches Interesse an der Astronomie unberücksichtigt, das er in mehreren Essays und Rundfunkdialogen sowie vor allem in dem jahrzehntelang bearbeiteten

Romanprojekt *Lilienthal* verfolgte (vgl. Arno Schmidt, *Lilienthal 1801, oder Die Astronomen. Fragmente eines nicht geschriebenen Romans*, hg. von Bernd Rauschenbach, Zürich 1996).

4 An diesem hartnäckigen Kampf gegen die schlechthin autoritative Instanz der deutschen Literatur läßt sich nicht zuletzt Schmidts eigenes Bestreben nach Klassizität ablesen – das schließlich, 1973, mit dem Goethepreis der Stadt Frankfurt belohnt wurde. Vgl. Gregor Strick, »Ich und Goethe oder Wie Arno Schmidt sich als Klassiker konstruiert«, in: *Zettelkasten. Aufsätze und Arbeiten zum Werk Arno Schmidts* 20 (2001), S. 195–228.

5 Immanuel Kant, *Kritik der praktischen Vernunft*, in: ders., *Werke*, hg. von Wilhelm Weischedel, Darmstadt 1983, Band VI, S. 300 (A 288).

6 Zum Einsatz wissenschaftlichen Wissens in *Leviathan* vgl. Horst Thomé, »Wissenschaft und Spekulation in Arno Schmidts ›Leviathan‹«, in: Jörg Drews (Hg.), *Gebirgslandschaft mit Arno Schmidt. Grazer Symposion 1980*, München 1982, S. 9–29; Dirk Schultze, Dirk Vanderbeke, »Wer Augen hat zu sehen. Zum Status der Wissenschaft in Arno Schmidts ›Leviathan oder Die beste der Welten‹«, in: *Zettelkasten* 18 (1999), S. 67–81.

7 Vgl. Jan Philipp Reemtsma, Bernd Rauschenbach, »Urkundlich belegt?«, in: dies. (Hg.), *»Wu Hi?« Arno Schmidt in Görlitz Lauban Greiffenberg*, Zürich 1986, S. 171–183.

8 Vgl. Maike Bartl, »Prosa-Theorie als Gedankenspiel. Arno Schmidts ›Berechnungen‹-Essays«, in: *Zettelkasten* 22 (2003), S. 95–130.

9 Vgl. III, 3, 101 (*Berechnungen*): »die sprachliche Beschreibung (= Voraussetzung jeder Art von Beherrschung) unserer Welt«; III, 3, 164 (*Berechnungen I*): »Versuche[ ] einer konformen Abbildung von Gehirnvorgängen«; III, 3, 275 (*Berechnungen II*): »um einer konformen Abbildung unserer Welt durch Worte näher zu kommen«.

10 Johann Wolfgang Goethe, *Die Leiden des jungen Werthers*, in: ders., *Sämtliche Werke nach Epochen seines Schaffens*, hg. von Karl Richter, München, Wien 1987, Band I.2, S. 197–299, hier S. 246.

11 In *Und es blitzten die Sterne ...* findet sich das Wort »Wirklichkeit« nur in einer gestrichenen Passage (vgl. die Variante im Anhang des Bandes, III, 4, S. 491).

12 Dotzler, »Mondlandschaften« (Anm. 1), S. 161: »Die Zuspitzung des Bestrebens, ›die Realität immer besser und suggestiver abzubilden‹, resultiert mithin in einem Zugleich von Realismus und davon losgelöster, verselbständigter Zeichenstruktur. Das aber ist nicht mehr *Mimesis*, sondern *Simulation* [...].«

13 Walter Benjamin, »Lehre vom Ähnlichen«, in: ders., *Gesammelte Schriften*,

hg. von Rolf Tiedemann und Hermann Schweppenhäuser, Frankfurt a.M. 1991, Band II.1, S. 204–210, hier S. 207.

14 Jürgen Dahl, *Der Tag des Astronomen ist die Nacht. Von der Vergeblichkeit der Himmels-Erforschung*, Ebenhausen b. München 1979, S. 11.

15 Vgl. grundlegend Dieter Henrich, *Konstellationen. Probleme und Debatten am Ursprung der idealistischen Philosophie (1789–1795)*, Stuttgart 1991. Vgl. den Beitrag von Christine Weder in diesem Band.

16 Vgl. Goethe, *Die Leiden des jungen Werthers* (Anm. 10), S. 215: »Sie stand auf ihrem Ellenbogen gestützt und ihr Blick durchdrang die Gegend, sie sah gen Himmel und auf mich, ich sah ihr Auge tränenvoll, sie legte ihre Hand auf die meinige und sagte – Klopstock!«.

17 Vgl. Boy Hinrichs, *Utopische Prosa als Längeres Gedankenspiel. Untersuchungen zu Arno Schmidts Theorie der Modernen Literatur und ihre Konkretisierung in »Schwarze Spiegel«, »Die Gelehrtenrepublik« und »Kaff auch Mare Crisium«*, Tübingen 1986.

18 So zahlreiche von Blumenbergs ›astro-noetischen‹ Glossen *Die Vollzähligkeit der Sterne*, Frankfurt a.M. 1997. Vgl. zu Blumenberg auch Dotzler, »Mondlandschaften« (Anm. 1), S. 144–147, sowie ders., »›Current Topics on Astronoetics‹. Zum Verhältnis von Fälschung und Information«, in: Anne-Kathrin Reulecke (Hg.): *Fälschungen. Autorschaft und Beweis in Wissenschaft und Künsten* (in Vorbereitung).

19 Hans Blumenberg, »Das Fernrohr und die Ohnmacht der Wahrheit«, in: Galileo Galilei, *Sidereus Nuncius. Nachricht von neuen Sternen*, hg. von Hans Blumenberg, Frankfurt a.M. 1965, S. 7–75, hier S. 22.

Andreas B. Kilcher

Philosophische Sterndeutung in der jüdischen Moderne
Margarete Susman liest Franz Rosenzweig

Für Stéphane Mosès

Zwischen Astrologie und Judentum klafft, so wird man erwarten, der Abgrund von Polytheismus und Monotheismus, von Naturmythos und Geschichte. So wie Moses in seinem Heraustreten aus der ägyptischen Religion in der biblischen und rabbinischen Literatur als Überwinder von Magie und Zauberei auftritt,[1] so wird in der Beschreibung der babylonischen Zeit die Astrologie der Chaldäer als eine mythische Form der Religion dargestellt, die von der jüdischen überwunden wurde. Die monotheistische Religion definiert sich auf diese Weise nachgerade durch einen Affekt gegen die polytheistischen, naturmagischen Kosmologien der ägyptischen Zauberei ebenso wie des babylonischen Sternkults. Wer den Namen aus dem Dornbusch kennt und der »Rauchsäule am Tag«, der »Feuersäule in der Nacht« folgt, der braucht keine Sterne.

Schon in den biblischen Schriften, von der Genesis bis hin zu den Propheten, dominiert deshalb eine zuweilen polemische Zurückweisung des astrologischen Sternkults. Der *Eine* Gott entmachtet die siderischen Stellvertretergottheiten der Babylonier und setzt die Sterne, reduziert im wesentlichen auf den Lauf von Sonne und Mond, als bloße Zeitmeßinstrumente ein: »Es sollen Lichter sein am Himmelsgewölbe, um zu unterscheiden zwischen Tag und Nacht. Sie sollen als Zeichen dienen von Festzeiten und Jahren« (Gen. 1,14).[2] Konsequenterweise geht die Apologie des Monotheismus (so im Deuteronomium) mit einer Abwehr der Astrologie einher: »Wenn du die Augen zum Himmel aufhebst und siehst die Sonne und den Mond und die Sterne, das ganze Himmelsheer, so laß dich nicht verführen, dich anbetend niederzuwerfen und ihnen zu dienen, denn der Herr, dein Gott, hat sie zugeteilt allen Völkern unter dem ganzen Himmel« (Deut. 4,19). Unter den Propheten wendet sich etwa Jeremia gegen die Astrologie, indem er die kulturelle Differenz zwischen Israel und den Völkern verschärft: »Ihr sollt den Weg der Völker nicht gehen und vor den Zeichen des Himmels nicht erschrecken, ob auch die Völker vor ihnen erschrecken« (Jer. 10,2). Die biblische Literatur will also Klarheit verschaffen: Wie Moses im Exodus die ägyptische Magie überwindet, so weist die deuteronomische und prophetische Polemik gegen Babel und die chaldäischen »Sternseher« (*ha-chosim be-kochavim*) die Astrologie vehement zurück. Dieser Affekt gegen polytheistische Tier- und Sternengötter bzw. ihre religiösen Anbetungs- und Abbildungspraktiken läßt sich auch für die rabbinische Literatur bestätigen. Symptomatisch dafür ist der Traktat *Avodah Zara* (»Götzendienst«) der *Mischnah*: »Findet man Geräte, worauf das Bild der Sonne, des Mondes oder eines Drachen[3] sich befinden, so werfe man sie ins Salzmeer« (III,3; im Talmud *Avodah Zara* 42b). Ähnlich apodiktisch formuliert es – neben Rabbi Akiba, Rabbi Semuel und Rabh – Rabbi Jochanan mit Verweis auf Jeremia im *Talmud*: »Es gibt kein Planetenschicksal für Israel (*ein masal le-israel*), sondern nur für dic Völker, die die Macht der Astrologie anerkennen« (*Shabbat* 156a).[4] Daß allerdings eine Reihe von Rabbinern die Astrologie auch innerhalb des Monotheismus anerkannten und praktizierten, kann die alternative Position Rabbi Chaninas belegen: »Das Sternbild (*masal*) macht weise, das Sternbild macht reich, und es gibt ein Planetenschicksal (*masal*) für Israel« (*Shabbat* 156a). Damit wird die auf den ersten Blick uneingeschränkte Ablehnung der Astrologie in der rabbinischen Literatur deutlich weitgehender relativiert als in den biblischen Schriften, wo etwa der Traumdeuter Daniel durch Nebukadnezar zum Haupt der Astrologen ernannt wurde (Daniel 5,11). Vom messianischen »Bar Kochba«, dem »Sternensohn« des Aufstandes gegen die Römer 70 n.Chr.,[5] über die rabbinische bis in die mittelalterlich-kabbalistische Literatur – etwa Leone Ebreos *Dialoghi d'Amore* (posthum 1535) – werden eine ganze Reihe von (wenn auch kontroversen) Versuchen einer positiven Aneignung astrologischer Kosmologie und Sterndeutungspraxis im Rahmen des Monotheismus formuliert.[6] Das Judentum läßt sich damit bei genauerem Hinsehen nicht auf eine ausschließliche Abwehr der Astrologie reduzieren. Vielmehr zeigt sich, zunächst insbesondere im transkulturellen Einflußbereich des babylonischen Orients, eine hybridisierende Rettung, Aneignung, Umdeutung und Umfunktionalisierung der Astrologie unter den Prämissen des *Einen* Gottes, der sich stets über die Sterne setzt und dem Menschen den freien Willen überantwortet.[7]

Abb. 1: Titelblatt der Erstausgabe von Franz Rosenzweigs *Der Stern der Erlösung* (J. Kaufmann Verlag, Frankfurt a. M. 1921). Privatbesitz

ERSTER TEIL

DIE ELEMENTE
ODER
DIE IMMERWÄHRENDE VORWELT

ZWEITER TEIL

DIE BAHN
ODER
DIE ALLZEITERNEUERTE WELT

DRITTER TEIL

DIE GESTALT
ODER
DIE EWIGE ÜBERWELT

Abb. 2: Ausschnitte aus den Zwischentitelblättern von Franz Rosenzweigs *Der Stern der Erlösung* (J. Kaufmann Verlag, Frankfurt a. M. ^{2}1930). Privatbesitz A. K.

Dieses reibungsvolle Nebeneinander von monotheistischer Abwehr und Umdeutung der Astrologie kennzeichnet auch eine jüngere Konstellation um einen neuen, mehr semiotischen als siderischen Stern, der in einer von Ausgrenzung und Aneignung gezeichneten Interpretationsgeschichte in der Moderne zum Symbol des Judentums avancierte.[8] Eine solche philosophisch-theologisch-politische Sterndeutung stellte sich um einen Schlüsseltext moderner jüdischer Religionsphilosophie ein, der an der jüdischen Symbolform des Sterns nichts weniger als eine »neue Philosophie« zu entwerfen beanspruchte, die die philosophische Tradition von Parmenides bis Hegel überwinden sollte: Franz Rosenzweigs *Stern der Erlösung* (1921). Um astrologische Kosmologie und Sterndeutungspraxis geht es hier – zumindest auf den ersten Blick – gerade nicht. Wenn von der Astrologie überhaupt die Rede ist, dann wird sie als vorgeschichtliche Kosmologie zurückgewiesen, die Gott ebenso wie den Menschen in einem alles absorbierenden Weltganzen verschwinden lasse. Während der Idealismus, so Rosenzweigs Argumentation, »metaethisch« die ganze Welt aus der absoluten Tathandlung des Ich setzt und damit annihiliert, hebt die Astrologie in ihrer Nativitätsbestimmung das Individuum »metalogisch« in einem übermächtigen Weltganzen auf:

> Die Eigenheiten des Geborenen – wohlgemerkt seine Eigenheit als eines Teils der Welt, nicht sein Selbst – sammelt sich ganz im Augenblick der Geburt; das ist der tiefste Sinn des astrologischen Glaubens, der versagt, weil und insofern er den Menschen als Selbst zu fassen wähnt, während er ihn in Wahrheit nur trifft, insofern er Individualität, also ein besonderer Teil der Welt gleich jedem andren außermenschlichen Wesen oder Ding, ist [...]. Der Mensch und jeder individuelle Weltteil ist also nie mehr Individualität als in dem Augenblick, wo er – eben sich individualisiert, als selber der Teilung absagender Weltteil in die Erscheinung tritt, ›ans Licht der Welt kommt‹. Diese seine Individualität aber wird nun mit dunkler Gewalt angezogen von der Macht ihrer Gattung [...] unter steter Einbuße also an Möglichkeit – an Individualität [...]. In seinem ständigen Ablauf erweist sich dieser Kreisprozeß gegenüber dem Erzeugungsbegriff des Idealismus als die anschauliche Darstellung des metalogischen Wesens der Welt.[9]

Rosenzweigs »Stern« ist deshalb, wie angesprochen, gerade kein siderisch-astrologischer, sondern ein semiotischer, genauer ein in einem monotheistischen Sinne religionsphilosophisch gedachtes, symbolhaftes Zeichen, das eine ganze Philosophie systematisiert.[10] Am Davidstern als der späten Symbolform des Judentums, genauer an seiner hexagonalen Geometrie, die zwei Dreiecke in sich verschränkt, formuliert er eine neue, selbstbewußte Philosophie, die den Menschen nicht in einem übermächtigen Naturganzen aufhebt, sondern vielmehr in einer doppelten Relation zu Welt und Gott beheimatet. Rosenzweigs »Stern« ersetzt damit die hierarchische Diade der Astrologie von Mensch und Welt, Mikro- und Makrokosmos, durch eine relationale, triadische Form, die er am Symbol des Hexagramms entfaltet und so als ein jüdisches philosophisches System zu verstehen gibt. Er deutet den Davidstern als eine symbolische Form, die die zweidimensionale Welt-Mensch-Relation, bei der entweder die Welt (so in der Astrologie) oder der Mensch (so im Idealismus) eine Übermacht über das Andere ausübt, durch die dreidimensionale Mensch-Welt-Gott-Relation ersetzt, welche nicht subordinierend, sondern koordinierend angelegt ist.

Gerade deshalb aber ist dieser moderne, durch die Philosophie hindurchgegangene Monotheismus von Rosenzweigs Stern in seiner Überwindung der Astrologie weit weniger antithetisch als dialektisch. So kann es auch nicht überraschen, daß jener zeichen- und symbolhafte, philosophische Stern im Zuge seiner Deutung auch mit den siderischen Gestirnen in eine Konstellation gebracht und damit – überraschend – auch astrologisch gelesen werden konnte. Die Form des Sterns erweist sich damit als mehrdeutig, indem sie vom religionsphilosophischen Symbol unversehens in eine siderische Gestalt umschlagen mag. Dies bedeutete nicht etwa einen hintergründigen Rückgang zu einer vormodernen Kosmologie, die Menschenleben und Weltenlauf himmlischen Naturgewalten überantwortet. Doch wird die sternförmig dynamisierte Korrelation Mensch–Welt–Gott in Rosenzweigs neuartigem System als Wiederherstellung eines Seinzusammengangs lesbar, die darin an die astrologische Kosmologie anschließt, daß sie die Kluft zwischen Mensch und Welt überwinden will.

So jedenfalls las Margarete Susman – förmlich als philosophische Sterndeuterin – Rosenzweigs *Stern der Erlösung* seit 1921 in einer Reihe von Texten. Sie wurde mit Rosenzweig im Jahr 1921 über den gemeinsamen Freund Eugen Rosenstock bekannt, trat darauf mit Rosenzweig in ein freundschaftliches, mündliches wie briefliches Gespräch, während sie den *Stern der Erlösung* zuerst 1921, erneut 1930 beim Erscheinen der zweiten Auflage rezensierte, nach Rosenzweigs Tod (am 10. 12. 1929) einen ausführlichen Nachruf auf den Denker des »Sterns« verfaßte, dem sie schließlich 1936 den kongenialen Aufsatz *Sterne* folgen ließ, der vor diesem Hintergrund als fortgesetzter Dialog mit Rosenzweigs zentraler symbolischer Form lesbar wird. Im Zuge dieser philosophischen Sterndeutung nun – und dem gilt im folgenden die Aufmerksamkeit – näherte Susman den jüdischen, symbolischen Stern philosophisch vorsichtig tastend an den astrologischen Sternenhimmel an.

Als Susman kurz nach dem Ersten Weltkrieg Franz Rosenzweig kennenlernte, war sie lange schon als Lyrikerin hervorgetreten – seit 1892 veröffentlichte sie mehrere Gedichtbände und fand um 1900 über Gertrud Kantorowicz in München Anschluß an den Kreis um Karl Wolfskehl und Stefan George, der seinerseits u.a. mit seinem *Stern des Bundes* (1914) den »verkannten Brüdern« – den Juden – mehr als nur symbolisch entgegengekommen ist. Selbst Lyrikerin, wurde Susman von 1907 bis zum Ende der Weimarer Republik zu einer bedeutenden Literaturkritikerin und Essayistin der *Frankfurter Zeitung*.[11] Zugleich trat sie als Philosophin auf, hatte bei Theodor Lipp Kant-Vorlesungen gehört und sich – auch hier stets dialogisch – mit Georg Simmel, Ernst Bloch, Martin Buber und Gustav Landauer auseinandergesetzt. Kurz nach dem Ersten Weltkrieg, Anfang 1921, lernte sie den jungen Eugen Rosenstock kennen und, wie angesprochen, über ihn den eben erschienenen *Stern der Erlösung*, schließlich auch dessen Verfasser.[12] Dieses »Denken« nun, das »die ganze abendländische Philosophie von Parmenides bis Hegel« in Frage stellte, so Susman 1964 in ihrer Autobiographie, brachte »etwas völlig Neues in mein Dasein«, und so hatte sie sich von da an »monatelang, ein halbes Jahr [...] um Rosenzweigs ›Stern der Erlösung‹ bemüht«,[13] während sie von Rosenzweig in Säckingen besucht wurde und mit ihm korrespondierte, um schließlich jene Rezension zu verfassen, die 1921/22 in Bubers *Der Jude* erschien, von Rosenzweig selbstverständlich wahrgenommen, wie er sich auch in einem Brief bei Susman bedankte und dabei beteuerte, »wie tief Sie das Buch verstanden haben«.[14]

Was aber ist es denn, das Susman in Rosenzweigs *Stern* so verständig gedeutet hatte? In ihrer Rezension von 1921 – und in den nachfolgenden Auseinandersetzungen mit Rosenzweigs *Stern* bis hin zum *Sterne*-Aufsatz von 1936 – gelang ihr zum einen eine denkbar klare Darstellung von Rosenzweigs »neuer Philosophie«, die (ausgehend von Schelling) die realistische Verabsolutierung von Welt ebenso wie die idealistische Vereinsamung des Subjekts überwinden wollte, zum anderen – und darauf aufbauend – eine philosophische Deutung der symbolischen Form des Sterns überhaupt, die allerdings auch über Rosenzweig hinausging. Die drei »Elemente« Gott–Mensch–Welt, die die europäische Philosophie »von Ionien bis Jena« auseinandergebrochen hatte, sollten in jener geometrisch streng formalisierbaren und zugleich religionsphilosophisch im Judentum verortbaren Symbolfigur verbunden werden. Susman unterstreicht damit den Stern als eine Figur der Einheit, die komplexer als etwa die monistische Figur des Kreises im Neuplatonismus der frühen Neuzeit (z.B. Giordano Bruno) die »unendliche Sphäre« des Seienden hin zu einem »Allmittelpunkt« versammelten sollte.[15] »Hier also erst«, so Susman mit Bezug auf den *Stern*, hier erst »wird das All, das eine All sichtbar.«[16]

Susman argumentiert dabei genauer, Rosenzweigs *Stern* deutend, in einem geschichtsphilosophischen Dreischritt von ursprünglicher Einheit, Bruch und Wiederherstellung. Der Anfang einer mythischen Zeit, in der die drei »Elemente« Gott, Mensch und Welt miteinander verbunden waren, erscheint in ihrer Rosenzweig-Rezension allerdings bloß als Folie. Ihre Argumentation setzt im wesentlichen erst mit der philosophischen Tradition »von Ionien bis Jena« ein, in der jene Einheit gerade aufgebrochen wurde. Susman beschreibt dieses Auseinanderfallen der Welt dramatisch als verstörende Vereinzelung des Menschen, als Zerstückelung der Welt, als philosophische »Nacht«, die – bis zum Aufgang von Rosenzweigs erlösendem *Stern* – alles verfinsterte:

> Noch richtungslos, noch stumm, noch ganz in sich verschlossen, erheben sie [= die drei Elemente Gott, Welt, Mensch] sich aus dem Schweigen des vorbewussten Lebens, stehen für sich einsam ragend da: der metaphysische Gott, die metalogische Welt, der metaethische Mensch. Unverbunden, ohne jede Beziehung zu einander sind sie rein in ihrem Wesen, aus ihrem innersten glühenden Kern entwickelt, reine Setzungen des schauenden Geistes. Jedes setzt sich monistisch als das Ganze. »Wir haben die Teile in der Hand, wir haben wahrhaftig das All zerschlagen«.[17]

Angesichts dessen stellt sich um so dringender die Frage nach der erlösenden Wiederherstellung der dergestalt zerbrochenen Welteinheit. Gershom Scholem hat in dieser von Rosenzweig aufgeworfenen Frage eine kabbalistische Denkfigur mit messianischer Tendenz zu erkennen geglaubt: die des *tikkun ha-olam*, der »Wiederherstellung der Weltordnung«.[18] Gegenüber dieser hintergründig kabbalistischen Bedeutung von Rosenzweigs Frage nach der Wiederherstellung der Einheit gelten ihm Rosenzweigs Schlüsselbegriffe wie »Stern«, »Elemente«, »Bahn«, »Gestalt« bloß als »astronomische Metaphern«, die den kabbalistischen Gehalt mehr verbergen als offenbaren.[19] Gerade umgekehrt verfährt Margarete Susman, indem sie die siderische Rede nicht bloß metaphorisch nimmt, sondern in ihr den philosophischen Dreh- und Angelpunkt jener neuen Philosophie sieht, wenn sie nun ihrerseits fragt: »Was also soll geschehen«, damit die dergestalt vereinzelten Elemente »nicht Teile bleiben, nicht bloße auseinanderfallende Lebenselemente? Wie sollen die einander entfremdeten Elemente sich wieder verbinden und Wirklichkeit werden, die Wirklichkeit, als die wir sie kennen – wahrhaftiges seiendes All?«[20] Wenn nun Susman die Antwort im *Stern* sucht, dann liest sie ihn eben nicht nur als »astronomische Metapher«, sondern vielmehr als symbolische Form dieser neuen Einheit. Mehr noch: Sie führt Rosenzweigs Symbolfigur ausdrücklich an das astrologische Gestirn der »heidnisch-mythologischen Religionen« heran und rettet so die astrologische Kosmologie in einem neuen Mythos des Sterns. Damit freilich geht sie nicht nur über Scholem, sondern auch über Rosenzweig hinaus:

> An dem dunklen Himmel der Ewigkeit strahlt die Lichtbahn auf, die der Stern der Erlösung beschreibt, die er selber ist. In strenger Dreigestalt, in der Gestalt des doppeldreieckigen Sterns baut sich aus der aus ihrem innersten Wesen hervorbrechenden Bewegung der Ur-Elemente auf einander zu das neue All vor uns auf – eine gewaltige Deutung des Weltsinns, Seelensinns, Gottsinns in ihrer lebendigen Beziehung: Schöpfung, Offenbarung, Erlösung. Dies sind die drei großen Bahnen, an deren Endpunkten sich Gott, Welt, Mensch lebendig berühren. […] Hier also erst wird das All, das eine All sichtbar […]. Und so sinken denn auch alle anderen Religionen hier neben der lebendigen Offenbarung zu Erkenntnisreligionen herab; und höher werden die heidnisch-mythologischen Religionen gestellt, die bereits lebendige Gestalten kannten.[21]

Was Susman mithin in ihrer Darstellung von Rosenzweigs systematischer Entfaltung der symbolischen Form des Sterns leistet, ist eine vorsichtige Annäherung der Offenbarungsreligion an einen neuen Mythos des Sterns, der die Nachbarschaft zu »heidnisch-mythischen Religionen« und damit implizit auch zur Astrologie nicht scheut.
Deutlicher wird Susman in ihrem Nachruf auf Franz Rosenzweig von 1930. Hier erhebt sie den »Stern« zu einer universalen Leitfigur, die nicht nur den spezifischen Bedeutungsgehalt des *Sterns der Erlösung* erhellt, also Rosenzweigs »strenge Dreigestalt [...] des doppeldreieckigen Sterns«. Vielmehr erweitert sie die Semantik des Sterns, indem sie diese zunächst metonymisch auf den Verfasser des *Sterns* überträgt: »Wie das Leben Franz Rosenzweigs vor uns steht: [...] Wir erkennen es als ein aus sich selber leuchtendes: als einen Stern, der allmählich und mächtig in einer sternenlosen Nacht aufgeht. [...] Es war ein Stern, dessen Gestalt sich klar und groß am Nachthimmel abzeichnete.«[22] Zweitens redet sie vom »Stern«, ebenfalls metonymisch, in Bezug auf das Buch, das ihr »strahlend einfach in seinem Sinn und Kern« erscheint. Drittens schließlich entfaltet sie den Stern, bildlich noch konkreter und konsequenter als in der Rezension, als die zentrale Figur von Rosenzweigs neuer, philosophischer Semantik:

> Das Eine All ist auseinander gefallen. Die drei großen Urwirklichkeiten Gott, Welt, Mensch stehen einander unverbunden gegenüber. [...] Und es erhebt sich die Frage: wie können diese starr in sich selbst verschlossenen Wirklichkeiten zueinander kommen, um wieder ein All zu werden? [...] Die Antwort ist schon gefunden, indem die Verbindung der Elemente geschehen, die Ordnung zwischen ihnen als die Eine Weltzeit gestiftet ist«,[23] und zwar in »Schöpfung, Offenbarung, Erlösung«. »So zeichnet sich in klarer Gestalt die Doppelbahn des Davidssternes der Erlösung. Die gleichen Seiten der einander überschneidenden Dreiecke drücken die gleiche Entfernung der Urwirklichkeit Gott, Welt, Mensch voneinander aus und bilden zugleich in ihrer Doppelheit das reinste Symbol der lebendigen Bahnen, die zwischen ihnen als Schöpfung, Offenbarung und Erlösung hin und wieder führen und das Wunder der Wirklichkeit immer neu auf dem Nachthimmel der Ewigkeit aufleuchten lassen.[24]

Susman verortet damit Rosenzweigs »messianische Erkenntnistheorie« nicht etwa in der kabbalistischen Geschichtsphilosophie des *tikkun ha-olam*. Vielmehr erweitert sie die davidische Sternfigur um eine siderische Semantik, indem sie immer deutlicher und weitgehender Rosenzweigs philosophischen Messianismus als »Aufleuchten der symbolischen Gestalt des Sternes«[25] beschreibt und dabei den Stern auf zwei Weisen deutet: Zum einen macht sie ihn als »Doppelbahn des Davidssternes« und damit als ein spezifisch jüdisches Symbol lesbar, das, so Susman, »jüdische Gewissheit, jüdisches Urwissen«[26] verdichtet. Zum anderen hebt sie den Stern aber auch an den weiteren »Nachthimmel« und macht ihn so als ein universales, siderisches Symbol lesbar, das die verlorene Einheit des Alls zu restituieren vermag.

Diese doppelte Deutung der »Doppelbahn des Davidssternes« vollzieht am konsequentesten schließlich jener Aufsatz von der sprachlichen Energie eines epischen Gedichts, in dem Susman Rosenzweigs Symbolgestalt *kat exochen* schon im schlichten Titel *Sterne* ins Zentrum stellte. Erschienen war der Aufsatz zuerst am 31.12.1936 in der Zürcher »Sozialistischen Wochenzeitung« *Die Arbeit*, danach erneut Ende 1937 im »Schweizer Frauenblatt«, zu einer Zeit also, in der in Deutschland der »Stern« als »Gelber Fleck« zu einem Zeichen des Ausschlusses gemacht wurde,[27] schließlich mit einem signifikanten Zusatz im Jahr 1965 in der Aufsatzsammlung *Vom Geheimnis der Freiheit*. In der Tat geht Susman hier zwar bis in die Terminologie von Rosenzweigs religionsphilosophisch überformtem Davidstern aus, wenn sie etwa den Welt-Mensch-Zusammenhang beschreibt. Zugleich geht sie aber auch über Rosenzweigs *Stern* hinaus in eine von Sternen getragene, universale siderische Kosmologie, die gemäß Rosenzweigs Systematik wohl der »metalogischen« Astrologie zugeordnet werden müßte:

> Sternumgeben, sterndurchwaltet, sterngestaltet, selber aus Sternen zusammengefügt ist unser gesamtes Dasein. Sterne umgeben uns, bilden uns überall. Aber auch ohne den Blick auf die irdische Sternenwelt, allein aus den Sternen des Himmels hat von je der Glaube, die Dichtung, das Denken aller Zeiten und Breiten einen tiefen kosmischen Zusammenhang zwischen Welt und Mensch abgelesen. Es ist das Erlebnis dieses das ganze All durchwirkenden Zusammenhanges, das allem frühen Sternkult, aller Anbetung der Gestirne zugrunde liegt. Daß dort: in den streng gesetzhaft geordneten Bahnen der Gestirne, im sanften Nachglanz des Mondes wie in dem des alles Leben spendenden Gestirns: der Sonne etwas Erhabenes, machtvoll Wirkendes zu verehren sei, diese Gewissheit ist allen frühen Kulturen, vor allem denen des Orients, in denen die Wirkung der Gestirne auf die irdi-

schen Abläufe mächtiger noch als in den nördlichen Ländern zutage tritt, gemeinsam.[28]

So sehr der »Sternkult« hier als Gegenmodell zu Rosenzweig *Stern der Erlösung* erscheint, rückt hier Susman dennoch – zunächst noch unausgesprochen – die Astrologie in einem ganz spezifischen Sinne in die Nähe von Rosenzweigs »neuer Philosophie« des Sterns: Sie erneuert das alte, orientalische Vorhaben, an einem Stern die zerbrochene kosmische Einheit wiederherzustellen. Mit Rosenzweigs Philosophie des Sterns teilen die alten »Sternkulte« die Vorstellung eines »das ganze All durchwirkenden Zusammenhangs zwischen Mensch und Welt«, und so bestätigt sie sich vor diesem Hintergrund als eine Art neue Mythologie des Astralen.

Allerdings formuliert Susman diese gewagte Konstellation, die Rosenzweigs philosophische Restitution des zerbrochenen All-Zusammenhangs an die astrologische Kosmologie annähert, nicht – in Schillers Kategorien gesprochen – als Rückgang zu einem »naiven« Zustand, sondern im »sentimentalischen« Wissen um die gleichzeitige fundamentale Differenz zwischen Astrologie und jüdischer Theologie, wenn sie in einem zweiten Schritt das Auseinanderbrechen dieser »einzigen großen Symphonie« der Sterne beschreibt. Die Bibel nämlich baut, so zitiert Susman das bekannte Argument, auf eben jenem »Ur-Element«, das auch Rosenzweig gegen die Astrologie ins Spiel bringt: auf den *Einen* Gott: »Warum haben denn die Propheten mit so ungeheurer, immer wieder aufflammender Gewalt sich gegen den Sterndienst gewandt und ihn verworfen? Die Antwort ist einfach und klar. Es geschah, weil der Sterndienst auch in seiner reinsten Gestalt die Anbetung des Vielen und Sichtbaren an Stelle der Anbetung des Einen und Unsichtbaren setzte, der den Gestirnen wie den Menschen ihr Gesetz gegeben hat und ihnen beiden ihre Bahn erst vorschreibt«.[29] Doch nicht nur die biblische Theologie mit ihrer (nach Rosenzweig: metaphysischen) Zentralinstanz des *Einen* Gottes, sondern auch die moderne Philosophie – am radikalsten der Idealismus – mit ihrer (nach Rosenzweig: metaethischen) Zentralinstanz des Menschen und seiner Freiheit negiert den kosmologischen Wirkungszusammenhang der Sterne: »[...] der Mensch tritt aus der strengen Notwendigkeit des bloßen Naturablaufs heraus in die Freiheit menschlichern Entscheidung«.[30]

Konsequenterweise verwirft Susman deshalb auch die aktuellen Versuche, die Wiederherstellung des All-Zusammenhangs *par force* durch einen naiven Rückgriff auf die Astrologie zu begründen, so sehr auch ihre aktuelle Konjunktur das Mißbehagen am philosophischen und wissenschaftlichen Denken »von Parmenides bis Hegel« mitträgt: »Es ist gewiß kein Zufall«, so Susman, »daß gerade heute, in einer Zeit, in der die Gesetze und Wahrheiten der Wissenschaft in Frage gestellt sind, die uralte Wissenschaft der Astrologie [...] eine Neublüte erlebt«.[31] Für Susman, die hier auf die Renaissance der Astrologie in der Weimarer Republik anspielt,[32] ist aber eben der von ihr beschworene »tiefe kosmische Zusammenhang zwischen Welt und Mensch« nicht in dieser ursprünglichen Gestalt restituierbar: »Zwischen den Sternenbahnen und den Bahnen der Menschenschicksale ist ein Abgrund aufgerissen [...]. Nicht nur der Sterndienst in jeder Gestalt ist damit unmöglich geworden, die große einheitliche Musik des Alles ist gewaltsam unterbrochen worden.«[33] Doch nicht nur deshalb, sondern auch, weil das astrologische Modell das »Element Mensch« aus seinen existentiellen Bedingungen heraushebt, gelangt Susman schließlich, wie zuvor Rosenzweig, zu einer überraschend scharfen Kritik der Astrologie:

> Die Astrologie ist die Wissenschaft, die behauptet, die Beziehung zwischen den Sternenbahnen und den Menschenschicksalen aufhellen und mehr oder weniger exakt errechnen zu können. Sie ›erachtet‹ die in den Sternen geschriebene Schrift nicht; sie tut es eben darum nicht, weil sie sie nicht als die Schrift Gottes erkennt. Mit anderen Worten: sie überfliegt die Bedingungen der menschlichen Existenz.[34]

Wenn Susman deshalb nachgerade von einem »notwendigen Scheitern der Astrologie« spricht, dann tut sie dies dennoch nicht nur kritisch, sondern auch elegisch. Denn mit dem Scheitern der Astrologie ist auch die kosmische Geborgenheit verlorengegangen, und so beschreibt sie die Entmythologisierung nicht etwa als Gewinn, sondern als Verlust: »Alle Astrologie aller Zeiten ist [...] gerichtet und als Wahrheit versunken. [...] Wir vernehmen die Musik der Welt nicht mehr. Sie ist bis in alle Tiefen hinunter abgebrochen von Lärm und Unrast, von Zweifel und Wirrnis übertönt.«[35]

Um so dringlicher stellt sich dann aber für die Moderne die Frage nach den Möglichkeiten einer neuen Form des kosmischen All-Zusammenhangs, die den »orientalischen Sternkult« zwar nicht ungebrochen und naiv wiederherstellt, ihn aber zumindest in seinem elementaren Anspruch zu beerben vermag. Vor dem Hintergrund ihrer bisherigen Überlegungen wird es nicht mehr überraschen, daß es eben Rosenzweigs philosophisch gewendeter Stern ist, der nach Susman dieses Erbe anzutreten vermag. Im *Sterne*-Aufsatz zeigt sich dies zunächst daran, daß Susman einen weiteren zentralen Begriff von Rosenzweigs Philosophie des Sterns stark macht: die »Erlösung«. Als Erlösung beschreibt sie hier eben jene messianische Tendenz, die Rosenzweigs philosophisch-davidischen Stern mit der astrologischen Kosmologie teilt: die Wiederherstellung eines All-Zusammenhangs: »Es gibt keine gegenwärtige Weltharmonie mehr. Sie kann erst wieder erklingen am Ende der Tage in der Erlösung der Welt, in der sich der zwischen dem Dort und dem Hier aufgerissene Abgrund wieder schließen wird.«[36] Susman rekurriert dabei offensichtlich, wenn auch hier noch unausgesprochen, auf Rosenzweigs an den Kategorien von Offenbarung und Erlösung gebildeten Begriff des Sterns, der nun aber nicht mehr den ganzen Sternenhimmel, sondern einen spezifischen und neuen Stern in den Blick rückt. Wenn Susman hier, Ende 1936 am Ende ihres *Sterne*-Aufsatzes, für ihre Gegenwart, die wie keine zuvor Zusammenhänge zerbrach, die Wirkung eines neuen, verbindenden und erlösenden Sterns heraufbeschwört, bleibt sie allerdings zunächst merkwürdig allusiv und mehrdeutig. Sie läßt den Spielraum offen für einen messianischen Stern, wie er in Num 24,17 beschrieben ist – »Ein Stern geht auf aus Jakob« – und im »Sternensohn« Bar Kochba[37] und ebenso im halleyisch-kometenhaften Stern zitiert ist:

> Wir leben in der dunkelsten Nacht. Kein Gesetz ist uns mehr erkennbar; Finsternis und Schweigen überall. Aber war es nicht in solcher finsterer Nacht, daß der lichteste Stern heraufsteigt, der je über der Menschenwelt erschienen ist? Dieser Stern steht ja nicht nur wie alle anderen Sterne in der Unendlichkeit des erschaffenen Alls: er steht genau in dem Punkt, in dem die beiden Unendlichkeiten: das Reich der Natur und das Reich der Gnade, sich berühren. [...] Der Sternreigen ist versunken, die Musik des Alls ist in weiter Ferne verklungen. Aber nun geht ein einsamer Stern von anderem Glanz über die Welt auf, ertönt eine neue Musik: der Gesang der Engel [...].38

Was Susman im Jahr 1936 für eine Schweizer Arbeiterzeitung schrieb, als in Deutschland der »Judenstern« zum Stigma wurde, wollte nicht unmittelbar eine politische Lektüre beanspruchen. Es folgte der Suche nach einem neuen, religionsphilosophisch ausgerichteten Denken des Zusammenhangs, das allerdings jenes ablösen sollte, das Katastrophen wie Weltkriege mitverantwortete. Knapp dreißig Jahre später nun gab Susman dem Ende ihres *Sterne*-Aufsatzes eine neue, deutlicher politische Wende, indem sie einen signifikanten Abschnitt hinzufügte, als er in der Sammlung *Vom Geheimnis der Freiheit* (1965) erneut gedruckt wurde. Während sich ihr am Nachthimmel 1936 jener neue Stern noch undeutlich und vieldeutig, als zwischen jüdischem und christlichem Messianismus schwankendes Zeichen andeutete, enthüllt er sich ihrer neuerlichen Sterndeutung 1965 – nach der sternenlosesten Nacht der europäischen Geschichte – um so eindeutiger als jenes Zeichen, auf das Rosenzweig seine neue Philosophie baute: als das »jüdische Symbol des Davidsterns«[39]:

> Dem letzten Erglänzen am Nachthimmel, diesem letzten aus der Höhe gesandten Klang kommt hier auf Erden ein Stern entgegen, der eine ganz irdische Geschichte hat: das jüdische Symbol des Davidsterns. Ihn hat Franz Rosenzweig als Zeichen der Erlösung erkannt, während er im Ablauf der Geschichte dann zum Zeichen der furchtbarsten Wirklichkeit wurde.[40]

Zu dieser historischen und politischen Wende in Susmans Deutung des *Sterns* hat offensichtlich auch eine neue Lektüre beigetragen: Kurz zuvor, 1963, erschien Gershom Scholems Aufsatz *Das Davidschild* erstmals in deutscher Sprache. Scholem analysiert hier die politisch-theologische Interpretationsgeschichte jenes Symbols, wobei er zeigt, wie der Stern vom esoterischen Hexagramm über das antisemitische Stigma – und damit förmlich durch den Abgrund der jüngsten Geschichte hindurch – schließlich zum selbstbewußten Symbol des Zionismus wurde. Was Rosenzweig zur komplexen Figur einer philosophischen Erlösung erhob, die einen neuen All-Zusammenhang zwischen Mensch, Welt und Gott stiften sollte, wird bei Scholem angesichts der Katastrophe des europäischen Judentums zum Symbol des durch die Vernichtung hindurchgegangenen, neu erstehenden Judentums:

> Gershom Scholem hat in seiner rein historischen Darstellung die Wandlung dieses trotz allem sinnreichen Symbols wie folgt gedeutet:»Der gelbe Juden-

> stern, als Zeichen des Ausschlusses und der schließlichen Vernichtung, hat die Juden auf dem Weg der Entwürdigung und des Grauens, des Kampfes und des heroischen Widerstandes begleitet. Unter diesem Zeichen sind sie ermordet worden; unter diesem Zeichen sind sie nach Israel gekommen. Und wenn es einen fruchtbaren Boden der geschichtlichen Erfahrung gibt, aus dem Symbolen Sinn erwächst, so war er hier gegeben …«[41]

In ihrer philosophischen Sterndeutung präzisiert sie damit 1965 Rosenzweigs philosophischen mit Hilfe von Scholems theologisch-politischem Stern, der vom Zeichen der Vernichtung am europäischen Nachthimmel zum »Zeichen des Lebens« im Orient aufstieg: »wo es die letzte Erniedrigung erfuhr, gewann es seine Größe«,[42] so Scholem über diesen radikalen Umdeutungsprozeß des Stern-Zeichens. »Das Zeichen […] ist würdig geworden, den Weg zum Leben und zum Aufbruch zu erleuchten.«[43] Diese Politisierung der astrologischen Semantik des Sterns – zuletzt als *magen david* im Zeichen des Zionismus – verschärft nicht zuletzt auch seine messianische Disposition. Aus der mythisch-kosmologischen wird eine theologisch-politische Wiederherstellung. Nach dem Ersten Weltkrieg (1921 bis 1936) suchte Susman in ihrer philosophischen Sterndeutung in Rosenzweigs *Stern* eine neue, philosophische Positionierung des Menschen in der Welt, von der ihn die okzidentale, philosophische Tradition abgeschnitten hatte. Angesichts des Zweiten Weltkriegs jedoch (1965) wurde diese Religionsphilosophie des Sterns durch eine Politisierung eingeholt, und so wird derselbe Stern in einer neuen Konstellation und unter neuen Aspekten lesbar. Erstanden aus äußerster Zerrüttung jeglicher Vereinbarung versprach der Stern die Wiederherstellung nicht mehr so sehr einer kosmischen, sondern nun auch und vor allem einer politischen Ordnung.

Anmerkungen

1 Vgl. Andreas Kilcher, »Moses als Magier«, in: *Castrum Peregrini. Zeitschrift für Literatur-, Kunst- und Geistesgeschichte* 264–265 (2004), S. 18–50.

2 Vgl. Kocku von Stuckrad, *Frömmigkeit und Wissenschaft. Astrologie in Tanach, Qumran und frührabbinischer Literatur*, Frankfurt a. M. 1996.

3 Möglicherweise ist damit das Sternbild des Skorpions gemeint. Vgl. ebd., S. 138 f.

4 Vgl. Kocku von Stuckrad, Das Ringen um die Astrologie. Jüdische und christliche Beiträge zum antiken Zeitverständnis, Berlin 2000, S. 461–511. Der hebräische Begriff masal, in der deutschen Talmudausgabe von Goldschmidt schlicht als »(Glücks)Stern« übersetzt, läßt sich am ehesten als »Planetenschicksal«, »Sternbild« oder »Horoskop« übersetzen. Vgl. ebd., S. 472 ff.

5 Ebd., S. 151 ff.

6 Vgl. dazu Leopold Löw, »Die Astrologie in der biblischen, thalmudischen und nachthalmudischen Zeit«, in: *Ben Chananja. Wochenblatt für jüdische Theologie* 6 (1863), S. 431–435; Erich Bischoff, *Babylonisch-Astrales im Weltbilde des Thalmud und Midrasch*, Leipzig 1907; Friedrich Weinreb, *Die Astrologie in der jüdischen Mystik* (Textfassung: Christian Schneider), München 1982; Joel C. Dobin, *To rule both day and night. Astrology in the Bible, Midrash, and Talmud*, New York 1977.

7 Für die biblische und rabbinische Literatur vgl. von Stuckrad, *Frömmigkeit und Wissenschaft* (Anm. 2).

8 Vgl. Gershom Scholem, »Das Davidschild. Geschichte eines Symbols«, in: ders., *Judaica*, Frankfurt a. M. 1963, S. 75–118.

9 Franz Rosenzweig, *Der Stern der Erlösung*, mit einer Einführung von Reinhold Mayer und einer Gedenkrede von Gershom Scholem, Frankfurt a. M. 1990, S. 53 f.

10 Vgl. dazu Stéphane Mosès, *System und Offenbarung. Die Philosophie Franz Rosenzweigs.* Mit einem Vorwort von Emmanuel Lévinas, übers. von Rainer Rochlitz, München 1985; Michal Schwartz, *Metapher und Offenbarung. Zur Sprache von Franz Rosenzweigs Stern der Erlösung.* Mit einem Vorwort von Stéphane Mosès, Berlin 2003.

11 Vgl. Margarete Susman, *Ich habe viele Leben gelebt*, Stuttgart 1964.

12 Ebd., S. 104 f.

13 Ebd., S. 105.

14 Drei Briefe Rosenzweigs an Susman sind abgedruckt in: Manfred Schlösser (Hg.), *Für Margarete Susman. Auf gespaltenem Pfad*, Darmstadt 1964, S. 336.

15 Vgl. Dietrich Mahnke, *Unendliche Sphäre und Allmittelpunkt. Beiträge zur Genealogie der mathematischen Mystik*, Halle 1937.

16 Margarete Susman, »Der Stern der Erlösung«, in: *Der Jude* 4 (1921/22), S. 259–264, hier S. 262.

17 Ebd., S. 260 f.

18 Gershom Scholem, »Nachwort«, in: Rosenzweig, *Stern der Erlösung* (Anm. 9), S. 544. Vgl. auch Andreas Kilcher, »Tikkun«, in: *Historisches Wörterbuch*

der Philosophie, hg. von Joachim Ritter und Karlfried Gründer, Basel, Stuttgart 1999, Band X, Sp. 1221–1223.
19 Scholem, »Nachwort« (Anm. 18), S. 538.
20 Susman, »Der Stern der Erlösung« (Anm. 16), S. 261.
21 Ebd., S. 262.
22 Margarete Susman, »Franz Rosenzweig«, in: *Der Morgen* 5 (1930), S. 541–561, hier S. 541 ff.
23 Ebd., S. 546.
24 Ebd., S. 548.
25 Ebd., S. 548, S. 550.
26 Ebd., S. 550.
27 Vgl. etwa *Der gelbe Fleck. Die Ausrottung von 500 000 deutschen Juden*. Mit einem Vorwort von Lion Feuchtwanger, Paris 1936.
28 Margarete Susman, »Sterne«, in: *Die Arbeit*, Zürich 31. 12. 1936, S. 420–423, hier S. 420.
29 Ebd., S. 421.
30 Ebd.
31 Ebd., S. 422.
32 Zu denken wäre etwa an Hubert Kosch (1883–1942), der die Astrologie auf einen wissenschaftlichen Stand zu bringen versuchte, oder an Walter Koch (1895–1970), der für eine philosophische Astrologie eintrat, die der Willensfreiheit Rechnung tragen sollte, evtl. auch Reinhold Ebertin (1901–1988). Vgl. Kocku von Stuckrad, *Geschichte der Astrologie. Von den Anfängen bis zur Gegenwart*, München 2003, S. 326 ff.
33 Susman, »Sterne« (Anm. 28), S. 421.
34 Ebd., S. 422.
35 Ebd.
36 Ebd.
37 Vgl. Scholem, »Das Davidschild« (Anm. 8), S. 83, wo er allerdings die Verbindung des »Sternensohns« mit dem Davidstern – gegen Moses Gaster – zurückweist. Vgl. auch von Stuckrad, *Das Ringen um die Astrologie* (Anm. 4), S. 102 ff.
38 Susman, »Sterne« (Anm. 28), S. 423.
39 Ebd.
40 Margarete Susman, »Sterne«, in: dies., *Vom Geheimnis der Freiheit. Gesammelte Aufsätze*, hg. von Manfred Schlösser, Darmstadt 1965, S. 68–78, hier S. 78.
41 Ebd. – Vgl. Scholem, »Das Davidschild« (Anm. 8), S. 117 f.
42 Ebd., S. 118.
43 Ebd.

IV. Historiographien

Maximilian Bergengruen

Untergang der *Mondnacht*
Umschreibungen in Trakls *Abendland*

I.

Der Gedichtzyklus *Abendland II* wird im Mai 1914 in der Zeitschrift *Brenner* und nach zwei weiteren Textstufen noch im gleichen Jahr in der Gedichtsammlung *Sebastian im Traum* abgedruckt (Auslieferung 1915). Die entscheidende Veränderung in dieser letzten Umarbeitungsphase besteht in der Reduktion des Zyklus auf drei Teile: die Gedichte *Wenn es Nacht geworden ist*, *Wanderschaft* und *Wenn es auf der Straße dunkelt.*
Für diese neue dreiteilige Form gibt es meiner Ansicht nach einen einfachen Grund: die Markierung einer starken Lektüre eines der bekanntesten Gedichte der deutschen Sprache, Eichendorffs *Mondnacht* – bekanntlich ebenfalls dreiteilig strukturiert.[1]
Trakls starke Lektüre dieses Gedichtes läßt sich, wenn auch noch unterkomplex, seit dem Ursprungsgedicht *Wanderschaft* nachweisen, wird jedoch in der Umarbeitung der *Brenner*-Veröffentlichung auf den gesamten Text übertragen. Zentrum und Nukleus der produktiven Fehllektüre im Sinne Blooms[2] ist meines Erachtens folgender Vers aus *Abendland II*: »So leise sind die grünen Wälder / Unserer Heimat« (AL II, 6D, V. 20 f.).[3]
Die Figur eines paradoxalen, weil einen konsekutiven Anschluß markierenden, de facto aber unangeschlossenen »So« existiert nahezu unverändert vom Ursprungsgedicht *Wanderschaft* (WS 1H, V. 1) bis zum zweiten Teil von *Abendland II* in der zweiten Publikation. Seit der Umarbeitung der *Brenner*-Fassung wird sie durch zwei semantisch ähnliche und syntaktisch ebenfalls paradoxale (da unangeschlossene) So-Konstruktionen eskortiert: »So leise schließt« (AL II, 5T; 6D, V. 32), »So sprachlos folgt« (AL II, 6D, V. 37).
Das Original dieser paradoxalen Konstruktionen findet Trakl, so möchte ich im folgenden argumentieren, in Eichendorffs *Mondnacht*: »*So*

sternklar war die Nacht« (MN, V. 8, Herv. M.B.). Genauer gesagt, stellt Trakl die Paradoxie natürlich erst her: Schließlich gäbe es auch eine absolute Lesart von »So sternklar« (analog zu: ›Es war so schön!‹), die ohne Widersprüche auskommt; Trakl entscheidet sich jedoch für die konsekutive. Folgt man ihr, muß man feststellen, daß es innerhalb eines engen syntaktischen bzw. strophischen Zusammenhangs nicht ersichtlich ist, wie die zuvor erfolgte Beschreibung der Luftbewegung (»Die Luft ging durch die Felder, / Die Ähren wogten sacht, / Es rauschten leis die Wälder«; MN, V. 5 ff.) als Folge von »so sternklar« verstanden werden könnte. Es kann in sternklaren Nächten viel, wenig oder gar keinen Wind geben.

Trakls Text schiebt nun das in Eichendorffs Text sprachlich nachgängige, logisch aber präzedente »So« an den Anfang der Strophe. Das wirkt wie eine logische Integration des Paradoxons, erweist sich jedoch als das Gegenteil. Auch bei Trakl läßt sich nämlich keine konsekutive Folge feststellen: Die »Woge«, das Weinen im Schlaf und das »Hinsterben[]« (AL II, 6D, V. 22 ff.) sind keine Folge der leisen Wälder. Das gleiche gilt für die nächsten beiden »So«-Konstruktionen. Der unmittelbare Kontext liefert keine Hinweise, wofür das zweite »So leise« (V. 32) und das »So sprachlos« (V. 37) Bedingung sein könnten.

Um diese drei zugleich anschlußlosen wie -heischenden ›Sos‹ gruppiert Trakl – von den frühesten Fassungen der *Wanderschaft* bis zur Textstufe der zweiten Publikation – weitere semantische Einheiten aus der *Mondnacht*: Die »Wälder« sind nicht nur bei Eichendorff »leis« (MN, V. 7) – übrigens auch in Eichendorffs Gedicht *Abendlandschaft* (V. 3), dessen Titel für Trakl ebenfalls stichwortgebend sein könnte –, sondern auch bei Trakl: »So leise sind die grünen Wälder« (AL II, 6D, V. 20). Aus Eichendorffs »Die Ähren *wogten* sacht« (MN, V. 7; Herv. M.B.) wird bei Trakl die »kristallne *Woge*« (AL II, 6D, V. 22; Herv. M.B.); die Heimat (»nach Haus«; MN, V. 12) der fliegenden Seele wird, wenn auch nur vorläufig, zu den Wäldern gestellt: die »Wälder / Unsrer Heimat« (AL II, 6D, V. 20 f.).

Seit der *Brenner*-Umarbeitung wird nun diese bisher weitgehend lokale starke Lektüre zum Strukturprinzip des gesamten Zyklus erweitert. Dies läßt sich z.B. an der Zuordnung der Strophen zu den Jahreszeiten erkennen: Im ersten Teil von *Abendland II* ist vom »[F]allen der Blüten«

(AL II, 6D, V. 3) die Rede; wir befinden uns also im späteren Frühjahr. Im zweiten Teil ist es Sommer, wie die Einwort-Enallage »Abendsommer« (AL II, 6D, V. 27) deutlich macht. Im dritten Teil schließlich weht ein herbstlicher »Wind«, der gerade die letzten Blätter von den »kahlen Bäumen« (AL II, 6D, V. 39 f.) fegt.

Diese Dreiteilung kann durchaus als eine starke Lektüre der mimetischen Momente der *Mondnacht* verstanden werden. In diesem Text befindet sich das Subjekt zu Beginn seines Spaziergangs ebenfalls im Frühling, wenn es nämlich den »Blüten-Schimmer« (MN, V. 3) der Natur wahrnimmt; in der zweiten Strophe ist der Spätsommer eingekehrt, da sich die »Ähren« (MN, V. 6) wiegen; am Ende des Ausflugs sind die Herbst-Winde schon so stark, daß sie das sprechende Ich – ich folge hier wie gesagt Trakls Lesart – mit sich in die Lüfte nehmen.

Trakl radikalisiert nun die Implikationen in Eichendorffs Gedicht so weit, bis er dessen Vorgaben in ihre Antithese verkehrt hat. Ein Beispiel für dieses von Bloom »Tessera« genannte Prinzip ist die Behandlung des Fliegenden in den jeweils letzten Strophen der Gedichte: Bei Trakl ist es nicht der sich heimatlich Fühlende (MN, V. 12: »nach Haus«), sondern der »Heimatlose«, der dem »Wind« in einer Weise »folgt« (AL II, 6D, V. 37 ff.), daß sich eine Perspektive in höchster Höhe und mit geschichtsphilosophischer Weitsicht ergibt: Man kann die »großen Städte« (V. 34), die »weithin dämmernden Ströme« (V. 41), ja die »sterbenden Völker« (V. 45) sehen.[4]

Dieser Transfer hat jedoch eine interne Logik: Der Eichendorffsche Potentialis »*Als flöge* sie« (MN, V. 12; Herv. M.B.) impliziert in der Tat, daß die Seele weder zu Hause ist (sonst müßte sie nicht fliegen), noch dorthin fliegt (sonst bedürfte es keines Potentialis). Konsequent streicht Trakl die Konjektur und spricht von einem »Heimatlose[n]« – mit der die Antithese verstärkenden Pointe, daß dieser sich gerade durch den Flug von seiner »Heimat«, den Wäldern (AL II, 6D, V. 38; V. 21), entfernt.

Der zweite ins Auge fallende Unterschied liegt in der fehlenden Ich-Perspektive im *Abendland*. Bei Eichendorff bildet sich durch die in der Phantasie vollzogene Vorwegnahme der Todeserfahrung – die zu Gott aufsteigende Seele – eine starke Ich-Position heraus. Daß dies bei Trakl ganz und gar nicht der Fall ist, belegt die Elimination jeglichen Personalpronomens. Ein Ich-Bezug scheint für den Heimatlosen ausgeschlossen; selbst die Sprachlosigkeit (»So sprachlos«; AL II, 6D, V. 37) ist eine »Eigenschaft ohne Mann«.

Aber auch das läßt sich als radikale Konsequenz aus der Eichendorff-Lektüre verstehen. Strenggenommen fliegt bei Eichendorff nicht ein Ich, sondern nur dessen »Seele« (MN, V. 9). Setzt man dieser quasitranszendenten Perspektive eine irdische gegenüber, ist die Loslösung der Seele vom Körper nicht die Erweiterung der Subjektivität, sondern deren empirischer Exitus und damit der Verlust personaler Selbstidentität. Der bei Eichendorff in den Grenzen der Phantasie eingehegte Tod wird also bei Trakl in die Realität entlassen – eine Realität, die für das Subjekt wie für seine Umwelt gilt: Wohin es schaut, sieht sich das zerfallende Ich bzw. Nicht-Ich in den »sterbenden Völker[n]« (AL II, 6D, V. 45) gespiegelt.

Auch im ersten Teil von *Abendland II* sind für die zweite Veröffentlichung Bezüge zur *Mondnacht* hinzugefügt bzw. extrapoliert worden. Das beginnt schon mit dem Titel *Abendland*, der Eichendorffs »stille[] Lande« (MN, V. 11) aufnimmt. Der in Trakls Titel eliminierte Mond ist dabei nicht verschwunden, sondern in die Pole-Position des Gedichtes – erstes Wort, erste Zeile – gerutscht: »*Mond*, als träte ein Totes« (AL II, 6D, V. 1; Herv. M. B.).[5]

»*Als* träte ein Totes« – auch hier wieder ein Potentialis, der auf Eichendorffs Gedicht zurückgeht (»Es war *als* hätt' der Himmel«; MN, V. 1; Herv. M. B.), den Trakl in diesem Falle aber nicht streicht, da er ihm zur antithetischen ›Vervollkommnung‹ seiner Vorlage dient: Eichendorff greift, wenn er Himmel und Erde küssen und träumen läßt, bekanntlich auf Hesiod, *Theogonie*, V. 133, zurück: die kinderreiche Verbindung von Gaia und Uranos.[6]

Allerdings sublimiert Eichendorff diesen Topos auf zweifache Weise: Er spricht anstelle eines lang anhaltenden und außergewöhnlich erfolgreichen Beischlafs der beiden kosmischen Größen nur von einer Verführung der Erde durch den Himmel – und das auch noch im Modus des ›als ob‹. Trakl hingegen führt den Topos auf seinen sexuellen Sinn zurück. Allerdings erwähnt er nur das Ergebnis des himmlisch-irdischen Sexualaktes und dies auch nur in der Form der Negation, d. h. als Totgeburt: »Mond, als träte ein Totes / Aus blauer Höhle« (AL II, 6D, V. 1 f.).

Auch diese Antithese kann als ›Konsequenz‹ von Trakls Eichendorff-Lektüre der dritten Strophe gelesen werden: Wenn die romantische Transzendenz-Erfahrung nur über den physischen Tod gedacht werden kann, dann muß dieser Tod schon in seiner eigenen Bedingung, der kosmischen Zeugung, vorhanden sein.
Trotz dieser Verkehrung der Vorzeichen findet sich auch im *Abendland* eine Verbindung von Himmel und Erde: Wie sich bei Eichendorff das Licht des Mondes im »Schimmer[n]« (MN, V. 3) der Blüten spiegelt, so läßt sich auch bei Trakl ein Schimmern der Farbe des Mondes auf Erden ausmachen: »*Silbern* weint ein Krankes« (AL II, 6D, V. 5; Herv. M.B.). Die Konsequenzen könnten jedoch unterschiedlicher nicht sein; statt Erotik und Neugeburt legt der Mond das Schicksal des Kindes offen: eine Krankheit zum Tode. Eine ähnliche Verbindung von Sterben und Erotik deutet die Formulierung »Hinüberstarben Liebende« (AL II, 6D, V. 8) an: Statt neuem Leben zeugen die Liebenden ihren eigenen Tod.

II.

Eine Passage aus *Abendland II* fällt rein formal aus dem Rahmen, da sie als einzige zwar durch einen Absatz, aber nicht durch eine Bezifferung als eigenständiger Teil markiert ist. Gemeint ist die Stelle »Oder es läuten die Schritte / Elis' durch den Hain [...] ertönt« (AL II, 6D, V.9–19). Wenn man *Abendland II* nicht – wie bisher geschehen – als Zyklus, sondern, wie es Trakl selbst nahe legt, als »Gedicht«[7] liest, d.h. die anderen Teile des Textes als Strophen mitberücksichtigt, kommt genau dieser Passage eine zentrale Position für die Lektüre des Mittelteils zu. In einer solchen Lesart ist nämlich das oben erwähnte doppelte »So leise« ganz und gar nicht paradox, obwohl es sich nicht, wie man glauben möchte, auf *folgende*, sondern auf *vorhergegangene* Verse bezieht: »leise« war das »läuten« (V. 9) der Schritte und das Tönen des »Frühlingsgewitter[s]« (V. 19).
Dieser Bezug hat weitreichende Konsequenzen für das gesamte Gedicht: Das apokalyptische Unwetter der letzten Strophe wird schon in der ersten als omnipräsent und -präzedent markiert (nur kaum wahrnehmbar): in der Bewölkung, die der »Mond« (V. 1) nur zeitweise

durchbricht, im »[F]allen der Blüten« (V. 3), im zarten Frühlingsgewitter, das sich zuerst in der Schwüle des Sommertags (V. 30) und danach nur »leise« (V. 20), d.h. in entfernten »Blitze[n]« (V. 16) ohne starken Donner, ankündigt.[8]

Interessanterweise gilt das gleiche für die *Mondnacht*: Bezieht man das »So sternklar« über den engeren syntaktischen Zusammenhang auf die vor- und nachgehende Strophe, macht das konkludierende »so« durchaus Sinn: Das visuelle Phänomen des »Blüten-Schimmer[s]« (V. 3) ist nur in einer sternklaren Nacht möglich, auch ein imaginärer Rundflug der Seele erzeugt nur bei Fernsicht Transzendenz-Illusionen. Darüber hinaus scheint auch das Liebeswerben des Himmels um die Erde nur dann erfolgversprechend zu sein, wenn die Liebenden nicht durch einen Wolkenvorhang getrennt sind.

In beiden Fällen, d.h. bei Eichendorff und bei Trakl, scheint also die paradoxale Struktur des »So« Teil einer Strategie der kalkulierten Verunsicherung der Lektüre zu sein; eine Verunsicherung, die den Leser auffordert, nicht nur die unmittelbar wahrnehmbare – textuelle wie landschaftliche – Umgebung, sondern den universalen – textuellen wie metaphysischen – Zusammenhang zu berücksichtigen.

Die Analogie birgt jedoch wiederum eine – in sich sogar gedoppelte – Antithese in sich. Während bei Eichendorff die sternklare Nacht Bedingung für die phantastisch-transzendente Stimmung des Subjektes darstellt, ist bei Trakl das schlechte Wetter Bedingung für ein Gewitter mit apokalyptischen Ausmaßen. Und noch ein Unterschied ist entscheidend: Während bei Eichendorff das paradoxale »So« den Leser dazu zwingt, von einer sinnlichen Natur-Wahrnehmung auf eine übersinnliche Sichtweise umzustellen, zwingt Trakl den Leser bei der Auflösung des Paradoxons noch tiefer in die Sinnlichkeit. Die apokalyptische Sichtweise ist der einfachen Naturwahrnehmung nicht entgegengesetzt, sondern deren Steigerung: Der Text kann als Einübung in eine höhere Form von Sensibilität gelesen werden, mit deren Hilfe man die »leisen« Hintergrundgeräusche und die fernen Anzeichen eines omnipräsenten apokalyptischen Geschehens verstehen kann.

Auffälligerweise führt die Steigerung der Sensibilität für die apokalyptische Ubiquität nicht dazu, daß sich der Betrachtende ihren Folgen entziehen kann. Ganz im Gegenteil: Die anaphorisch-klimatische Kette der drei »so« weist darauf hin, daß die Erkenntnis der Apokalypse in die Apokalypse der Erkenntnis, die Sprachlosigkeit, führt. Derjenige, der aus siderischer Perspektive die Entwicklung der Erde verfolgen kann, fällt wie das Gestirn selbst: »zerschellend am Strande der Nacht, / fallende Sterne« (AL II, 6D, V. 47 f.).

Fielen die Sterne nicht, hätten sie einer wichtigen Aufgabe im Hinblick auf die Apokalypse gerecht zu werden. In der Offenbarung des Johannes sind es die »sieben Sterne« (Offb. 1, 16) in der Hand Christi, die als Zeichen eines nahenden Tausendjährigen Reichs fungieren. Daß diese Sterne jedoch fallen, ist keine Seltenheit in Trakls Œuvre: Man denke an den letzten Vers aus *An den Knaben Elis*, »Das letzte Gold verfallner Sterne« (*An den Knaben Elis*, 6D, V. 19), oder den himmlich-irdischen Wechsel zwischen Elis' »Herz«, von dem gesagt wird, es »[s]chauckelt [...] am einsamen Himmel«, und den »Sterne[n]«; die »leise im Abendweiher« versinken (*Elis*, 7D, V. 14 f.; V. 23 f.).

Und genau dieser Knabe Elis, dessen Schicksal so eng mit den fallenden Sternen verwandt ist, taucht auch in der erwähnten Zwischenstrophe in *Abendland II* auf: »Oder es läuten die Schritte / Elis' durch den Hain« (AL II, 6D, V. 12 f.).[9] Angesichts dieser Konstellation scheint mir der Name Elis am ehesten auf den Propheten Elias zu rekurrieren (auf den auch der Name Helian aus gleichnamigen Gedicht verweist).[10] Elias ist in der Konzeption des Vaters aller Apokalyptiker, des Abtes Joachim von Fiore, der Prophet, der den Übergang vom »secundo« zum »tertio status«[11] – vom Zeitalter des Sohnes zu dem des heiligen Geistes – ankündigt und damit das Tausendjährige Reich mit seinem Erscheinen eröffnet.

Bei Trakl hat diese nahe Zukunft – wie auch sonst im Kontext des apokalyptischen Denkens im frühen 20. Jahrhundert[12] – sowohl ihre mittelalterliche Harmlosigkeit als auch ihre frühneuzeitliche Begeisterung verloren: Statt Bestätigung der irdischen Gerichte und Erfüllung der hochgespannten epistemischen Erwartung handelt es sich bei der Apokalypse des *Abendlandes* um ein reines Schreckensszenario.[13]

Allerdings unterscheidet sich Trakl von der herkömmlichen Apokalypse-Deutung in Deutschland und Österreich vor und während des Ersten Weltkrieges dadurch, daß er auch nach diesem kriegerischen Schreckensszenario keine anbrechende Gottesherrschaft auf Erden – in

Form eines gestärkten und wiedervereinten Deutschen Reiches[14] – annimmt. Ja schon die Ankündigung dessen ist bei ihm nicht mehr möglich: Die »Schritte« des Propheten der Apokalypse sind bereits wieder »verhallend« (AL II, 6D, V. 9; V. 12), bevor überhaupt ein Wort gesagt wurde. »O, wie lange bist, Elis, du verstorben«, heißt es analog dazu in *An den Knaben Elis* (6D, V. 12).

Ein Prophet der Apokalypse, der bevor er erwachsen, ja vielleicht geboren ist, schon gestorben ist; Sterne, die eigentlich diese Apokalypse anzeigen sollen, jedoch bevor sie bzw. indem sie Zeichen des Untergangs werden, vom Himmel stürzen, und schließlich der Nachfolger des romantischen Ichs, der durch die Weitsicht der siderischen Höhe den Untergang des Abendlandes vorhersagen könnte, stattdessen aber in die Ich- und Sprachlosigkeit (»So sprachlos«, AL II, 6D, V. 37) abrutscht – all diese Momente weisen darauf hin, daß nicht nur Landschaften und Völker von der Apokalypse heimgesucht werden, sondern daß auch die Zeichen und die Zeichendeutung der Apokalypse ihr selbst zum Opfer fallen. In einer Zeit, in der der gewalttätige Umsturz der Welt seine Potentiale realisiert, scheint es unmöglich, daß gerade die Rede darüber stabil bleiben sollte. Ja, sie ist die erste, die dem Untergang geweiht ist. Während die Völker noch sterben, ist sie – wie das Gestirn – bereits gefallen.

III.

Der Grund für das Bemühen, die metaphysische Logik seiner Zeit gerade anhand der *Mondnacht* vom Kopf auf die Füße, vom gestirnten Himmel auf die Erde zu stellen, ist in der Funktion zu suchen, die Eichendorff, genauer: die der Chiffre oder dem »*abstrakten Begriff*«[15] ›Eichendorff‹, in der Frage der geistigen und militärischen Mobilmachung vor und während des Ersten Weltkriegs zugewiesen wird.

Thomas Mann z.B. bringt in einer Publikation aus dem Jahre 1916 seine frühe konservative Weltanschauung ausgerechnet anhand von Eichendorfs *Taugenichts*, den er »mit Nachdruck als deutsch«[16] bezeichnen möchte, zu Papier. Seine Analyse der Jetzt-Zeit ist eine Ent-Taugenichtsung: »Nennen wir das Wort, das heute in aller Gedanken und aller Munde ist und [...] eine Gefahr für den deutschen Menschen, für deutsche Bürgerlichkeit und Geistigkeit bezeichnet! Es lautet: ›*Politisierung*‹«.[17] Diese Politisierung ist natürlich auch am Weltkrieg schuld: »Und die Auffassung hat ihre Anhänger, daß dieser Krieg im Grunde ein konservatives Einschreiten Deutschlands zur Rettung des Staates überhaupt bedeute.«[18] Die Fronten verlaufen also für Mann zwischen der guten, naturnahen, unpolitischen und innerlichen Bürgerlichkeit (den Nachfahren des Taugenichts)[19] und einer linken demokratischen Öffentlichkeit – also mehr im eigenen Staat als zwischen den Staaten. Und da die Politisierer und Parlamentsfetischisten den Krieg verursacht haben, muß die eigene Seite ihn als gerechte Strafe billigen – Kriegsbejahung auf gut eichendorffisch.[20]

Daß sich Thomas Mann in dieser Zeit des Autors Eichendorff annimmt und ihn zum Dichter des deutschen Geistes ausruft, ist aus einer diskursiven Logik heraus zu verstehen. Eichendorff boomt – wie neuere Forschungen zur Rezeption ergeben haben – im frühen 20. Jahrhundert. Gesellschaften, Zeitschriften und Schriftenreihen werden kurz nach Beginn des neuen Jahrhunderts zu seinen Ehren gegründet und erfreuen sich größter Beliebtheit. Der schlesische Autor ist, wie es in der Eichendorff-Zeitschrift *Der Wächter* heißt, »der deutscheste unserer neueren Dichter, er ist, von der Seite der Deutschheit betrachtet, der Größte, weil er in seiner Art der Einzige ist«.[21]

Daß Eichendorff bei Mann für die schöne unpolitische Seite des Lebens herhalten muß, scheint annähernd nachvollziehbar, erstaunt aber, wenn man auf den Diskurs blickt, da der Romantiker in der gleichen Zeit zu einer politischen Größe, ja zu einem einzigartigen Kriegshelden promoviert wird – und zwar, wie sich das für einen Schlesier, d. h. einen preußisch-österreichischen Grenzgänger gehört,[22] in einer Art »Parallelaktion« der durch die »Natur« verbundenen und nur künstlich getrennten Staaten[23] »Deutschland und Deutschösterreich«.[24] Gerade von KuK-Seite wird immer wieder darauf hingewiesen, daß Eichendorff in »*Wien*« und nirgends sonst »seine dichterische Weihe empfangen hat«. Nicht zuletzt dieser Umstand prädestiniert ihn dazu, daß er jetzt der »Gesamtheit seines Volkes zurückgegeben« werden kann.[25]

In diesem gesamtdeutschen Zusammenhang rühmt man, wie in der *Zeitschrift für den Deutschen Unterricht* im Jahre 1909 zu lesen ist,

Eichendorffs »elastische[n] Körper« und seine »stahlharte Gesundheit«.[26] Diese konnte er im Krieg auch gut gebrauchen: Eichendorffs an sich kaum erwähnenswerte Teilnahme an den Befreiungskriegen im Jahre 1814f. wird direkt auf die Jetzt-Zeit und die Frontstellung gegen Frankreich hochgerechnet. Eichendorff ist, läßt ein gewisser Josef Weiß seine Umwelt im Jahre 1907 wissen, der »begeisterte Sänger des Kampfes gegen das französische Joch«![27]

Und doch scheint es – und das rückt die Position Manns gänzlich in die Diskurs-Logik – auch den kriegesmutigen Lesern Eichendorffs nicht ganz unrecht zu sein, daß dieser neben der Tatsache, daß er »als Mann seine Büchse gegen den Feind geführt [habe] wie nur einer«, zugleich ein durch »Innerlichkeit« ausgezeichneter Mensch war, der als »ein echter romantischer Träumer, durch Flur und Wald [...] strich«. Seine bürgerliche »Geräuschlosigkeit«[28] und Naturnähe sind gut zu gebrauchen, um den Krieg in einer verharmlosten Form zu befürworten. Da mit Eichendorff nämlich die »ganze Welt« ein einziger romantischer »Wald« ist,[29] in dem es sich, wie es in der *Zeitschrift für Geschichte und Kulturgeschichte Österreichisch-Schlesiens* im Jahre 1809 vieldeutig heißt, »in alle Landen und Erdteilen« wandern läßt,[30] so kann man mit ihm – so ein Artikel aus der Zeit des Weltkriegs – auch bequem und höchstromantisch durch die »gute, reine, kräftigende deutsche Luft« zum »kühlen *Waldesboden*« spazieren, wo die »Gräber der Toten«[31] ausgehoben werden ...

IV.

Blickt man in Trakls engstes intellektuelles Umfeld, die Zeitschrift *Brenner*,[32] läßt sich eine Position konturieren, die dem kollektiven Umgang mit der Chiffre ›Eichendorff‹ in Deutschland und Österreich durchaus ähnlich ist. In einem umstrittenen Artikel mit der Überschrift »Politik« aus dem Jahre 1912 antwortet Carl Dallago auf einen Aufruf Hermann Bahrs zum Frieden mit einem eindeutigen Bekenntnis: »Aber der Krieg hat auch sein Lichtes. Er ist einem Volke vielleicht weniger Gefahr als das dauernde Wohlleben«.[33] Eigentlich sei er ja gar nicht, so fährt Dallago weiter fort, für den Krieg, er sei nur gegen den Frieden, wie er von der zeitgenössischen Friedensbewegung angestrebt würde. Diese sei nämlich ihrerseits ganz und gar nicht friedlich, da sie aus der Sphäre der – und Dallago spricht das Wort mit ebensoviel Abscheu aus wie nach ihm Thomas Mann – »*Politik*« entspringe: »Schon der Name wirkt auf mich wie etwas Unsauberes.«[34] Das Kriegerische an der Politik liegt, wie Ficker seinem Freund Dallago[35] argumentativ zur Hilfe kommt, natürlich in der »Unbarmherzigkeit einer kapitalistischen Gesellschaftsordnung«.[36] Hier sind die eigentlichen Schlachtfelder der Gesellschaft zu finden, nicht in den Schützengräben der Militärs.[37]

Dallago und Ficker bringen durch die leger geknüpfte Dreifachverbindung ›Friedensbewegung‹, ›Politik‹ und ›Kapitalismus‹ das rhetorische Wunder fertig, sich trotz ihrer Kriegsverherrlichung als neutral zu bezeichnen. Ihr »Sinnen« sei »nicht auf Krieg gerichtet«,[38] o nein, sondern vielmehr »dem Tun der Natur völlig zugekehrt«.[39] Und von dieser wahrhaft pazifistischen Perspektive aus – Dallago spricht in emphatischer Naivität vom »Wald*frieden*«[40] – müsse man sich nolens volens den Militaristen zuwenden, da diese wenigstens so ehrlich seien, von dem Krieg zu sprechen, den sie führten.

Unter der Hand verbinden Dallago und Ficker dann doch die in ihrer Argumentation vordergründig getrennten Begriffe ›Natur‹ und ›Krieg‹: Der Krieg ist, wie Dallago sich ausdrückt, eine »gewachsene Tat«. Und wie man die Natur in ihrem organischen Wachstum nicht stören solle, so möchte auch Dallago den Krieg nicht »auf[]halten«. Und zu dieser organischen Koalition von Natur und Krieg, so die Pointe der Argumentation, gehöre nun einmal auch der »Schmerz«.[41] Der Kriege stelle ja, so ergänzt Ficker in einer trivialdarwinistischen Volte, keine Ausnahme-Erscheinung dar: »Wo ist nicht Krieg, wo ist nicht Kampf im Dasein?«[42]

Die Chiffre ›Eichendorff‹ ist also kein Einzelfall. Auch im *Brenner* wird die konservative und bildungsbürgerliche Gedankenfigur der Frontstellung zwischen Natur und Krieg einerseits und Kapitalismus, Politik (Demokratie) und Friedensinitiative andererseits aufgerufen. Die rekonstruierte Argumentation macht dabei die aporetische Verknüpfung zwischen Krieg und Natur innerhalb dieser konservativen Gedankenfigur besonders deutlich. Einerseits müssen Krieg und Natur als verwandt markiert werden, um die Differenz zur politisch-kapitalistischen

Friedensbewegung herauszuarbeiten, andererseits muß die Natur das ganz andere – eben den »Waldfrieden« – darstellen, damit die poetische Verklärung und Verharmlosung des Krieges für Leser (und Autor) um so besser greifen.

Vor diesem Hintergrund – und natürlich in dem Wissen, daß die zeitgenössische Publizistik und der Frühexpressionismus der Zeit ganz ähnlich argumentieren[43] – läßt sich die oben geleistete Analyse von *Abendland II* in einen politischen Diskurs einbetten und insbesondere Trakls potenzierte Beschwörung der Apokalypse auf den Ersten Weltkrieg beziehen. Wenn die österreichisch-deutsche Eichendorff-Rezeption mit der Position Dallagos und Fickers weitgehend übereinstimmt, dann kann Trakls starke Lektüre eines Eichendorff-Textes zugleich als starke, aber chiffrierte Lektüre der *Brenner*-Position gelesen werden. Das heißt: Die Auseinandersetzung mit der *Mondnacht* dient Trakl dazu, die Position des *Brenner*-Zirkels erstens zu skizzieren, zweitens in den allgemeineren Kontext einer konservativen Kriegsbefürwortung einzureihen und drittens zu unterlaufen – und das ohne ein offenes Wort.

Dieses Unterlaufen sieht natürlich nicht so aus, daß sich Trakl der Position eines Hermann Bahr zuwenden würde; das ist mit dem im frühen 20. Jahrhundert konservativ determinierten Begriff der ›Apokalypse‹ (trotz Umschreibung) nicht möglich;[44] vielmehr denkt er – wie in der Auseinandersetzung mit Eichendorff – die *Brenner*-Position konsequent zu Ende; und zwar so weit, bis er ihre eigenen Prämissen ad absurdum führt.

Wenn nämlich, so lassen sich Trakls Überlegungen auf der Basis der oben geleisteten Analyse zusammenfassen, der Krieg nur eine besondere Form des natürlichen und organischen Kampfes ums Dasein darstellt, dann muß er bzw. die Apokalypse, die er einleitet, nicht nur jedem zivil-politischen Zustand, sondern auch jeder »Mondnacht« und jedem »Waldfrieden« als die Bedingung der Möglichkeit eingeschrieben sein. Der pseudodarwinistische Satz Fickers, daß das gesamte Dasein aus nichts anderem als Krieg und Schmerz bestehe, darf nicht – so läßt sich Trakls Position rekonstruieren – nur auf den militärischen Krieg, nicht nur auf den zivilen Krieg des Parlamentarismus, sondern muß insbesondere auf die Natur selbst angewandt werden.

Genauer gesagt: Die Ideologiekritik Dallagos und Ficker, die darin bestand, unter dem Wort »Frieden« das kriegerische Kalkül der Zivilgesellschaft aufzudecken, wird durch Trakls starke, aber chiffrierte Lektüre auf ihre Urheber zurückgebunden: Wenn alles Dasein Krieg ist, das Wort »Frieden« also sozusagen a priori eine Lüge ist, dann ist der Begriff »Waldfrieden« der verlogenste von allen.

Gerade den »Wäldern unserer Heimat« und den sternklaren Sommernächten, so Trakls Gegenlektüre von Eichendorff und Dallago, ist die Katastrophe immer schon als ihre Bedingung eingeschrieben. Dieses apokalyptische Prinzip läßt sich von all seinen rhetorischen Ummäntelungen befreien und durch eine Verschärfung der Sensibilität sichtbar und hörbar machen. Die auf ihr fußende Entwicklung läßt sich jedoch mit diesen Mitteln genausowenig »aufhalten« (s. o.), wie es Dallago in seinen konservativen Winkelzügen vom Weltkrieg behauptet. Ganz im Gegenteil, derjenige, der die Apokalypse erkennt, ist ihr am ehesten ausgeliefert.

Am Ende bleiben, wie es in *Abendland II* heißt, alle Propheten – am gestirnten Himmel wie auf der rhetorischen Erde – »sprachlos«.

Anmerkungen

1 Die in der Forschung gelegentlich geäußerte Behauptung, daß Trakls Gedichte triadisch oder sogar dialektisch strukturiert seien (so Alfred Doppler, *Die Lyrik Georg Trakls. Beiträge zur poetischen Verfahrensweise und zur Wirkungsgeschichte*, Salzburg ²2001, S. 103 ff.), scheint mir hier nicht zu greifen. Wie im folgenden zu zeigen sein wird, ist *Abendland II* eher linear aufgebaut und bereitet seine am Schluß angesiedelte apokalyptische Wendung in den vorhergehenden Strophen sukzessive vor. Weitere Eichendorff-Bezüge bei Trakl arbeitet Ernst Erich Metzner, »Trakl, die moderne Lyrik und Eichendorff«, in: *Aurora* 36 (1976), S. 122–150, heraus.

2 Ich beziehe mich auf Harold Bloom, *Einfluß-Angst. Eine Theorie der Dichtung*, übers. von Angelika Schweikhart, Basel, Frankfurt a.M. 1995; ders., *Eine Topographie des Fehllesens*, übers. von Isabella Mayr, Frankfurt a.M. 1997.

3 Ich zitiere nach der Ausgabe Georg Trakl, *Sämtliche Werke und Briefwechsel. Innsbrucker Ausgabe*, hg. von Eberhard Sauermann, Hermann Zwerschina, Frankfurt a.M., Basel 1995 ff. (im folgenden: ›ITA‹). Die Gedichte werden

nach den in dieser Ausgabe abgedruckten Textstufen und Versen zitiert. ›AL‹ steht dabei für ›Abendland‹, ›WS‹ für ›Wanderschaft‹ und ›WSD‹ für ›Wenn es auf der Straße dunkelt‹. Eichendorff zitiere ich nach der Ausgabe Joseph von Eichendorff, *Werke in sechs Bänden*, hg. von Wolfgang Frühwald et al., Frankfurt a.M. 1985ff. ›Mondnacht‹ kürze ich ›MN‹ ab.

4 Natürlich handelt es sich hier um einen Bezug auf Hölderlins *Lebensalter* (vgl. hierzu den Kommentar in ITA IV.1, S. 234) – ein Rekurs, dem ich nicht weiter nachgehe, da er im Gegensatz zum Eichendorff-Bezug für das ganze Gedicht nicht strukturbildend ist.

5 Die bei Hartmut Cellbrot, *Trakls dichterisches Feld*, Freiburg 2003, S. 128, geäußerte Bemerkung, daß der Mond ein semantisches Zentrum des Gedichtes bilde, bekommt durch den hier herausgearbeiteten Eichendorff-Bezug ein weiteres Fundament.

6 Vgl. Heinz Gockel, *Mythos und Poesie*, Frankfurt a.M. 1981, S. 337, der allerdings auf V. 117ff. verweist, in denen nicht die Verbindung von Uranos und Gaia, sondern die Geburt Uranos' durch Gaia geschildert wird (ein Freudscher Verschreiber?). Beide Passagen finden sich in Hesiod, *Theogonie. Werke und Tage* (gr.-dt.), hg. und übers. von Albert von Schirnding, Zürich 1991, S. 14, S. 16.

7 Georg Trakl, Brief an Arthur Seiffhart, 1.–3. 6. 1914, in: ITA IV.1, S. 232.

8 Reflektiert man den Bezug auf Apokalypse und Ersten Weltkrieg in *Abendland* (so Jaak De Vos, »Die letzten Tage der Menschheit«, in: Hans Weichselbaum, Walter Methagl (Hg.), *Deutungsmuster*, Salzburg 1996, S. 103–134, S. 116f.), werden die verschiedentlich kursierenden biographischen Lesarten, insbesondere die, daß Trakl das inzestuöse Verhältnis zu und die Totgeburt seiner Schwester literarisch verarbeite (so Andrea Bramberger, »Die verfehlte Begegnung der Liebenden«, in: ebd., S. 40–60, S. 53f.), meines Erachtens relativiert. Die apokalyptische Lesart von Theodore Fiedler, »Georg Trakl's ›Abendland‹: Life as Tragedy«, in: Wilm Pelters et al. (Hg.), *Wahrheit und Sprache* (Festschrift für Bert Nagel), Göppingen 1972, S. 201–210, S. 205, die Christus zum Protagonisten von *Abendland* promoviert, scheint mir jedoch nicht ausreichend gedeckt (schon allein deswegen, weil es kein Ich im Gedicht gibt, das die Rolle des Christus übernehmen könnte).

9 Zum Verhältnis der *Elis*-Gedichte zu *Abendland* vgl. Doppler, *Die Lyrik* (Anm. 1), S. 48ff.

10 Dieser Rekurs scheint mir aufgrund der Übereinstimmung mit dem Kontext des Gedichtes plausibler als der Bezug auf eine Landschaft in Hölderlins *Der Einzige*, Verlaines geliebte, frühverstorbene Cousine Elisa oder auf Elis Fröbom aus den *Bergwerken zu Falun*. Vgl. hierzu den Kommentar in

ITA IV.1, S. 234. Bereits Clemens Heselhaus, »Die Elis-Gedichte von Georg Trakl«, in: *DVjs* 28 (1954), S. 384–413, S. 405, denkt Elias und Helian eschatologisch (allerdings nicht im Zusammenhang mit dem Propheten Elias).

11 Joachim von Fiore, *Liber de Concordia Noui ac Veteris Testamenti*, hg. und übers. von E. Randolph Daniel, Philadelphia 1983, S. 158 (21rb).

12 Vgl. hierzu Klaus Vondung, *Die Apokalypse in Deutschland*, München 1988, S. 150 ff.; S. 189 ff.

13 Zur präsentischen Eschatologie des Mittelalters, vgl. Christoph Auffarth, *Irdische Wege und himmlischer Lohn*, Göttingen 2002, S. 18; S. 100 ff.

14 Vgl. hierzu Vondung, *Die Apokalypse* (Anm. 12), S. 192 ff.

15 Carl Adam, »Eichendorff im Felde«, in: *Der Türmer* 18.17 (1915 f.), S. 342 f., S. 342.

16 Thomas Mann, »Der Taugenichts«, in: *Die Neue Rundschau* 27 (1916), S. 1478–1490, S. 1478.

17 Ebd., S. 1485. Ich beziehe mich hier wie im folgenden auf Martin Hollender, *Die politische Vereinnahmung Joseph von Eichendorffs*, Frankfurt a.M. et al. 1997, S. 88 ff.

18 Mann, »Taugenichts« (Anm. 16), S. 1490.

19 Vgl. zur Funktion der Chiffre ›Eichendorff‹ innerhalb des Diskurses um eine von der Politik ›befreite‹ Bürgerlichkeit, Veronika Beci, *Weil alles von der Sehnsucht kommt. Tendenzen einer Eichendorff-Rezeption*, Eisenach 1997, S. 82 f.

20 Vgl. hierzu auch Kurt Sontheimer, »Thomas Mann als politischer Schriftsteller«, in: *Vierteljahreshefte für Zeitgeschichte* 6.1 (1958), S. 1–44.

21 Erika Spann-Rheinsch, »Eichendorff«, in: *Der Wächter* 1.4 (1918), S. 197.

22 Aneignungsversuche finden sich auch bei Adolf Kettner, »Bei zwei Dichtergräbern«, in: *Zeitschrift für Geschichte und Kulturgeschichte Österreichisch-Schlesiens* 5.3 (1908 f.), S. 136–141, S. 140: »Wenn Eichendorff auch nicht, wie einst Walther von der Vogelweide, in Österreich ›singen und sagen‹ gelernt, so ist er doch durch vielerlei Fäden mit uns verknüpft.«

23 Hermann Kienzl, »Die Deutschen zweier Reiche«, in: *Der Türmer* 18.7 (1915 f.), S. 442–446, S. 442.

24 Kettner, »Bei zwei Dichtergräbern« (Anm. 22), S. 139.

25 Otto Demuth, *Das romantische Lustspiel in seinen Beziehungen zur dichterischen Entwicklung Eichendorffs*, Prag 1912, S. VII f.

26 Gerhard Fuchs, »Joseph von Eichendorff«, in: *Zeitschrift für den deutschen Unterricht* 23 (1909), S. 209–224.

27 Josef Weiß, »Rede bei der zur 50. Wiederkehr seines Todestages […] veranstalteten Gedächtnisfeier«, in: *Academia* 20.8 (1907), S. 251–257, S. 255.

28 K.E.K., »Vorwort«, in: Joseph von Eichendorff, *Aus dem Leben eines Taugenichts. Das Marmorbild*, Berlin, Leipzig 1908, S. 7–20, S. 11.

29 Spann-Reinsch, »Eichendorff« (Anm. 21), S. 197.

30 Kettner, »Bei zwei Dichtergräbern« (Anm. 22), S. 139 f.

31 Adam, »Eichendorf im Felde« (Anm. 15), S. 343.

32 Vgl. hierzu Doppler, *Die Lyrik* (Anm. 1), S. 158–167.

33 Carl Dallago, »Politik«, in: *Der Brenner* 5 (1912 f.), S. 172–186, S. 179.

34 Ebd., S. 172.

35 Zum Verhältnis von Dallago/Ficker, vgl. Gerald Stieg, *Der Brenner und die Fackel*, Salzburg 1976, S. 93 f.

36 Ludwig von Ficker, Carl Dallago, »Nochmals ›Politik‹«, in: *Der Brenner* 5 (1912 f.), S. 228–232, S. 231.

37 Vgl. hierzu auch Sieglinde Klettenhammer, *Georg Trakl in Zeitungen und Zeitschriften seiner Zeit*, Innsbruck 1990, S. 158 ff.; Doppler, *Die Lyrik* (Anm. 1), S. 158 ff.

38 Ficker, Dallago, »Nochmals ›Politik‹« (Anm. 36), S. 229 f. Vgl. zu Dallagos Theorie der Natur, Stieg, *Der Brenner* (Anm. 35), S. 119 ff.

39 Carl Dallago, »Die Rasse der Menschen«, T. 1, in: *Der Brenner* 4 (1913 f.), S. 245–257, S. 257.

40 Dallago, »Politik« (Anm. 33), S. 172; Herv. M.B.

41 Ficker, Dallago, »Nochmals ›Politik‹« (Anm. 36), S. 230.

42 Ebd., S. 232.

43 Vgl. hierzu Vondung, *Apokalypse* (Anm. 12), S. 360 ff.; S. 139 ff.

44 Ebd., S. 200 ff.

Alexander Honold

Die Uhr des Himmels
Zeitzeichen über dem Zauberberg

Was sie am Himmel haben, das schreiben die Menschen der Erde ein. Die Steine von Stonehenge und vergleichbare astronomische Anlagen früher Zeit holen den Lauf der Sterne auf den Boden herab.[1] Sie markieren den Strahlendurchgang der Sonne an den Tagen der Äquinoktien und Solstitien sowie weitere kardinale Punkte des Jahreslaufs. Seit den Sonnenuhren der Ägypter und Griechen wird die Zeit als Kreis-Projektion einer Zeigerstrecke dargestellt. Auch der tägliche Bogenlauf der Sonne läßt sich in ein verkleinertes Modell übersetzen, auf eine mit Linien und Maßeinteilungen versehene Fläche eintragen. Aus der antiken Astronomie übernimmt die moderne Zeitmessung die Figur des Rundlaufs und auch die Gradeinteilung des Kreises. Jahr, Tag und Stunde sind als Zirkel darstellbare Zeitspannen, deren geometrische Relationen bereits von Babyloniern in der Ordnung des Sexagesimalsystems ausgedrückt wurden. Grundform dieses Systems ist die Zahl zwölf; sie ist astronomisch motiviert durch die Zahl der Mondumläufe pro Jahr. Nach einer Zwölfer-Skala ließ sich die Einteilung des Jahres in Monate vornehmen und ebenso die des Tages in Stunden, womit alle drei als irdische Zeitgeber bedeutsamen astronomischen Zyklen (Tages-, Monats- und Jahreslauf) numerisch und geometrisch aufeinander abbildbar waren. Auch die von Hipparch in die Geometrie eingeführte Konvention der Gradeinteilung orientiert sich an der Analogie von Kreislauf und Zeitraum. Sie ist abgeleitet von dem *gradus*, dem ›Schritt‹, den die Sonne vor dem Hintergrund der Tierkreiszeichen an einem Tage voranschreitet. Diesem Vergleich entstammt die metrische Übereinstimmung der 360-Grad-Skalierung mit jenem Mittelwert von 360 Tagen, der sich aus dem Zeit-Vergleich zwischen Sonnenjahr (ca. 365,5 Tage) und Mondjahr (354 Tage) ergibt.

Die Himmelsbahnen und ihre irdischen Merkzeichen sind die ältesten Kalenderanlagen, deren Wissen von einer exklusiven Priesterkaste sorgfältig gehütet, vermehrt und weitervererbt wurde. Astronomische Kenntnisse und deren Träger besaßen einen hohen Rang; der Sternkundige im Vorhof der Macht läßt sich als Figur von Altägypten und der biblischen Josephs-Legende bis hin zu Keplers Horoskopen über die Feldherren-Fortüne Wallensteins verfolgen. Den Machthaber selbst mahnt der Sternenlauf an die unendlich größere, unbeugsame Macht der Zeit, an das ewige Auf und Ab des Rades der Fortuna. Die Lebensfrist und die Arbeitsrhythmen der Menschen finden in den Himmelskörpern ihren Taktgeber. Sonne, Mond und Sterne bewirken oder bezeichnen die vegetativen Zyklen der Landwirtschaft, die Regen- und Frostzeiten, Hochwasserfluten und Trockenperioden – Phänomene eines kosmischen Kräftespiels, das den Alltag des größten Teils der Bevölkerung bis weit in die Neuzeit maßgeblich bestimmte.

Auf dem Lande sagten die Regeln des Bauernkalenders, was an der Zeit war.[2] Den aufgeklärten Stadtbürgern, die dem vegetativen Zyklus des agrarischen Lebens einigermaßen entwachsen und entfremdet waren, mußten es die Dichter zu verstehen geben. Als poetisch-kalendarische Lebenshilfe läßt sich etwa eine Passage in Hölderlins Elegie »Stutgard« lesen, in der die herbstliche Zeit der Ernte und der Weinfeste gepriesen wird. Hier zählt die heitere Geselligkeit – es ist folglich, so Hölderlin, weder die passende Gelegenheit, Neues zu beginnen, noch die Zeit für grüblerische Gedanken:

> Hält ein Ernsteres dich, so spars dem Winter und willst du
> Freien, habe Gedult, Freier beglüket der Mai.
> Jezt ist Anderes Noth, jezt komm' und feire des Herbstes
> Alte Sitte ....[3]

Zu feiern gab es im Herbst ein gedeihliches Jahr für den Anbau, eine gute und üppige Ernte; für die Stadtbürger aber zuvörderst die ihnen gerade nicht mehr selbstverständliche Tatsache, daß sie an solchen saisonalen Festereignissen und mit deren sanfter Nachhilfe das Gefühl kultivieren konnten, weiterhin im Einklang zu leben mit dem großen Puls der Natur. Die Botschaft der Himmelsuhr mußte nun pädagogisch übersetzt, performativ zelebriert und institutionell repetiert werden. Noch bestimmte primär das Kirchenjahr mit dem christlichen Festkalender die rituelle Agenda. Zusehends aber beteiligte sich auch die Literatur an der Aufgabe, dem gesellschaftlichen Leben sekundäre saisonale Periodisierungen einzupflanzen. »Nur einen Sommer« und »einen Herbst« fordert die Stimme des Dichters in Hölderlins Ode »An die Parzen«, auf daß ihm in dieser Zeit das Werk reifen möge.[4] Selbst die Poesie gewinnt ihren Puls aus dem astronomischen Jahreslauf. Die Musen-Almanache und Taschenkalender, die im letzten Drittel des 18. Jahrhunderts das wichtigste literarische Publikationsmedium überhaupt darstellten, mußten zur Leipziger Herbstmesse an Michaelis vorliegen, um am Weihnachtsgeschäft partizipieren zu können[5] – etwaige Parallelen zum Buchmarkt der Gegenwart sind keineswegs zufällig.

Hölderlins Lyrik appelliert förmlich an den elementaren Wechsel von Tag und Nacht, von Sommer und Winter,[6] auch die Zeitstruktur seines Briefromans *Hyperion* wird von den Amplituden jahreszeitlicher Extreme angetrieben. »Es sind heilige Nahmen, Winter und Frühling und Sommer und Herbst! wir aber kennen sie nicht«,[7] ermahnt Diotima einmal den jugendlichen Helden, dem das Gesetz zyklischer Auf- und Abschwünge erst durch eigene Leidenserfahrungen vertraut werden muß. Ähnlich steht der Fall in Goethes *Werther*, der zusammen mit Rousseaus *Nouvelle Héloïse* für den epochalen Literaturdiskurs von der Empfindsamkeit zur Romantik das einschlägige Repertoire an Gefühlsmustern und Konfigurationen bereitstellt. Ein enthusiastisch disponierter, der Natur durch hohe Empathiebereitschaft gegenübertretender Protagonist taucht alles, was er sieht und vorfindet, in das Licht seines seelischen Überschwanges. Was Werther nicht sieht und nicht sehen will, ist die saisonale Ökonomie seiner Stimmungskurve. Für den aufmerksamen Leser hingegen ist leicht zu erkennen, daß die Extremlagen und die entscheidenden Wendepunkte in Werthers Schicksal mit solchen der planetarischen Ellipsenbahn korreliert sind. Der Kulminationspunkt der Naturbegeisterung Werthers in zärtlicher Nähe zu der sehnsuchtsvoll Geliebten datiert nicht von ungefähr auf einen 21. Juni: »wir sehnen uns, ach! unser ganzes Wesen hinzugeben, uns mit aller Wonne eines einzigen, großen, herrlichen Gefühls ausfüllen zu lassen.«[8] Der Tag des höchsten Sonnenstandes ist zugleich ihr Wendepunkt; und schon die beiden unmittelbar folgenden Briefe Werthers sind deutliche Vorboten eines auch emotionalen Umschwungs, denn sie eröffnen mit der Figur des »Medikus« resp. jener des »Kranken«. Am gegenteiligen Punkt seiner Bahn angekommen ist Werther, zum Suizid entschlossen, bei seinem letzten Brief an die ihm unerreichbare Lotte; sein Abschiedsbrief wird in exakter Korrespondenz zum Sommersolstitium auf »den einundzwanzigsten Dezember« datiert.

Zur Signatur der Aufklärung gehörte der Licht- und Sonnenkult einer politisch aufgeladenen Astronomie. Die neue Sonnenmythologie der Französischen Revolution überschrieb jene des Absolutismus. Unter den Akteuren der Revolutionsära, und zwar auf allen Seiten des Getümmels, befand sich eine beachtliche Zahl von Astronomen; z. B. Lalande, Delambre und Laplace, auf seiten der Royalisten etwa Bailly. Bereits in der Wort- und Begriffsgeschichte der *revolutio* schwingt ein astronomisches Erbe mit, an das die Liebe zur Geometrie in der Ästhetik der ersten Revolutionsjahre mit emblematischer Deutlichkeit erinnerte. Auch die neue, revolutionäre Kalender-Ordnung Frankreichs argumentierte mit astronomischer Evidenz; politischer und siderischer Kairos waren zu einer historisch singulären Konjunktur verbunden. Mit Beschluß vom 24. November 1793 hatte der Konvent den Jahresbeginn des neuen Kalenders und den Nullpunkt der neuen Ära auf den 22. September 1792 festgelegt, den Gründungstag der Französischen Republik. Mit diesem Datum begann, wie der nicht ganz unbeteiligte Beobachter Goethe bemerkte, in der Geschichte eine neue Zeitrechnung,[9] ohne die es einen 18. Brumaire nie gegeben hätte. Die Kanonade von Valmy war freilich ein eher nebensächlicher Schauplatz des historischen Kairos. Bedeutender war die Koinzidenz des Gründungsdatums mit dem astronomischen Ereignis der Tagundnachtgleiche des Herbstes. Der Deputierte Gilbert Romme, der im Auftrage des Konvents den Vorschlag zur Neuordnung des Kalenders erarbeitet hatte, sah in diesem Zusammenklang von himmlischer und geschichtlicher Zeitstelle eine Bestätigung dafür, daß mit der neuen Gesellschaftsordnung das Zeitalter universeller Gleichheit angebrochen sei. Die Sonne trat ins Sternzeichen der Waage, die Republik in dasjenige der Gerechtigkeit, so feierten Romme und auch Robespierre die neue Zeitordnung.[10]

Nach 1800 läßt sich dann freilich auch die gegenläufige Tendenz einer ›Himmelsvergessenheit‹ feststellen, zumindest für astronomische Sachverhalte. Die Romantik erkundet zwar die Nachtseite, verschreibt sich dem für somnambule Eskapaden wie geschaffenen fahlen Scheine des Mondlichts, doch am gemessenen Vorrücken der Gestirne auf ihren vorgezeichneten Bahnen hat man merklich weniger Interesse. Wer sich dem Himmel zuwendet, der sucht stimmungsvolle Erbauung oder exakte Wissenschaft. »Bewunderung und Achtung können zwar zur Nachforschung reizen, aber den Mangel derselben nicht ersetzen«, hatte schon Kant im Hinblick auf die emotionalisierte Wahrnehmung des Sternenhimmels moniert, als er den »Beschluß« seiner »Kritik der praktischen Vernunft« mit jener vielzitierten doppelten Apostrophe eröffnete, in welcher »der bestirnte Himmel über mir, und das moralische Gesetz in mir« als gleichberechtigte Instanzen des Erhabenen angerufen werden.[11]

Die Sterne, die begehrt man nicht,
Man freut sich ihrer Pracht,
Und mit Entzücken blickt man auf
in jeder heitern Nacht.[12]

Goethes »Trost in Tränen« gibt dem bürgerlichen Zeitalter die Lizenz, in den Gestirnen nicht mehr zu sehen als ein entrücktes Schauspiel, geeignet zur folgenlosen Kultivierung säkularer Frömmigkeit, vor allem in Krisenzeiten. »Waren Ideale dazu da, erreicht und verwirklicht zu werden?«, so fragt sich in einer resignativen Aufwallung der Inhaber einer Lübecker Getreidefirma, als der Familienstammsitz zum verlustreichen Verkauf ansteht. Und unhörbar, nur für sich selbst, spricht Thomas Buddenbrook sich dann Mut zu mit der Sternen-Sentenz aus Goethes Gedicht.[13] Wenn am Nachthimmel nur mehr Trost und Erbauung gesucht werden, dann verliert die Himmelsuhr ihre empirische Verbindlichkeit, sie wird zu einer wohlfeilen Allegorie der geschichtsfatalistischen Denkfigur ewiger Wiederkehr. Mit den entrückten Dimensionen des Alls kann die Moderne offenbar wenig anfangen, solange sie nicht durch phantastische Projekte und Visionen belebt werden.

Astronomie dagegen braucht lange Weile; ihre Verläßlichkeit läßt sie ereignisarm erscheinen. Ab und an darf die Kartographie des Sonnensystems um einen weiteren Planeten ergänzt werden; Uranus, Neptun und Pluto erweitern, bei abklingenden Aufmerksamkeitswerten, die Familie. Mehr Aufsehen erregen die Exkursionen in den Mikrokosmos. Aus den Labors und Rechenmodellen der Röntgen, Planck und Einstein dringt heraus, daß die Bausteine der Materie im Innersten leer, die Energieflüsse diskontinuierlich und die elementaren Raum-Zeit-Koordinaten relativ sind. Licht ist das Medium schlechthin, seine Geschwindigkeit das Zeitmaß aller Dinge; daß das Licht eine Eigenbewegung hat, die Zeit braucht, um den Raum zu durchqueren, entzaubert die bis dato selbstverständlich angenommene Gleichzeitigkeit von distanten Phänomenen als Illusion. Addieren sich die Ungenauigkeiten nach Lichtjahren oder gar -jahrmillionen, so fällt die Vorstellung des allnächtlich einträchtig versammelten Sternenhimmels als naives Trugbild in sich zusammen. Niemals haben all die Sterne irgendwo sonst zusammen und zugleich existiert als im Auge des Betrachters.

Man könnte melancholisch darüber werden. »Mir ist, als ob mir etwas zu entschlüpfen begönne, als ob ich dieses Unbestimmte nicht mehr so fest in Händen hielte, wie ehemals«, registriert Thomas Buddenbrook, der Kaufmannssohn.[14] Nur wenig später beklagt Hofmannsthals Lord Chandos, daß sich die intelligible Welt entzieht, sobald er nach ihr zu greifen versucht. Dem äußeren Anschein nach hat, wie der englische Lord, so auch Senator Buddenbrook erreicht, was zu erreichen war; die Familienchronik verzeichnet statusgemäße Errungenschaften und turnusgemäße Feierlichkeiten. Die Taufe des kleinen Hanno, die Senatswahl und der Hausbau sind Früchte und Gradmesser eines Erfolges, den sie freilich im selben Maße in Frage stellen, wie sie ihn stellvertretend symbolisieren. »Ich weiß, daß oft die äußeren, sichtbarlichen und greifbaren Zeichen und Symbole des Glückes und Aufstieges erst erscheinen, wenn in Wahrheit alles schon wieder abwärts geht«, ahnt Thomas Buddenbrook, und als versierter Bewunderer der Himmelswelt kann er seinen Verdacht während eines abendlichen Spaziergangs mit seiner Schwester Antonie auch begründen: »Diese äußeren Zeichen brauchen Zeit, anzukommen, wie das Licht eines solchen Sternes dort oben, von dem wir nicht wissen, ob er nicht schon im Erlöschen begriffen, nicht schon erloschen ist, wenn er am hellsten strahlt …«.[15]

Dem Licht der Sterne wohnt nun ein Zeitindex inne von grundsätzlich anderer Art als jener der Sonnenuhr, des Tierkreises oder der Jahreszeiten; eine Uhr, deren Zeit wie das menschliche Leben befristet ist und auf unweigerlichen Verfall zusteuert. Die Reise der Lichtstrahlen aus unvordenklich entfernten Zeiträumen, sie hat für den Großbürger und genealogischen Spätling, dessen Familiengeschichte aus dem 19. Jahrhundert in die Moderne hineinragt, unheimliche Affinität mit einer Totenwelt. Wenn die Sterne *scheinen*, so ist nicht mehr das trauliche

Funkeln und Glänzen damit gemeint, sondern die durch das Erlöschen ihrer Quelle phantasmatisch gewordene Lichtbotschaft aus dem Jenseits. Als Sinnbilder der Unsterblichkeit haben die Sterne ausgedient, sie werden statt dessen zum Inbegriff all dessen, was nur irrtümlich für zeit- und alterslos betrachtet wurde. Dem Gang der Geschäfte im Hause Buddenbrook, schien ihm nicht über Generationen hinweg eine schöne, geruhsame Stetigkeit eigen, die im Gleichlauf der beharrlich wiederholten Tätigkeiten und Lebenskurven mit jeder erfolgreichen Transaktion das Familienvermögen um ein Weniges, in der Summe aber deutlich vermehrte? Diese Stetigkeit war nichts weiter als eitler Schein, denn schon ein, zwei krasse Fehlentscheidungen oder Widrigkeiten konnten alles aufs Spiel setzen und entwerten, was die Kette der Generationen an bürgerlicher Sekurität und familiärer Kontinuitäts-Illusion zu stiften vermochte. Unkluge Heiraten und spekulativ erworbene Mißernten, dekadente Erschlaffung bei erstarkender Konkurrenz: So sieht der Familienroman aus, den Thomas Buddenbrook in den Sternen liest.

Die naiven Romanhelden in ihrer Himmelsvergessenheit, die große Geschichte des Weltlaufs und seiner vermeintlichen Lenker: sie scheinen den Kontakt zueinander vollständig verloren zu haben. Sowohl die Zeitläufe darzustellen und zugleich den Bildungsgang eines Protagonisten des mittleren Bürgertums, das unternehmen zwei weit ausgreifende Romanprojekte, deren geschichtlicher Referenzpunkt nicht von ungefähr die Zäsur des Ersten Weltkrieges darstellt. Neben Robert Musils *Mann ohne Eigenschaften* ist dies vor allem der *Zauberberg* Thomas Manns. Der schon 1913 konzipierte, dann durch den Kriegsbeginn unterbrochene und schließlich 1924 publizierte *Zauberberg* ist, wie er selbst von sich sagt, ein »Zeitroman« im mehrfachen Sinne.

Hans Castorp, der eigentlich nur auf drei Wochen die Davoser Heilanstalt hatte besuchen wollen, ist, als hoffnungsvoller angehender Schiffsbauingenieur, ein Kind der Zeit; auf dem Zauberberg aber wird er ihr Opfer. Dieweil ihm die neue Umgebung, das Klima, die Sitten und Gebräuche des komfortablen, international ausgerichteten Sanatoriumsbetriebs eine kurzweilige Abwechslung vor dem verabredeten Antritt seiner Berufslaufbahn verschaffen, überschreitet er fast unmerklich die Schwelle zur Krankheit und zu jener anderen Zeitökonomie, in der sieben Jahre wie ein einziger Tag zu vergehen scheinen – wenn man nicht aufpaßt. Die Begeisterung seines Vetters Joachim Ziemßen für die akribische Prozedur des siebenminütigen Fiebermessens verrät den passionierten Soldaten, der die nonchalante Bummelei nur mühsam ertragen kann. »Ich habe das Messen, viermal am Tage, ordentlich gern«, bekennt Ziemßen, »weil man doch dabei merkt, was das eigentlich ist: eine Minute oder gar ganze sieben, – wo man sich hier die sieben Tage der Woche so gräßlich um die Ohren schlägt.«[16]

Intrikaterweise hat der Autor diesem Plädoyer für metrische Disziplin ein starkes Gran Zahlenmagie untermengt, die Symbolik der Sieben, die ohnehin den ganzen Roman durchzieht. Im »Handumdrehen«, so hatte der Erzähler im Vorsatz des Romans geunkt, werde er mit Hans Castorps Geschichte nicht fertig werden, nicht in den sieben Tagen einer Woche und auch nicht in sieben Monaten. »Es werden, in Gottes Namen, ja nicht geradezu sieben Jahre sein!«[17] Die vermeintlich scherzhafte Prognose verrät, wie man am Ende weiß, den unbeabsichtigt langen Aufenthalt des Helden und damit die erzählte Zeit haargenau, und auch über die Mühen des Schriftstellers gibt sie redlich Auskunft. Addiert man die anderthalb Jahre, die Thomas Mann vor und im Krieg an der Geschichte schon gearbeitet hatte, zu jenen hinzu, die von der Wiederaufnahme zu Ostern 1919 bis zur Fertigstellung im Herbst 1924 noch vergingen, so kommt auch der Schreibprozeß auf jene sieben Jahre. Erst mit dem Kriegsausbruch hatte Thomas Mann, was er für sein Zeitpanorama bedurfte: ein fulminantes Ende der Ausnahmezeit und zugleich die historischen Fluchtlinien für das Panorama jener Gesellschaft, die auf dem Zauberberg ihre letzten Tage verbringt. Zum Siebenschläfer Hans Castorp gehört als Kontrasteffekt jener Donnerschlag, der ihn mit dem August 1914 wecken und in einen Sturmangriff auf den Ebenen Flanderns werfen würde. Nur zusammen bilden beide Zeitformen die Grundspannung des Romans, der Leerlauf wiederkehrender Jahre und der Kairos von 1914, oder, wie es eine der Zwischenüberschriften formuliert: »Ewigkeitssuppe und plötzliche Klarheit«.

Zugegeben: Die umständliche Beschreibung der Einnahme von Mahlzeiten, die breite Wiedergabe von medizinischen Vorträgen und philosophischen Streitgesprächen hat etwas Einlullendes, gesucht Langweiliges; als wollte der Autor seine Thesen zur beliebigen Dehnbarkeit der Zeit beim Erzählen gleich ausprobieren. Es ist ein Verwirrspiel mit dem

Zeitsinn der Leser. Die subjektive Willkür des Zeiterlebens läßt Hans Castorp die ersten Stunden und Tage auf dem Berghof in besonderer Intensität erfahren, und so gerät auch ihre Schilderung zur detailreichsten Partie des Romans. Dann aber setzt ein merkliches Accelerando ein, der Abbildungs-Maßstab von Erzählzeit zu erzählter Zeit wächst beständig, bis schließlich ganze Jahre in wenigen Sätzen durcheilt oder vielmehr übersprungen werden. Es geht in der Zeitmaschine des Erzählens zu wie mit den Postkarten, die Castorp dann und wann an seine Verwandtschaft im Flachland richtet, und deren Abstände voneinander, wie es heißt, »in demselben Maße größer geworden waren, als er sich unter Annahme hiesiger Begriffe eine großartigere Zeitbewirtschaftung zu eigen gemacht hatte«.[18]

In der Kompositionsweise hat der Autor höchst raffiniert die beschriebenen Widersprüche der Zeitökonomie ins Werk gesetzt. Scheinbar jeglichem Proportionsgefühl spottend, wird mit dem vierten der sieben Kapitel erst der Morgen des dritten Tages erreicht, den Hans Castorp in Davos verbringt; freilich sind, als ausgleichendes Mißverhältnis gewissermaßen, trotz der damit in der Kapitel-Gliederung erreichten Mittelposition von den knapp elfhundert Seiten, die der Roman in der Großen Frankfurter Ausgabe benötigt, an dieser besagten Stelle gerade einmal 140 Seiten absolviert, erst ein Zehntel also. Diese gegenläufige rhythmische Eskalation von Erzähltempo einerseits und Kapitellänge andererseits hat Methode: Der Seitenumfang der Kapitel steigt sequentiell von den 23 Seiten des ersten Kapitels zu 27 im zweiten, 82 im dritten, 102 Seiten im vierten Kapitel an; das fünfte Kapitel kann diesen Wert nochmals mehr als verdoppeln und steigert auf 240 Seiten, die beiden letzten Teile aber, die der Kapitelstruktur zufolge nur zwei Siebtel des Romans bedeuten, umfassen mit 295 und 270 Seiten zusammen fast die Hälfte des gesamten Erzählganges, von der erzählten Zeit sogar mehr als sechs Siebtel, da das fünfte Kapitel mit jener Walpurgisnacht-Szene zwischen Hans Castorp und Clawdia Chauchat endete, die in die Faschingstage des ersten Winters fällt.

Trotz dieser eklatanten Mißverhältnisse hat sich Thomas Mann, statt von der heiligen Siebenzahl abzurücken, lieber durch die Einführung von mit Zwischenüberschriften versehenen Unterkapiteln beholfen – deren längste sind die erwähnte »Walpurgisnacht« am Ende des fünften

Kapitels, und, zum Abschluß des sechsten, der Abschnitt »Als Soldat und brav«, der allein schon gute sechzig Seiten beträgt. Beide markieren bedeutsame Einschnitte sowohl im Gang der Handlung wie in der narrativen Zeitstruktur. Die biblische Sieben aber, sie wird gerade durch die eskalierenden Proportionen als Schlüsselzahl astronomischer Gegebenheiten kenntlich; explizit führt sie der Erzähler, wie gesehen, auf den schon aus der frühen Sternkunde geläufigen Reigen der Wochentage zurück. Dieser war seinerseits wiederum mit den wichtigsten beweglichen Körpern des Himmels korreliert, so daß Sonne, Mond und die fünf mit unbewaffnetem Auge sichtbaren Planeten als Götter je einem der Wochentage den Namen gaben; im Französischen und Englischen haben sich die Planetengötter der römischen Mythologie erhalten, während die deutsche Kalenderwoche zum Teil noch deren germanische Komplementärformen aufbewahrt.

Herrscht hier eine vormoderne Stern- und Schicksalsgläubigkeit? Zwar beklagt der Polemiker Naphta gelegentlich, die »Entwürdigung des Menschen« habe »angefangen mit der neuen Astronomie, die aus dem Zentrum des Alls [...] einen gleichgültigen kleinen Wandelstern machte und der großartigen kosmischen Stellung des Menschen [...] vorderhand ein Ende bereitete«.[19] Doch lassen sich mit der Newtonschen und Keplerschen Weltmechanik ebenso magische Zahlenräume gewinnen wie mit jener des Ptolemäus. – Wenn nach den Bahngesetzen Keplers mit den Radien und Umlaufbahnen der Planeten die für diese Räume benötigten Zeitmaße drastisch anwachsen, so tun es die Umfänge und die erzählten Zeiträume in den sieben Kapiteln des *Zauberberg* ihnen gleich. Von den beiden an Masse und Umfang mit beträchtlichem Abstand größten Planeten des klassischen Systems hat Jupiter gegenüber dem weiter außen laufenden Saturn den Vorrang; in der Kapitelfolge des Romans wiederum fällt einzig das vorletzte, dem astronomischen Jupiter positionshomolog, aus dem Gesetz der stetig wachsenden Umfänge heraus, indem es das nachfolgende siebente um ungefähr 10 Prozent überragt.

Die ewige Sieben gibt dem Zeitgefühl der Berghof-Bewohner den Takt vor, in all ihren Lebenslagen. In einer gestrichenen Entwurfspassage, die das Tête-à-Tête zwischen Hans Castorp und Madame Chauchat über die bekannte französische Konversations-Etüde hinaus weitererzählt,

wird ausdrücklich vermerkt, daß Hans Castorp der auf ihr Zimmer Entschwundenen nachstrebt. Anstandshalber ließ er zuvor einige Zeit verstreichen, »bis er meinte, daß nun genug gewartet sei. Aber aus alter Gewohnheit waren es nur gerade sieben Minuten«.[20] Auch Settembrini, der flammende italienische Aufklärer, trägt die Sieben im Namen, wie Hans Castorp dadurch unterstreicht, daß er ihn zu Beginn zerstreut mit »Herr Septem …« anspricht.[21] Wie sich aus der Sieben sodann höhere astronomische Zyklen gewinnen lassen, darauf geben die vielbesprochenen »28 Fischsaucen«[22] der redseligen Frau Stöhr einen Hinweis oder auch die Joachim Ziemßen bei der Rückkehr zugewiesene Zimmernummer 28. Für den Protagonisten selbst war im Manuskript das Zimmer mit der Nummer 43 vorgesehen, in der Druckfassung wird es die 34;[23] konstant bleibt also die Quersumme sieben und auch die Kombination jener Ziffern, deren Multiplikation die kalendarische und chronographische Kernzahl zwölf ergibt. Da kann allenfalls den Überblick wahren, wer, wie es Hans Castorp einfällt, im Einerlei des täglichen Betriebes ein wenig Astronomie zu treiben beginnt.
»Am Abend betrachtete er die Gestirne. Ein Interesse für das in sich laufende Jahr hatte ihn überkommen, – der doch schon einige zwanzig Sonnenumläufe auf Erden verbracht und sich noch niemals um dergleichen gekümmert hatte.«[24] Er mag zwar zeitvergessen sein, dieser Hans Castorp, aber nicht himmelsvergessen. Seinem Vetter und Leidensgefährten hält er Vorträge über die wechselnden Segmente des Tierkreises.

> ›Jetzt ist die Sonne nahe daran, ins Zeichen des Krebses zu treten‹, mochte er auf einem Spaziergang [mit dem Freunde, A. H.] beginnen, ›bist du dir darüber im Klaren? Das ist das erste Sommerzeichen des Tierkreises, verstehst du? Es geht nun über den Löwen und die Jungfrau auf den Herbstpunkt zu, den einen Äquinoktialpunkt, gegen Ende September, wenn wieder der Sonnenort auf den Himmelsäquator fällt, wie neulich im März, als die Sonne in den Widderpunkt trat.‹[25]

Wie so vieles andere, was sich Hans Castorp in seinen Mußestunden zusammenliest, steht seine neue Leidenschaft für die Sterne unter dem ironischen Vorbehalt der Halbbildung. »Die uralten Himmelszeichen«, schwärmt er, »wie sollte man sich dafür nicht interessieren.« Der offenkundige Vorzug des neuen Wissensgebietes ist, daß aus dem Vorrücken der Himmelsuhr auf dem Zauberberg keine pragmatischen Konsequenzen zu ziehen sind. Zur zeitlichen Orientierung trägt die eifrige Sternbeobachtung kaum etwas bei, eher scheint sie Castorps Zeitgefühl noch mehr zu verwirren, wenn er etwa den Frühlingsbeginn vor mehreren Monaten als »neulich« anspricht und mit derselben Vokabel kurz darauf sogar die mehr als hundert Jahre zurückliegende Entdeckung des Uranus. Wenn er so daliege und die Sterne betrachte, rechtfertigt sich Castorp, dann würde ihm selbst der Gedanke an die Chaldäer und ihre frühe Sternkunde zu einem solchen »neulich«.[26] Am unendlichen Raume schrumpft die irdische Zeit.

Der Zauberberg gehört zu jenen exponierten Orten, an welchen die Relativität des Jahresreigens und seiner Stationen studiert werden kann. Auf dem Davoser Berghof überrascht den Ankömmling nach wenigen Augusttagen ein heftiges Schneegestöber; »die Jahreszeiten halten sich nicht an den Kalender«, so belehrt den Staunenden sein mit diesen Kapriolen bereits vertrauter Vetter; »es gibt Wintertage und Sommertage und Frühlings- und Herbsttage, aber so richtige Jahreszeiten, die gibt es eigentlich nicht bei uns hier oben.«[27] Wie das Thermometer bezeugt, ist, innen wie außen, jederzeit mit den seltsamsten Sprüngen zu rechnen. Insofern hat die geschärfte Aufmerksamkeit auf den Fortgang des Tierkreisjahres den Nebensinn, zwischen meteorologischem und astronomischem Himmel eine ähnlich dramatische Kluft aufzuweisen wie zwischen gefühlter und gemessener Zeit. Im Verbund mit dem Sonnenjahr und den Gestirnen ist es vornehmlich der vegetative Zyklus, dem Held und Leser bei der Orientierung im enigmatischen Zeitgewebe des Romans einigermaßen vertrauen dürfen.

> Hans Castorp bestimmte in seiner Loge ein Pflanzengewächs, das jetzt, da der astronomische Sommer begonnen hatte und die Tage kürzer zu werden begannen, an vielen Stellen wucherte: die Akelei [...], die staudenartig wuchs, hochgestielt, mit blauen und veilchenfarbnen, auch rotbraunen Blüten und krautartigen Blättern von geräumiger Fläche. Die Pflanze wuchs da und dort, massenweis aber namentlich in dem stillen Grunde, wo er sie vor nun bald einem Jahre zuerst gesehen.[28]

Nur in solchen diskreten Zeichen verrät der Roman das Zeitmaß seines Fortgangs. Ein Bote der Wiederkehr ist die Pflanze, wenngleich ein trügerischer, denn es ist weder derselbe Sommer, noch sind es dieselben Pflanzen, nicht einmal mehr ihr Beobachter ist noch derselbe, er hat sich inzwischen den Lebensrhythmus und die Konstitution derer da droben zu eigen gemacht. »Seine Akklimatisation, die Joachim ihm sogleich als schwierig hingestellt hatte und die ihre Schwierigkeit denn auch bewährt hatte, war vorgeschritten, sie mußte nach elf Monaten als vollendet gelten.«[29] Zum Erfolg dieser vom Erzähler wohlwollend begleiteten Anpassung trägt bei, daß es nicht der exakte Jahrestag im August ist, dessen der Roman Erwähnung tut. Denn just des Ankunftstages und seiner Wiederkehr wurde »unter den Voll- und Mehrjährigen nicht gedacht«, klärt uns der Erzähler auf, »während doch sonst kein Vorwand zu Festivität und Becherklang ungenutzt blieb« und die »großen Betonungen im Jahresrhythmus und -pulslauf durch möglichst viele private und irreguläre vermehrt« wurden.

> Auf Gliederung hielt man wohl; man beobachtete den Kalender, den Turnus, die äußere Wiederkehr. Aber die Zeit, die sich für den einzelnen mit dem Raum hier oben verband, die persönliche und individuelle Zeit also zu messen und zu zählen, war Sache der Kurzfristigen und Anfänger; die Eingesessenen lobten sich in dieser Hinsicht das Ungemessene und Achtlos-Ewige, den Tag, der immer derselbe war [...]. Es hätte für ganz und gar ungeschickt und brutal gegolten, jemandem zu sagen, heut sei er drei Jahre hier.[30]

Über Zeit spricht man nicht, ist die Devise der ansonsten so frivolen Zauberberg-Aristokratie. Peinlich ist hier fast nichts – außer der Krankheit zum Tode, als die sich das sinnlose Zeitverschwenden letztlich darstellt.

So wie die Anstaltsleitung beim Fiebermessen zur Verhinderung von Manipulationen sogenannte »stumme Schwestern« austeilt,[31] Thermometer ohne aufgedruckte Zahlenskala also, so pflegt man vom kalendarischen Rhythmus ebenfalls eine Art Stumme-Schwester-Version. Das Kommen und Gehen der Jahreszeiten und ihrer rituellen Festlichkeiten ist zwar der Antrieb des gesellschaftlichen Lebens, und zwar der einzige in dieser Ausnahmesituation, doch vom chronologischen und historischen Stand der Dinge dringt in die Zauberberg-Welt kein Sterbenswörtchen. Aus Handlung wird Einerlei. An manchen Stellen des Erzählvorganges ist nichts anderes mehr zu vernehmen als das Betriebsgeräusch vergehender Zeit.

> Das Rad schwang. Der Weiser rückte. Knabenkraut und Akelei waren verblüht, die wilde Nelke ebenfalls. Die tiefblauen Sterne des Enzians, die Herbstzeitlose, blaß und giftig, zeigten sich wieder im feuchten Grase [...]. Herbstnachtgleiche war vorüber, Allerseelen in Sicht und für geübtere Zeitverbraucher wohl auch der erste Advent, der kürzeste Tag und das Weihnachtsfest. Noch aber reihten sich schöne Oktobertage.[32]

Erst vom Ende her, dem einzigen realgeschichtlichen Datum des gesamtes Erzählwerkes, wächst den scheinbar arglosen Meldungen des jeweiligen saisonalen Abschnitts ein weiteres, diesmal unumkehrbares Zeitmaß zu. Alle Jahreszeiten sind nur Zwischenstände, besonders aber die verschwiegenen Jahrestage der Ankunft im Hochsommer, sie bedeuten unter dem Strich nur eines: die Angabe, wieviel noch fehlt bis zum Untergang dieser Welt, bis zum Ausbruch des Krieges am 1. August 1914. Um diesen Aberhunderte von Seiten raffiniert getarnten inneren Zeitzünder scharfzustellen, hat Thomas Mann eigens den ursprünglichen Ankunftsmonat Mai in den August verlegt.[33] Exakt sieben Jahre, sieben Kreisläufe sollten durchschritten werden, so daß aus rückblickender Sicht und bei der zweiten Lektüre bereits der Augusttag der Ankunft die Bedeutungslast des Kommenden trägt. Die mehrfache Wiederkehr des Hochsommermonats macht, auch wenn das genaue Ankunftsdatum ungenannt bleibt, aus dem Anfang des *Zauberbergs* unausweichlich den ersten August.

Robert Musils *Mann ohne Eigenschaften* sollte ebenfalls mit dem Schlüsseldatum des Kriegsbeginns enden, wenngleich dieses Ende des Erzählwerks nur in fragmentarischen Skizzen und Kapitelentwürfen erreicht wird, über deren Korrekturen der Autor, mitten im Zweiten Weltkrieg und im Genfer Exil, plötzlich verstarb. Nicht sieben Jahre sollte der vorgelagerte Handlungsgang durchmessen, sondern nur eines; für den Protagonisten Ulrich besteht es in dem Experiment, ein Jahr Urlaub von seinem Leben zu nehmen, sich dem Gang der Dinge hinzugeben und inzwischen nach einer angemessenen Tätigkeit für die Zukunft zu suchen. Mit Kriegsbeginn würden diese Pläne, soviel ist klar, ebenso zerplatzen wie das großangelegte Jubiläums-Spektakel der »Parallelaktion«. Auch in Musils Gesellschaftspanorama gerät über den vielen Empfängen, Beratungen und Beschlußfassungen der Zeitfaktor gelegentlich aus dem Blick. Schon lange hat man nicht einmal mehr erfahren, welches Wetter

und welche Jahreszeit gerade außerhalb der Wiener Salons herrscht, da fällt an unvermuteter Stelle, im idyllischen Garten Ulrichs und seiner Schwester, die Bemerkung: »Es war wieder Sommerwetter geworden, und sie hielten sich viel im Freien auf.«[34] Ein harmloser, vielleicht stimmungsvoller Satz, nichts weiter. Wer Zeitgeschichte und Romankomposition mitbedenkt und ihren Zusammenhang herstellt, wer mit anderen Worten jene Synchronisationsleistung vollzieht, für die das astrokalendarische Uhrwerk des Himmelsjahrs zuständig ist, der weiß an dieser Stelle: es wird Zeit. Die entfaltete Pracht der Natur signalisiert das Nahen jenes historisch-politischen Augenblicks, dessen ›Fälligkeit‹ die Männer der Geschichte einander gerüchteweise schon zugetragen hatten: »›Seine Exzellenz hat das Gefühl: jetzt ist es an der Zeit. Der alte Leinsdorf hat auch das Gefühl: jetzt ist es an der Zeit. Der Chef des Generalstabs hat ebenfalls das Gefühl: jetzt ist es an der Zeit.‹«[35]
Mit Erschrecken liest man dann nochmals, wie Musil in den ersten Sätzen das unerbittliche Räderwerk in Gang gesetzt hatte, unverfänglich und unheildräuend zugleich.

> Über dem Atlantik befand sich ein barometrisches Minimum; es wanderte ostwärts, einem über Rußland lagernden Maximum zu, und verriet noch nicht die Neigung, diesem nördlich auszuweichen. Die Isothermen und Isotheren taten ihre Schuldigkeit. […] Der Auf- und Untergang der Sonne, des Mondes, der Lichtwechsel des Mondes, der Venus, des Saturnringes und viele andere bedeutsame Erscheinungen entsprachen ihrer Voraussage in den astronomischen Jahrbüchern. […] Mit einem Wort […]: Es war ein schöner Augusttag des Jahres 1913.

Mit dieser Anfangskonstellation hat Musil dem letzten Vorkriegsjahr eine fatale astronomische Prognose gestellt. Es werden Sonne, Mond und Sterne zu Zeugen angerufen, um die epische Unwahrscheinlichkeit des Krieges, die Unkenntlichkeit seiner Ausgangsbedingungen vor Augen zu führen: es ist ein schöner August, und man sieht nichts. Die Uhr des Himmels schreibt Geschichte in dem Augenblick, wo ihre magischen und ihre pragmatischen Bedeutungen gleichermaßen abgedankt haben. Was man am Himmel sieht, sind noch dieselben pflichtbewußten Zeitgeber wie ehedem – nur ist dies inzwischen ein Befund, Musils Kapitelüberschrift verrät es ja, »woraus bemerkenswerter Weise nichts hervorgeht«.[36]

Anmerkungen

1 Vgl. Gerald Hawkins, *Stonehenge decoded*, New York 1965; Rolf Müller, *Der Himmel über dem Menschen der Steinzeit. Astronomie und Mathematik in den Bauten der Megalithkultur*, Berlin et al. 1970.

2 Bereits im 16. Jahrhundert hatte es sich eingebürgert, in die Kalender »Bauern-Practica« aufzunehmen, die »gegliedert waren nach dem Schema 1. Wetter, 2. Finsternisse, 3. Frucht- und Unfruchtbarkeiten, 4. Kriegswesen« (Rudolf Wendorff, *Tag und Woche, Monat und Jahr. Eine Kulturgeschichte des Kalenders*, Opladen 1993, S. 143; vgl. S. 166 ff.).

3 Friedrich Hölderlin, *Stutgard. An Siegfried Schmidt* (Erste Fassung), in: ders.: *Sämtliche Werke und Briefe*, hg. von Michael Knaupp, 3 Bände, München 1992 f., Band I, S. 311, V. 25–28.

4 Friedrich Hölderlin, *An die Parzen*, in: ders., *Sämtliche Werke und Briefe* (Anm. 3), Band I, S. 188.

5 »Verspätet erschienene Musenalmanache waren meist schwer absetzbar, da man die Bändchen als literarisches Vademecum für das kommende Jahr oder als Weihnachtsgeschenk kaufte.« (York-Gothart Mix, *Die deutschen Musen-Almanache des 18. Jahrhunderts*, München 1987, S. 26).

6 Hierzu vom Verfasser, *Hölderlins Kalender. Astronomie und Revolution um 1800*, Berlin 2005.

7 Friedrich Hölderlin, *Hyperion*, in: ders., *Sämtliche Werke und Briefe* (Anm. 3), Band I, S. 712 (in der Paginierung der Erstausgabe: Band II, S. 32).

8 Johann Wolfgang Goethe, *Die Leiden des jungen Werthers* (Fassung B), in: ders., *Sämtliche Werke, Briefe, Tagebücher und Gespräche*, Frankfurter Ausgabe, Band VII, hg. von Waltraud Wiethölter, Frankfurt a.M. 1994, S. 57.

9 »Meiner vormaligen Weissagung ward auch gedacht«, läßt sich Goethe im Bericht über die Belagerung von Mainz die eigene Prophetie bestätigen: »sie wiederholten meine Worte: ›von hier und heute geht eine neue Epoche der Weltgeschichte aus, und ihr könnt sagen ihr seid dabei gewesen.‹ Wunderbar genug sah man diese Prophezeiung nicht etwa nur dem allgemeinen Sinn, sondern dem besondern Buchstaben nach genau erfüllt, indem die Franzosen ihren Kalender von diesen Tagen an datierten.« (Johann Wolfgang Goethe, *Sämtliche Werke, Briefe, Tagebücher und Gespräche* (Anm. 8), Band XVI [*Campagne in Frankreich. Belagerung von Mainz. Reiseschriften*], hg. von Klaus-Detlef Müller, Frankfurt a.M. 1994, S. 575).

10 In Gilbert Rommes Memorandum zur Kalenderreform heißt es: »Le 21 septembre 1792, le dernier de l'ère vulgaire, les représentants du peuple fran-

çais, réunis en Convention nationale, ont ouvert leur session et ont prononcé l'abolition de la royauté. Le 22 septembre, ce décret fut proclamé dans Paris; le 22 septembre fut décrété le 1er de la République; et le même jour à 9 heures 18 minutes 30 secondes du matin, le soleil est arrivé à l'équinoxe vrai, en entrant dans le signe de la balance.« (*Archives parlementaires de 1787 à 1860. Recueil complet des Débats législatifs & politiques des chambres françaises, imprimé par ordre du Sénat et de la Chambre des députés fondé par MM. Madival et E. Laurent. Première Série 1787–1799*, Paris 1909, Band LXXIIII, S. 550f.).

11 Kant, *Kritik der praktischen Vernunft*, A 291 f., in: ders., *Werke*, hg. von Wilhelm Weischedel, Band VII, S. 301 f.

12 Johann Wolfgang Goethe, *Trost in Tränen*, in: ders., *Sämtliche Werke, Briefe, Tagebücher und Gespräche.* (Anm. 8), Band II (*Gedichte 1800 bis 1832*), hg. von Karl Eibl, Frankfurt a.M. 1988, S. 58.

13 Thomas Mann, *Buddenbrooks. Verfall einer Familie*, hg. und komm. von Eckhard Heftrich und Stephan Stachorski unter Mitarbeit von Herbert Lehnert (Große kommentierte Frankfurter Ausgabe, Bände I.1, I.2.), Frankfurt a.M. 2002, S. 655.

14 Mann, *Buddenbrooks* (Anm. 13), S. 473.

15 Ebd., S. 474.

16 Thomas Mann, *Der Zauberberg*, hg. und komm. von Michael Neumann (Große kommentierte Frankfurter Ausgabe, Bände V.1, V.2.), Frankfurt a.M. 2003, S. 102.

17 Ebd., S. 10.

18 Ebd., S. 586.

19 Ebd., S. 598.

20 The Yale *Zauberberg*-Manuscript, S. 572; zitiert nach Mann, *Der Zauberberg* (Anm. 16), Kommentarband, S. 263.

21 Mann, *Der Zauberberg* (Anm. 16), S. 90.

22 Ebd, S. 129.

23 Vgl. Mann, *Der Zauberberg* (Anm. 16), Kommentarband, S. 133.

24 Ebd., S. 558.

25 Ebd.

26 Ebd., S. 559.

27 Ebd., S. 144 f.

28 Ebd., S.584.

29 Ebd., S. 584 f.

30 Ebd., S. 622.

31 Das Thermometer ohne Bezifferung wurde 1896 von dem in Zürich und

Arosa tätigen Dr. Aimé Mercier eingeführt; vgl. Beat Rüttimann, »Die Lungentuberkulose im *Zauberberg*«, in: Thomas Sprecher (Hg.), *Auf dem Weg zum ›Zauberberg‹*, Frankfurt a. M. 1997, S. 95–109.

32 Mann, *Der Zauberberg* (Anm. 16), S. 640.

33 Vgl. ebd., Kommentarband S. 134.

34 Robert Musil, *Der Mann ohne Eigenschaften*, hg. von Adolf Frisé, Reinbek 1978, S. 1088.

35 Ebd., S. 975 f.

36 Ebd, S. 9.

Monika Schmitz-Emans

Der Metaphoriker als Ptolemäer zweiter Ordnung
Zur Semantisierung von Gestirn und Sternbild bei Friedrich Dürrenmatt, Italo Calvino und Cees Nooteboom

Hans Blumenberg hat dargelegt, daß gerade das Interesse an Gestirnen und Sternbildern im Zeichen unterschiedlicher Paradigmen des Wissens der jeweils spezifischen Ausdifferenzierung unterliegt und insofern besonders dazu geeignet ist, differente Wissensdiskurse gegeneinander abzugrenzen.[1] Einer seiner originellsten Beobachtungen zufolge ergeben sich solche Diskrepanzen zwischen verschiedenen Formen des Wissens über Sterne nicht erst als Produkt neuzeitlicher Ausdifferenzierung von Natur- und Geisteswissenschaften. Vielmehr datiert er die Kollision der astrologisch-astronomischen Diskurse kühn bis in die Zeit der Heiligen Drei Könige zurück. Während diese den Stern des Messias nach eigenem Bekunden gesehen und das Gesehene selbst gedeutet hatten, bezogen die Schriftgelehrten um König Herodes ihr Wissen über die Bedeutung des Sterns aus den Büchern.[2] Die Frage nach der Lesbarkeit der Himmelszeichen mag aus der Perspektive post-logozentrischer Diskurse als anachronistisch erscheinen, doch als Metaphern leben Denkmodelle auch dort fort, wo sie ihre diskursive Ausgangsbasis verloren haben. Das wechselseitige metaphorische Spiegelungsverhältnis zwischen Sternenhimmel und Text hat alle Ernüchterungen durch die moderne Physik überdauert. Je weiter sich im Zeichen neuzeitlicher Verwissenschaftlichung das philologisch-hermeneutische und das naturwissenschaftlich-empirische Erkenntnisparadigma voneinander entfernen, desto deutlicher wird allerdings der Postulatcharakter des Naturbuchtopos. Insofern gerade angesichts einer unter Sinnlosigkeitsverdacht geratenen Welt das Bedürfnis nach deren Deutung keineswegs zum Schweigen zu bringen ist, können Lesbarkeitsmetaphern auf paradoxe Weise an Signifikanz gewinnen; entscheidend ist gerade die Diskrepanz zwischen dem Sinnverlangen, das sie zu artikulieren vermögen, und der Erklärungsleistung wissenschaftlicher Theorien.

Die Ablösung des geozentrischen durch das heliozentrische Weltbild vollzieht sich, wie Blumenberg dargelegt hat, im Zeichen des erwähnten Konflikts zwischen traditionsorientierter theologischer Buchgelehrsamkeit und Empirie, also zwischen »Lesen« und »Sehen«. Vor allem der Name des Kopernikus ist mit ihr verbunden. Mit ihm verbindet sich die Idee einer Vergleichgültigung der Erde, welche nun nicht mehr beanspruchen konnte, das Zentrum der Welt zu sein, sowie in Zusammenhang damit einer Degradierung des Menschen zum Bewohner eines Sternes unter unzähligen anderen. Das Sprechen über die von Kopernikus vorgenommene Situierung der Erde darf nicht zuletzt als metaphorischer Ausdruck fundamentaler Verunsicherung gelten, insofern es dem Verlust des vertrauenstiftenden festen Grundes unter den Füßen gleichkam. Nietzsche lokalisiert die ›hochmütigen‹ Erfinder der sogenannten »Wahrheit« maliziös »in einem Winkel des Universums«; ihm zufolge ist »die Selbstverkleinerung des Menschen, sein Wille zur Selbstverkleinerung seit Kopernikus in einem unaufhaltsamen Fortschritte« begriffen.[3] Und so wird der Name des Kopernikus zum Codewort für das Wissen um die Marginalität der Erde und die Verlassenheit ihrer Bewohner in einem allen menschlichen Maßstäben entzogenen Universum.

Nicht auf die Geschichte der wissenschaftlichen Himmelskunde und der physikalischen Astrologie, sondern auf einen genuin ästhetischen Akt geht die Stiftung einer weiteren metaphorischen Bedeutungsdimension von Sternen und Sternbildern in der ästhetischen Moderne zurück. Mallarmé, in dessen Œuvre der Begriff der »constellation« zum zentralen Konzept wird, knüpft zwar an den Topos von der Himmelsschrift in seinen traditionellen Ausformulierungen an, setzt aber so absichts- wie effektvoll einen Gegenakzent: Die Kunst ist bei ihm nicht mehr Lesehilfe, sondern Ursprung der Sternenschrift, nicht Übersetzung oder Auslegung, sondern schöpferischer Akt von kosmischer Relevanz, und sie bekräftigt im Akt der Herstellung einer Konstellation ihre Rolle als einzige sinnstiftende Instanz in einem ansonsten sinnindifferenten Universum. Mallarmés Sternenschrift ist nicht einfach ein Analogon zur Himmelsschrift der alten Astrologen, sondern zugleich deren Umkehrung. Sie besteht aus Lettern, und sie erstreckt sich in programmatischer Verkehrung der tradierten Himmelsschrift-Idee Schwarz auf Weiß. Vor dem Hintergrund der Verzeitlichung des Universums der neuen Physik nimmt sich die Reklamation des Sternenhimmels als Sinnbild einer aller Kontingenz und Zeitlichkeit entzogenen Kunst wie ein potenzierter Akt der Abgrenzung des ästhetischen Diskurses gegen alle anderen Formen des Wissens, alle außerästhetischen Modellierungen der Welt aus. Grundmotiv der Mallarméschen Konstellation ist, wie Italo Calvino betont, das Bedürfnis, dem Beliebigen etwas Notwendiges, dem Zeitlichen etwas Zeitloses, der Unordnung eine Zone von Ordnung entgegenzusetzen. In dieser Eigenschaft ist die »constellation« Inbegriff des künstlerischen Werks.[4]

Friedrich Dürrenmatt hat die Erkenntnisse und Modellbildungen der zeitgenössischen Naturwissenschaft, insbesondere der Physik, mit kontinuierlichem Interesse verfolgt, und er hat sich wiederholt mit der Frage auseinandergesetzt, in welcher Weise die Physik das moderne Weltbild prägt und kontinuierlich modifiziert. Gerade die zeitgenössische Physik liefert dem katastrophischen Weltkonzept des Schriftstellers reichliche Nahrung, vor allem dann, wenn er registriert, daß sie Prozesse sozialer und historischer Entropie, Prozesse der Regression und des ethischen Orientierungsverlusts mit passenden Bildern aus dem Weltraum untermalt oder wenn er den Beitrag der modernen Naturwissenschaft zur progredierenden Verunsicherung und Desorientierung der Menschheit kommentiert. Die Welt der Physik ist für Dürrenmatt sinnindifferent und gegenüber jeglicher Wertsphäre gleichgültig; die Sterne scheren sich nicht um ihre Beobachter. Und diese Beobachter schaffen nicht etwa Ordnung, sondern verheddern sich in ihren eigenen einschlägigen Bestrebungen. Dürrenmatts kritische Aufmerksamkeit gilt vor allem der progressiven Abstraktionstendenz in der modernen Physik, welche für ihn exemplarisch jenen Komplexitätsgewinn moderner Weltkonzepte erzeugt, der in letzter Konsequenz zur Desorientierung in einem sich zunehmend erweiternden und selbstpotenzierenden Labyrinth führt.[5]

Dürrenmatt selbst hat die astronomische Beobachtungsstation auf dem Mount Palomar und die CERN besucht; er registriert dabei mit Ironie, wie weit die mittels moderner Technologie gewonnenen Meßwerte von jeder Anschaulichkeit entfernt sind. Wissenschaftliche Beobachtung von Objekten ist Bestandteil eines Derealisierungsprozesses, bei dem sich die beobachtete Welt auf eine Fülle abstrakter Datenmengen reduziert. Von der Kunst und der Literatur fordert Dürrenmatt, dem

Entgleiten der Welt ins Unanschauliche entgegenzuwirken, in bildliche Formen zu fassen, was von Verformelung bedroht ist. Gerade das mittlerweile völlig abstrakte Wissen über den Himmel ist für ihn ein Anlaß, nach Bildern zu suchen, in welche es zu Darstellungszwecken gefaßt werden könnte – nach Gleichnissen jenseits von Wahrheit und Lüge.

Ein poetologisch relevanter Schlüsseltext ist Dürrenmatts Bericht über »Die vier Verführungen des Menschen durch den Himmel«, der 1969, anläßlich der ersten Mondlandung, entstand. Die hier umrissenen Verführungen korrespondieren verschiedenen Konzepten des Himmels. Die Suggestion eines mittlerweile nicht allein mathematisch-astronomisch, sondern auch physisch erschließbaren Weltraums erscheint Dürrenmatt als ein Selbstbetrug der modernen Wissenskultur, welche durch Hervorhebung technischer Machbarkeiten die unbewältigten Probleme des einzelnen und der Gesellschaft zu überspielen und zu verdrängen sucht.

> [...] im Jahr des ersten wirklichen Vorstoßes in den Raum außerhalb unseres Sonnensystems wird die Menschheit zu vier Fünfteln verhungert oder umgebracht sein müssen, um weiterleben zu können. Bloß, weil uns der Himmel verführt, ihn zu erobern, statt das, was uns allen gehört, vernünftig zu gestalten: unsere Erde. Es gibt keine andere Heimat, und jeder Fluchtversuch ist eine Utopie. Der Weltraumflug hat nur dann einen Sinn, wenn wir durch ihn die Erde entdecken und damit uns selbst. Am 20. Juli 1969 bin ich wieder ein Ptolemäer geworden.[6]

Die moderne Naturwissenschaft, so Dürrenmatt, enthumanisiere die Welt durch ihre Abstraktionsleistungen. Die von der Verwissenschaftlichung verfremdete und abstrahierte Welt sei »nur noch durch Phantasie wieder zu einem Gebilde zu machen. Ich glaube, die heutige Wissenschaft ist zu erfassen, wenn man sie in Phantasie umsetzen kann [...] und das kann ich nur noch, wenn ich nicht reiner Wissenschaftler bin«.[7] Der Ptolemäer ist Metaphoriker und Metaphorologe zugleich: Er mißt den Weltraum mit irdischen Maßstäben, er modelliert ihn unter Orientierung an menschlichen Denkformen und symbolischen Systemen und sieht in ihm eine Materie für Gleichnisse.

Seine malerischen und graphischen Darstellungen von heftigem Planetengetümmel, kosmischen Katastrophen, explodierenden Gestirnen und abgründigen Welten-Räumen ergänzt sein schriftstellerisches Schaffen.

In beiden Medien, dem der Literatur und dem der Bilder, modelliert er Weltraum-Unfälle als Metaphern für den irdischen »Weltzustand«. Auch die graphisch-malerischen Darstellungen sind oft gekoppelt an sprachliche Metaphern; sie erinnern an Redensarten und geläufige Gleichnisse. Als prägnantes Beispiel für die literarische Verwandlung von Weltraum-Bildern in Metaphern zur Bespiegelung der conditio humana und zugleich für den spezifischen und provokanten Ptolemäismus Dürrenmatts, der Konzepte der modernen Physik mit alttestamentarischen Figuren verknüpft, kann etwa die »Dichterdämmerung« gelten, ein »Übungsstück« in mehr als einem Sinn.[8] Nicht zuletzt übt sich der Dichter in der Transformation physikalisch-astrologischer Konzepte und Modelle in dichterische Gleichnisse für die Situation des zeitgenössischen Menschen. Die Akteure werden nach und nach von einem Schwarzen Loch verschlungen, das als Aschenbecher getarnt ist; parallel dazu wird es auf der Bühne immer dunkler. Nachdem die ganze Szenerie verschwunden und es ganz dunkel geworden ist, geht im Saal laut Regieanweisung wieder das Licht an, und »Oberst Macfire« hält eine Ansprache an die »Damen und Herren auf dem fünften Planeten von Alpha Centauri«: Auf der Bühne sei ein Schwarzes Loch plaziert worden, das sich während des Spiels rasend schnell vergrößert und die Bühne verschlungen habe, dann das Theater, die Stadt, die Erde, das Sonnensystem – und das bald auch die Zuhörer im Sonnensystem Alpha Centauri verschlingen werde. Er selbst, so Macfire, könne nur sprechen, weil er aus dem Stück gestrichen worden sei; er sei »wie jedes Gestrichene nicht vorhanden« und als nicht-reale Person für die Absorption durch Schwarze Löcher nicht anfällig.[9]

Italo Calvino hat sich, ähnlich wie Dürrenmatt, mit der Frage nach der Beziehung zwischen hermeneutischem und naturwissenschaftlichem Diskurs sowie nach der zwischen Kunst und empirischen Wissenschaften intensiv auseinandergesetzt. Die Spannung zwischen Sehen und Lesen bildet eine thematische Konstante in seinem Werk. In einem Interview von 1986 hat er den Konflikt der Diskurse mit dem Hinweis darauf charakterisiert, daß es im wesentlichen um die Frage nach der Beziehung zwischen Welt und Sprache gehe: Läßt sich die Welt versprachlichen? Ist sie selbst latent oder in einem weitgefaßten Sinn sprachhaft? Oder bleibt alles Erfahrene unwiderruflich jenseits der Sprache? Calvino bezieht nicht eine bestimmte Position, sondern betont die Spannung zwischen beiden. Wie eine Inszenierung des Konflikts und der wechselnden Beleuchtungen, die durch die verschiedenen Grundideen über die sprachliche Durchdringung der Welt bzw. deren Sprachferne auf die Erfahrungswelt geworfen wird, liest sich »Luna e GNAC«.[10] Diese Erzählung über den Alltagshelden Marcovaldo handelt von der Konkurrenz zweier Schriftzüge, die abwechselnd vor den Augen der Beobachter aufscheinen: Da ist zum einen die nächtliche Himmelsschrift aus Mond und Sternen und zum anderen eine aufdringliche Leuchtreklame für einen Cognac. Wenn letztere aufflammt, verdrängt sie erstere in die Unsichtbarkeit. Vordergründig geht es mit dem Rivalisieren der Schriftzüge um die Idee einer idealtypischen Konkurrenz zwischen natürlichen und menschlichen Zeichen. Hintergründig wird die Leitdifferenz zwischen Natur und Kultur jedoch in Frage gestellt bzw. ihrerseits als kulturelles Konstrukt reflektiert. Denn die vom Mondlicht erzeugten Effekte sind in hohem Maße vermittelt, seine Bedeutungen sind kulturelle Konstrukte; der Mond selbst ist ein Symbol, kein sinnindifferenter Erdtrabant. Die Lettern der CoGNACreklame dagegen sind zwar Schriftzüge von Menschenhand, doch nicht, was sie bedeuten, ist für die Geschichte maßgeblich, sondern ihre Materialität als Lichtquellen. In ihrer Eigenschaft als Text sind sie fast nichtssagend. So erweist sich die Differenzqualität zwischen Himmelsschrift und Menschenschrift ihrerseits als abhängig vom jeweiligen Betrachterstandpunkt und Deutungskontext.

Blumenbergs metaphorologische Untersuchungen über »Die Lesbarkeit der Welt«, 18 Jahre nach den Marcovaldo-Geschichten erschienen, mußten Calvinos Interesse auf sich ziehen.[11] Er las sie allerdings erst, nachdem seine Palomar-Geschichten bereits entstanden waren; hier wird die Lesbarkeitstopik erneut eingesetzt und zugleich reflektiert.[12] Palomar versucht, die Welt zu lesen – nicht nur die kulturellen Realitäten, wo ein Käseladen als Enzyklopädie erscheinen kann, sondern auch die natürliche Welt, die Sphäre der Tiere und Pflanzen, der landschaftlichen Phänomene, der Naturerscheinungen, der Gestirne. Nicht zufällig trägt Palomar den Namen einer astronomischen Beobachtungsstation. Er versucht immer wieder, in visuellen Erscheinungen sprachliche Strukturen zu entdecken oder sie doch wenigstens in Sprache zu übersetzen. Sein damit verbundenes (und ihm oft auch hinderliches) Streben nach Genauigkeit ist durch die Einsicht motiviert, daß sich die Zonen von Ordnung, wie sie das ästhetische Gebilde schafft, stets gegen ein entropisches Universum behaupten müssen. Entropisch verhält sich aber nicht allein das von den empirischen Wissenschaften beschriebene natürliche Universum, entropisch verhält sich auch das Universum des wissenschaftlichen Wissens, insofern dieses keine verbindlichen Grundlagen mehr kennt, keine absolut gültigen Begriffe und Leitdifferenzen, keinen konsensuellen Begriff von sich selbst. Palomars Bemühungen, die Erscheinungswelt zu verstehen, mögen scheitern, aber die Darstellung seiner Bemühungen – im Medium erzählender Sprache – erweist sich als ein sinnträchtiges Unternehmen: Sie wird zur großangelegten Metapher für die Beziehung des (sprachfähigen) Menschen zur (sprachlosen) Welt. Der Erzähler Calvino ist Metaphoriker und Metaphorologe zugleich.

Das dreiteilige Kapitel »Palomar guarda il cielo« (»Palomar betrachtet den Himmel«) besteht aus drei Teilgeschichten: »Luna di pomeriggio«, »L'occhio e i pianeti«, »La contemplazione delle stelle«. Die nachmittägliche Mondbeobachtung nimmt ihren Ausgang von der Vorstellung, ein nahezu unsichtbares Objekt brauche einen Betrachter, um nicht dem Nichts anheimzufallen. Der Text wird zum Austragungsort des Widerstreits zwischen unterschiedlichen Paradigmen der Erkenntnis: zwischen einem auf Objektivität abzielenden Beobachten und einer hermeneutischen Einstellung, die bewußt oder unbewußt ihre Objekte einem Anthropomorphisierungsprozeß unterwirft. Die Rede vom Mond, der am Nachmittag unserer Aufmerksamkeit bedürfe, da seine Existenz in Frage stehe, bewegt sich auf dem offenbar nur schmalen Grat zwischen der Nüchternheit des Phänomenologen und einem anthropomorphisierenden, prärationalen Diskurs über Naturphänomene als belebte Wesen. Der gesamte Text legt es auf die Erzeugung einschlägiger Ambiguitäten an. Dazu dienen sowohl die zur Beschreibung des Beobachteten eingesetzten sprachlichen Mittel, die immer wieder hart an metaphorische Anthropomorphismen angrenzen oder die Grenze sogar überschreiten, als auch die Auflösung des Mondes und seiner Umgebung in Sichtweisen. Als Betrachter der Planeten reduziert sich Palomar auf ein Auge, das durch technische Gerätschaften in seiner Leistungsfähigkeit erweitert wird. Seine anthropomorphisierende Betrachtung der Sterne kulminiert in der Idee, diese hätten etwas mitzuteilen und seien durch einen unverständlichen Redegestus – ein Nuscheln – charakterisiert. Gerade dies allerdings provoziert den Wunsch nach Decodierung. Die Erscheinung Jupiters wird als Auftritt, als ästhetische Inszenierung wahrgenommen und beschrieben; unverbesserlich in seiner Tendenz zur Anthropomorphisierung sieht Palomar im Himmel ein Theater. Auch dieser Text ist auf ironische Weise durchzogen von Metaphern, welche die beobachteten Objekte anthropomorphisieren und die Grenzen zwischen Menschlichem und Außermenschlichem, Belebtem und Unbelebtem ebenso unterlaufen wie die kategoriale Differenzierung zwischen intentionalem und nichtintentionalem Geschehen. Die Betrachtung der Planeten kann sich nicht von einem kulturellen, historischen und mythologischen Vorwissen lösen, das hier den Planeten als majestätische Gottheit mit Schärpe erscheinen läßt. Aber es sind nicht nur die mythischen Restbestände im Bewußtsein des Planetenbeobachters, welche dazu führen, daß dieser mythische Ordnungsmuster in den Himmel hineinsieht. Auch die Geschichte der empirischen Naturwissenschaften führt dazu, daß sich ein semantisches Netzwerk über den gestirnten Himmel legt. An sich kein kulturelles Phänomen, verweist der Planetenhimmel auf die Geschichte der menschlichen Kultur und auf die der Wissenschaften. Vor allem deren technische Instrumentarien entscheiden darüber, wo die Grenze zwischen Sichtbarem und Unsichtbarem verläuft, wie und wohin sie sich verschiebt. Und nicht zuletzt ist es der Körper des Beobachters selbst, der sich in den Prozeß der Beschreibung einmischt – um die Idee des reinen Blicks zu konterkarieren. In »Die Betrachtung der Sterne« prüft Herr Palomar, wie Sterne auf ihre Namen reagieren. Palomars diffuses Vorwissen über die Sterne ist durch divergente Diskurse – den mythologischen und den physikalischen – geprägt; er empfindet deren Diskrepanz mit Unbehagen. Ein ironischer Anthropomorphismus zweiter Ordnung liegt in der Idee, durch das Ansprechen der Himmelserscheinungen werde im Benannten etwas ausgelöst, eine Reaktion zustimmender oder ablehnender Art. Offenbar läßt es sich nicht vermeiden, in benannten Objekten potentielle Dialogpartner zu sehen: so Palomars ›ptolemäische‹ Entdeckung. Jede Benennung und Beschreibung der äußeren Welt steht immer nur im Zeichen des »Als-ob«. Die Anordnung der drei Erzählungen über Palomars Himmelsbeobachtungen läßt sie als folgerichtige Sequenz erscheinen: In der Mond-Geschichte denkt Palomar ›hermeneutisch‹ und demonstriert die anthropomorphisierend-assmilierenden Effekte sprachlich suggerierter Lesemuster. Die Planeten-Geschichte handelt von seinem Versuch, die eigenen Beobachtungen zu objektivieren und mittels entsprechender instrumenteller Ausstattung Anschluß ans physikalisch-astronomische Paradigma zu finden. In der Gestirne-Erzählung kehrt er zurück zu einem (selbstkritisch-ironischen) Lesen der Erscheinungswelt – gemäß dem paradoxalen Leitgedanken Calvinos, die Welt sei zwar nicht lesbar, aber man müsse dennoch versuchen, sie zu entziffern.[13]

Wo Calvinos Figuren mit dem Himmel zu tun bekommen, da bevorzugen sie die Rolle des distanzierten Beobachters. Dürrenmatts Figuren sind demgegenüber in weit höherem Maße in das interplanetarische, kosmische Geschehen involviert. Während Calvino seine Modellierungen der Beziehung zwischen Mensch und Himmel eher auf die theoretische Neugierde bezieht (gemäß der Leitfrage: Was können wir wissen?), steht bei Dürrenmatt der handelnde (und zwar meist der Auslöser von Katastrophen!) sowie der seinerseits von Katastrophen betroffene Mensch im Fokus des Interesses (Die entsprechende Leitfrage lautet dabei vielleicht weniger: Was sollen wir tun? als: Was sollten wir besser nicht tun?). Von solchen Katastrophen bedroht sind auch solche Figuren, die sich ausnahmsweise einmal in der Beobachterrolle wiederfinden – wie die Charaktere aus dem »Porträt eines Planeten«. Henoch, Adam, Kain und Abel, deren reduktionistischer Dialog die weitgehende Sprachlosigkeit des Menschen angesichts kosmischer Umwälzungen mit groteskem Nachdruck verdeutlicht:

> Adam. Eine Sonne geht dort hops. / Kain. Wer? […] / Adam. Eine Sonne dort. Hops! / Kain. Ach so. / Abel. Wann? / Adam. Nächstens. […] / Henoch. Sie wird eine Supernova. / Kain. Eine was? / Abel. artikuliert Sie bricht auseinander, und ihre Materie fegt in den Raum. / Er freut sich darüber. / Kain. Ach so. / Adam. Wumm! / Kain. Wie? / Adam. Wumm! / Kain. Was? / Adam. Bum. / Kain. Ach so.[14]

Die beiden niederländischen Romanautoren Cees Nooteboom und Harry Mulisch sind höchstwahrscheinlich durch Blumenberg dazu angeregt worden, die spannungsvolle Beziehung zwischen naturwissenschaftlichem und kulturwissenschaftlich-hermeneutischem Diskurs in Romanform zu reflektieren. Sie stellen diese Spannung jeweils ins Zentrum von Geschichten, in denen es vor allem um das Beobachten des Himmels geht. Mulischs Roman *De ontdekking van de hemel* erzählt von zwei Freunden, einem Philologen und einem Astronomen, welche sich der Betrachtung der Sterne unter differenten diskursiven Voraussetzungen widmen.[15] Der Astronom Max, der an der Sternwarte zu Leiden arbeitet und die Einladung zu einer *fellowship* ans Mount Palomar Observatorium erhält, stirbt, kurz bevor er das Geheinmis des Universums und seiner Geschichte auf der Basis einer neu interpretierten Beobachtung durch eine Weltformel zu lösen vermag, an einem Meteor, der ihn völlig unversehens trifft; der Philologe Onno, ein genialer Deuter aller möglichen Schriften und Zeichensysteme, entdeckt komplementär zu Max Schritt für Schritt die Unlesbarkeit der Welt. Beide Figuren wirken, als gehe es Mulisch um eine Paraphrase zu Blumenbergs Doppelgeschichte des Sehens und des Lesens, nicht zuletzt wegen ihrer teilweise sentenziös wirkenden Redseligkeit. Daß der Himmel unterschiedlichen Wissenskulturen als Metaphernspender dient, kommt in den zitierten astronomischen und astrologischen Konzepten nicht minder plakativ zum Ausdruck. In den Spuren des philosophischen Metaphorologen bewegt sich auch Cees Nooteboom mit seinem Roman *Het volgende verhaal*, eine erzählerische Reflexion über die Themen Zeit, Tod und Verwandlung auf der Basis von Verknüpfungen zwischen mythographisch-philologisch-philosophischem Diskurs einerseits, naturwissenschaftlichem Diskurs andererseits.[16] Die unterschiedlichen Interessen der Kultur- und der Naturwissenschaften an Prozessen der Verwandlung werden hier repräsentiert durch den Lateinlehrer Hermann Mussert und die Biologielehrerin Maria Zeinstra, die sich aus jeweils spezifischen Blickwinkeln den Metamorphosen innerhalb der Natur und der Literatur widmen und dabei selbst einem unaufhaltsamen Wandel unterworfen sind. Von diesem Wandel ist ihre Identität als reflexives Selbst zumindest bedroht; das Ich scheint sich zu entgrenzen, und es lehnt sich dagegen auf – vor allem im Prozeß der Erinnerung. Erinnerung vollzieht sich weitgehend im Medium der Narration, und sie findet eine Orientierungshilfe an mythischen

Stoffen. Als konstitutiv für das Mythische thematisiert der Roman, durchaus im Sinne Blumenbergs, dessen formgebende Funktion. Um die Zeitlichkeit und Kontingenz aller Erfahrungen und Artikulationen wissend und den metamorphotischen, fluktuierenden Charakter seines sogenannten Ich ahnend, sucht der sterbende Mussert nach einer narrativen Form zur Fixierung und Mitteilung seiner Erfahrungen. Er findet sie in den Mythen, die selbst den Tod erzählbar werden lassen. Gleichnis der Mythen sind die Sternbilder als eine Erbschaft, welche die Neuzeit ebenso wie die mythischen Geschichten von der Antike übernommen hat. Relative Dauerhaftigkeit besitzen diese kulturellen Erbschaften jedoch nur aus der begrenzten Beobachterperspektive des historischen Menschen. Auf dem Weg ins Jenseits erläutert der mit Mussert reisende Captain Dekobra die Wandelbarkeit der Konstellationen und betont, daß man sich der Mythen genau so lange noch erinnern werde, wie man noch die Sternbilder sehe, die mythische Namen tragen. Einst werden die Mythen vergessen sein, einst werden sich die Sternbilder aufgelöst haben. Schon ein kulturell bedingter Perspektivenwechsel verändert den Himmel und die Geschichten, welche sich an die Namen seiner Sternbilder knüpfen: Ein chinesischer Gelehrter, ebenfalls Mitreisender, erklärt die Himmelszeichen im Sinne der chinesischen Mythologie, und schon verwandelt sich der Sternenhimmel in ein Ensemble anderer Bilder.

Eine bei Dürrenmatt und Calvino, Mulisch und Nooteboom zu beobachtende Verschiebung im Umgang mit der Lesbarkeitsmetaphorik liegt darin, daß nicht die Gestirne und Sternbilder als solche, sondern die *Diskurse* über den Himmel und seine Sterne zu den maßgeblichen Metaphernspendern werden, welche zur Reflexion über den Menschen als Beobachter und Deuter der Welt dienen. Der Himmel erscheint – auch und gerade als Substrat der Metaphernbildung – nicht mehr als vorgegebene Realität, sondern als Produkt seiner diskursiven Verhandlung und seiner technisch-medialen Darstellung. Anders gesagt: Nicht mehr die Himmelskunde als solche ist leitendes semiologisches Paradigma, sondern an ihre Stelle treten die Wissenschaftsgeschichte als Geschichte der astronomischen Modellierungen des Himmels sowie die Geschichte der optischen Medien zur Himmelsbeobachtung. Nicht die Namen der Sternbilder sind entscheidend für die Kartierung des weiten Raumes

literarischer Himmels- und Gestirnsmetaphorik, sondern Namen wie Ptolemäus, Kopernikus, Galilei und Palomar.
Der sich hartnäckig haltende präkopernikanische (›ptolemäische‹) Sprachgebrauch, dem zufolge die Sonne immer noch vor einer unbewegten Erde auf- und untergeht, kompensiert im Alltagsleben die mit dem Namen des Kopernikus verbundene Verunsicherung. Blumenberg akzeptiert dies, spricht aber mit einer implizit wertenden Differenzierung zwischen intellektuellem Unreife- und Reifezustand von der Spannung zwischen dem »Kindesrecht, Ptolemäer zu sein« und der »Kindespflicht, Kopernikaner zu werden«.[17] In teilweise unüberhörbar selbstironischer Abgrenzung zu solchen Mahnungen, erwachsen zu werden, artikuliert sich in literarischen und essayistischen Schriften moderner Autoren wiederholt die Forderung nach einem Festhalten an den ptolemäischen Suggestionen der Sprache, an einer Sprache und einem Denken, welche der Anschauung verhaftet bleiben und Objektivität gar nicht erst vorspiegeln. Der literarisch relevante Ptolemäismus – der seine menschlichen Weltleser wider besseres Wissen ins Zentrum des Universums stellt – ist jedoch alles andere als kindlich. Er ist ein sprachlicher Ptolemäismus zweiter Ordnung, eine Wendung zum Gleichnishaften und Metaphorischen aus dem Wissen um dessen Unhintergehbarkeit heraus. Er entspringt dem Wissen um die Notwendigkeit von Gleichnissen für die Darstellung der Welt und um die auch für den vermeintlich reinen Blick noch verführerische Metaphorizität der Sprache. Und er ist verbunden mit einem skeptischen Relativismus gegenüber wissenschaftlichen Systemen, wie er sich schon bei Lichtenberg am Ende der Aufklärung artikuliert hat. Calvino beobachtet ebenso aufmerksam wie Dürrenmatt die differenten Wissenskulturen und ihre Diskurse. Freiwillig gesteht er, wissenschaftliche Theorien vorzugsweise als Spielmaterial zu behandeln. Dürrenmatt setzt sich in seinen theoretischen Reflexionen zwar mit dem physikalisch-astronomischen Diskurs über den Weltraum auseinander, der sinnindifferent und dem Universum der Bedeutungen inkompatibel ist. Aber sein eigener Umgang mit dem Weltraum als Metaphernmaterie grenzt sich gegen jede Suggestion interesseloser und wertfreier Beobachtung ab. Er ist als Dramatiker, Erzähler und Essayist im Umgang mit dem Weltraum als Metaphern-Materie ein Ptolemäer zweiter Ordnung, der die Gestirne und

Sternbilder, die Planeten und Schwarzen Löcher als Gleichnisse für die conditio humana gebraucht.

Mit dem Motiv der Sterne und Sternbilder geht es, wie die skizzierten Beispiele belegen, insbesondere um die Namen und ihre Funktion für die Erschließung und Deutung der Erfahrungswelt, um sprachlich gestiftete bzw. vorgeschlagene Ordnungsmuster sowie um die Orientierungsfunktion des poetischen Gebildes, das selbst eine »Konstellation« ist. Das moderne physikalische Wissen um die Wandelbarkeit der Konstellationen bietet die Grundlage für eine spezifische Akzentuierung der metapoetischen Reflexion: Konstellationen sind etwas Zeitliches, und sie ergeben sich in Abhängigkeit von einem Beobachterstandpunkt, der erstens kontingent ist und es zweitens nicht gestattet, die beobachteten Objekte objektivierend zu beschreiben.

Die Naturwissenschaften, ihre technischen Medien und ihre Diskurse sind ein ergiebiger Metaphernspender, obwohl – oder gerade weil? – Natur- und Kulturwissenschaften getrennte Wege gehen. Unter dem Eindruck moderner astrophysikalischer Forschungen gewinnt die Lesbarkeitstopik neue Bedeutungsdimensionen. Insbesondere hat die Zeit Einzug in den Sternenhimmel gehalten. Das Universum ist in einem entropischen Prozeß begriffen, der bei Nooteboom zum Sinnbild anderer Entropien wird. Und es hängt von den verwendeten Instrumentarien des Sehens ab, was der Beobachter sieht; die sichtbaren Konstellationen sind nur ein kontingenter Ausschnitt des mit besseren Instrumenten Sichtbaren. Diese Einsicht in die Abhängigkeit des Beobachteten von seinem Ausgangspunkt und seinen medialen Zurüstungen wird bei Calvino zur vielfach modifizierbaren metaphorischen Basis. Calvinos Ansatz ist dem metaphorologischen Denken Blumenbergs affin: Er begreift den Versuch einer sprachlichen Kartierung der Welt als formen- und einheitenstiftende Orientierung im Chaos der Erscheinungen – und die Literatur als Inbegriff einer solchen Orientierung, als Herstellung von Zonen der Ordnung in der Unordnung. Dürrenmatt betont komplementär dazu den entropischen Effekt, der von Sprache und sprachlichen Deutungen ausgeht: In seiner Sicht schaffen diese weniger Einheiten, als daß sie das Beobachtete durch Deutung multiplizieren und selbst das sinnlich-konkret Verifizierbare noch veruneindeutigen. Das Labyrinth der Interpretationen hüllt die Objekte ein – wie die

Erdenreste den Raumfahrer. Insbesondere diffundiert für Dürrenmatt die Welt in eine Dimension der Wiklichkeit, welche von Deutungsbemühungen und Darstellungsintentionen immerhin noch erreicht wird (mit wie befriedigendem Resultat auch immer) und eine von den modernen Naturwissenschaften modellierte ganz und gar abstrakte Welt. Dem Schriftsteller empfiehlt er die Parteinahme für erstere – den Ptolemäismus wider besseres Wissen. Calvino bezieht auch hier eine Komplementärposition. Er glaubt im Ideal der möglichst präzisen Beschreibung ein Tertium comparationis zwischen naturwissenschaftlichen und literarischen Erkenntnisinteressen sehen zu dürfen. Genauigkeit gibt es allerdings immer nur bezogen auf den Moment, in dem die Beschreibung stattfindet, da die Objekte selbst ja ein entropisches Verhalten an den Tag legen. Aber immerhin belegt sie exemplarisch die Möglichkeit, beschreibend Einheiten im Diffusen und Bewegten zu schaffen. Die prägnanteste Metapher dafür ist die Konstellation.

Das wechselseitige Bespiegelungsverhältnis, in dem Sehen und Lesen, Sichtbares und Geschriebenes stehen, überdauert die kopernikanischen und postkopernikanischen Ernüchterungen über eine Welt, die dem Menschen nichts zu sagen hat, wenn auch unter verschobenem Vorzeichen, das sich aus der Selbstbeobachtung des Beobachters von Sternen und von Metaphern ergibt. Nicht allein, daß die Sterne – nunmehr bewußt – am Leitfaden sprachlich suggerierter Ordnungsvorstellungen zu Konfigurationen zusammengelesen werden; umgekehrt ist die Himmelsbeobachtung als Versuch einer Navigation durch das an sich unermeßliche All Gleichnis für die sprachliche Navigation in einer an sich unfaßlichen Welt. Das Sternbild fungiert als Metapher der Metapher. Es verweist als eine solche Metapher auf deren Funktion, auf Kontingenzerfahrungen mit Strukturierungsentwürfen zu antworten, die an Namen gebunden sind, um in einer entropischen Welt Zonen von Ordnung zu schaffen. Es gibt aber auch dem Bewußtsein von der Zeitlichkeit dieser Ordnungen Ausdruck. Entsprechend steht auch die Orientierungsfunktion von poetischen Konstellationen im Modus der Verzeitlichung.

Dürrenmatt steht für diejenigen Autoren der literarischen Moderne, welche die Diskrepanz zwischen physikalisch-technischen und sprachlich-bildlichen Darstellungsformen kritisch registrieren. Von der Kunst und Literatur fordert er implizit und explizit, Bilder und Gleichnisse zu schaffen, um damit auch die physikalische Welt begreifbar zu machen.[18] Es gelte, das sprachlich-hermeneutische Paradigma gegen den Eroberungszug der zunehmend abstrakter werdenden Naturwissenschaften zu verteidigen. Bei Calvino wird die Differenz zwischen Sehen und Lesen tendenziell nivelliert, vor allem im Bewußtsein davon, daß beide Operationen in einem solchen Maße standortabhängig sind, daß von der Feststellung empirischer Daten ebensowenig die Rede sein kann wie von der Entzifferung von Bedeutungen, aber auch unter Akzentuierung der Materialität von Schrift.[19] Der Blick ins Weltall wird am Ende von Calvinos Winternacht-Roman zur Metapher für den Blick in den Text – aber nicht, um die Lesbarkeit der Sternenschrift zu statuieren, sondern um zu betonen, daß auch die Lektüre von Texten von Menschenhand eine Operation ist, die mit der fokussierenden Betrachtung visueller Materie beginnt und ein Zusammenlesen ist, welches kontingenten Vorentscheidungen unterliegt. Lesen ist ein physisches Geschehen und an die jeweilige sinnliche Disposition des Lesers in nicht geringerem Maße gebunden als an die Medien, welche sich zwischen den Leser und seine Legenda schieben. Wie sich mit Vergrößerung der Sehschärfe die Grenze zwischen Sichtbarem und Unsichtbarem verschiebt und neue Sterne in den Zwischenräumen des zuvor Gesehenen aufscheinen, so entdeckt der sich mehr und mehr vertiefende Blick des Lesers in den Ritzen und Falten des bisher Gelesenen neue Zeichen, neue Konfigurationen. Das Bedürfnis, Sinnganzheiten zu erfassen, erscheint als ebenso anachronistisch wie der Glaube an einen sinnvollen und geschlossenen Kosmos – aber die Sehnsüchte nach beiden und die ihnen korrespondierenden Verlustdiagnosen dienen einander wechselseitig als Metaphern. Dürrenmatt fordert, daß wir zu Ptolemäern werden. Calvino läßt ironisch durchblicken, daß wir nie etwas anderes gewesen sind. Metaphernspender sind hier wie dort nicht eigentlich die beobachteten Phänomene selbst, sondern die Theorien, welche das Wissen organisieren.

Anmerkungen

1 Vgl. dazu u.a. den ersten Teil von Hans Blumenberg, *Die Genesis der kopernikanischen Welt*, Frankfurt a.M. 1975.

2 Hans Blumenberg, *Die Vollzähligkeit der Sterne*, Frankfurt a.M. 2000 (zuerst 1997), S. 27–33.

3 Friedrich Nietzsche, *Zur Genealogie der Moral*, in: ders., *Werke*, hg. von Karl Schlechta, Berlin [6]2000, Band II, S. 893.

4 Italo Calvino, *Sechs Vorschläge für das nächste Jahrtausend. Harvard-Vorlesungen*, übers. von Burkhart Kroeber, München, Wien 1991, S. 99–100 (Orig.: *Lezioni americane. Sei proposte per il prossimo millennio*, Milano 1993).

5 Vgl. hierzu: Friedrich Dürrenmatt, *Die Welt als Labyrinth. Ein Gespräch mit Franz Kreuzer*, Zürich 1986.

6 Friedrich Dürrenmatt, *Philosophie und Naturwissenschaft. Essays und Reden*, Zürich 1980, S. 26 ff., hier: S. 32.

7 Dürrenmatt, *Philosophie und Naturwissenschaft* (Anm. 6), S. 36.

8 Friedrich Dürrenmatt, *Der Meteor / Dichterdämmerung*, Zürich 1985.

9 Dürrenmatt, *Der Meteor* (Anm. 8), S. 148.

10 In: Italo Calvino, *Marcovaldo ovvero Le stagioni in città*, Turino 1963.

11 Vgl. hierzu: Hans Blumenberg, *Die Lesbarkeit der Welt*, Frankfurt a.M. 1981.

12 Vgl. hierzu: Italo Calvino, *Herr Palomar*, München, Wien 1985 (Orig.: *Palomar*, Turino 1983).

13 »Palomar ist eine Gestalt, die in der Disharmonie lebt, an ihr leidet und sich nach Harmonie sehnt, aber sehr wohl weiß, daß Harmonie letztlich unerreichbar bleibt. Doch der Wunsch nach Harmonie ist gleichwohl wesentlich als Ausdruck eines ästhetischen, ja metaphysischen Bedürfnisses.« So kommentiert Calvino seinen Helden in: Helene Harth, Burkhart Kroeber, Ulrich Wyss, »Die Welt ist nicht lesbar, aber wir müssen gleichwohl versuchen, sie zu entziffern. Ein Gespräch mit Italo Calvino«, in: *Zibaldone. Zeitschrift für italienische Kultur der Gegenwart*, hg. von Helene Harth, Titus Heydenreich, München, Zürich 1986, Band I (Schwerpunkt: Italo Calvino), S. 11 (Der Titel-Satz ist ebenfalls ein Zitat aus diesem Gespräch).

14 Friedrich Dürrenmatt, *Play Strindberg/Porträt eines Planeten. Übungsstücke für Schauspieler*, Zürich 1980, S. 98–99.

15 Harry Mulisch, *Die Entdeckung des Himmels*, übers. von Martina den Hertog-Vogt, Reinbek 1993 (Orig.: *De ontdekking van de hemel*, Amsterdam 1992).

16 Cees Nooteboom, *Die folgende Geschichte*, übers. von Helga van Beuningen, Frankfurt a.M. 1991 (Orig.: *Het volgende verhaal*, Amsterdam 1991).

17 Blumenberg, *Vollzähligkeit* (Anm. 2), S. 311–319.

18 Vgl. hierzu: Friedrich Dürrenmatt, »Persönliche Anmerkungen zu meinen Bildern und Zeichnungen«, in: ders., *Literatur und Kritik. Essays und Reden*, Zürich 1980.

19 Italo Calvino, *Wenn ein Reisender in einer Winternacht*, München, Wien 1983, S. 306–307 (Orig.: *Se una notte d'inverno un viaggiatore*, Turino 1979).

Claudia Öhlschläger

Die Ringe des Saturn: ein kosmologisches Strukturmodell für W.G. Sebalds Lektüre zivilisatorischer Abirrungen

W.G. Sebalds *Die Ringe des Saturn* präsentieren sich als ein Reisebericht, der, worauf die Ringe hindeuten, von mehreren Anfängen aus – seien es historische Ereignisse oder herausragende Personen – die Ruinen- und Trümmerlandschaft des zivilisatorischen Fortschritts abschreitet. Die Forschungsliteratur zu W.G. Sebald hat mehrfach auf die Zirkelstruktur der *Ringe des Saturn* hingewiesen. Anfang und Ende des Berichts schließen sich zu einem Kreis: Von Thomas Browne, dem englischen Arzt und Naturforscher, ist am Ende wie am Beginn die Rede, und mit dieser Figur verbinden sich die den Text dominierenden Motive: Das Seidenraupenmotiv, das allegorisch auf Vergänglichkeit, Zerstörung, aber auch auf die Textproduktion verweist, die Melancholie, der Tod und die Trauer. Es wurde herausgestellt, daß die Fußwanderung des Ich-Erzählers durch die ostenglische Grafschaft Suffolk eine Zirkelbewegung beschreibt. So sieht sich der Erzähler mit der Wiederkehr des Immergleichen konfrontiert. Es gibt, dies die These John Zilcoskys, keine eigentliche Entwicklung im Fortgang des Wanderns und Entdeckens, sondern unheimliche Begegnungen derart, daß das Ich immer wieder an den Standort seiner selbst oder an den schon vorgegebener Texte zurückgeführt wird. »Für Zilcosky«, so schreibt Anne Fuchs, »geht es in Sebalds Prosa gerade nicht um die Inszenierung eines postmodernen Nomadismus, sondern vielmehr um die unheimliche Unfähigkeit, sich wirklich zu verlaufen.«[1] Die Zirkelbewegung affiziert den Vorgang des Aufzeichnens, des Schreibens. Von Beginn an werden die Lesenden, darauf hat Claudia Albes hingewiesen, mit einer doppelten *histoire* konfrontiert: Der Vorgang des Wanderns wird vom Bericht über die Niederschrift dieser Wanderung begleitet.[2] Zurecht hat Albes die Zirkelstruktur des Textes im Hinblick auf das Thema der Melancholie gedeutet, handelt es sich doch um einen Zustand, der sich durch einen zyklischen Wechsel von Bewegung und Stillstand auszeichnet.[3]

Melancholie kennzeichnet nicht nur die psychische Disposition des erlebenden und schreibenden Ich in Sebalds *Die Ringe des Saturn*, sie ist zugleich der Modus, der den Rhythmus des Schreibens bestimmt: Das Erzählverfahren, so Albes, »ist durch eine Gegenläufigkeit zwischen Fortschritt [...] und Stagnation [...] charakterisiert.« Immer wieder kommt es zu Schreibblockaden, zu Unterbrechungen, die aber von neuen Schreibimpulsen abgelöst werden, um das »bedrohende Gefühl der Leere und des Stillstands«, das den Erzähler überkommt, abzuwehren.[4]

Lenkt man den Blick auf die ikonographische Ausstattung dieses melancholischen Zirkels, so stößt man auf den Komplex der christlichen Passion. Die ersten Notizen zum Reisebericht, die der Erzähler während eines Krankenhausaufenthaltes verfaßt, umspielen symbolisch die Ereignisse des Karfreitag, der Bericht wird dann am Gründonnerstag, dem 13. April 1995, beendet.[5] Das Thema der Melancholie erfährt also eine gewisse Zuspitzung durch die mental und körperlich in Anschlag gebrachte Passion, die der Erzähler auf sich nimmt. Evident wird diese Haltung in Sebalds letzter Erzählung aus den *Ausgewanderten*, in *Max Aurach*. Der dortige Erzähler gibt eine Beschreibung des Isenheimer Altars von Matthias Grünewald, in dessen Schmerzenslandschaft er sich immer tiefer einfühlt. Der Blick auf die »durchbohrten Leiber« setzt dort die Erinnerung an einen körperlich erlittenen Schmerz, an ein Bandscheibenleiden frei, und dieser Schmerz wird mit dem Schreibakt enggeführt.[6] Der Passionsthematik entspricht in den *Ringen des Saturn* das durch die »Wallfahrt« ins Spiel gebrachte Erlösungsmotiv. Erlösung, so legt es Sebalds Reisebericht nahe, kann nur im Akt des Schreibens gefunden werden: »Wahr ist allerdings auch«, so heißt es, »daß ich mich meiner Erinnerungen, die so oft und so unversehens mich überwältigen, anders nicht als durch das Schreiben zu erwehren vermag. Blieben sie verschlossen in meinem Gedächtnis, sie würden schwerer und schwerer wiegen im Laufe der Zeit, so daß ich wohl zuletzt zusammenbrechen müßte unter ihrer ständig zunehmenden Last.«[7] Schreiben scheint demnach die einzig mögliche Form des Umgangs mit dem Schrecken, wobei es an die Passion in einem doppelten Sinn gebunden bleibt: an die Obsession des Erinnerns und an den damit verbundenen Schmerz.

Ich möchte im folgenden einen anderen Akzent setzen und nach Funktion und Bedeutung des Modells der Ringe des Saturn fragen; insbesondere nach dessen poetischer Indienstnahme für zivilisationskritische und geschichtsphilosophische Überlegungen Sebalds. Gezeigt werden soll, inwiefern das kosmologische Modell der Ringe des Saturn sowohl in historischer wie in zeitgenössischer Perspektive auch von anderen Kulturkritikern der Moderne in Anspruch genommen wurde. Ausgangspunkt meiner Überlegungen bilden zunächst naturwissenschaftliche Hypothesen über die Beschaffenheit der Ringe des Planeten Saturn, greift Sebald doch auf solche zurück.

An den Beginn der *Ringe des Saturn* stellt Sebald drei Motti, von denen eines auf die bis heute noch ungeklärte Beschaffenheit der Saturnringe rekurriert. Der Brockhaus Enzyklopädie (ohne Nennung des Erscheinungsdatums) entnimmt er folgenden Eintrag:

> Die Ringe des Saturn bestehen aus Eiskristallen und vermutlich meteoritischen Staubteilchen, die den Planten in dessen Äquatorebene in kreisförmigen Bahnen umlaufen. Wahrscheinlich handelt es sich um die Bruchstücke eines früheren Mondes, der, dem Planten zu nahe, von dessen Gezeitenwirkung zerstört wurde (→ Roch'sche Grenze).[8]

Naturwissenschaftlich gesehen gibt es zwei unterschiedliche Hypothesen über den Ursprung der Ringe des Planeten Saturn. Der einen zufolge sind die Ringe die verstreuten Trümmer von früheren Monden des Saturn, die durch Zusammenstöße und Meteoriteneinschläge auseinanderbrachen. Vertreter der anderen Theorie halten es dagegen für wahrscheinlicher, daß das Ringmaterial ein Relikt aus der Frühzeit der Planetenentstehung ist. Die Staub- und Eisbrocken könnten einfach übriggeblieben sein, als die Planeten und Monde aus der großen Staub- und Gasscheibe des Sonnensystems kondensierten. Die Schwerkraft des frühen Saturn fing sie später ein und hielt sie in einer Umlaufbahn um den Planeten fest. Beide Varianten gelten als möglich. Welche tatsächlich zutrifft, sollen die Daten der Cassinisonde zeigen.[9]

Bemerkenswert ist, daß Sebald, indem er der ersten Hypothese den Vorzug gibt, das Argument der Zerstörung akzentuiert. Darauf deutet auch der Verweis auf die sogenannte Roch'sche Grenze hin. Sie steht für die minimale Distanz, in der ein Satellit seinen Mutterplaneten umkreisen kann, ohne Gefahr zu laufen, zerrissen zu werden. Denn der

Gravitationskraft, die sich von der Masse eines Himmelskörpers bestimmt, steht die Kraft der Anziehung zwischen den Himmelskörpern entgegen, die Eigenanziehungskraft tritt zu den Gezeitenkräften in ein Spannungsverhältnis. Rückt ein Satellit zu weit in Richtung seines Mutterplaneten, so zerlegt er sich in seine Bestandteile, weil seine Gravitation der »Zerstörungswut« der Gezeitenkraft nicht standzuhalten vermag.

> Die Ringe des Saturn bestehen aus einer unermeßlichen Anzahl von kleinen Gesteinsbrocken, die dicht genug nebeneinanderliegen, um aus einiger Entfernung den Eindruck eines zusammenhängenden Gebildes aufkommen zu lassen. Doch diese losen Steine haben niemals die Chance sich zu einem größeren Mond zusammenzuschließen, da sie sich innerhalb der vom Saturn vorgegebenen Roch'schen Grenze befinden. Jede Ansammlung von genügend großer Masse in diesem Bereich würde sofort von den vorherrschenden Gezeitenkräften »auseinander gesprengt« werden.[10]

Im Hinblick auf die Konzeption von Sebalds Reisebericht bedeutet dies, daß der naturbedingt immer mögliche, weil immer präsente Akt der Zerstörung allen historischen Formationen implizit ist, will man diese als »Ringe« ansehen. Das selbstzerstörerische Potential der Zivilisation, so legt es Sebald nahe, entspringt der gleichsam naturgesetzlichen Spannung, die das Verhältnis von Natur und Zivilisation bestimmt. Es scheint in den Gesetzmäßigkeiten der Natur angelegt, daß der Kreislauf menschlichen Fortschritts einem Mechanismus von Konstruktion und Destruktion folgt. Die Ringe des Saturn, die sich stets in Spannung zu ihrem Mutterplaneten befinden, werden zum Sinnbild dieser Dialektik. Von hier aus öffnet sich ein geschichtsphilosophischer Horizont, in dessen Zentrum das Bild des Saturn mit seinen Ringen steht. Und in diesen geschichtsphilosophischen Horizont hinein gehören als Vorläufer Sebalds Walter Benjamin und als Zeitgenosse der Filmemacher und Schriftsteller Alexander Kluge.

In Walter Benjamins *Passagenwerk* findet sich ein fragmentarisch gebliebener Text mit dem Titel *Der Saturnring oder Etwas vom Eisenbau*«.[11] Dieser Vortrag, den Benjamin 1928 in Königsberg hielt, greift Überlegungen auf, die mit verstreuten Notizen des Autors über Eisen- und Glaskonstruktionen in der neuen Architektur aus dem Passagenwerk korrespondieren. In aller Kürze läßt sich sagen, daß die Materialien Eisen und Glas von Benjamin als Metaphern des industriellen Konstruktionswesens eingeführt werden, eines Konstruktionswesens, wie es sich im Verlauf des 19. Jahrhunderts in Bahnhöfen, Passagen, Markthallen, Ausstellungsbauten und später dann in den Warenhäusern der Großstädte zeigen wird. Benjamin beruft sich vor allem auf Sigfried Giedions 1928 erschienene Studie *Bauen in Frankreich – Bauen in Eisen – Bauen in Eisenbeton*, in der eine entschiedene Kritik am historisierenden Maskenwesen des 19. Jahrhunderts geübt wird. In Abgrenzung dazu sieht Giedion in den ›Ingenieur-Konstrukteuren‹ die Statthalter neuer Wahrnehmungs- und Erfahrungshorizonte. Nirgends, so Walter Benjamin, seien der »Gußeisenzauber«, die »unbegrenzten Möglichkeiten, die man im Bauen in Eisen eröffnet sah«, deutlicher zum Ausdruck gebracht als in den Vignetten des französischen Zeichners und Karikaturisten Grandville: »Grandvilles Phantasien übertragen den Warencharakter aufs Universum. Sie modernisieren es«, heißt es in *Paris, die Hauptstadt des XIX. Jahrhunderts*.[12] Eine Vignette Grandvilles aus dem Buch *Eine andere Welt* von 1844 wird denn auch zum Ausgangspunkt jener »losen Betrachtungen«, die Benjamin in *Der Saturnring oder Etwas vom Eisenbau* über die sich ausbreitende Lust am Eisenbau anstellt. Die Vignette trägt den Titel *Le pont des planètes* und

Abb. 1: Grandville: *Le pont des planètes (1844)*,in: Walter Benjamin, *Das Passagenwerk* (Anm. 11), Band I, Abb.16.

zeigt den als Großstadt maskierten Kosmos. Benjamin zitiert folgende Passage aus *Eine andere Welt*:

> Eine Brücke, deren beiden Enden man nicht zugleich zu überblicken vermochte, und deren Pfeiler sich auf Planeten stützten, führte auf wundervoll geglättetem Asphalt von einer Weltkugel auf die andere. Der dreihundertdreiunddreißigtausendste Pfeiler ruhte auf dem Saturn. Da sah unser Kobold, daß der Ring dieses Planeten nichts anderes war als ein rings um ihn laufender Balkon, auf welchem die Saturnbewohner abends frische Luft schöpften.[13]

Benjamin legt das Bild nicht aus, sondern nimmt es zum Anlaß, um auf einen Paradigmenwechsel hinzuweisen, der sich mit der Entwicklung des Eisenbaus seit Anfang des 19. Jahrhunderts vollzieht. Die Entwicklung des Eisenbaus, die er mit der Entwicklung des künstlichen Lichts parallel führt, sei die Geschichte »von den Glanzleistungen der Technik«, die den Status der Kunst und des Künstlers wesentlich verändern sollten. Grandvilles Graphik verleiht in der Lektüre Benjamins diesem Paradigmenwechsel Ausdruck: Der Kosmos ist säkularisiert, er hat sich der Physiognomie der modernen Großstadt anverwandelt. Er verfügt über eine asphaltierte, »polierte« Straße, die eine Verbindung zwischen den Planeten herstellt und sie begehbar macht. Gaskandelaber illuminieren die »Glanzleistungen der Technik«. Ihr künstliches Licht tritt an die Stelle der Sonne. Die Ringe des Saturn haben sich in einen Balkon, also in eine Konstruktion aus Eisen verwandelt. Die Saturnbewohner treten auf diesen Balkon, um frische Luft zu schöpfen. Wer sind die Saturnbewohner? Nehmen wir an, es sind die melancholischen Künstler, die zu flanierenden Müßiggängern geworden sind. Sie gehen frische Luft schöpfen.

Grandvilles freiwillige oder unfreiwillige Parodie auf eine sich als zweite Natur gebärdende Technik wird von Benjamin kritisch gewendet. Die Entwicklung der Technik, so heißt es in *Der Saturnring oder Etwas vom Eisenbau* ausdrücklich, habe eine Kluft aufgerissen zwischen dem Konstrukteur der neuen Schule und dem Künstler alten Schlages. Es ist dies ein Argument, das in Benjamins fortschrittskritischen Schriften, vor allem in seinem Kunstwerk-Aufsatz oder in seiner Abhandlung *Erfahrung und Armut* auftaucht. Aber Grandvilles Bild steht noch für ein weiteres Problem: Die Menschheit träumt sich in Form ihrer Eisenbauten (Eisenbahn, Balkone, Brücken) in den Kosmos hinein. Die technischen

Errungenschaften werden zu Fetischen, an denen sich der Mensch der Moderne orientiert: Sie bilden seinen Kosmos.

In W.G. Sebalds Reisebericht *Die Ringe des Saturn* wird genau dieses Problem an unterschiedlichen Fallbeispielen demonstriert. Ein Ich-Erzähler rekonstruiert die Spuren der Zerstörung, die aus der Fetischisierung der Warenwelt erwachsen. Deutlich wird dies im sechsten Kapitel des Reiseberichts, dort nämlich, wo die Aporie imperialistischer Machtpolitik sich vergegenwärtigt. Am Beginn des Kapitels steht das Photo einer eisernen Brücke, von der es heißt, daß sie ihre verkehrspolitische Funktion verloren habe.

Abb. 2: *Eiserne Brücke über den Blyth,* in: Sebald, *Die Ringe des Saturn* (Anm. 5), S. 165.

Die Brücke über den Blyth sei 1875 gebaut worden für eine zwischen Halesworth und Southwold verkehrende Schmalspurbahn, deren Waggons, wie von verschiedenen Lokalhistorikern behauptet wird, ursprünglich bestimmt waren für den Kaiser von China.[14] Es wird bei Sebald zwar nicht wie in Benjamins kleinem Text über den *Saturnring* vom Einsturz der Brücke durch Naturgewalten gesprochen, wohl aber davon, daß die eiserne Brücke einer Handelsverbindung dienen sollte, die ungenutzt blieb. Es kam nicht zur Erfüllung des Lieferkontrakts zwischen China und Großbritannien, womit der eiserne Bau gewissermaßen seinen Zweck verfehlte. Die Hinzufügung, daß der kleine kaiserliche Hofzug auf einer Seitenlinie der Great Eastern Railway in Dienst genommen wurde, unterstreicht noch einmal die Sinnlosigkeit des Unternehmens. Eine vergleichbare Äußerung zur Verfehlung ökonomischer Effektivität findet sich in Sebalds Roman *Austerlitz*, wo doppeldeutig davon die Rede ist, daß »unsere besten Pläne im Zuge ihrer Verwirklichung sich verkehrten in ihr genaues Gegenteil.«[15] Der Zugverkehr wird zum Signum einer verkehrten Welt. Ein weiteres Beispiel handelt von der verfallenen Sommerresidenz Somerleyton. Es geht hier um einen ehemaligen »Märchenpalast«, den ein historisch zu verifizierender Eisenbahnunternehmer namens Sir Samuel Morton Peto erwarb, als er gerade dreißig zählte. Sir Morton Peto sei vom einfachen Arbeiter zum Großunternehmer aufgestiegen.[16]

Abb. 3: *Residenz Somerleyton*, in: Sebald, *Die Ringe des Saturn* (Anm. 5), S. 47.

In den *Ringen des Saturn* heißt es, daß dieser Märchenpalast einst in seiner Mischung aus technischer Perfektion und vegetabiler Ausschmückung die Illusion einer Harmonie zwischen »natürlichem Wachstum und Fabrikation« hervorgerufen habe.[17] Mit ihren von gußeisernen Säulen und Verstrebungen getragenen, filigran und schwerelos wirkenden Glashäusern erinnert die in künstlichem Licht erstrahlende Residenz von Somerleyton an die von Benjamin beschriebenen Luxusetablissements aus Eisen und Glas des 19. Jahrhunderts. Als »zu früh gekommene Materialien« antizipieren sie die Warenwelt des 20. Jahrhunderts.[18]

In vergleichbarer Weise wie Benjamin ist Sebalds Erzähler Formen des Fortschritts auf der Spur, die sich im Gewand des Natürlichen präsentieren, die sich als zweite Natur maskieren. Die Ringe des Saturn, die zum Balkon geworden sind, auf dem sich die Menschheit im Zentrum ihres Fortschritts spiegelt, geben das Strukturmuster ab für eine zur Künstlichkeit geronnene Natur, die zu dekonstruieren sich Sebalds Erzähler zur Aufgabe macht. Aus dem Vorgang der Dekonstruktion im Sinne einer Offenlegung der Konstituenten, die den Kreislauf der Zerstörung aufrechterhalten, weil das Gleichgewicht nicht gehalten werden kann, gewinnt Sebald das konstruktive Potential seiner Zivilisationskritik.

Im Kontext eines Interviews mit der *Süddeutschen Zeitung* aus dem Jahr 2001 verweist Sebald auf den geschichtsphilosophischen Hintergrund, der bei der Strukturierung in den *Ringen des Saturn* von Belang war: Auf das Zusammenwirken von individueller und großer Geschichte, das er in Gestalt aufeinander bezogener Ringe beschreibt. Er spricht vom Ineinanderwirken konzentrischer Kreise. »Man kann«, so sagt er,

> in konzentrischen Kreisen immer weiter nach außen gehen, und die äußeren Kreise determinieren immer die inneren. Das heißt: man kann sich Gedanken machen über den eigenen psychischen Haushalt, wie dieser determiniert wurde von der eigenen Familiengeschichte, diese von der Geschichte der kleinbürgerlichen Klasse in den 20er und 30er Jahren, wie die ökonomischen Bedingungen sich herausentwickelt haben aus der Geschichte der Industrialisierung in Deutschland und Europa – und so fort bis in den Kreis, wo die Naturgeschichte und die Geschichte der menschlichen Species ineinander changieren.[19]

Daraus folgt, daß individuelle und allgemeine Geschichte um einen gemeinsamen Mittelpunkt angelegt sind, und zwar um den Punkt, wo sich der Mensch in die Geschichte der Natur, in ihre Eigendynamik ließe sich sagen, einzufügen beginnt. Menschheitsgeschichte und Naturgeschichte kollidieren insofern, als der Mensch in seiner individuellen Bedürfnislage vom Maß der Natur abzuweichen beginnt. Sebald spricht in besagtem Interview von »Aberration«, von den Abirrungen und den Abweichungen, von denen der Mensch sich leiten läßt.[20] In *Austerlitz* erscheint dieser Vorgang als Übertretung einer »magischen Schwelle«:

> Sechsunddreißig Grad sei ein Pegel, sagte Alphonso, der sich in der Natur immer wieder als der günstigste erwiesen habe, eine Art von magischer Schwelle, und es sei ihm mitunter schon der Gedanke gekommen, so, sagte Austerlitz, habe Alphonso gesagt, daß das ganze Unglück der Menschen zusammenhänge mit ihrem irgendwann einmal erfolgten Abweichen von dieser Norm und dem leicht erhitzten Zustand, in dem sie sich ständig befinden.[21]

Die Ringe repräsentieren hier verschiedene Größen der »Aberration«, der historischen Positionierung gegenüber dem von der Natur vorgegebenen Maß. Die Umsetzung dieses Strukturmusters auf seine poetische Ausformulierung in den *Ringen des Saturn* zeigt, daß solche individuelle und kollektive Positionierungen immer wieder unwägbaren Kurswechseln unterworfen sind: Der einbrechende Zufall führt zu Wendungen und zu ungeahnten Koinzidenzen. Kehrt man an dieser Stelle noch einmal zu den Hypothesen über die Beschaffenheit der Ringe des Saturn zurück, so ergibt sich auch hier wieder eine Koinzidenz zwischen naturwissenschaftlichem Wissen und poetischem Strukturmuster. Denn die Ringsysteme des Saturn gelten als keineswegs stabil, sie müssen ständig durch Prozesse des Zusammenbruchs größerer Satelliten (Trabanten) regeneriert werden.[22] So gesehen fungieren die Ringe des Saturn als Metapher für die Dynamik von Destruktion und Konstruktion, welche die Geschichte des zivilisatorischen Fortschritts begleitet. Zugleich aber verweist der Planet Saturn auf die melancholische Grunddisposition, die aus dieser geschichtsphilosophischen Erkenntnis erwächst. Sebald rehabilitiert mit Benjamin den Melancholiker als denjenigen, der den kollektiven Traum vom zivilisatorischen Fortschritt reflexiv und kritisch zu rekonstruieren vermag. Der melancholische Zustand wird zur

Bedingung der Möglichkeit, die ›Naturgeschichte der Zerstörung‹[23] abzuschreiten.
Noch bis in die Gegenwartsliteratur hinein bleibt Grandvilles Bild, auf dem eine Eisenbrücke mehrere Planeten miteinander verbindet und die Ringe des Saturn als Eisenkonstruktionen erscheinen, für eine Reflexion der fortschrittlichen Moderne aktuell. Alexander Kluge greift es in seiner neueren Publikation *Die Lücke, die der Teufel läßt* (2003) auf, um eine Kritik Theodor W. Adornos an Benjamin zur Diskussion zu stellen. Unter der Überschrift *Gußeiserne Balkons als Saturnring oder Saturnring aus Gußeisen* stellt Kluge Adornos Moderne-Deutung derjenigen Benjamins gegenüber.

> In seinem ›großen Brief‹ aus Hornberg vom 2. August 1935 weist Adorno am Beispiel des FETISCHCHARAKTERS DER WARE darauf hin, daß dieser keine Tatsache des Bewußtseins, sondern dahingehend dialektisch sei, DASS ER BEWUSSTSEIN PRODUZIERT.
> Der Fetisch sei somit objektiver Natur. Das Bewußtsein oder Unbewußtsein, also die subjektive Antwort, wie sie der Traum abzubilden vermag, bestehe dagegen aus WUNSCH und ANGST gleichermaßen.
> Es geht um die Deutung einer Zeichnung Grandvilles. Die Zeichnung zeigt eine eiserne Planetenbrücke von 333 000 Pfeilern, deren anderes Ende auf dem Saturn aufliegt. Der Saturn selbst ist anstelle eines Rings mit einem gußeisernen Balkon ausgestattet.
> Adorno grenzt sich vom Bild des »Menschheitstraums« oder des kollektiven Traums in Benjamins dialektischen Bildern ab. Keine Phantasie, keine Wunschtätigkeit reiche aus, einen Saturnring aus Gußeisen zu erzeugen. Eher sei die Summe aller (oft überflüssiger) gußeisernen Balkone der Welt ein Saturnring. Nämlich die Umkreisung eines Großplaneten durch Schrott.[24]

Benjamins Konzeption eines Traums, der die Wünsche einer ganzen Epoche antizipiert: hier der Traum vom Eisenbau, läßt sich Kluge zufolge nicht mehr in die Warenwelt der modernen Industriegesellschaft einpassen. Der Traum erscheint als das ganz andere der realen ›Objektivität‹, deren Suchgröße die zum Fetisch gewordene Ware darstellt. Von ihr geht die Macht aus. Sie gibt die Zielrichtung der Wünsche vor. Aus dem Wunschtraum vom Eisenbau ist bei Adorno[25] und bei Kluge eine beträchtliche Summe überflüssigen Schrotts geworden, mit der man leicht den Großplaneten Saturn umkreisen und die Planetenbrücke verlängern könnte. Doch die mächtige Gravitationskraft des Saturn würde auch diese Eisenkonstruktion zerreißen.[26]

Anmerkungen

1 Anne Fuchs, *Die Schmerzensspuren der Geschichte. Zur Poetik der Erinnerung in W. G. Sebalds Prosa*, Köln, Weimar, Wien 2004, S. 208. John Zilcosky, »Sebald's Uncanny Travels: The Impossibility of Getting Lost«, in: Jonathan J. Long; Anne Whitehead (Hg.), *W. G. Sebald – A Critical Companion*. Edinburgh 2004, S. 102–120.

2 Claudia Albes, »Die Erkundung der Leere. Anmerkungen zu W. G. Sebalds ›englische Wallfahrt‹ *Die Ringe des Saturn*«, in: *Jahrbuch der deutschen Schillergesellschaft* 46 (2002), S. 279–305, hier S. 284.

3 Martina Wagner-Egelhaaf, *Die Melancholie der Literatur. Diskursgeschichte und Textfiguration*, Stuttgart, Weimar 1997, S. 109.

4 Albes, »Die Erkundung der Leere« (Anm. 2), S. 284.

5 Auch darauf hat Claudia Albes verwiesen. Albes, »Die Erkundung der Leere« (Anm. 2), S. 292. In den *Ringen des Saturn* heißt es: »An mein Ohr drangen durch die dröhnende Leere die Stimmen der beiden Schwestern, die mir den Puls maßen und ab und zu die Lippen netzten mit einem kleinen, rosaroten, an einem Stäbchen befestigten Schwamm [...].« (W. G. Sebald, *Die Ringe des Saturn. Eine englische Wallfahrt*, Frankfurt a. M., [6]2002, S. 28)

6 W. G. Sebald, *Die Ausgewanderten. Vier lange Erzählungen*, Frankfurt a. M. [8]2002, S. 253 ff. Hierzu Claudia Öhlschläger, »W. G. Sebald – Matthias Grünewald«, in: Konstanze Fliedl (Hg.), *Kunst im Text*, Frankfurt a. M., Basel 2005, S. 254–279, Anja K. Mayer, »›Der panische Halsknick‹. Organisches und Anorganisches in W. G. Sebalds Prosa«, erscheint in: Claudia Öhlschläger, Michael Niehaus (Hg.), *W. G. Sebald. Politische Archäologie und melancholische Bastelei*, erscheint Berlin 2006.

7 Sebald, *Die Ringe des Saturn* (Anm. 5), S. 302 f.

8 Sebald, *Die Ringe des Saturn* (Anm. 5), S. 9.

9 http://www.geoscience-online.de. Das Raumschiff Cassini flog im Juni 2004 zum Saturn. Vgl. »Letzte Ausfahrt Saturn«, *Süddeutsche Zeitung* vom 30. 6. 2004. Zum Stand der ersten Befunde »Nahansichten vom Saturnmond Titan«, *Neue Zürcher Zeitung* vom 20. 10. 2004.

10 http://www.aal.lu/SPECIAL_TOPIC/8/

11 Einer Notiz Gretel Adornos zufolge handelt es sich um eines der ersten

Stücke, die Benjamin 1928 in Königsberg vorgelesen hat; dieser ungedruckt gebliebene Text war wohl ursprünglich als Zeitungs- oder Zeitschriftenartikel gedacht. Walter Benjamin, *Das Passagen-Werk*, 2 Bände, hg. von Rolf Tiedemann, Frankfurt a.M. 1983, hier Band II, S. 1350.

12 Walter Benjamin, *Illuminationen. Ausgewählte Schriften I*, Frankfurt a.M. 1977, S. 176.

13 Walter Benjamin, »Der Saturnring oder etwas vom Eisenbau«, in: ders., *Das Passagen-Werk* (Anm. 11), Band II, S. 1060–1063.

14 Sebald, *Die Ringe des Saturn* (Anm. 5), S. 166.

15 W.G. Sebald, *Austerlitz*, München, Wien 2001, S. 41 f.

16 Sebald, *Die Ringe des Saturn* (Anm. 5), S. 45.

17 Ebd., S. 46.

18 »Am wunderbarsten, heißt es in einer der zeitgenössischen Beschreibungen, sei Somerleyton in einer Sommernacht, wenn die unvergleichlichen, von gußeisernen Säulen und Verstrebungen getragenen, in ihrer filigranen Erscheinungsform schwerelos wirkenden Glashäuser von innen heraus strahlten und funkelten. Ungezählte Agnes-Brenner, in deren weißer Flamme leise rauschend das giftige Gas sich verzehrte, verarbeiteten mittels ihrer versilberten Reflektoren ein gleichsam mit dem Lebensstrom unserer Erde pulsierendes, ungeheuer helles Licht« (Sebald, *Die Ringe des Saturn* [Anm. 5], S. 47).

19 »Mit einem kleinen Strandspaten Abschied von Deutschland nehmen. Am 14. Dezember starb der Schriftsteller W.G. Sebald: Ein Gespräch aus dem Nachlaß über das Wandern, das Graben und das Schreiben«, *Süddeutsche Zeitung* vom 22. 12. 2001.

20 »Aberration« meint in der Biologie eine Abweichung von der normalen Form bei Pflanzen und Tieren, in der Astronomie die Bezeichnung für eine scheinbare Ortsveränderung von Gestirnen durch die Endlichkeit der Lichtgeschwindigkeit, in der Optik einen Abbildungsfehler, in der Genetik eine Veränderung der Anzahl oder Struktur der Chromosomen.

21 Sebald, *Austerlitz* (Anm. 15), S. 134 f.

22 www.wappswelt.de/tnp/nineplantes/saturn.html

23 Ich beziehe mich hier auf eine Formel, die Sebald prägt. W.G. Sebald, *Luftkrieg und Literatur. Mit einem Essay zu Alfred Andersch*, München, Wien 1999, S. 43.

24 Alexander Kluge, *Die Lücke, die der Teufel läßt. Im Umfeld des neuen Jahrhunderts*, Frankfurt a.M. 2003, S. 891.

25 Vgl. Adornos kritische Auseinandersetzung mit einem Exposé Benjamins, das sich heute in Walter Benjamin, *Gesammelte Schriften*, hg. von Rolf Tie-

demann, Frankfurt a.M. 1982, Band V.2, S. 1237 ff., befindet. Adorno an Benjamin 2.–4. 8. 1935, in: Theodor W. Adorno, Walter Benjamin, *Briefwechsel 1928–1940*, hg. von Henri Lonitz, Frankfurt a.M. 1994, S. 138–151.

26 Kluge, *Die Lücke, die der Teufel läßt* (Anm. 24), S. 892.

Christine Weder

Sternbilder und die Ordnung der Texte
Anmerkungen zur Konstellationsforschung

Was verbindet die Beziehung von Hölderlin, Hegel und Schelling[1] mit derjenigen von Odysseus, Nausikaa und der Urpflanze bei Goethe[2] sowie derjenigen von Subjektivität, Echo und Wissenschaft um 1800?[3] Was teilen diese Verhältnisse wiederum mit denen zwischen Lichtenberg und der Religion,[4] zwischen Lukács *Theorie des Romans* und Kafkas *In der Strafkolonie*[5] und zwischen den Herren- und Diener-Typen in einer Erzählung Ebner-Eschenbachs?[6] Und weiter: Was haben all diese Relationen gemeinsam mit derjenigen zwischen den verschiedenen Teilen von Goethes *Wanderjahren*[7] und derjenigen zwischen den einzelnen Kapiteln einer literaturwissenschaftlichen Studie zu Robert Walser?[8] Hölderlin ist ein ›Stern‹, so gut wie die Urpflanze oder die *Strafkolonie* etc., denn er bildet – gemäß einer willkürlichen[9] Zusammenstellung von Sekundärliteratur – mit Hegel und Schelling eine »Konstellation«, genau wie die Urpflanze mit Odysseus und Nausikaa oder die *Strafkolonie* mit der *Theorie des Romans* usw. Nach der Heterogenität des Sammelsuriums zu urteilen, kann offenbar beinahe jeder mit jedem, alles mit allem in Konstellation treten: Autoren mit anderen Autoren (Hölderlin, Hegel, Schelling),[10] Konzepte mit Konzepten (Subjektivität, Echo, Wissenschaft),[11] aber auch Autoren mit Konzepten (Lichtenberg, die Religion), Werke mit Werken (Lukács *Theorie des Romans*, Kafkas *In der Strafkolonie*), Teile von literarischen bzw. literaturwissenschaftlichen Werken untereinander (die *Wanderjahre*-Teile bzw. die Kapitel der Walser-Studie) und natürlich fiktive Personen miteinander (Ebner-Eschenbachs Herren und Diener).[12] Immerhin haben alle diese Verhältnisse direkt oder indirekt mit Texten zu tun. Zudem scheint der Begriff in der neueren Forschung besonders zur Bezeichnung für Beziehungen *zwischen* Texten, jenseits von *inner*textuellen Verhältnissen wie etwa literarischen Figurenkonstellationen, Konjunktur gewonnen zu haben. Eine solche Verlagerung bzw. Erweiterung von der Verwendung für

Konstellationen in Texten hin zu *Texten in Konstellationen* dürfte den methodischen Rechtfertigungsdruck verstärken. Anders als, wer beispielsweise die Figurenkonstellation in einem Roman als semiotischem Gefüge analysiert, wird sein Unternehmen zu begründen haben, wer Beziehungen zwischen Texten untersucht: Letzteres Verfahren muß zeigen, was die ›Sterne‹ miteinander zu tun haben, die als Konstellation in den Blick genommen werden. Die Art dieses Verhältnisses ist das methodische Markenzeichen der jeweiligen Konzeption von Konstellation.

In der Literaturwissenschaft wird der Begriff der Konstellation trotz großer Beliebtheit kaum je als eigentlicher methodischer Terminus markiert und reflektiert.[13] Hingegen hat er sich in der neueren Philosophie als explizit-programmatisches Konzept etabliert und wird hier gegenwärtig im Anschluß an die Studien von Dieter Henrich[14] unter dem Stichwort ›Konstellationsforschung‹ diskutiert. Letztes Jahr ist bei Suhrkamp ein Band erschienen, der die Beiträge einer Tagung zu methodologischen Fragen der Konstellationsforschung versammelt.[15] Für die Reflexion des Konzepts ›Konstellation‹ möchte ich ein knappes Porträt dieser Diskussion skizzieren, wobei die Konfrontation mit der Gestirnsmetapher – die als solche selten ausführlich zur Sprache kommt und mindestens halbtot ist – zum Leitfaden dient; zugleich wird die Darstellung auf das genannte methodische Markenzeichen hin geschärft, da sich die Konzeption diesbezüglich in besonderer Spannung zur Metapher befindet (I). Daraus ergibt sich der Vorschlag eines etwas anderen Begriffs von Konstellation, der in weniger ›gespanntem‹ Verhältnis zur Metapher stünde (II). Schließlich soll ein methodisches Problem angesprochen werden, das man sich mit dem Vorschlag einhandelt (III).

I. Konstellationsforschung als »Rekonstruktion« von »Denkräumen«

Martin Mulsow faßt eine »philosophische Konstellation« besonders weit als »dichten Zusammenhang wechselseitig aufeinander einwirkender Personen, Ideen, Theorien, Probleme oder Dokumente, in der Weise, daß nur die Analyse dieses Zusammenhangs, nicht aber seiner isolierten Bestandteile, ein Verstehen der philosophischen Leistung und Entwicklung der Personen, Ideen und Theorien möglich macht«.[16] An der Kritik der Isolation wird ein erstes zentrales Merkmal der Konzeption deutlich: Im Einklang mit der Metapher geht es um *kollektive* Gebilde, etwa um das »Zusammenwirken eines Figurenkollektivs«,[17] nicht mehr um »selbstgenügsame Heroengestalten des Denkens«.[18] Um im Bild zu bleiben: ›Konstellationen statt *Stars*!‹ lautet die Devise. Daher schenkt der Ansatz vermeintlich peripheren Figuren Beachtung und sucht »perspektivische[] Verzerrungen« einer monographisch-konventionellen Philosophiegeschichte zu korrigieren.[19] Zugleich ist eine »kopernikanische Einordnung« der *Stars* angestrebt, so daß klar wird, wie sich deren »Leistungen aus dem Bezugssystem der Konstellationen heraus, der sie angehören, ausbilden und abheben«.[20] Mit dem historischen verbindet sich dabei ein philosophisch-systematisches Interesse; insbesondere mit Hilfe des ›argumentanalytischen‹ Interpretationsverfahrens sollen etwa faktisch-historisch nicht vertretene Positionen als Denkmöglichkeiten mitberücksichtigt werden.[21] Daß Konstellationen als kollektive und dezentrierte Gebilde verstanden werden, impliziert auch eine Kritik an konzeptioneller »Linearität«, etwa im Hinblick auf Historiographie.[22] Darin liegt nun meines Erachtens eine besondere Herausforderung für die Präsentation, welche als Text eine lineare Struktur in dem banalen Sinn aufweist, daß Texte eine *Reihenfolge* in die Darbietung bringen. Die Linearität der Darstellung im Medium des Texts steht in Spannung zum Bild einer räumlichen Anordnung von Sternen, welche die Konstellation als methodische Metapher gerade so attraktiv macht. Die Frage, wie die ›Sterne‹ in der Präsentation am besten zu reihen sind (etwa: chronologisch unter gleichzeitiger Beteuerung, keine lineare Entwicklung zu suggerieren?), stellt sich, mindestens solange Netz-Strukturen nach Art der *hyperlinks* im Internet kein kommunes Darstellungsmittel sind – und wohl noch länger: solange man Texte schreibt statt Sternkarten zeichnet.

Ein zweites wichtiges Kennzeichen von Konstellationen sehen die Autoren in der Dynamik: Sie betonen gewöhnlich, es handle sich – »entgegen der Provenienz der Metapher, die ein statisches Gefüge von Himmelskörpern meint«, – um »eine dynamische, prozessuale Kategorie zur Erklärung der […] Entwicklung von Denkräumen«.[23] Ameriks, der die Metaphorik im Ausgang an eine Wörterbuch-Definition als »any group of stars forming a pattern« am ausführlichsten auslotet, findet das dynamische Moment dagegen auch im Bild wieder. Er versteht die Referenz auf die »Leuchtkraft der Sterne«, bei der »mit der Abstrahlung von Energie« die »Aufnahme von Energie« aus der Umgebung und die Wiederaufnahme »der eigenen ursprünglichen Energie« in verwandelter Form einhergehe, als »Erinnerung an die dynamische, sich verstärkende Qualität der Wechselwirkungen in einer Konstellation«.[24]

Der dritte Aspekt, auf den es hier besonders ankommt, betrifft – in den Begriffen von Mulsows Definition – den konstitutiven »Zusammenhang« von »Personen«, »Ideen«, »Problemen« oder »Dokumenten« einer Konstellation. Zur Charakterisierung dieser Beziehungen ist in der Diskussion häufig von ›Austausch‹ die Rede. So »verfolgt« die Konstellationsforschung etwa laut Frank »die allmähliche Verfertigung von (philosophischen) Gedanken/Grundüberzeugungen auf den geistigen Austausch mehrerer Urheber während eines reichen Ereignisraums« zurück.[25] Mulsow schreibt, der »Verdacht, eine Konstellation liege vor«, sei dann berechtigt, wenn »mehrere Personen in enger Kommunikation miteinander« stehen, »dabei von einer identischen oder ähnlichen Problemlage bestimmt sind« und »aus der Kommunikation kreative Entwürfe resultieren«.[26] Bei Henrich scheint zumindest eine indirekte Form des Austauschs im Sinn einer gemeinsamen Bezugnahme auf einen Text(-korpus) konstitutiv zu sein. Die »Konzeptionen der klassischen deutschen Philosophie«, die er als Konstellation untersucht, zeichnen sich nämlich sämtlich durch »irgendeine[] Anschlußnahme an Kant« aus, »die sie über alle Differenzen hinweg miteinander verbunden hielt«.[27] Stamm erklärt zwar, daß der »*Kontakt* zwischen den Personen« ein »kontingenter Faktor« sei, mithin weder notwendige noch hinreichende Bedingung für eine Konstellation, obgleich er die Frage für bedeutsam hält, »ob und inwiefern« sich die Dynamik bei den jeweiligen historisch kontingenten »Austauschroutinen« entfalten könne, und – jedenfalls bei ›synthetischen‹[28] Konstellationen – davor warnt, die »*personale Figurenkonstellation*« durch »*Dokumentenkonstellationen*« zu ersetzen, da von »Individuen als Gedankenträgern« nicht abstrahiert werden dürfe.[29] Es fällt jedoch auf, daß die Beispiele für Konstellationen, die er anführt und die überhaupt die Debatte im Gefolge

Henrichs dominieren, faktisch jeweils direkten Austausch implizieren.[30] Entsprechend lobt Ameriks das »Jena-Projekt« dafür, die Bedeutung von »persönlichen Kontakten« und den »Einfluß angeblicher Randfiguren« erwiesen zu haben.[31] Wenn Henrich bemerkt, die Konzeptionen der klassischen deutschen Philosophie seien von »Lagen« des direkten, vertrauten »Austauschs und des anhaltenden Gesprächs nicht abgehoben zu denken«,[32] deutet sich darin eine weitere Konkretisierung jenes »Zusammenhangs« an, die typisch ist für die Diskussion in der Konstellationsforschung und besonders von Mulsow hervorgehoben wird: Oftmals richtet sich das Interesse auf (mündliche) »Gespräche«, die »unter Wahrscheinlichkeitsvorbehalt« rekonstruiert werden könnten.[33] Dieser »Sinn für Mündlichkeit« trenne – neben der Aufmerksamkeit für die »Möglichkeitsdimension« jenseits der »faktisch dokumentierten Performanzen« – Konstellationsforschung von Diskursarchäologie, die sich auch grundsätzlich weigere, »auf Personen und ihre Motive zurückzugehen«, während es in der Analyse von »Dokumenten-« und »Theoriekonstellationen« durchaus »eine gewisse Affinität« gebe und beide Methodologien »die Frage nach der Einheit des ›Autors‹« stellten, wenn sie »statt eines monolithischen Subjekts die Sequenz von wechselnden Positionen konstatieren und die Produktion von Entwürfen im Kraftfeld von Entwürfen lokalisieren«.[34] Mit einer (neuen?) ›Hintergehbarkeit der Texte‹ ließen sich diese Differenzen zur Diskursanalyse schlagwortartig zusammenfassen.

Da demnach ›Austausch‹ die einzelnen Konstituenten zu einer Konstellation zusammenbinden soll, überrascht nicht, daß sich die »Rekonstruktion von dynamischen Denkräumen«[35] oftmals um Fragen der Art dreht, wer mit wem was in welchem Gespräch oder Brief verhandelte und wie sich das in welchem Text niederschlug. Henrich fordert denn »detektivisch-historische Aufklärung der Konstellationen«, bei der besonders »Briefwechsel« und »durch glückliche Zufälle überlieferte Manuskripte« wichtige Quellen darstellen.[36] Mulsow beschreibt den »mikroskopische[n]« Blick der Konstellationsforschung und verweist anerkennend auf die Studie von Henrich, der »allein für einige winzige Ausschnitte aus der Vorgeschichte« des deutschen Idealismus »eintausendsiebenhundert Seiten aufwendet«.[37] Auch Ameriks ist von der »überwältigende[n] Detailfülle« des Jena-Projekts beeindruckt.[38]

Basiert eine Konstellation auf ›Austausch‹, welcher – mit einem außerordentlich häufigen Wort in der Diskussion – aufwendig ›rekonstruiert‹ wird, erscheint die Abgrenzung der Konstellationsforschung gegenüber einer retuschierten und elaborierten Form von Einflußforschung nicht einfach. Damit soll weder gesagt sein, Konstellationsforschung *wolle* sich unbedingt dagegen absetzen, noch, sie *müßte* es wollen. Vielmehr geht es zunächst und in erster Linie darum zu zeigen, daß sie sich nicht nur, wie von den Autoren reflektiert, mit der *dynamischen* Konzeption von Konstellation in ein Spannungsverhältnis zur Gestirnsmetaphorik begibt, sondern gerade auch mit dieser Sicht des Verhältnisses der ›Sterne‹ untereinander.

II. Sternbilder als »Fictionen«

Versteht man unter ›Konstellation‹ eine »*Gruppe* von *Sternen*, die ein *Muster* bildet«,[39] oder, etwas spezifischer, ein Sternbild, so ist damit ein hybrides Gebilde evoziert, das sich in besonderer Weise als real-fiktiv präsentiert. Daß da eine Kassiopeia, ein Großer Wagen und ein schwertbewehrter Orion am Himmel stehen, verdankt sich in speziellem Maß einer Konstruktions- oder Projektionsleistung des Betrachters, die zugleich nicht ohne vorhandene Leuchtpunkte auskommt. Es handelt sich um einen Spezial- und Extremfall von Etwas-als-etwas-Sehen. Während die Betrachter auch bei Sternbildern auf augenfällig gegebene Sterne im Raum angewiesen sind, verhalten sie sich zugleich konstruktivistischer als bei Wahrnehmung ohnehin schon, denn sie ziehen imaginäre Verbindungslinien und sehen so Figuren, die von Novalis als »Fictionen der Astronomie« angesprochen werden.[40] Ganz anders als im Bild des Einflusses, bei dem Material fließt, besteht zwischen den Sternen nicht einmal eine luftigste Linie aus Licht.
In dieser Hinsicht würde die Metapher der Konstellation eine ›freiere‹, d.h. konstruktivistischere Konzeption nahelegen, als es ein ›Denkraum‹ ist, der sich über ›Austausch‹ konstituiert. Durch das siderische Bild inspiriert, könnte man etwa bereits dann von einer Konstellation sprechen, wenn Texte innerhalb eines historisch-geographischen bzw. kulturellen Raumes die gleichen Themen verhandeln, ähnliche Pro-

bleme aufwerfen oder verwandte Argumentationsfiguren und Darstellungstechniken einsetzen – unabhängig davon, ob sich ihre Autoren in irgendeiner Weise ausgetauscht haben. Dies dürfte insbesondere befreiend sein, sofern einem daran liegt, auch Kreuzfahrten quer durch die Diskurse bzw. durch die verschiedensten ›Medien‹[41] eines Diskurses zu unternehmen, was, soweit ich sehe, nicht zum Kerngeschäft der philosophischen Konstellationsforschung gehört.[42] Der hier nur grob skizzierte Vorschlag ist dabei freilich nicht einfach aus dem Bild herleitbar; Metapher und methodische Konzeption gehen nicht ineinander auf, geschweige denn, daß sich die Begründungsaufgabe bequem der suggestiven Bildlichkeit der Metapher überantworten ließe. Überdies besteht selbstverständlich kein Anspruch auf Originalität, entspricht doch die ›Konstellation‹ im vorgeschlagenen Sinn zumindest konzeptionell dem, was etwa Diskursanalyse oder *New Historicism* – auf je spezifische Art – als Untersuchungsgegenstand konstituieren. Statt dessen zielt das Plädoyer vornehmlich darauf, ein Ensemble von Texten, deren Auswahl und Zusammenhang sich einer recht eigenmächtigen Konstruktion des »Beobachters« verdankt, als ›Konstellation‹ zu *bezeichnen*, weil die Sternbild-Metapher dieses konstruktivistische Verfahren sehr genau (und ohne es zu verabsolutieren) ins Bild setzt.

Eine Konstellation, wie hier propagiert, hat vermutlich der Literaturwissenschaftler Peter Utz im Blick, der den Begriff – allerdings nur lakonisch expliziert – in seiner Studie zu Robert Walser verwendet. Wenn er Walsers Texte »im Zusammenhang der [zeitgenössischen] Diskurse« liest, versteht er dies als »›Konstruktion‹ einer historischen Konstellation im Sinne von Walter Benjamins Thesen *Über den Begriff der Geschichte*« und verweist im Speziellen auf die These von der Geschichte als »eine[r] mit Jetztzeit geladene[n] Vergangenheit«.[43] »Anders als die traditionelle Einflußforschung« beschränke sich eine »solche Konstruktion ex post nicht auf die direkten und expliziten Bezüge des Werks zur Zeit«, sondern konstelliere »Werk und Kontext im Sinne eines Experiments, das sich durch seine Ergebnisse rechtfertigen« müsse.[44]

Eine solche Konstruktion wählt aus und zieht Verbindungslinien, die zwischen den Texten nicht vorgängig und unabhängig von ihr existieren; es muß kein Text- bzw. Gedankenmaterial geflossen sein, damit

Texte als Konstellation gelesen wie Sterne als Sternbild wahrgenommen werden können. Wenn die Willkür des Konstellateurs zugleich beschränkt erscheint, indem die skizzierten Ähnlichkeitsrelationen zwischen den Texten zu entdecken bzw. argumentativ plausibel zu machen sind, so inszeniert das Bild des Sternbilds besonders glücklich die Balance zwischen methodischem Konstruktivismus und Realismus, welcher letzterer seinerseits kein naiver Objektivismus, kein illusionärer Zugriff auf die ›Sterne an sich‹ sein kann. Auf der Basis jener Ähnlichkeiten interessiert dann besonders die je spezifische Differenz eines Textes, oder im Bild: die je eigene Position eines Sterns, durch die eine Figur ja erst entsteht. Die Metaphorik hält freilich auch Elemente bereit, die man nicht in blindem Bildfetischismus in die methodische Konzeption importieren möchte. Oder wer wollte beispielsweise ohne weiteres zugeben, bei der Konstellierung von Texten lediglich auf bereits vertraute Themenkomplexe oder Darstellungsmuster zu stoßen, um immer nur ein Wiedersehen zu feiern, wie es demjenigen geschieht, der etwa den irdisch-vertrauten Wagen am bestirnten Himmel wiederfindet?[45]

Der vorgeschlagene Begriff von Konstellation enthält noch eine zweite Beschränkung konstruktivistischer Willkür: Die Texte sollen einem historisch-geographischen bzw. kulturellen Raum angehören. Darin liegt gleichzeitig ein zentrales methodisches Problem der Konzeption. Wie läßt sich ein solcher Raum ausmachen und abgrenzen?

III. Die Grenzen des »imaginative universe«

Zunächst stellt sich die grundsätzlichere Frage, ob primär ein historisch-kultureller Raum bestehe, innerhalb dessen Texte konstelliert werden können, oder ob umgekehrt die Konstellation den jeweiligen Raum allererst konstituiere. Im ersten Fall müssen historische Einschnitte angenommen werden, die den je auszuwählenden Texten äußerlich sind. Auch wenn man sich nicht an überkommene Epocheneinteilungen hält, ist dabei die Zuordnung der Texte zu einem bestimmten Raum problematisch, denn es läßt sich bezweifeln, daß etwa nach der Französischen Revolution oder dem 11. September 2001 durchgängig anders geschrieben und geredet wird als vorher. Da erscheint es aussichtsreicher, den umgekehrten Weg einzuschlagen und den Raum jeweils so weit auszuspannen, wie die – auf einer allgemeinen Ebene angesiedelten – thematischen oder formalen Gemeinsamkeiten der Texte, die in Frage kommen, reichen.

Den zweiten Weg zu gehen beansprucht etwa die Diskursanalyse. Das ist eine Konsequenz aus der Verwahrung gegen Aussagen über *die* Gesamtheit der Diskurse einer Zeit. Michel Foucault hat insbesondere in der *Archäologie des Wissens* betont, er wolle nicht »den Geist oder die Wissenschaft einer Epoche«, »das Gesicht einer Kultur in seiner Totalität« untersuchen, sondern jeweils »eine *interdiskursive Konfiguration*«, d.h. ein je »spezifisches Ganzes« oder eine »wohl determinierte Gesamtheit diskursiver Formationen«, welche »untereinander eine gewisse Zahl beschreibbarer Beziehungen haben«.[46] Diese »Gesamtheit« ist je nach »diskursiven Formationen« oder »Positivitäten«[47], die fokussiert werden, eine andere. Foucault begreift das jeweilige *»Gebiet der Interpositivität«*, welches er sich ausschneidet, immer nur als *eine* »der beschreibbaren Gesamtheiten« in signifikantem Plural.[48] Wenn die archäologische Analyse »diskursive Formationen« in der »Gleichzeitigkeit, in der sie sich präsentieren, konfrontieren« und »sie von denen unterscheiden« soll, »die nicht dieselbe Zeitrechnung haben«, impliziert dies, daß auch die Einteilung in historische Phasen, die Abgrenzung von Zeiträumen individuell nach der ausgewählten interdiskursiven Konfiguration erfolgen muß.

Aufschlußreich ist das Beispiel von *Die Ordnung der Dinge*, an dem hier Foucault rückblickend das archäologische Verfahren erläutert.[49] Die diskursiven Formationen, die dort als »Gebiet der Interpositivität« miteinander konfrontiert – oder eben: konstelliert – werden, sind etwa »die Allgemeine Grammatik, die Analyse der Reichtümer und die Naturgeschichte im klassischen Zeitalter«.[50] Die tiefenstrukturellen Parallelen, welche diese Positivitäten verbinden, sind nicht auf »die Gesamtheit der zeitgenössischen Diskurse« und »noch weniger auf das, was man gemeinhin den ›Geist der Klassik‹ nennt«, zu übertragen; sie sind »eng auf die untersuchte Dreiheit bezogen und gelten nur in dem dadurch spezifizierten Bereich«.[51] Jene Parallelen beziehen sich in der *Ordnung der Dinge* bekanntlich auf die dominante Figur der Repräsentation, weshalb Foucault die ›klassische Episteme‹ als ›Zeitalter der Repräsentation‹ konzeptualisiert. Konsequent weitergeführt würde demnach die tiefenstrukturelle Gemeinsamkeit der ausgesuchten Texte den Zeitraum allererst konstituieren; das ›klassische‹ Zeitalter wäre ein anderes und anders begrenzt, sobald man andere diskursive Formationen fokussierte. So erzeugten die konstellierten Texte jeweils den historischen Raum, der nicht vorgängig oder unabhängig von ihnen existierte. Wer dies in radikaler Form vorschlagen würde, müßte allerdings begründen, warum chronologisch-zeitliche Nähe überhaupt noch eine Rolle spielen soll und über zweitausend Jahre verstreute Positivitäten nicht als interdiskursive Konfiguration lesbar sind. Abgesehen davon, daß Foucault keine solche Begründung liefert, sind die Formulierungen in der *Archäologie* auch nicht eindeutig auf diesen Vorschlag zu bringen: Die Beschreibung des Unternehmens der *Ordnung der Dinge*, »mehrere distinkte Positivitäten ins Spiel« zu bringen, »deren Begleitzustände [...] über eine festgesetzte Zeit« zu vergleichen und »sie anderen Diskurstypen« gegenüberzustellen, »die in einer gegebenen Epoche ihren Platz eingenommen haben«,[52] erweckt den Eindruck, der Zeitraum wäre nicht allein in Abhängigkeit von den Positivitäten zu bestimmen, und provoziert wieder die Frage, wonach dann jene »festgesetzte Zeit« festzusetzen, jene »gegebene Epoche« anzugeben wäre.

Womöglich etwas eindeutiger als bei Foucault zeigt sich die Strategie, den »Himmel« erst mit den »Sternen« entstehen zu lassen, bei Stephen Greenblatt. Dieser Autor verfolgt Diskursfäden über ›Medien‹-Grenzen hinweg quer durch die Kultur und bringt zum Beispiel ein Textfragment aus Gerichtsakten von 1668 – die protokollierte Aussage eines gewissen John Bowman über eine Geistererscheinung – in Verbindung mit der Szene in Shakespeares *Hamlet* von 1600/01, in welcher der Geist des Vaters den Prinzen heimsucht.[53] Jenseits von jeglicher »direct philological« – Beziehung strapaziert er damit »the possibility of meaningful link« bewußt »to the limit«, indem die geographisch-soziale wie zeitliche Distanz der Texte groß, das Fragment aus den Akten marginal und, anders als »traditional source texts«, erst noch jünger ist als Shakespeares Stück.[54] Doch die beiden so verschiedenen Texte, die Greenblatt hier kühn konstelliert,[55] gehören in seinen Augen demselben »imaginative universe«[56] an – mit welcher Metapher man einmal mehr in den Weltraum und unter die Sterne gerät. Wenn er dieses »imaginative universe« als den Zeitraum des 16. und 17. Jahrhunderts kennzeichnet, in dem »repeated debates about the reality of ghosts« geführt wurden,[57] läßt er das Universum durch die Sterne, durch die Texte, welche Gespenster in solcher Weise thematisieren, konstituiert sein, um zwei daraus zu konstellieren. Von der verwandten Foucaultschen Episteme unterscheidet sich das »imaginative universe« in erster Linie dadurch, daß es nicht wie jene auf einer tiefenstrukturellen Ebene, sondern auf der ›Oberfläche‹ der Texte angesiedelt ist. Mit dieser Differenz dürfte auch zusammenhängen, daß die Konstituierungsverhältnisse bei Greenblatt eindeutiger sind. Denn wer das episteme-spezifische Gemeinsame von ›Positivitäten‹ (zwar nicht *hinter* den Texten, aber) in einer Tiefenstruktur verortet, suggeriert leicht, dieses gehe nicht auf in den konstitutiven Positivitäten, sondern *äußere* sich vielmehr *in ihnen*.

Die Frage nach den Grenzen, und seien sie noch so unscharf, ist auch beim »imaginative universe« schwierig. In einer Fußnote grenzt Greenblatt die Zeit jener Gespenster-Debatten einerseits mit einem Text aus Erasmus' *Colloquia familiaria* von 1524 und andererseits mit einem Tagbucheintrag von Abraham de la Pryme, datiert auf den 19. Mai 1694, ein – wobei er zugibt, diese Marksteine seien »more or less arbitrary«.[58] Ohne scharfe Abgrenzungen zu verlangen, wären die historischen Spezifika jener »debates about the reality of ghosts« noch näher zu bestimmen (woraus nebenbei erhellen müßte, warum etwa die mehr als 35 000 Treffer bei *Google* zur Frage »Gibt es Gespenster?« definitiv zu einem anderen Vorstellungsuniversum gehören).

Die größere Abgrenzungsschwierigkeit ist der Preis für Konstellationen, die etwas kühner sind als diejenigen der Konstellationsforschung. Ihr ist im konkreten Fall zu begegnen, und sie kann nicht mit dem entlarvenden Hinweis abgetan werden, daß das Postulat, die Texte sollten einem historisch-kulturellen (Groß-)Raum angehören, ihrerseits auf der Annahme von Austausch basiere, den im einzelnen zu rekonstruieren man sich lediglich nicht mehr die Mühe mache. Letzteres stimmt zwar, setzt doch diese Bedingung – sofern sie die konstellatorische Willkür beschränkt – einen Begriff von Kultur als »network of negotiations for the exchange [Austausch] of material goods, ideas, and [...] people« voraus.[59] Entscheidend ist allerdings, daß dieser Austausch weit diffuser und über nachweisbare Einflüsse hinausreichend gedacht wird. Die Annahme, daß es ihn gebe, führt zu jener Bedingung – auf daß die Konstellationen kühn, bisweilen tollkühn, aber nicht völlig beliebig werden.

Anmerkungen

1 Vgl. Guido Schmidlin, »Zur Konstellation zwischen Hölderlin, Hegel und Schelling im Jahre 1803«, in: *Hölderlin-Jahrbuch* 28 (1992 f.), S. 204–217.

2 Vgl. Rüdiger Görner, »Odysseus, Nausikaa und die Urpflanze: zu einer mythopoetisch-szientistischen Konstellation bei Goethe«, in: ders., *Goethe: Wissen und Entsagen – aus Kunst*, München 1995, S. 29–39.

3 Vgl. Jürgen Fohrmann, »Subjektivität, Echo, Wissenschaft: eine Konstellation um 1800«, in: Thomas Lange, Harald Neumeyer (Hg.), *Kunst und Wissenschaft um 1800*, Würzburg 2000, S. 133–149.

4 Vgl. Albrecht Beutel, *Lichtenberg und die Religion: Aspekte einer vielschichtigen Konstellation*, Tübingen 1996.

5 Vgl. Jens Kruse, »Lukács' *Theorie des Romans* und Kafkas *In der Strafkolonie*: eine Konstellation im Jahre 1914«, in: *German Studies Review* 10/2 (1987), S. 237–253.

6 Vgl. Eda Sagarra, »Herr-Diener-Konstellationen in Marie von Ebner-Eschenbachs Erzählung *Er lasst die Hand küssen*«, in: Karl Konrad (Hg.), *Marie von Ebner-Eschenbach: ein Bonner Symposium zu ihrem 75. Todesjahr*, Bern u. a. 1994, S. 229–237.

7 Vgl. die Formulierung von Erich Trunz in den Anmerkungen der Hamburger Ausgabe: Johann Wolfgang von Goethe, *Werke in 14 Bänden*, hg. von Erich Trunz, Hamburg, München 1969–1994, Band VIII, S. 583.

8 Vgl. Peter Utz, *Tanz auf den Rändern. Robert Walsers »Jetztzeitstil«*, Frankfurt a. M. 1998, S. 14; Thomas Binder, *Zu Robert Walsers frühen Gedichten. Eine Konstellation von Einzelanalysen*, Bonn 1976.

9 Freilich im Bemühen um ein möglichst breites Spektrum verschiedener Beziehungstypen.

10 Vgl. etwa auch Astrid von Chamier, »Texturen des Unheils: Zur Konstellation Paul Celan und Martin Heidegger«, in: Ursula Heukenkamp (Hg.), *Schuld und Sühne? Kriegserlebnis und Kriegsdeutung in deutschen Medien der Nachkriegszeit (1945–61). Internationale Konferenz, 1.–4. 9. 1999 in Berlin*, Amsterdam 2001, S. 689–698; Anja Lemke, *Konstellation ohne Sterne. Zur*

poetischen und geschichtlichen Zäsur bei Martin Heidegger und Paul Celan, München 2002.

11 Vgl. etwa auch Burkhard Lindner, »Die Opfer der Poesie: Zur Konstellation von Aufklärungsroman und Kunstautonomie am Ende des 18. Jahrhunderts«, in: Christa Bürger, Peter Bürger, Jochen Schulte-Sasse (Hg.), *Aufklärung und literarische Öffentlichkeit*, Frankfurt a.M. 1980, S. 265–301; Peter Gülke, *Imitation und génie: die Konstellation zweier Zentralbegriffe bei Rousseau und deren Wirkung auf Deutschland*, Saarbrücken 1981.

12 Vgl. etwa auch Klaus Kanzog, »Norminstanz und Normtrauma: Die zentrale Figuren-Konstellation in Georg Büchners Erzählung und George Moorse's Film *Lenz*: Filmanalyse als komplementäres Verfahren zur Textanalyse«, in: *Georg-Büchner-Jahrbuch* 3 (1983), S. 76–97.

13 Einige Bemerkungen finden sich bei Utz, *Walsers »Jetztzeitstil«* (Anm. 8), S. 11, worauf ich weiter unten noch eingehe, und bei Gille, der das Konzept allerdings aus den philosophischen Studien bezieht (vgl. Klaus F. Gille, »Plädoyer für eine Konstellationsforschung. Am Beispiel von Friedrich Nicolai und Schillers Briefen über die ästhetische Erziehung«, in: Christa Grimm, Ilse Nagelschmidt, Ludwig Stockinger (Hg.), *Konzepte und Perspektiven germanistischer Literaturwissenschaft*, Leipzig 1999, S. 171–181, hier bes. S. 177 f.).

14 Vgl. Dieter Henrich, *Konstellationen: Probleme und Debatten am Ursprung der idealistischen Philosophie (1789–1795)*, Stuttgart 1991. Der Begriff der Konstellationsforschung ist von Henrich nach eigener Aussage im ersten Beitrag (1987) der in diesem Band versammelten Studien lanciert worden (vgl. ebd., S. 23 f.).

15 Marcelo Stamm, Martin Mulsow (Hg.), *Konstellationsforschung*, Frankfurt a.M. 2005. Die Tagung fand im November 2002 in München statt.

16 Martin Mulsow, »Zum Methodenprofil der Konstellationsforschung«, in: Stamm, Mulsow (Hg.), *Konstellationsforschung* (Anm. 15), S. 74–97, hier S. 74.

17 Marcelo Stamm, »Konstellationsforschung – Ein Methodenprofil: Motive und Perspektiven«, in: Stamm, Mulsow (Hg.), *Konstellationsforschung* (Anm. 15), S. 31–73, hier S. 45.

18 Henrich, *Konstellationen* (Anm. 14), S. 33.

19 Stamm, »Motive und Perspektiven« (Anm. 17), S. 46.

20 Henrich, *Konstellationen* (Anm. 14), S. 15 bzw. 22. Zu Konsequenzen, Problemen und Chancen der »kopernikanischen Wende« vgl. Karl Ameriks: »Konstellationsforschung und die kopernikanische Wende«, in: Stamm, Mulsow (Hg.), *Konstellationsforschung* (Anm. 15), S. 101–124. Frank be-

fürchtet, daß die »Rücksicht auf die innovativen Züge individueller Anteile« in der Konstellationsforschung zu kurz kommen könnte (vgl. Manfred Frank, »Stichworte zur Konstellationsforschung (aus Schleiermacherscher Inspiration)«, in: Stamm, Mulsow [Hg.], *Konstellationsforschung* [Anm. 15], S. 139–148, hier S. 143).

21 Vgl. Henrich, *Konstellationen* (Anm. 14), S. 20; Stamm, »Motive und Perspektiven« (Anm. 17), S. 36; Mulsow, »Zum Methodenprofil« (Anm. 16), S. 93; Ameriks, »Kopernikanische Wende« (Anm. 20), S. 123 f.

22 Stamm, »Motive und Perspektiven« (Anm. 17), S. 67.

23 Ebd., S. 42. Vgl. auch Mulsow, »Zum Methodenprofil« (Anm. 16), S. 76, der die »zeitliche Verlaufsform« ebenfalls »entgegen der Metaphorik« unterstreicht, und Henrich, *Konstellationen* (Anm. 14), S. 15.

24 Ameriks, »Kopernikanische Wende« (Anm. 20), S. 107 f. Zur Metaphorik vgl. ebd. S. 106–109. Die Wörterbuch-Definition stammt aus *The New Merriam-Webster Pocket Dictionary.*

25 Frank, »Stichworte« (Anm. 20), S. 140.

26 Mulsow, »Zum Methodenprofil« (Anm. 16), S. 75. Dadurch entsteht der Eindruck, der »Zusammenhang wechselseitig aufeinander einwirkender« *Personen* erhalte Vorrang in seiner Definition.

27 Henrich, *Konstellationen* (Anm. 14), S. 37. Außerdem seien in diesem Kreis etwa auch die theoretischen Werke von Herder, Jacobi, Schiller und Reinhold als weitgehend bekannt vorauszusetzen (vgl. ebd., S. 13 f.).

28 Stamm unterscheidet ›analytische‹ Konstellationen im Sinn von »kollektive[n] diachrone[n] Ausdifferenzierungen eines Denkraumes« von ›synthetischen‹, bei denen die Debatte über die Grenzen des spezifischen Denkraumes hinausgreift und insofern »für die *Transformation* und *Überformung*« jenes Raumes verantwortlich sei, wobei letztere das Hauptanliegen der Konstellationsforschung bildeten (Stamm, »Motive und Perspektiven« [Anm. 17], S. 45 f.). Die Unterscheidung scheint mir problematisch, da sich auch immanente Argumentationen nicht auf analytische Schlüssigkeit reduzieren lassen, wie Frank zu Recht kritisiert (Frank, »Stichworte« [Anm. 20], S. 143).

29 Stamm, »Motive und Perspektiven« (Anm. 17), S. 50, 57, 48.

30 Er verweist etwa auf die »Jenenser Konstellation um die Grundsatzphilosophie 1792 bis 1795« (Stamm, »Motive und Perspektiven« [Anm. 17], S. 45).

31 Ameriks, »Kopernikanische Wende« (Anm. 20), S. 101.

32 Henrich, *Konstellationen* (Anm. 14), S. 39.

33 Mulsow, »Zum Methodenprofil« (Anm. 16), S. 87 f. Vgl. auch ebd., S. 75, 76, und v. a. 79 f.

34 Ebd., S. 79. Vgl. zur Abgrenzung gegenüber der Diskursanalyse etwa auch Frank, »Stichworte« (Anm. 20), S. 145, der von der »subjekt- und intentionsfreundliche[n] Konstellationsforschung« spricht.

35 So eine Definition der Konstellationsforschung von Stamm, »Motive und Perspektiven« (Anm. 17), S. 43.

36 Henrich, *Konstellationen* (Anm. 14), S. 40 f.

37 Mulsow, »Zum Methodenprofil« (Anm. 16), S. 37 bzw. 88. Vgl. Dieter Henrich, *Grundlegung aus dem Ich. Untersuchungen zur Vorgeschichte des Idealismus, Tübingen – Jena (1790–1794)*, Frankfurt a. M. 2004.

38 Ameriks, »Kopernikanische Wende« (Anm. 20), S. 101.

39 So die bereits zitierte Wörterbuch-Definition bei Ameriks, »Kopernikanische Wende« (Anm. 20), S. 107. Vgl. oben Anm. 24.

40 Vorausgesetzt, die Sequenz »Fictionen der Astronomie. Sternbilder.« in den aneinandergereihten Notizen des 107. *Brouillon*-Fragments sei in diesem Sinn lesbar (Friedrich von Hardenberg, *Schriften*, hg. von Paul Kluckhohn, Richard Samuel, Darmstadt 1968, Band III, S. 260). Der Begriff ›Fiction‹ steht bei Novalis insbesondere im Kontext der *Fichte-Studien*; in einem anderen *Brouillon*-Fragment bezeichnet er »Fichtens Ich« als »Construction eines abs[oluten] Anfangs«, als »ein Robinson – eine wissenschaftliche *Fiction*« (ebd., S. 405 f., Nr. 717).

41 Zu diesem Begriff vgl. Moritz Baßler, »Einleitung«, in: ders. (Hg.), *New Historicism. Literaturgeschichte als Poetik der Kultur*, Frankfurt a. M. 1995, S. 7–28, hier S. 14.

42 Zwar sollen etwa »sozioökonomische oder historisch-politische« Kontexte (Frank in Anlehnung an Henrich, »Stichworte« [Anm. 20], S. 141) und »Umgebungsdebatten in anderen Disziplinen« (Stamm, »Motive und Perspektiven« [Anm. 17], S. 56) durchaus eine Rolle spielen, doch kommen die dafür beigezogenen Texte eben eher als *Umfeld* in den Blick denn als Komponenten der interessierenden Konstellation selbst.

43 Utz, *Walsers »Jetztzeitstil«* (Anm. 8), S. 11. Benjamins These (XIV), die auch die berühmte Stelle vom »Tigersprung ins Vergangene« enthält, findet sich in: Walter Benjamin, *Gesammelte Schriften*, hg. von Rolf Tiedemann und Hermann Schweppenhäuser, Band I.2, S. 701.

44 Utz, *Walsers »Jetztzeitstil«* (Anm. 8), S. 11.

45 So gesehen vermag dieses Bild-Element jedoch zugleich für ein bestehendes Problem zu sensibilisieren.

46 Michel Foucault, *Archäologie des Wissens*, übers. von Ulrich Köppen, Frankfurt a. M. 1981, S. 225 f.

47 Ebd., S. 224.

48 Ebd., S. 226 f. Die »archäologische Untersuchung« befindet sich daher stets »im Plural« (ebd., S. 224).

49 Diese Stelle, die eine Kontinuität zwischen den beiden Schriften suggeriert, wäre hinsichtlich der Brüche in Foucaults Werk besonders interessant.

50 Foucault, *Archäologie* (Anm. 46), S. 225.

51 Ebd., S. 225.

52 Ebd., S. 224.

53 Vgl. Stephen Greenblatt, »The Touch of the Real«, in: Sherry B. Ortner (Hg.), *The fate of ›culture‹: Geertz and beyond*, Berkeley, Los Angeles 1999, S. 14–29 (alle Beiträge des Bandes zuerst erschienen in einer Sondernummer von *Representations* 59 [1997]).

54 Ebd., S. 25 f.

55 Diese Formulierung in Anlehnung an Christine Lubkoll, Günter Oesterle (Hg.), *Gewagte Experimente und kühne Konstellationen. Kleists Werk zwischen Klassizismus und Romantik*, Würzburg 2001. Den Titel beziehen die Herausgeber sowohl »auf die Sozialmodelle, die Kleist im Reflex auf den Modernisierungsschub um 1800 entwirft, als auch auf die ästhetischen Versuchsanordnungen, die sich in seinen Texten finden lassen« (ebd., S. 11).

56 Greenblatt, »The Touch« (Anm. 53), S. 26 f.

57 Ebd., S. 27. Diese Debatten kennen wir »principally from printed sources«, doch sie »must have occurred all the time in casual conversation« (ebd.).

58 Ebd., S. 29 (Fußnote 12).

59 Stephen Greenblatt, »Culture«, in: Frank Lentricchia, Thomas McLaughlin (Hg.), *Critical Terms for Literary Study*, Chicago, London [2]1990, S. 225–232, hier S. 229. Dt.: Stephen Greenblatt, »Kultur«, z. B. in: Bassler (Hg.), *New Historicism* (Anm. 41), S. 48–59, hier S. 55.

Zu den Autorinnen und Autoren

Andrea Albrecht, Studium der Mathematik, Philosophie und Literaturwissenschaft in Bremen, Hamburg und Göttingen. Arbeit am SFB »Internationalität nationaler Literaturen«. Promotion in Neuerer deutscher Philologie in Göttingen: *Kosmopolitismus. Weltbürgerdiskurse in Literatur, Philosophie und Publizistik um 1800*, Berlin 2005. Wissenschaftliche Mitarbeiterin an der Akademie der Wissenschaften zu Göttingen. Derzeit Department of German, University of California, Berkeley. Arbeitsgebiete: Politische Diskurse in der Literatur und Publizistik des 18. Jahrhunderts, Kultur- und Wissenstransfer um 1900, Gegenwartsliteratur.

Maximilian Bergengruen, Studium der Germanistik, Philosophie, Geschichte und Theaterwissenschaften. Wissenschaftlicher Assistent am Deutschen Seminar der Universität Basel, Habilitation zur Magia naturalis in Literatur und Wissenschaft der Frühen Neuzeit. Buchveröffentlichungen: *Schöne Seelen, groteske Körper. Jean Pauls ästhetische Dynamisierung der Anthropologie*, Hamburg 2003; (Mithg.) *Die Grenzen des Menschen. Anthropologie und Ästhetik um 1800*, Würzburg 2001; (Mithg.), *Sexualität, Recht, Leben*, München 2005. Aufsätze zur Frühen Neuzeit, Goethezeit und Klassischen Moderne, insbesondere zur Illusion, dem Verhältnis von Kunst und Wissen, dem Thema der verbannten Gewalten und zur Literaturtheorie.

Christian Blohmann, Studium der Physik und Mathematik in Konstanz, Paris und Göttingen. Promotion in Mathematischer Physik an der LMU München. Postdoktorand am Max-Planck-Institut für Physik, München. Postdoctoral Fellow und Lecturer an der International University Bremen. Derzeit Department of Mathematics, University of Berkeley. Arbeitsgebiet: Mathematische Physik, insbesondere Nichtkommutative Geometrie, verallgemeinerte Raum-Zeit-Symmetrien, Deformationsquantisierung, Quantengruppen und Quantenräume.

Andreas Gelhard ist wissenschaftlicher Mitarbeiter am Institut für Allgemeine und Vergleichende Literaturwissenchaft der Johann Wolfgang Goethe-Universität in Frankfurt am Main. Buchpublikationen über das Denken Maurice Blanchots und Emmanuel Levinas'. Aufsätze zu Fragen der Philosophie und Literaturtheorie mit Schwerpunkt auf deutsch- und französischsprachigen Texten des neunzehnten und zwanzigsten Jahrhunderts.

Davide Giuriato, Studium der Germanistik und Italianistik in Basel und Freiburg im Breisgau. Wissenschaftlicher Mitarbeiter beim SNF-Projekt »Zur Genealogie des Schreibens. Die Literaturgeschichte der Schreibszene von der Frühen Neuzeit bis zur Gegenwart« (Universität Basel). Promotionsarbeit: *Mikrographien. Zu einer Poetologie des Schreibens in Walter Benjamins Kindheitserinnerungen (1932–1939)*, München 2006; (Mithg.) *Bilder der Handschrift. Die graphische Dimension der Literatur*, Basel, Frankfurt a. M. 2006; (Mithg.) *»SCHREIBKUGEL IST EIN DING GLEICH MIR: VON EISEN«. Schreibszenen im Zeitalter der Typoskripte*, München 2005. Übersetzungen aus dem Italienischen (Giorgio Agamben). Aufsätze zu Lenz/Oberlin, Hölderlin, Kleist, Nietzsche, Kafka, Benjamin.

Wolfram Groddeck, Professor für Editionswissenschaft und Rhetorik an der Universität Basel. Gastprofessuren u.a. an der Johns Hopkins University in Baltimore, USA. Buchpublikationen u.a.: *Friedrich Nietzsche, »Dionysos-Dithyramben«. Bedeutung und Entstehung von Nietzsches letztem Werk*, 2 Bände, Berlin, New York 1991; *Reden über Rhetorik. Zu einer Stilistik des Lesens*, Frankfurt a.M., Basel 1995; (Hg.) *Rainer Maria Rilke. Gedichte und Interpretationen*, Stuttgart 1999; *Textkritik/Editing Literature. MLN*, German Issue, Vol. 117/3 (April 2002); (Mithg.) *Text. Kritische Beiträge.* Frankfurt a.M. 1995 ff. Aufsätze u.a. zu Hölderlin, Kleist, Goethe, Heine, Nietzsche, Rilke, Robert Walser und zur Gegenwartsliteratur sowie über Probleme der Editionswissenschaft.

Marcus Hahn, Studium der Germanistik, Geschichte und Philosophie in Köln; 1997–2000 Stipendiat im Graduiertenkolleg »Theorie der Literatur und Kommunikation« an der Universität Konstanz; 2001 wissenschaftlicher Mitarbeiter im dortigen Sonderforschungsbereich »Literatur und Anthropologie«; seit 2002 Literatur- und Medienwissenschaftler an der Universität Siegen. Buchveröffentlichungen: (Mithg.) *Theorie–Politik. Selbstreflexion und*

Politisierung kulturwissenschaftlicher Theorien, Tübingen 2002; *Geschichte und Epigonen. ›19. Jahrhundert‹/›Postmoderne‹, Stifter/Bernhard*, Freiburg i. Br. 2003; (Mithg.) *Disziplinen des Lebens. Zwischen Anthropologie, Literatur und Politik*, Tübingen 2004. Aufsätze u. a. zur Literatur- und Medientheorie sowie zur deutschsprachigen Literatur im 19./20. Jahrhundert. Arbeitet derzeit an einer Studie zum Thema ›Gottfried Benn und das Wissen der Moderne‹.

Alexander Honold, Ordinarius für Neuere deutsche Literaturwissenschaft an der Universität Basel. Studium der Germanistik, Komparatistik, Philosophie und Lateinamerikanistik in München und Berlin; Promotion 1994 an der FU Berlin mit einer Arbeit über Robert Musil und den Ersten Weltkrieg; Habilitation 2002 an der Humboldt-Universität zu Berlin mit einer Studie über die Astronomie im Werk Friedrich Hölderlins. Lehrtätigkeit u. a. an der FU Berlin, an der Humboldt-Universität zu Berlin und an der Universität Konstanz. Zahlreiche Aufsätze, Zeitungsartikel und Literaturkritiken. Jüngste Buchveröffentlichungen: *Das Fremde. Reiseerfahrungen, Schreibformen und Kulturelles Wissen.* 2. Aufl., Berlin 2003 (Mithg.); *Nach Olympia. Hölderlin und die Erfindung der Antike*, Berlin 2002; *Kolonialismus als Kultur. Literatur, Medien, Wissenschaft in der deutschen Gründerzeit des Fremden*, Tübingen 2002 (Mithg.); *Mit Deutschland um die Welt. Eine Kulturgeschichte des Fremden in der Kolonialzeit*, Stuttgart 2004 (Mithg.); *Hölderlins Kalender. Astronomie und Revolution um 1800*, Berlin 2005.

Andreas B. Kilcher, Studium der Germanistik, Philosophie und Geschichte in Basel, München und Zürich. Promotion in Jerusalem und Basel. Habilitation in Münster. Gegenwärtig Professor für Neuere deutsche Literatur an der Universität Tübingen. Buchpublikationen: *Die Sprachtheorie der Kabbala als ästhetisches Paradigma. Die Konstruktion einer ästhetischen Kabbala seit der Frühen Neuzeit*, Stuttgart 1998; *mathesis und poiesis. Die Enzyklopädik der Literatur 1600 bis 2000*, München 2003. (Hg.) *Metzler Lexikon der deutsch-jüdischen Literatur*, Stuttgart 2000, erneut Frankfurt a. M. 2003; (Hg.) *Anton Kuh, Juden und Deutsche*, Wien 2003; (Hg.) *Metzler Lexikon jüdischer Philosophen*, Stuttgart 2003. Zahlreiche Aufsätze zur deutschen und zur deutsch-jüdischen Literatur, zum Verhältnis von Literatur und Wissen sowie zur Kabbala und esoterischen Wissenschaften.

Malte Kleinwort, Studium der Germanistik und Philosophie in Hamburg und Baltimore; zur Zeit Lehrbeauftragter an der Humboldt Universität zu Berlin; Promotionsprojekt zum Spätstil Kafkas; Buchpublikation: *Kafkas Verfahren. Literatur, Individuum und Gesellschaft in Kafkas Briefen an Milena*, Würzburg 2004. Aufsätze zu Adorno, Benjamin und Kafka.

Anja Lemke, Studium der Literaturwissenschaft, Hispanistik, Politikwissenschaft und Philosophie in Freiburg, Madrid und Hamburg. Promotion mit einer Arbeit zum Verhältnis von Poetik und Geschichte bei Martin Heidegger und Paul Celan. Seit April 2004 wissenschaftliche Mitarbeiterin am Institut für Allgemeine und Vergleichende Literaturwissenschaft der Goethe-Universität Frankfurt a. M. Buchveröffentlichungen: *»Konstellation ohne Sterne« – Zur poetischen und geschichtlichen Zäsur bei Martin Heidegger und Paul Celan*, München 2002; *Gedächtnisräume des Selbst – zu einer Poetik der Erinnerung in Walter Benjamins »Berliner Kindheit um Neunzehnhundert«*, Würzburg 2005; (Mithg.) *»Es bleibet aber eine Spur / Doch eines Wortes« – Zur späten Hymnik und Tragödientheorie Friedrich Hölderlins*, München 2003. Aufsätze zu Benjamin, Celan, Heidegger, Hobbes, Hölderlin, Siri Hustvedt und Art Spiegelman.

Inés Mateos, Studium der Germanistik und Romanistik in Basel, Salamanca und München; 1998–2003 wissenschaftliche Assistentin am Lehrstuhl für Mediävistik des Deutschen Seminars der Universität Basel. Kollegiatin des Schweizerischen Graduiertenkollegs Gender-Studies »Wissenschaft – Geschlecht – Symbolische Ordnung«. Zur Zeit wissenschaftliche Mitarbeiterin des Gleichstellungsbüros Basel-Stadt. Dissertation über das weibliche Genießen in mystischen Texten des Mittelalters. Aufsätze zu mittelalterlicher Mystik, Psychoanalyse, Bataille.

Claudia Öhlschläger, Studium der Germanistik, Geschichte und Kunstgeschichte in Heidelberg und München. 1996–2002 wissenschaftliche Assistentin am Institut für Deutsche Philologie der LMU München; 2003–2004 Akademische Rätin am Institut für Deutsche Philologie der LMU München. Seit 2004 Professorin für Vergleichende Literaturwissenschaft und Intermedialität an der Universität Paderborn; Promotion 1994: *»Unsägliche Lust des Schauens.« Die Konstruktion der Geschlechter im voyeuristischen Text*, Freiburg i. Br. 1996; Habilitation 2002: *Abstraktionsdrang. Wilhelm Worringer und* *der Geist der Moderne*, Paderborn 2005; (Mithg.) *Körper-Gedächtnis-Schrift. Der Körper als Medium kultureller Erinnerung*, Berlin 1997. Aufsätze zur Literatur des 19. und 20. Jahrhunderts, zur Intertextualität und Intermedialität, zur Gender Theorie und Kulturwissenschaft. Projekte zum Verhältnis Ethik, Literatur(theorie), Kulturwissenschaft und zu W.G. Sebalds intermedialem Erinnerungskonzept.

Madleen Podewski, Studium der Germanistik und Italianistik in Berlin. Habilitationsprojekt zum populären deutsch-jüdischen Familienroman Anfang des 20. Jahrhunderts. Buchveröffentlichung: *Kunsttheorie als Experiment. Untersuchungen zum ästhetischen Diskurs Heinrich Heines*, Frankfurt a.M. 2002. Aufsätze zur Frühromantik, zum Vormärz, zur Avantgarde, zur deutsch-jüdischen Gegenwartsliteratur.

Sylvia Sasse, Studium der Slavistik und Germanistik in Konstanz, St. Petersburg, Moskau. Wissenschaftliche Mitarbeiterin am ZFL Berlin. Habilitation zur Poetik des Beichtung in der russischen Literatur. Mitbegründerin der Diskursiven Poliklinik e.V. Publikationen zuletzt: *Texte in Aktion. Sprech- und Sprachakte im Moskauer Konzeptualismus*, München 2003; (Mithg.) *Kollektivkörper. Kunst und Politik von Verbindung*, Bielefeld 2002; (Mithg.) *Kunst als Strafe. Zur Ästhetik der Disziplinierung*, München 2002.

Martin Jörg Schäfer, Studium der Germanistik, Philosophie, Anglistik und Komparatistik in Hamburg und London. Feodor Lynen-Fellow der Alexander von Humboldt-Stiftung am German Department der New York University. Veröffentlichungen: *Szenischer Materialismus. Dionysische Theatralität zwischen Hölderlin und Hegel*, Wien 2003; *Schmerz zum Mitsein. Zur Relektüre Celans und Heideggers durch Philippe Lacoue-Labarthe und Jean-Luc Nancy*, Würzburg 2003; (Mithg.) *Von hier nach »Medium«. Reisezeugnis und Mediendifferenz*, Münster 2004; (Mithg.) *Die Zeitlichkeit des Ethos. Poetologische Aspekte im Schreiben Paul Celans*, Würzburg 2003. Aufsätze zu Schlegel, Nietzsche, Jahnn, Benjamin, Adorno, Warhol, Pynchon, Goetz.

Monika Schmitz-Emans, Studium der Germanistik, Philosophie, Pädagogik und Romanistik in Bonn. Wissenschaftliche Mitarbeiterin am Germanistischen Seminar der Universität Bonn. Promotion 1984. Promotionsarbeit: *Schnupftuchsknoten oder Sternbild. Jean Pauls Ansätze zu einer Theorie der*

Sprache, Bonn 1986. Habilitation 1992, Habilitationsarbeit: *Schrift und Abwesenheit. Historische Paradigmen zu einer Poetik der Entzifferung und des Schreibens*, München 1995. 1992–1995 Professorin für Europäische Literatur der Neuzeit an der Fern-Universität Hagen. Seit 1995 Professorin für Allgemeine und Vergleichende Literaturwissenschaft an der Ruhr-Universität Bochum. Zahlreiche Veröffentlichungen zur allgemeinen Literaturtheorie und Poetik, zu Werk und Poetik einzelner Autoren, zu Beziehungen zwischen Literatur und Philosophie, Literatur und bildender Kunst, Literatur und Musik.

Jochen Thermann, Studium der Germanistik und Geschichte in Bonn. Stipendiat der UW-Madison, Wisconsin (2002/03). Wissenschaftliche Hilfskraft am Lehrstuhl von Eva Geulen in Bonn. Promotionsprojekt über Konzepte literarischer Produktivität bei Kafka, Pessoa, Benn und Brecht. Mitglied des Künstlerkollektivs »The Globe«, Gruppenausstellungen in Bregenz, Künstlerhaus (2002) und Mailand, Galeria Galica (2003), Mithg. der Kataloge; dramaturgische Arbeit in Berlin und Dortmund. Publikationen: »Fly Plague«, in: *Janus Head* 7.1 (Summer 2004). Übersetzungen aus dem Englischen.

Caroline Torra-Mattenklott studierte Musikwissenschaft, Allgemeine und Vergleichende Literaturwissenschaft und Italienisch in Berlin und Stanford, Promotion 1999 in Konstanz. Sie ist zur Zeit Oberassistentin am Deutschen Seminar der Universität Zürich und arbeitet an einem Habilitationsprojekt über Abstraktion in der Literatur der Moderne. Buchpublikationen: *Figuren des Imaginären. Zu Hans Werner Henzes* Le miracle de la rose, Hamburg 1996; (Mithg.) *Gestik. Figuren des Körpers in Text und Bild*, Tübingen 2000; *Metaphorologie der Rührung. Ästhetische Theorie und Mechanik im 18. Jahrhundert*, München 2002; (Gasteditorin) *figurationen 01/04: Spiele/Games* (Mithg.); *Poetiken der Materie. Stoffe und ihre Qualitäten in Literatur, Kunst und Philosophie*, Freiburg i.Br. 2005. Aufsätze u.a. über zeitgenössische Musik, Literaturtheorie, über Proust und zur Ästhetik des 18. Jahrhunderts.

Christine Weder, Studium der Germanistik, Philosophie und Religionswissenschaft in Zürich, Tübingen und Cambridge. Zur Zeit wissenschaftliche Assistentin im Bereich Neuere deutsche Literatur an der Universität Basel. Promotionsarbeit zu ›Fetisch, Amulett, Talisman um 1800‹ (2006 o. 2007). Aufsätze zu Novalis, Hoffmann, Wieland, La Roche, Beer-Hoffmann.

Stefan Willer, Studium der Germanistik, Romanistik und Musikwissenschaft in Göttingen und Münster; wissenschaftlicher Mitarbeiter am Zentrum für Literaturforschung in Berlin im Projekt »Erbe, Erbschaft, Vererbung. Überlieferungskonzepte zwischen Natur und Kultur im historischen Wandel«. Buchveröffentlichungen: *Botho Strauß zur Einführung*, Hamburg 2000; *Poetik der Etymologie. Texturen sprachlichen Wissens in der Romantik*, Berlin 2003; (Mithg.) *Generation. Zur Genealogie des Konzepts – Konzepte von Genealogie*, München 2005; (Mithg.) *Geistliche Lyrik. Vom Mittelalter bis zur Gegenwart*, Stuttgart 2006. Aufsätze zur Theorie der Lektüre, der Philologie, der Etymologie und des Exemplarischen, der Generation und des Erbes.

Sandro Zanetti, Studium der Germanistik, Geschichte und Philosophie in Basel, Freiburg im Breisgau und Tübingen; 1999–2001 Stipendiat des Graduiertenkollegs »Zeiterfahrung und ästhetische Wahrnehmung« an der Johann Wolfgang Goethe-Universität, Frankfurt am Main; seither wissenschaftlicher Mitarbeiter im SNF-Projekt »Zur Genealogie des Schreibens. Die Literaturgeschichte der Schreibszene von der Frühen Neuzeit bis zur Gegenwart« an der Universität Basel; Buchveröffentlichungen: *»zeitoffen«. Zur Chronographie Paul Celans*, München 2006; (Mithg.) *Buchstaben, Bilder, Bytes*, Norderstedt 2004; (Mithg.) *»SCHREIBKUGEL IST EIN DING GLEICH MIR: VON EISEN«. Schreibszenen im Zeitalter der Typoskripte*, München 2005; Aufsätze zur Schreibprozeßforschung, zur Literatur und Kunst der Avantgarde, zu Antonioni, Celan, Kleist, Nietzsche und Rilke.

Namenregister